Verbraucherbildung als Alltagshilfe

Franziska Wittau

Verbraucherbildung als Alltagshilfe

Deutungsmuster zu Konsum
und Bildung im Spiegel
sozialwissenschaftlicher
Professionalität

 Springer VS

Franziska Wittau
Universität Bielefeld
Bielefeld, Deutschland

Zgl. Dissertation an der Fakultät für Soziologie der Universität Bielefeld, 2018

ISBN 978-3-658-27968-4   ISBN 978-3-658-27969-1   (eBook)
https://doi.org/10.1007/978-3-658-27969-1

Die Deutsche Nationalbibliothek verzeichnet diese Publikation in der Deutschen National-
bibliografie; detaillierte bibliografische Daten sind im Internet über http://dnb.d-nb.de abrufbar.

Springer VS ist ein Imprint der eingetragenen Gesellschaft Springer Fachmedien Wiesbaden GmbH
und ist ein Teil von Springer Nature.
Die Anschrift der Gesellschaft ist: Abraham-Lincoln-Str. 46, 65189 Wiesbaden, Germany

Danksagung

In den letzten Wochen der schreibintensiven Arbeit sind meine Gedanken immer wieder auch zum noch zu verfassenden Vorwort gewandert. Es schien mir eine der schwersten Aufgaben zu sein, den Dank an all diejenigen, die zum Gelingen dieser Arbeit einen entscheidenden Beitrag geleistet haben, in Worte zu fassen. Die Erstellung der Arbeit war für mich eine persönliche Bereicherung und Herausforderung zugleich. Ohne die inhaltliche, organisatorische, vor allem aber mentale Unterstützung meiner Kollegen, Freunde und Familie wäre sie kaum entstanden.

Zunächst möchte ich mich herzlich bei meiner Doktormutter und Erstbetreuerin Bettina Zurstrassen für die inhaltliche Freiheit in der Wahl meines Forschungsprojektes, die konstruktiven inhaltlichen Diskussionen und Anregungen sowie die immer wieder angenehmen Gespräche zu Themen auch jenseits von Forschung und Lehre bedanken. Ebenfalls möchte ich mich bei meinem Zweitbetreuer Rainer Schützeichel für die spontane und wohlwollende Übernahme der Zweitkorrektur sowie die interessanten inhaltlichen Diskussionen vor allem in Vorbereitung auf die Veröffentlichung der Arbeit bedanken.

Ein herzlicher Dank gilt des Weiteren meinen Kolleginnen und Kollegen der Arbeitsbereiche Didaktik der Sozialwissenschaften und Wirtschafts- und Arbeitssoziologie an der Universität Bielefeld, Bastian Bredenkötter, Mahir Gökbudak, Jan Handelmann, Reinhold Hedtke, Thorsten Hippe, Simon Krämer, Andre Meyer und Anna Tepe für die immer wieder offenen Ohren, Tipps und Hinweise während des Verfassens der Arbeit. Auch bei den Teilnehmern der Forschungswerkstatt geleitet von Ursula Mense-Petermann sowie der Bielefeld Graduate School in History und Sociology möchte ich mich bedanken.

Ein ganz besonderer Dank gebührt meinen (zum Teil mittlerweile leider ehemaligen) Kolleginnen, vor allem aber Freundinnen Gabi Schulte, Eva-Maria Walker, Tatjana Zimenkova und Verena Molitor, die nicht nur inhaltlich und organisatorisch unentbehrliche Unterstützerinnen meines Promotionsprojekts waren, sondern mich derart in Bielefeld willkommen geheißen haben, dass ich hier ein neues, zweites Zuhause gefunden habe.

Schließlich und endlich gilt mein größter Dank meiner Familie. Ihnen ist diese Arbeit gewidmet. Meinen Eltern danke ich von Herzen für die vorbehaltlose Unterstützung auf bisher jeder Station meines Lebenswegs. Ohne sie wäre ich viele der Schritte meines Lebens nicht gegangen. Daniel und Finn möchte ich dafür danken, dass sie mir immer wieder gezeigt haben, was das wirklich Wichtige im Leben ist.

Inhaltsverzeichnis

1. Einleitung 1
   1.1 Verbrauchererziehung, Verbraucherbildung, Konsumentenbildung,
   Konsumbildung: begriffliche Klärungen.. 1
   1.2 Fürs Leben lernen? Problemaufriss und Konkretisierung des
   Untersuchungsgegenstandes.. 3
   1.3 Aufbau der Arbeit.. 7

2. Lehrerwissen und Verbraucherbildung – ein wissenssoziologischer
Zugriff.. 11
   2.1 Modelle professionellen Lehrerhandelns.. 12
      2.1.1 Kompetenztheoretische Modelle professionellen Lehrerhandelns.... 14
         2.1.1.1 Kompetenzrepertoires als Kern der Professionalisierungs-
         theorie 14
         2.1.1.2 Der Einfluss von Überzeugungen auf professionelles
         Lehrerhandeln.. 18
         2.1.1.3 Grenzen der kompetenztheoretischen Professionstheorien........ 20
      2.1.2 Strukturtheoretisches Modell professionellen Lehrerhandelns 21
         2.1.2.1 Krisenbewältigung als Kern der Professionalisierungstheorie... 21
         2.1.2.2 Lehrerprofessionalität als Ausbalancierung von Wider-
         sprüchen.. 23
         2.1.2.3 Kritik an der strukturtheoretischen Professionalisierungs-
         theorie 27
   2.2 Professionelle Deutungsmuster, Lehrerwissen und Lehrer-
   professionalität – eine wissenssoziologische Rahmung 28
      2.2.1 Deutungsmusterkonzepte: Definitionen, Merkmale und Eigen-
      schaften 31
      2.2.2 Zwischenfazit: Deutungsmuster in Strukturtheorie und
      Sozialphänomenologie – Implikationen für die (fachdidaktische)
      Professionsforschung 32

3. Grundlagen der Konsumentenbildung: Konsum und seine Bedeutung
für die moderne Gesellschaft 35
   3.1 Konsum und Gesellschaft: Entwicklungslinien im Überblick................. 37
   3.2 Die konsumsoziologische Diskussion: Konsumkultur und ihre
   Auswirkungen auf die Gesellschaft.. 41
      3.2.1 Der kultur- und herrschaftskritische Diskurs 41
      3.2.2 Konsum und Nachhaltigkeit.. 46

3.3 Zum Konsum von Kindern und Jugendlichen 53
  3.3.1 Wie aus Kindern Konsumenten werden – die Sozialisation zum
  Konsumenten 55
  3.3.2 Theoretische Rahmungen der empirischen Ergebnisse 60
3.4 Zwischenfazit: Die Konsumkultur als Basis sozialwissenschaftlicher
Konsumbildung 65

**4. Verbraucher(leit)bilder in Verbraucherpolitik und Verbraucher-
bildung 67**
4.1 Idealtypisches Konsumentenhandeln in der Konsumgesellschaft –
Leitbilder des Konsumhandelns 67
  4.1.1 Leitbild – Begriffserläuterung und Funktionsweise 68
  4.1.2 Konsumenten(leit)bilder als Grundlage der Verbraucherbildung 69
    4.1.2.1 Der souveräne Konsument 71
    4.1.2.2 Der verantwortungsbewusste Konsument 73
    4.1.2.3 Der vertrauende Konsument 76
    4.1.2.4 Der verletzliche Konsument 79
4.2 Leitbilder schulischer Verbraucherbildung in Deutschland – aktuelle
bildungspolitische Konzeptionen 81
  4.2.1 Einordnung der Analyseeinheiten und der Methode 81
  4.2.2 Auswertung der Dokumente nach Kategorien 84
    4.2.2.1 Leitbildorientierung 84
    4.2.2.2 Verantwortungsübernahme 88
    4.2.2.3 Souveränität 92
    4.2.2.4 Vertrauen 94
    4.2.2.5 Verletzlichkeit 96
    4.2.2.6 Sozialwissenschaftliche Aspekte der Verbraucherbildung 98
4.3 Zwischenfazit: Chancen und Grenzen leitbildorientierter
Konsumentenbildung 99
  4.3.1 Diskussion des allgemeinen Leitbildcharakters der
  Konsumentenbildung 99
  4.3.2 Diskussion der Chancen und Grenzen der analysierten Leitbilder .. 102
  4.3.3 Das Potenzial sozialwissenschaftlicher Konsumbildung 109

5. Fragestellung und Methoden für die empirische Untersuchung 111
5.1 Implikationen der Methode Deutungsmusteranalyse 111
5.2 Erhebungsinstrument(e): Interviewformen zur Rekonstruktion von
Deutungsmustern 113
  5.2.1 Das diskursive Interview 113
  5.2.2 Das Experteninterview 114

5.2.3 Das episodische Interview... 116
5.2.4 Der Leitfaden 117
5.3 Sampling und Interviewführung... 120
5.4 Auswertung des empirischen Materials... 123
5.4.1 Auswertungsmethode... 123
5.4.2 Darstellung der Ergebnisse 125

**6. Rekonstruktion der individuellen didaktischen Theorien zur
Konsum(enten)bildung – zwei Fallstudien** **127**
6.1 Frau Karl: Mit kleinen Dingen Großes bewirken............................... 128
6.1.1 Das Tätigkeitskonzept von Frau Karl.. 129
6.1.1.1 Professionalität qua Expertise/Insidertum 129
6.1.1.2 Die Rolle der Organisation Schule: individuelle Autonomie
vs. organisationale Heteronomie... 135
6.1.1.3 Das Spannungsverhältnis Fachlehrer vs. Pädagoge:
Tendenzen der Entgrenzung 137
6.1.1.4 Zwischenfazit: Hauswirtschaftsunterricht im Rahmen
stellvertretender Krisenbewältigung.. 141
6.1.2 Das Schülerkonzept von Frau Karl 143
6.1.2.1 Der Schüler als Schüler: Rollenspezifische Attribuierungen ... 143
6.1.2.2 Der Schüler als Konsument 146
6.1.3 Das Fachkonzept von Frau Karl.. 149
6.1.3.1 Angemessen Konsumieren: konsumbezogene Deutungs-
muster 149
6.1.3.2 Verbraucherbildung und Hauswirtschaft –
Unterrichtsfachbezogene Deutungsmuster 152
6.2 Herr Peter: It's all about the Money 159
6.2.1 Das Tätigkeitskonzept von Herrn Peter 159
6.2.1.1 Planungs- vs. Erfahrungswissen: Expertise qua theoretisch-
formalem Wissen.. 159
6.2.1.2 Das Spannungsverhältnis Fachlehrer vs. „Mensch":
fachspezifische Tendenzen der Entgrenzung.. 163
6.2.1.3 Das Spannungsverhältnis Fachlehrer vs. Pädagoge:
außerunterrichtliche Entgrenzungstendenzen 166
6.2.1.4 Konsumbildung im Rahmen stellvertretender Krisen-
bewältigung: Die Verantwortung der Schule und ihre Grenzen 167
6.2.2 Das Schülerkonzept von Herrn Peter 170
6.2.3 Das Fachkonzept von Herrn Peter: Konsumbezogene Deutungs-
muster und ihr Einfluss auf die Konsumentenbildung.......................... 175

**7. Deutungsmuster zu Konsum und Bildung im Spiegel
sozialwissenschaftlicher Professionalität** **181**
   7.1 Konsum, Konsumkultur und Konsumenten 181
      7.1.1 Ambivalenzen der modernen Konsumgesellschaft 181
      7.1.2 Selbstwahrnehmung und Selbstpositionierung: Die Lehrkräfte als
      Verbraucher.. 186
      7.1.3 Fremdpositionierungen: Die Charakterisierung Anderer als
      Konsumenten 196
   7.2 Konsumbildungsbezogene Deutungsmuster.. 210
      7.2.1 Ziele der Konsum- und Verbraucherbildung............................... 210
      7.2.2 Chancen und Grenzen der Verbraucherbildung........................... 222
      7.2.3 Verbraucherbildung im schulinternen Kontext............................ 227
   7.3 Konsumbildung und (sozialwissenschaftliche) Professionalität........... 228
      7.3.1 Unterrichten und Erziehen 229
      7.3.2 Professionalität qua Expertise 233
      7.3.3 Konsum- und Verbraucherbildung und sozialwissenschaftliche
      Professionalität.. 237

8. Fazit und Ausblick.. **241**
   8.1 Lehrerprofessionalität in Konsum- und Verbraucherbildung und der
   sozialwissenschaftlichen Domäne... 242
   8.2 Ausblicke und (forschungsbezogene) Implikationen der Arbeit 247
   8.3 Kritische Reflexionen... 252

Anhang.. **255**
   (A) Leitfaden.. 255
   (B) Kurzfragebogen.. 258

Literatur **259**

Abbildungs- und Tabellenverzeichnis

Abbildung 1: Pädagogisch-psychologisches Modell professioneller Handlungskompetenz/Professions-wissens 17
Abbildung 2: Konsumenten(leit)bilder im Spektrum der Mündigkeit 70
Abbildung 3: Sinus-Lebensweltmodell u18...................... 104
Abbildung 4: Deutungsmuster, Situationsdefinitionen, Handlungsorientierungen und Derivationen 112
Abbildung 5: Schrittfolge der Datenauswertung 124
Abbildung 6: Lehrerprofessionalität in der Konsum- und Verbraucherbildung...................... 243

Tabelle 1: Phasen der Konsumentensozialisation nach Roedder-John 62
Tabelle 2: Liste der thematischen Hauptkategorien...................... 84
Tabelle 3: Hauptauslöser der Überschuldung 2012-2018 in % 108
Tabelle 4: Übersicht über die Gesprächspartner 122

1. Einleitung

„Non vitae, sed scholae
discimus – Nicht für das
Leben, sondern für die
Schule lernen wir.“
(Seneca)

1.1 Verbrauchererziehung, Verbraucherbildung, Konsumentenbildung, Konsumbildung: begriffliche Klärungen

Zu konsumieren zählt zu den alltäglichen Praktiken der modernen Gesellschaft – (Über)Leben ohne zu konsumieren ist in der modernen Gesellschaft kaum mehr vorstellbar. Auch und gerade aus diesem Grund hat sich die Forderung etabliert, konsumbezogene Bildungsprozesse verstärkt in den Schul- und Unterrichtsalltag einzubinden. Für die Aufgabe, Konsum zum Thema von Bildungsprozessen zu machen, existiert eine Vielfalt an Bezeichnungen, die zum Teil synonym verwendet werden. Eine (knappe) Auseinandersetzung mit den zentralen Begriffen erscheint einleitend notwendig, um die mit dieser Vielfalt einhergehende begriffliche Unklarheit zumindest in Teilen eingrenzen zu können und damit den Fokus der Arbeit sowie ihre Einbettung in das Spektrum dezidiert sozialwissenschaftlicher Bildung hervorheben zu können.

Der Begriff des Verbrauchers[1] hat im Alltag insbesondere im Vergleich zum Begriff des Konsumenten eine deutlich geringere Präsenz. Gleichwohl orientiert sich staatliche Verbraucherpolitik und infolgedessen auch Verbraucherbildung als eines ihrer Hauptinstrumente eher am Begriff des Verbrauchers als an dem des Konsumenten[2]. Dem Bürgerlichen Gesetzbuch folgend sind Menschen dann Verbraucher, wenn sie Rechtsgeschäfte mit Unternehmern außerhalb einer selbstständigen beruflichen oder gewerblichen Tätigkeit – also als Privatperson –

---

[1]   Aus Gründen der leichteren Lesbarkeit wird in der vorliegenden Arbeit immer nur die männliche Sprachform bei personenbezogenen Substantiven und Pronomen verwendet. Dies impliziert jedoch keine Benachteiligung der anderen Geschlechter, sondern soll im Sinne der sprachlichen Vereinfachung als geschlechtsneutral zu verstehen sein. Wenn eine explizite geschlechtliche Zuordnung nötig ist – so etwa in den Fallstudien des 6. Kapitels –, erfolgt die Nutzung des generischen Maskulins bzw. Feminins.

[2]   Die Differenzierung zwischen Verbraucher und Konsument ist typisch für die deutschsprachige Debatte um Verbraucherpolitik und Verbraucherbildung. Im Englischen umfasst der Begriff des „consumer" sowohl den Konsumenten als auch den Verbraucher. Eine entsprechende Differenzierung wie im vorliegenden Fall findet sich daher in der englischsprachigen Debatte um „consumer policy" und „consumer education" nicht.

© Springer Fachmedien Wiesbaden GmbH, ein Teil von Springer Nature 2019
F. Wittau, *Verbraucherbildung als Alltagshilfe*,
https://doi.org/10.1007/978-3-658-27969-1_1

abschließen. Diese sehr weit gefasste Definition zeigt, dass wir tagtäglich als Verbraucher agieren. Neben dem alltäglichen Konsumieren (verstanden als Auswahl, Marktentnahme, Nutzung und Entsorgung von Konsumgütern) umfasst das Verbraucherhandeln auch Aspekte von Mediennutzung, Ernährung, Gesundheit oder Finanzfragen. Verbraucher sind wir mithin in nahezu allen Lebensbereichen. *Verbraucherpolitik* ist daher eine Querschnittspolitik, die sich der Vielfalt des Verbraucherhandelns annehmen will. Sie folgt der Annahme, die Privatperson Verbraucher sei dem Unternehmer bzw. Anbieter auf Konsumgütermärkten prinzipiell unterlegen, so dass es staatlicher Eingriffe zur Stärkung der Position des Verbrauchers bedarf. Die mögliche inhaltliche Ausrichtung solcher Eingriffe ist dabei ebenso vielfältig wie die alltäglichen Lebensbereiche, auf die sich die Querschnittsaufgabe Verbraucherpolitik bezieht. Sie reicht von einer informatorischen, an marktliberalen Ideen orientierten Verbraucherpolitik auf der einen Seite bis hin zur regulativen, marktkritischen Verbraucherpolitik auf der anderen Seite.

Verbraucherbildung ist neben Verbraucherinformation, Verbrauchervertretung und Verbraucherschutz eines der Hauptinstrumentarien der Verbraucherpolitik (Kuhlmann 1990: 9f.). Sie findet sowohl im Bereich der schulischen als auch außerschulischen, insbesondere Erwachsenenbildung statt. Das Leitbild der Verbraucherbildung ist der mündige Verbraucher, der in all jenen Lebensbereichen, die sein Verbraucherhandeln umfasst, kompetent agiert. Analog zur Verbraucherpolitik existiert jedoch auch im Rahmen der Verbraucherbildung keine einheitliche Vorstellung darüber, was mündiges Verbraucherhandeln auszeichnet. Denkbare Optionen sind unter anderem das souveräne, Kosten-Nutzen-kalkulierende Handeln oder das auf dem Leitbild der Nachhaltigkeit aufbauende verantwortungsbewusste Handeln. Bereits diese beiden Möglichkeiten verweisen auf die vielfältigen normativen Bezüge der Verbraucherbildung.

Das Globalziel „mündiges Verbraucherhandeln" lässt sich entsprechend der oben angesprochenen Lebensbereiche, die ebenfalls zum Verbraucherhandeln zählen, weiter ausdifferenzieren in die Schulung und Entwicklung von Finanzkompetenz, Medienkompetenz, Werbekompetenz, Ernährungs- und Gesundheitskompetenz, Sozialkompetenz sowie nicht zuletzt und insbesondere Konsumkompetenz (vzbv 2010: 2). *Konsumentenbildung* kann insofern als jene Teilaufgabe der Verbraucherbildung verstanden werden, die sich inhaltlich dem Phänomen des Konsums als „Suchen, Auswählen, Ausprobieren, Mitnehmen, Einlagern, Gebrauchen, Verbrauchen und Entsorgen beliebiger Sach- oder Dienstleistungen, einschließlich aller Aktivitäten, die sich im Umfeld dessen abspielen mögen, wie Vorzeigen, Mitteilen, Teilen, Ausleihen, Verschenken, Sammeln, Angeben, Neiden, Kritisieren, Boykottieren" (Hellmann 2013: 9) widmet. Eine eindeutige Abgrenzung zwischen den oben genannten Kompetenzbereichen erscheint aber nicht oder nur sehr schwer möglich, da auch Aspekte der Werbe-, Ernährungs- und Gesundheitskompetenz im Bereich der Konsumentenbildung eine nicht unwesentliche Rolle spielen. Hinzu kommt, dass der eigentlich umfassendere Begriff der Verbraucherbildung im Sprachgebrauch sowohl der wissenschaftlichen, bildungspolitischen und -administrativen als auch unterrichtspraktischen Diskussion deutlich verbreiteter ist als jener der Konsumentenbildung. Daher werden – wenngleich der Fokus der vorliegenden Arbeit auf der unterrichtlichen und außerunterrichtlichen Auseinandersetzung mit Konsum sowie den diesbezüglichen Deutungsmustern der Lehrkräfte liegt – die Bezeichnungen Konsumenten- und Verbraucherbildung synonym verwendet.

Die Begriffe Verbraucherbildung und *Verbrauchererziehung* wurden lange Zeit insbesondere im Bereich der schulischen Bildung gleichbedeutend verwendet. Gemeinsam ist beiden, dass sie die Lernenden auf das Leben in der (Konsum)Gesellschaft vorbereiten wollen, wenngleich mit einem je anderen Fokus. Im Mittelpunkt der Verbrauchererziehung steht der Lehrende, der den Lernenden Wege „richtigen" Konsumhandelns vermittelt. Verbraucherbildung geht im Vergleich zur Verbrauchererziehung von einer aktiveren Rolle des Schülers als Konsument aus (Schlegel-Matthies 2005: 27). Sie zielt eher auf Selbsttätigkeit und Selbstreflexion statt auf (bloße) Anpassung des Konsumverhaltens an die gegebenen Verhältnisse. Dennoch lässt sich auch die Verbraucher- bzw. Konsumentenbildung (ebenso wie die Verbrauchererziehung) durch die ihr eigene moralische bzw. normative Orientierung charakterisieren. Der Schwerpunkt vieler verbraucherbildender Konzepte besteht darin, potenziell angemessene Handlungsweisen in der Rolle des Konsumenten aufzuzeigen. Was dabei als angemessen gilt, wird durch das jeweilige Verständnis mündigen Verbraucherhandelns vorgegeben.

In Abgrenzung hierzu wird in der vorliegenden Arbeit unter *Konsumbildung* eine sozialwissenschaftlich multidisziplinäre unterrichtliche Thematisierung von Konsum verstanden. Ihr Ziel besteht darin, Schüler dazu anzuregen, über die Bedeutung von Konsum in der modernen Gesellschaft sowie dessen Einfluss auf das eigene Leben zu reflektieren. Dies schließt die Diskussion verschiedener Handlungsoptionen durchaus ein, begrenzt sich aber nicht auf sie.

1.2 Fürs Leben lernen? Problemaufriss und Konkretisierung des Untersuchungsgegenstandes

Die Annahme, der Konsument ist lern- und erziehungsbedürftig und -fähig (Hellmann 2011: 189f; Unverzagt/Hurrelmann 2001: 172ff.; vzbv 2012), bildet die Grundlage der Forderung nach schulischer Konsumenten- und Verbraucherbildung. Über ihre Ausdehnung in allgemeinbildenden Schulen besteht ein enger partei- und lobbygruppenübergreifender Konsens, der nicht nur öffentlichkeitswirksam zum Beispiel durch die Verbraucherzentrale Bundesverband („Fürs Leben lernen: Verbraucherbildung ist Zukunft", vzbv 2012) kommuniziert wird. Vielmehr schlägt sich dieser Konsens sowohl national als auch international in bildungspolitischen und bildungsadministrativen Vorgaben zur Umsetzung verbraucherbildender Prozesse in der Schule nieder. So fordern die Vereinten Nationen in den Guidelines on consumer protection: „Consumer education should [...] become an integral part of the basic curriculum of the educational system." (UN 2001: 9). Ebenso ist im Vertrag über die Arbeitsweise der Europäischen Union (EU 2010: §169) das Recht der Verbraucher auf Information und Erziehung zur Gewährleistung ihres Schutzes festgeschrieben. Für die Bundesrepublik sei exemplarisch auf den Beschluss der Kultusministerkonferenz zur „Verbraucherbildung an Schulen" verwiesen, der betont, Verbraucherbildung sei als „zentrales Element einer Bildung zu verstehen, die sowohl auf aktuelle als auch künftige Herausforderungen im Privat- wie auch im Berufsleben vorbereitet" (KMK 2013: 2). Der öffentlichkeitswirksame Ruf nach mehr Verbraucherbildung verleitet schnell zu der Fehlannahme, ihr Status an den Schulen sei allenfalls stiefmütterlich. Das Gegenteil ist der Fall. Verbraucherbildende Aspekte sind ein traditioneller Bestandteil ökonomischer Bildung (May 2010: 61ff.). Die empirischen Erhebungen, die im Rahmen dieser Arbeit durchgeführt wurden, bestätigen die permanente Aktualität der Themenfelder Konsumieren und Verbrauchen im unterrichtlichen und außerunterrichtlichen Bildungsangebot der Lehrkräfte ebenso wie die Sichtung einschlägiger Materialien und Lehrpläne. Seit den 1960er-Jahren wurde nicht nur an den theoretischen Grundlagen schulischer Verbraucherbildung, sondern auch an hierzu gehörigen Medien, Materialien und unterrichtspraktischen Konzepten gearbeitet. Während die Debatte um schulische Verbraucherbildung in den 1990er Jahren leiser geführt wurde, hat sie in den vergangenen zehn Jahren erneut an Fahrt aufgenommen. Diese erneute Konjunktur begründet sich nicht zuletzt mit der zunehmenden Forderung nach verantwortlicherem Konsumhandeln im Zusammenhang mit dem globalen umweltpolitischen Ziel der Nachhaltigkeit. Der Konsumenten- und Verbraucherbildung wird mithin eine zentrale Rolle sowohl durch die Bildungspolitik als auch durch die Bildungspraxis zugesprochen. In auffallendem Widerspruch hierzu steht jedoch die empirische Auseinandersetzung mit ihren konkreten alltäglichen Praktiken[3]. Hier findet sich ein offensichtliches Forschungsdesiderat, zu dessen Auflösung diese Arbeit beitragen möchte.

---

[3]   Eine Ausnahme hierzu bilden vor allem Forschungsprojekte an den Universitäten Paderborn
        und Bamberg. Insbesondere in Paderborn werden jedoch alle in Kapitel 1.1 angesprochenen
        Teilgebiete der Verbraucherbildung, so auch und vor allem die Ausbildung von Ernährungskompetenz, untersucht. Zudem wurde im März 2013 vom Institut für Markt-Umwelt-

Die leitende Fragestellung der Arbeit lautet: Über welche konsum- und verbraucherbildungsbezogenen Deutungsmuster verfügen in diesem Bereich unterrich-
tende Lehrkräfte? Welche Deutungsmuster werden bei der Zielsetzung, Gestaltung und Reflexion von Unterricht durch Lehrkräfte aktualisiert? Deutungsmuster werden dabei als wiederkehrende, soziale Muster der Wahrnehmung und
Deutung der sozialen Wirklichkeit verstanden, an denen sich das unterrichtliche
und außerunterrichtliche Lehrerhandeln orientiert. Sie sind im individuellen
Wissensvorrat der Lehrkräfte abgelagerte Sinnschemata und zählen neben dem
im Rahmen der Aus- und Weiterbildung erworbenen fachlich-inhaltlichen, pädagogischen und curricularen Wissen zum Kern der professionellen Wissensbestände. Deutungsmuster bauen nur bedingt auf Prozessen der (Aus)Bildung auf
(Baumert/Kunter 2006: 482f.; Bromme 1992: 96ff.; Shulman 1991: 150ff.),
steuern das professionelle Lehrerhandeln in Form von Überzeugungen und
Werthaltungen (beliefs) aber oftmals stärker als das klassische, kognitive Fachwissen (Helmke 2009: 117). Sie existieren unter anderem zur beruflichen Identität und Philosophie des Schulfaches, wirksam werden aber auch Beliefs über
Schüler (Pajares 1992: 314).

Auch im zu untersuchenden Feld der Konsumenten- und Verbraucherbildung
wird ein vergleichsweise starker Einfluss von Überzeugungen und Werthaltungen vermutet, so dass diese im Mittelpunkt der empirischen Untersuchungen
stehen. Kontrastierend zu anderen Themenfeldern des sozialwissenschaftlichen
Unterrichts (wie etwa dem des Politischen Systems) scheint ihre Bedeutung
bezüglich der Auswahl der Inhalte sowie der normativen Zielsetzung gerade
aufgrund des unklaren Konstrukts des mündigen Verbrauchers sehr weitrei-
chend. Hinzu kommt, dass die Vorgabe von Zielen in Lehrplänen und Curricula
– die im Bereich der Verbraucherbildung zudem in nur sehr geringem Maße
ausdifferenziert sind – nur ein Teilschritt für die Planung und Durchführung von
Unterricht darstellen. Die Umsetzung selbst erfolgt durch die Lehrkräfte und ist
abhängig von deren professionellem Selbstverständnis, zu dem eben auch kon-
sum- und konsum(enten)bildungsbezogene Deutungsmuster zählen. Zentral für
die vorliegende Arbeit ist daher das Ziel, entsprechende Deutungsmuster der
Lehrkräfte sowie die sich aus diesen entwickelnden Überzeugungen zu den Zielen verbraucherbildenden Unterrichts zu ermitteln. In der Untersuchung geht es
weder darum, eine Einsicht in das tatsächliche Handeln der Lehrkräfte noch in

---

Gesellschaft e.V. der Leibniz-Universität Hannover im Auftrag der Deutschen Stiftung Verbraucherschutz eine Bedarfsanalyse zur schulischen Verbraucherbildung veröffentlicht. In Experteninterviews und einer quantitativen Umfrage unter „Praktikern" und Lehrkräften aller
Bundesländer und Schulformen wurde hier vor allem ein Überblick über den Stand der Verbraucherbildung erhoben. Dabei standen Forderungen der drei befragten Gruppen an die Verbraucherbildung im Mittelpunkt (Deutsche Stiftung Verbraucherschutz 2013).

den Output der Konsumentenbildung auf Schülerseite zu erhalten. Dies kann eine Interviewstudie auch nicht leisten. Vielmehr sollen solche Überzeugungen und Werthaltungen identifiziert werden, die hinter dem Lehrerhandeln stehen. So können zumindest in Teilen die Bedingungen, unter denen Verbraucherbildung durchgeführt wird, nachvollzogen werden.

Die Untersuchung erfolgt am Beispiel des Bundeslandes Nordrhein-Westfalen. Inhaltlich erklärt sich diese Begrenzung, da hier zu Beginn des Promotionsprojektes eine intensive bildungspolitische Debatte über die zukünftige Gestaltung der curricularen Grundlagen der Verbraucherbildung stattfand. Eine Beschränkung auf ein Bundesland erscheint aber auch aus methodischen Gründen insofern legitim, als dass es mit Ausnahme Schleswig-Holsteins bundesweit kein Fach Verbraucherbildung[4] gibt, so dass die Einbindung konsumentenbildender Inhalte in den Unterricht weniger von lehrplanspezifischen Vorgaben als von den individuellen Interpretationen der Lehrkräfte abhängt. Verbraucherbildung gilt als eine fächerübergreifende Aufgabe. Gleichwohl gelten in den weiterführenden Schulen die Fächer der sozialwissenschaftlichen Domäne – in NRW Arbeitslehre mit Hauswirtschaft, Gesellschaftslehre mit Politik und Politik/Wirtschaft – als ihre Ankerfächer (MSW 2017: 9). Im Rahmen der Arbeit wurden daher Gesamtschullehrkräfte befragt, die in den Fächern der sozialwissenschaftlichen Domäne unterrichten. In den Gesamtschulen spielen Aspekte der Verbraucherbildung traditionell eine zentralere Rolle als an Gymnasien. Darüber hinaus ist es der Anspruch der Gesamtschule, eine vergleichsweise heterogene Schülerschaft auszubilden, so dass auch ein möglicher Effekt von Beliefs über die Lernenden herausgearbeitet werden kann. Schließlich ist zudem die Lehrerschaft an Gesamtschulen insofern als heterogen einzuschätzen, als dass sowohl Lehrende unterrichten, die über die Fakultas für die Sekundarstufe I verfügen, als auch Lehrkräfte, deren Fakultas auch für die Sekundarstufe II gilt, was einen potenziellen Einfluss auf das professionelle Selbstverständnis nehmen kann.

Die Ergebnisse der Auswertung der empirischen Daten legen nahe, dass sich jenes professionelle Selbstverständnis in der Auseinandersetzung mit der Frage nach Inhalten und Zielen der Verbraucherbildung immer wieder aktualisiert. Mit der Aufgabe, den Schüler zum kompetenten Konsumenten auszubilden – unabhängig von den inhaltlichen Konkretionen, die sich aus dieser Aufgabe ergeben – , sind aus Sicht der Lehrkräfte immer auch Anforderungen an das eigene berufliche Handeln verbunden. Diese für die Lehrkräfte so zentrale Auseinandersetzung mit ihrem Berufsfeld wurde während der Konzeption der Studie nicht erwartet.

---

[4]   Das Fach Verbraucherbildung wurde in Schleswig-Holstein mit Beginn des Schuljahres 2008/2009 eingeführt und löste das Fach Haushaltslehre ab. In Nordrhein-Westfalen wird an den Gesamt- und Hauptschulen das Fach Hauswirtschaft unterrichtet, das inhaltlich zahlreiche Kongruenzen zum Fach Verbraucherbildung in Schleswig-Holstein aufweist.

Vielmehr haben die empirischen Ergebnisse den inhaltlichen Schwerpunkt der vorliegenden Arbeit neu definiert bzw. zumindest angepasst. Es liegt nun eine im Kern nicht mehr ausschließlich fachdidaktische, sondern auch professionstheoretische Arbeit vor. Die fachdidaktische Professionsforschung im Bereich der politisch-sozialwissenschaftlichen Bildung kann auf eine Reihe empirischer Untersuchungen zurückblicken[5], die zu großen Teilen Professionalisierungsdefizite konstatieren (so z.B. Grammes 1998: 50ff.; Henkenborg 2000: 117ff.; König 1998: 146f.; Weißeno 1993: 196f.). Das Selbstverständnis dieser Studie orientiert sich weniger am Ziel, Professionalisierungsdefizite aufzudecken, indem aufgefundene Deutungsmuster als richtig oder falsch bewertet werden. Vielmehr möchte die Studie einen Beitrag dazu leisten, den Einfluss des alltäglichen schulischen und außerschulischen Handelns der Lehrkräfte sowohl in ihrer beruflichen Rolle als auch als Privatperson auf Bildungsprozesse zu erfassen. Die konkreten Fälle, anhand derer die Untersuchung erfolgt, sollen einen Beitrag zur Auseinandersetzung mit (der oftmals unreflektierten) Normativität im Lehrerhandeln leisten, der gerade im sozialwissenschaftlichen Unterricht erhebliche Relevanz zugesprochen wird. Sie können so dazu beitragen, die hinter dieser Normativität liegenden gesellschaftlichen Bezugsnormen sowie deren Einflussnahme auf Inhalte, Ziele und Prozesse des sozialwissenschaftlichen Unterrichts zu rekonstruieren. Der Mehrwert der vorliegenden Arbeit im Spektrum der fachdidaktischen Professionsforschung ist daher ein mehrfacher. Neben dem bereits erwähnten Beitrag zu Normativität und Professionalität handelt es sich um eine dezidiert sozialwissenschaftsdidaktische Arbeit (in Abgrenzung zu den zumeist vorliegenden politikdidaktischen Professionsstudien). Darüber hinaus kann anhand der empirischen Ergebnisse der Interviewstudie die Relevanz der für die deutschsprachige Debatte zentralen strukturtheoretischen Professionstheorie für den sozialwissenschaftlichen Unterricht aufgezeigt werden. Dies ist insofern von Bedeutung, als dass dieser insbesondere aus Perspektive der kompetenztheoretischen Professionalisierungsforschung vorgeworfen wird, ihr fehle die Nähe zum Unterrichten als Kerngeschäft des Lehrers.

1.3 Aufbau der Arbeit

Die vorliegende Arbeit soll einen grundlegenden Beitrag zur Debatte um Lehrerprofessionalität in der sozialwissenschaftlichen Domäne leisten. Die Untersuchung beginnt zu diesem Zweck mit einem grundlegenden Abriss in die für die

---

[5] Ein umfangreicher Überblick über quantitative und qualitative Studien zur Lehrerprofessionalität findet sich bei Weschenfelder (2014: 117ff.). Weschenfelder selbst hat eine quantitative Studie zu professionellen Wissensbeständen durchgeführt, die sich am kompetenztheoretischen Professionsmodell nach Baumert/Kunter (2006) orientiert.

Arbeit relevanten theoretischen Konzepte. Kapitel 2 führt zunächst in die Diskussion zur Lehrerprofessionalität ein (2.1) und stellt die in der deutschsprachigen Debatte dominierenden Ansätze – das kompetenztheoretische sowie das strukturtheoretische Modell professionellen Lehrerhandelns – vor. Hieran schließt sich die Konzeptualisierung des Deutungsmusteransatzes an (2.2), der nicht nur als Synthese beider Modelle verstanden werden kann, sondern auch die die empirische Untersuchung leitende Kategorie darstellt. In Kapitel 3 erfolgt eine knappe Einarbeitung in die inhaltlichen Grundlagen schulischer Verbraucherbildung, namentlich Konsum und seine Bedeutung in der und für die Gesellschaft. Der Nachvollzug sowohl der Entwicklung der Konsumgesellschaft (3.1) als auch insbesondere der Kritik an ihr (3.2) trägt in erheblichem Maße zum Verständnis der Ziel- und inhaltlichen Schwerpunktsetzungen der Verbraucherbildung bei, da diese immer kontext- und geschichtsgebunden sind. Um die Einbettung von Kindern und Jugendlichen in die Konsumkultur der modernen Gesellschaft vergegenwärtigen zu können, erfolgt des Weiteren die Darstellung zentraler, insbesondere empirischer Erkenntnisse der Konsumentensozialisationsforschung (3.3).

Im 4. Kapitel erfolgt eine erste Auseinandersetzung mit der konkreten inhaltlichen Gestaltung der Verbraucherbildung. Wie bereits betont wurde, verfolgt die Verbraucherbildung zwar einheitlich das Ziel des mündigen Konsumhandelns. Jedoch differieren die Annahmen darüber, was unter mündigem Konsumhandeln zu verstehen ist. Kapitel 4.1 beschreibt die verschiedenen Auslegungen mündigen bzw. unmündigen Konsumhandelns näher und zieht auf dieser Basis erste Rückschlüsse hinsichtlich der Gestaltung schulischer Verbraucherbildung. Eine diesbezügliche Konkretion für das Bundesland Nordrhein-Westfalen schließt sich an, indem bildungspolitisch bzw. bildungsadministrativ relevante Dokumente nach den in ihnen wirksamen Leitbildern untersucht werden (4.2). Diese in den aktuellen bildungspolitischen Konzeptionen vorzufindenden Vorstellungen gelingender Verbraucherbildung können als Ausgangspunkt der Interviewstudie zu verbraucherbildungsbezogenen Deutungsmustern sozialwissenschaftlicher Lehrkräfte betrachtet werden.

Die für die Untersuchung verwendeten Erhebungs- und Auswertungsmethoden werden in Kapitel 5, die im Rahmen der empirischen Arbeit gewonnenen Ergebnisse in den Kapiteln 6 und 7 dargestellt. Dabei erfolgt zunächst die Dokumentation zweier ausführlicher Einzelfallanalysen (6.1 und 6.2), ehe intersubjektiv vorhandene berufskulturelle Deutungsmuster zur Verbraucherbildung vorgestellt werden (Kapitel 7). Hierfür werden zunächst die Deutungsmuster zu Konsum und Konsumgesellschaft im Allgemeinen dargestellt. Diese beinhalten, wie zu zeigen sein wird, auch eine Auseinandersetzung mit der Wahrnehmung des eigenen Konsumhandelns in Abgrenzung zu jenem relevanter anderer. Im vorliegenden Fall sind dies vor allem die Lernenden und ihre Familien (7.1). Daran anschließend werden konkretere verbraucherbildungsbezogene Deutungsmuster mit besonderem Fokus auf die Lernziele abgebildet (7.2). Im nachfolgenden Kapitel werden auf dieser Basis professionsbezogene Rückschlüsse gezogen (7.3). Das abschließende 8. Kapitel fasst die zentralen Ergebnisse der Untersuchung unter Berücksichtigung ihrer theoretischen Bezüge zusammen. Auf dieser Basis werden erste Folgerungen für die Gestaltung schulischer Verbraucherbildung sowie ihrer Verankerung in der Lehreraus- und Weiterbildung gezogen.

2. Lehrerwissen und Verbraucherbildung – ein wissenssoziologischer Zugriff

Die Forderungen nach einer Ausdehnung der Verbraucherbildung können als Ausgangspunkt für die vorliegende Arbeit betrachtet werden. Diese Forderungen sowie die sich hieraus ergebenden Bildungsprogramme und (geplanten) Änderungen in den relevanten Lehrplänen und Curricula sind jedoch immer nur ein Teilschritt für die Planung und Durchführung von Unterricht. Die eigentliche Umsetzung und Gestaltung von Verbraucherbildung erfolgt durch die unterrichtenden Lehrkräfte und ist abhängig von deren professionellem Selbstverständnis. Ein kurzer theoretischer Aufriss des Forschungsstandes zum professionellen Lehrerhandeln steht im Mittelpunkt des folgenden Kapitels. Besondere Aufmerksamkeit gilt dabei der Bedeutung des (Lehrer)Wissens für die (Lehrer)Professionalität.

In der deutschsprachigen Debatte dominieren vor allem zwei Ansätze die Diskussion um die Frage, worin die Professionalität des Lehrers besteht und wie sie sich entwickelt (Reinhardt 2009: 24; Weschenfelder 2014: 17): der vor allem auf Oevermann (1996, 2002), aber auch Helsper (2002, 2007) basierende strukturtheoretische Ansatz sowie der durch die pädagogische Psychologie geprägte kompetenztheoretische Ansatz (Baumert/Kunter 2006). Obwohl bisher meist die Differenz beider Ansätze betont wird (anschaulich vor allem bei Baumert/Kunter 2006), zeigen sich zwischen struktur- und kompetenztheoretischer Professionalisierungstheorie auch Verbindungspunkte (Helsper 2007: 576), die insbesondere in der Bedeutung der die professionelles Lehrerhandeln strukturierenden Wissensbestände liegen. Sowohl Struktur- als auch Kompetenztheoretiker betonen, dass jenseits fachlicher Wissensbestände auch implizite Wissensbestände, die sich aus Erfahrung (Strukturtheorie) bzw. Überzeugungen (Kompetenztheorie) entwickeln, Handeln prägen. Als „blinder Fleck" erscheint jedoch vor allem bei der Auseinandersetzung mit dem kompetenztheoretischen Professionsmodell dessen zu individualistisches Konzept von Wissen, das die soziale Bedingtheit des Wissens vollkommen ausblendet. Dies gilt in besonderem Maße für alltagsweltlich geprägte Wissensbestände wie jene zum Themenfeld Konsum. Insofern erscheint eine Integration wissenssoziologischer Theorie in die kompetenz- und strukturtheoretischen Ansätze der Lehrerprofessionalität dringend geboten. Eine solche Integration geht über ein Nebeneinander wissenssoziologischer und kompetenztheoretischer Auslegung des Begriffs der Vorstellung hinaus, wie sie beispielsweise in empirischen Untersuchungen im Bereich der Deutsch-Didaktik vorzufinden sind (Scherf 2013: 17-42).

Im nachfolgenden Kapitel sollen zunächst die beiden Professionalisierungsmodelle in ihren Grundzügen vorgestellt und kritisch diskutiert werden. Im An-

© Springer Fachmedien Wiesbaden GmbH, ein Teil von Springer Nature 2019
F. Wittau, *Verbraucherbildung als Alltagshilfe*,
https://doi.org/10.1007/978-3-658-27969-1_2

schluss erfolgt die Darstellung wissenssoziologischer Implikationen, die dazu beitragen können, die Modelle zusammenzuführen und Lehrerwissen in den es generierenden sozialen Kontext einzubetten. Die knappe Einführung in den theoretischen Diskussionsstand zur Lehrerprofessionalität kann zugleich als methodologische Grundlage der Interviewstudie mit sozialwissenschaftlichen Lehrkräften, deren Ergebnisse sich in den Kapiteln 6 und 7 finden, betrachtet werden. Sie trägt damit zu einer systematischen Verzahnung theoretischer und empirischer Erkenntnisse bei, denn ein spezifisches Konzept von professionellem Lehrerhandeln ist durch empirische Forschung allein nicht zu gewinnen (Terhart 2001: 58).

2.1 Modelle professionellen Lehrerhandelns

Der Begriff der Professionalität bzw. Professionalisierung[6] erscheint sowohl im Alltagsverständnis als auch den gängigen Definitionen der Professionssoziologie folgend als ein positiv konnotierter. Die Frage danach, ob das Lehramt als ein professionalisierter Beruf zu verstehen sei oder nicht, kann unter diesen Umständen durchaus wertender Natur sein. Die Antwort auf diese Frage fällt jedoch keinesfalls eindeutig aus, insbesondere wenn man bedenkt, dass Professionalisierung bzw. Professionalität weder mit Verberuflichung[7] noch mit Verwissenschaftlichung gleichzusetzen sind.

In der Theoriediskussion finden sich zahlreiche Standpunkte, die von der Annahme, das Lehramt sei ein Beruf wie jeder andere auch (Döring 1990: 11), über die Aussage, es handele sich um eine Semi-Profession[8] (Daheim 1992: 26), bis hin zur Annahme, das Lehramt sei eindeutig unter die Professionen bzw. zu professionalisierenden Berufe (siehe die nachfolgenden Teilkapitel) zu subsumieren, reichen. Anstoß nimmt diese Diskussion vor allem an den klassischen Merkmalskatalogen, anhand derer Professionen von anderen Berufen differenziert werden sollen. Folgende Kennzeichen werden benannt (Dewe et al. 1992a: 14; Pfadenhauer/Sander 2010: 362; Schmeiser 2006: 301):

---

[6]   Vgl. zur Differenzierung der Begriffe Profession, Professionalisierung und Professionalität Nittel (2004: 342).

[7]   Dennoch gilt festzuhalten, dass die notwendige, wenngleich nicht hinreichende Bedingung der Entwicklung einer Professionstheorie für pädagogische Aufgabenfelder, insbesondere für den Lehrerberuf, die Verberuflichung des Erziehens und die damit einhergehende Herausbildung eines eigenständigen Sektors institutionalisierter Erziehung und Bildung ist (Dewe et al. 1992a: 7).

[8]   „Kennzeichnend für diese Berufsgruppe ist […] eine spezifische Nähe zu den (eigentlichen) Professionen; diese Nähe erscheint aber zugleich als Inferiorität. […] Die Semi-Professionen machen aus den Professionen erst eigentliche." (Wernet 2003: 19)

(1) berufsspezifisches, i.d.R. im Rahmen einer wissenschaftlichen Ausbildung erworbenes Wissen,

(2) Gemeinwohlorientierung statt Eigeninteresse,

(3) exklusive, institutionalisierte Berechtigung zur Berufsausübung,

(4) Freiheit von Fremdkontrolle durch Staat oder Laien/Klienten und damit einhergehend eine vergleichsweise große Autonomie in der Berufsausübung sowie

(5) Eingebundenheit in Berufsverbände zur Selbstverwaltung, die diese Autonomie gewährleisten und

(6) ein hohes Sozialprestige mit entsprechender wirtschaftlicher Entlohnung.[9]

Die Professionalisierungsdebatte um den Lehrerberuf fokussierte vor allem während ihrer Anfänge in den späten 1960er-Jahren den erstgenannten Punkt. Daraufhin erfolgte eine zunehmende Verwissenschaftlichung und Akademisierung der Lehrerausbildung (Terhart 2001: 91ff.). Es wurde bereits betont, dass Professionalität aber nicht mit Verwissenschaftlichung gleichzusetzen ist. Vielmehr handelte es sich Terhart zufolge um eine naive, „sachlich nicht gerechtfertigte szientifische Engführung der Diskussion" (1992: 106; Terhart 2001: 93), die die Spezifik des Lehrerberufs missachtet. Hinzukommt, dass wissenschaftliches Berufswissen nur eines der oben genannten Merkmale professionellen beruflichen Handelns darstellt. Insbesondere der Status des Lehrers als Beamter bzw. zumindest Angestellter des öffentlichen Dienstes widerspräche der notwendigen Autonomie in der Berufsausführung. Schließlich ist der (insbesondere verbeamtete) Lehrer seinem Dienstherren (dem Staat) gegenüber weisungsgebunden (Terhart 1992: 107f.).

Gerade das Scheitern eines (eindeutigen) Einordnungsversuchs anhand der aufgelisteten Merkmale führte dazu, dass alternative Professions- bzw. Professionalisierungstheorien entworfen wurden, die sich vor allem auf die besonderen Strukturen und die Logik des Lehrerhandelns sowie die dafür notwendigen Fähigkeiten konzentrieren (Dewe et al. 1992a: 12). Stichwörter, die in diesem Zusammenhang fallen, sind unter anderem die zahlreichen, oftmals mit Widersprüchen behafteten Berufsfacetten des Lehrers (Döring 1989: 351f.; Ulich 1995:

---

[9] Kritisiert wird aus professionssoziologischer Perspektive an diesen Merkmalskatalogen vor allem, dass es sich um ein rein deskriptives Instrument handele (Kurtz 2008: 138; Oevermann 2008: 56), das nicht zur Analyse der Strukturen und Besonderheiten professionellen Handelns in der modernen Gesellschaft geeignet sei. Schmeiser betont hingegen den Nutzen des Merkmalskatalogverfahrens unter dem Hinweis: „Kein einziger theoretischer Gedanke lässt sich entwickeln, wenn man nicht sicher ist, über was man spricht."

17f.), die komplexen Bezugsgruppen innerhalb und außerhalb der Organisation Schule oder die veränderten Rahmenbedingungen des Lehrerhandelns. Die die deutschsprachige Debatte dominierenden Ansätze sollen nachfolgend in den für die weitere Arbeit relevanten Aspekten näher vorgestellt und kritisch diskutiert werden, auch und insbesondere bezüglich ihrer methodischen Implikationen für die empirische Untersuchung.

2.1.1 Kompetenztheoretische Modelle professionellen Lehrerhandelns

2.1.1.1 Kompetenzrepertoires als Kern der Professionalisierungstheorie

Die pädagogisch-psychologische Diskussion über die professionelle Handlungs-kompetenz[10] von Lehrkräften fokussiert vor allem die kognitiven Strukturen, auf denen professionelles Lehrerhandeln aufbaut. Ein steigendes Interesse an diesen Denkmustern entwickelt sich spätestens seit Ende der 1980er-Jahre. Zurückge-führt wird diese Zunahme erstens auf den Paradigmenwandel in der Lehr-Lernforschung vom Behaviorismus zum Konstruktivismus. Der Gestaltung von Lehr-Lernprozessen wird über Denk- und Deutungsmuster Sinn verliehen, sie beeinflussen die im Rahmen des Lehrerhandelns getroffenen Entscheidungen und durchgeführten Handlungen (Fang 1996: 47; Calderhead 1996: 714; Nespor 1987; Richardson 1996: 105). Zweitens spielt die Anerkennung der Komplexität und Professionalität des Lehrerberufs, damit einhergehend aber auch der Profes-sionalisierungsbedürftigkeit des Lehrerhandelns (z.B. Baumert/Kunter 2006: 467; Fenstermacher 1994: 4; van Driel et al. 2007; Verloop et al. 2001: 442) eine entscheidende Rolle. Die auf dieser Annahme aufbauende wissenschaftliche Auseinandersetzung hat vor allem das Ziel, Merkmale professionellen Handelns zu erkennen sowie die dafür notwendigen Wissensstrukturen und Kompetenzen zu erfassen, um sie in einer „qualitätsvollen Lehreraus[- und Weiter]bildung" (Baumert/Kunter 2006: 467) vermitteln zu können. Insbesondere in der quantita-tiven empirischen Lehr-Lernforschung werden in diesem Zusammenhang zahl-

---

[10] Kompetenzen werden der gängigen Definition folgend verstanden als „die bei Individuen verfügbaren oder durch sie erlernbaren kognitiven Fähigkeiten und Fertigkeiten, um bestimmte Probleme zu lösen, sowie die damit verbundenen motivationalen, volitionalen und sozialen Be-reitschaften und Fähigkeiten, um die Problemlösungen in variablen Situationen erfolgreich und verantwortungsvoll nutzen zu können" (Weinert 2001: 27f.). Professionelle Handlungskompe-tenz von Lehrkräften bezieht sich dann insbesondere auf solche Situationen, die im Zusam-menhang mit der Planung, Durchführung und Reflexion von Unterricht stehen. Auf eine wei-terführende Darstellung des Kompetenzbegriffs sowie seiner Abgrenzung vom Wissensbegriff (insbesondere für die Lehrerprofessionsforschung) wird an dieser Stelle verzichtet (vgl. dafür z.B. Weschenfelder 2014: 46-52).

reiche Interventionsstudien durchgeführt, um die Merkmale gelingender Lehr-Lernprozesse zu erfassen[11]. Insgesamt wird den Annahmen der (Lehrer-)Professionalisierungsforschung folgend davon ausgegangen, dass Lehrkräfte im Zuge ihrer Professionalisierung durch die universitäre Ausbildung zertifiziertes Sonderwissen[12] sowie durch die Praxis generiertes Handwerkswissen („wisdom of practice", Shulman 1986: 9; 1987: 8) erwerben (Pfadenhauer/Broszewski 2008: 81). Sie verfügen demnach über umfangreiche Wissensbestände, die Zielsetzung, Gestaltung und Reflexion des Unterrichts in starkem Maße beeinflussen. Neben fachlich-inhaltlichem, pädagogischem und curricularem Wissen gehören zu diesen Beständen aber auch Überzeugungen und Werthaltungen (bzw. Beliefs[13,14]) (u.a. Aguirre/ Speer 2000: 331; Baumert/Kunter 2006: 482f.; Bromme 1992: 96ff; Calderhead 1996; Pajares 1992; Scherf 2013; Shulman 1991: 150ff.). Aufbauend auf dem in der deutschsprachigen pädagogisch-psychologischen Forschung vielfach zitierten Modell professioneller Handlungskompetenz von Baumert/Kunter (Abb. 1) erfolgt nachfolgend eine Auseinandersetzung mit den darin beschriebenen Kompetenzfacetten. Betrachtet werden dabei einerseits die unter dem Begriff des Professionswissens zusammengefassten Wissensinhalte und -formen sowie deren Entwicklung. Andererseits werden insbesondere Beliefs bzw. Überzeugungen, ihre Genese sowie ihre Bedeutung für das Lehrerhandeln beleuchtet. Neben Überzeugungen und Professionswissen spielen, wie in Abb. 1 ersichtlich, der kompetenztheoretischen Forschung zufolge auch motivationale Orientierungen sowie selbstregulative Fähigkeiten eine Rolle im Rahmen professionellen Leh-

---

[11]   Verloop et al. (2001) verweisen aufbauend auf der nachfolgend genauer zu schildernden Typologie professionellen Lehrerwissens auf die Grenzen klassischer Interventionsstudien, die oftmals nur einzelne Variablen des Lehrerhandelns ändern wollen. Kritisch betrachtet wird vor allem der damit einhergehende ausschnitthafte, mechanistische Blick auf das Lehrerhandeln (442), der eher einem behavioristischen Verständnis von Lehrerbildung entspricht.

[12]   „Sonderwissen ist – und genau dieser Aspekt markiert den Unterschied zu Allgemeinwissen – jener Teil des gesellschaftlichen Wissensvorrats, der nicht mehr allgemein zugänglich ist, sondern nur an Träger bestimmter Rollen [...] weitergegeben wird." (Pfadenhauer/Broszewski 2008: 81).

[13]   Die Begriffe Beliefs und Überzeugungen werden nachfolgend synonym verwendet.

[14]   Neben den Begriffen Überzeugung bzw. teacher beliefs dominierte in der deutschsprachigen, vor allem pädagogisch-psychologischen Lehrerprofessionsforschung über viele Jahre der Begriff der subjektiven Theorie nach Groeben/Scheele (1988). An ihm wurde aber zunehmend Kritik geäußert, unter anderem da der Status einer Theorie der Wissenschaft vorbehalten sei, eine Theorie mithin also objektiv, nicht aber subjektiv gelten könne. Hinzu kommt, dass entgegen der Annahme des von Groeben und Scheele initiierten „Forschungsprogramm Subjektive Theorien (FST)" (ebd.; Groeben et al. 1988) nicht jede Handlung intentional und damit unter Verwendung einer individuellen Theorie stattfindet. Dies betrifft vor allem Alltagshandeln (vgl. zur Kritik Kunze 2004: 52ff.).

rerhandelns. Sie sind „für die psychische Dynamik des Handelns, die Aufrechterhaltung der Intention und die Überwachung und Regulation des beruflichen
Handelns [...] verantwortlich" (Baumert/Kunter 2006: 501). Wenngleich die
damit einhergehende Reflexivität als Schlüsselkompetenz von Professionalität
gilt (Combe/Kolbe 2008: 859), stehen im Mittelpunkt der durchzuführenden
empirischen Untersuchung und der nachfolgenden theoretischen Untersuchungen
Wissen und Überzeugungen.

Die Differenzierung der verschiedenen Wissensbereiche bzw. -inhalte, die zur
von Baumert und Kunter sogenannten Kompetenzfacette des Professionswissens
gehören, baut weitestgehend auf der Arbeit von Shulman (1986; 1987; 1991) auf.
Neben allgemein-pädagogischem Wissen, das bereits in den 1980er Jahren als
bedeutsam für erfolgreiches Lehrerhandeln anerkannt wird, betont Shulman vor
allem die Relevanz der fachlichen Grundlagen für „guten Unterricht"[15]. Er entwickelte die folgende Wissenstypologie (1987: 8; vgl. zu einer ähnlichen Typo-
logisierung Bromme 1992: 96f.[16]):

(1) *content knowledge* (Fachwissen)

(2) *general pedagogical knowledge* (allgemeines pädagogisches Wissen)

(3) *curriculum knowledge* (curriculares Wissen über Materialien und Bil-
    dungsprogramme)

(4) *pedagogical content knowledge* (fachdidaktisches Wissen)

(5) *knowledge of learners and their characteristics* (Wissen über die Lerner
    und die Psychologie des Lernens)

(6) *knowledge of educational contexts* (organisationstheoretisches Wissen)

---

[15]   Shulman (1986: 6) hebt hervor, dass die bisherige Lehrerprofessionalisierungsforschung in der
        Regel zu stark auf allgemeindidaktische forschungsleitende Fragestellungen fokussiert sei. Die
        mangelnde Auseinandersetzung mit den fachlichen Grundlagen des Unterrichts ist ein „missing
        paradigm" in der Professionsforschung.

[16]   Bromme differenziert auf Basis einer empirischen Untersuchung mit Mathematiklehrern v.a.
        den Bereich des content knowledge weiter aus in Fachliches (= akademisches) Wissen, schul-
        fachliches Wissen sowie Wissen über die Philosophie des Schulfaches. Letzteres meint die
        Vorstellungen darüber, warum ein Fach nützlich ist und welche Bedeutung es sowohl zu ande-
        ren (Fach)Wissensbeständen als auch im Alltag erlangt. „Es geht hier also um die *Konstruktion
        des sozialen Sinns* des jeweiligen Schulfachs, also darum, wofür das Fach und das fachliche
        Wissen notwendig und wichtig ist, also um seine Bedeutung für die *soziale Welt* und um eine
        Bewertung des jeweiligen Faches *im Rahmen sozialer und kultureller Entwürfe*" (Helsper
        2002: 72, Hervorh. FW). In dieser Interpretation Helspers zeigt sich, was weiter unten näher
        ausgeführt wird: Lehrerwissen entwickelt sich nicht in einem sozialen Vakuum, sondern ist
        durch soziale Aushandlungsprozesse (im konkreten Fall über die Fachkultur) geprägt.

(7) *knowledge of educational ends, purposes, and values, and their philosophical and historical grounds* (bildungstheoretisches Wissen).

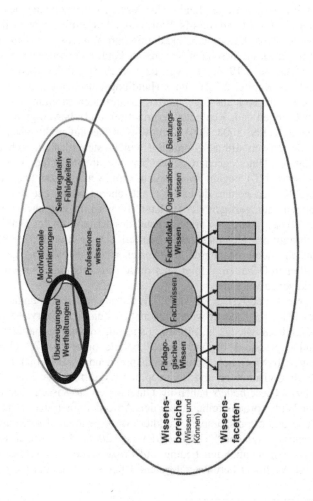

Abbildung 1: Pädagogisch-psychologisches Modell professioneller Handlungskompetenz/ Professionswissens (adaptiert nach Baumert/Kunter 2006: 482)

2.1.1.2 Der Einfluss von Überzeugungen auf professionelles Lehrerhandeln

Die in dieser Topologie aufgelisteten Wissensbestände beruhen sowohl auf fachlich-theoretischer Auseinandersetzung als auch auf praktischen Lehrerfahrungen. Jenes in der Praxis generierte Handwerkswissen ist kennzeichnendes Merkmal der Professionalität des Lehrerberufs. Professionelle Berufe zeichnen sich gerade nicht durch die sture Anwendung akademischen Wissens, sondern durch das Vorhandensein eines umfassenden Korpus an kontextspezifischem Handwerkswissen aus (Calderhead 1996: 717, vgl. dazu auch die strukturtheoretische Professionsforschung Kapitel 2.1.2). Jenes Handlungsentscheidungen beeinflussende Praxiswissen setzt sich aus abgelagerten Erfahrungen zusammen, die als typische Musterlösungen zur Realitätsinterpretation und -bewältigung eingesetzt werden (Combe/Kollbe 2008: 864). Gerade weil das auf praktischen Erfahrungen beruhende Wissen oftmals implizit Handeln steuert, stellt sich die Frage seiner qualitativen Unterlegenheit gegenüber dem theoretischen Wissen. Fenstermacher (1994: 47f.) negiert dies. Auch Handwerkswissen kann als quasi-epistemisches Wissen gelten, da es im praktischen Diskurs zur Rechtfertigung von Handlungen herangezogen werden kann. Es wird im Vergleich zum wissenschaftlichen Wissen allerdings nicht anhand des Kriteriums der Wahrheit, sondern am Kriterium der Angemessenheit beurteilt (Dewe et al. 1992c: 84). Wenngleich demnach andere Standards zur Absicherung des Wissens gelten als in wissenschaftlichen Debatten, erfolgt über diese Anerkennung dennoch eine Aufwertung praktischen Wissens.

Zeitgleich grenzt Fenstermacher damit Wissen von Überzeugungen ab: „It (knowledge) is [...] a concept with legitimating qualities; everyone has beliefs and opinions, but knowledge is something special, something that elevates one's thoughts and expressions beyond "mere" beliefs or opinion."[17] (1994: 33f.). Überzeugungen bzw. Beliefs sind dementsprechend zwar subjektiv für wahr gehaltene Weltanschauungen und Philosophien (Aguirre/Speer 2000: 332; Pajares 1992: 309). „Diese *beliefs* haben im Unterschied zu Wissen aber weder den Kriterien der Widerspruchsfreiheit noch den Anforderungen der argumentativen Rechtfertigung und der diskursiven Validierung zu genügen. Es genügt der individuelle Richtigkeitsglaube." (Baumert/Kunter 2006: 497; Richardson 1996: 103). Daher bauen sie auch nur bedingt auf Prozessen der Lehreraus- und Weiterbildung auf. Vielmehr beruhen zahlreiche Überzeugungen zur Gestaltung von

---

[17]   Die Abgrenzung von Beliefs und praktischem Wissen ist jedoch nicht immer trennscharf. So betont Kagan (1992: 75) die Nähe des praktischen Wissens zu Beliefs vor allem damit, dass Beliefs sich eher aus Erfahrungen der eigenen Praxis als aus der Rezeption von Forschungsergebnissen entwickeln und auf diesem aufbauen (siehe dazu und zur Abgrenzung von Beliefs und Praxiswissen auch Fenstermacher 1994).

Lehr-Lernprozessen auf jenen Erfahrungen, die Lehrer in der Rolle des Schülers gesammelt haben (Besand 2009; Richardson 1996: 105; Woolfolk et al. 2006: 716). Beliefs liegen oftmals implizit vor und beinhalten Annahmen über die Lernenden, ganze Klassen, das Material, den Inhalt, seine thematische Struktur, geeignete Vermittlungsmethoden, Lernziele sowie Wege der Leistungsüberprüfung und Evaluation (Kagan 1992: 67). Sie decken damit die gesamte Bandbreite professioneller Handlungsfelder von Lehrkräften ab.

Teacher Beliefs, also jene Überzeugungen, die Lehr-Lern- sowie Bildungsprozesse im weiteren Sinn betreffen, sind in der Regel Teil umfassenderer Überzeugungssysteme, die auch Überzeugungen zu nicht-professionellen Handlungsfeldern einschließt (van Driel et al. 2007: 157, Pajares 1992: 325). Des Weiteren sind Überzeugungen oftmals affektiv und evaluativ statt kognitiv geprägt und werden eher in episodischen statt logisch-semantischen Strukturen gespeichert (Nespor 1987: 319f., Pajares 1992: 309). Gerade diesen strukturellen Eigenschaften der Belief systems wird für die Planung und Gestaltung verbraucherbildenden Unterrichts Bedeutung zugesprochen. So könnten einprägsame Erfahrungen, die in der alltäglichen Rolle des Konsumenten gemacht werden, Entscheidungen über Auswahl der Inhalte und Ziele der Konsumbildung ebenso beeinflussen wie Überzeugungen hinsichtlich des Konsumverhaltens der Lernenden.

Die bisherige Forschung zu Überzeugungen hat nachgewiesen, dass diese (zumindest in Teilen) handlungsrelevant für die Unterrichtsplanung und -durchführung sind: in komplexen Bereichen wie der Gestaltung von Unterricht steuern sie Handlungen oftmals sogar stärker als kognitives Wissen (Helmke 2009: 117)[18]. Überzeugungen und Wertauffassungen beeinflussen im Rahmen des Lehrerhandelns die Gewichtung von Handlungszielen und die Wahrnehmung relevanter und damit zu bearbeitender Probleme (Bromme 1992: 93; Fang 1996: 51; Richardson 1993: 103). Sie steuern bereits während des Ausbildungsprozesses, aber auch darüber hinaus, welches Wissen als relevant wahrgenommen wird, gespeichert wird und damit überhaupt handlungsleitend wirken kann (Blömeke 2003: 107; Nespor 1987: 322ff., Pajares 1992: 326).

Der pädagogisch-psychologischen Lehr-Lernforschung folgend sind Überzeugungen mithin bedeutsame Parameter in der Gestaltung in pädagogischen Handlungsfeldern. In scharfem Kontrast hierzu steht ein Großteil der auf dem Modell

---

[18] Der Annahme, Überzeugungen seien handlungssteuernd, wird unter anderem von Olafson/Schraw (2006: 79f.) nur begrenzte Geltung zugesprochen. Ebenso wie Zeichner et al. (1987: 49ff.) wiesen sie in empirischen Untersuchungen nach, dass kulturelle, vor allem aber institutionelle Beschränkungen zu einem Widerspruch zwischen geäußerten Beliefs und den tatsächlich durchgeführten Handlungen führen. So kann bspw. die herrschende Lernkultur in Schulen die Wahl bestimmter Vermittlungsmethoden begrenzen oder sogar verhindern.

aufbauenden (vorrangig quantitativen) Forschung, die sich vorrangig auf die Facetten des Professionswissens beschränkt. Diese Eingrenzung lässt sich nicht zuletzt auch auf forschungspragmatische Gründe zurückführen. Insbesondere die emotional-affektive Prägung sowie episodische Strukturierung von Beliefs lassen sich nur bedingt in quantitativen Untersuchungen erfassen. Ihr Einfluss auf die Auswahl der als relevant betrachteten Bildungsziele und -inhalte sowie die Bedeutung alltags- und nicht professionsbezogener Beliefs machen sie aber zu zentralen Untersuchungsgegenständen für die Frage nach der Professionalität im Lehramtsberuf im Allgemeinen sowie für die vorliegende Arbeit im Besonderen. Im Mittelpunkt dieser stehen Fragen nach den die Unterrichtsplanung, -gestaltung und -reflexion beeinflussenden Konsumleitbildern sowie nach weiteren, die konsumentenbildenden Prozesse (un)mittelbar betreffenden Überzeugungen.

2.1.1.3 Grenzen der kompetenztheoretischen Professionstheorien

Als Defizit des hier vorgestellten kognitionspsychologischen Ansatzes der Lehrerprofessionsforschung wird zunächst seine „egologische Überpointierung" (Radtke 1996: 53) betrachtet. „In dieser […] Lesart wird der Bereich des Alltags(-bewußtseins) im Gegensatz zu dem ursprünglich phänomenologischen Konzept ganz eng an die subjektive Perspektive des Handelnden gebunden und mit dem Attribut des Falschen bzw. des Naiven zusammengebracht" (ebd.: 55f.). Die soziale Bedingtheit des Handelns und die kognitive Verarbeitung der sozialen Wirklichkeit werden ausgeblendet. Wissenserwerb aber findet nicht im sozialen Vakuum statt, sondern orientiert sich an anderen, an der sozialen Bezugsgruppe sowie den institutionellen Kontexten. (ebd.: 57; Dewe et a. 1992b: 87f.; Schommer-Aikins 2002: 232). So werden etwa Lösungen für typisch pädagogische Handlungsprobleme auch kollektiv und damit berufskulturell entwickelt und vermittelt (Combe/Kolbe 2008: 865).

Des Weiteren missachtet das vorgestellte Modell, wenngleich es sehr nahe am Unterrichten als „Kerngeschäft" des Lehrers ist (Reinhardt 2009: 24), die der Lehrerrolle innewohnende Konfliktstruktur, die seine Handlungen ebenso prägt wie Wissen und Überzeugungen. Nachstehend wird daher zunächst mit der strukturtheoretischen Professionstheorie ein soziologischer, die sozialen Handlungsbedingungen des Lehrerberufs berücksichtigender Ansatz eingeführt, ehe eine wissenssoziologische Rahmung beider Theorien erfolgt, die die kollektiven Entwicklungsbedingungen des Lehrerwissens in den Blick zu nehmen ermöglicht.

2.1.2 Strukturtheoretisches Modell professionellen Lehrerhandelns

2.1.2.1 Krisenbewältigung als Kern der Professionalisierungstheorie

Strukturtheoretische Professions- bzw. Professionalisierungstheorien befragen das Lehrerhandeln nach seiner speziellen Strukturlogik, die sich in Reaktion auf das zu bearbeitende Handlungsproblem entwickelt. Ihr Anliegen ist es in der Regel nicht, den Professionalisierungsgrad eines Berufsstandes[19], sondern vielmehr seine generelle Professionalisierungsbedürftigkeit festzustellen (Schmeiser 2006: 304, Oevermann 2002: 20). Gerade in diesem Anspruch liegt die Attraktivität des Modells für die Analyse pädagogischer Berufe. Sein Fokus ist das berufliche Handeln selbst, nicht dessen äußerliche Merkmale, die mithilfe eines Abgleichs mit dem oben genannten Merkmalskatalog zur Einschätzung von Professionalität eines Berufsfeldes führen (Wernet 2003: 20). Professionalisierungsbedürftig ist berufliches Handeln entsprechend der strukturtheoretischen Professionsforschung verkürzt gesagt dann, wenn das zentrale Handlungsproblem in der stellvertretenden Krisenbewältigung[20] und den ihr inhärenten Widersprüchen liegt. Das Lehrerhandeln – so viel sei vorweggenommen – ist

---

[19] Der Professionalisierungsgrad eines Berufsstandes wird auch in der Strukturtheorie mithilfe der Taxonomien aus Kapitel 4.1 bestimmt. Liegt eine entsprechende Institutionalisierung der beruflichen Handlungspraxis vor, werden aus Berufen Professionen (Oevermann 2002: 21; Wernet 2003: 35). Professionalisierungsgrad und Professionalisierungsbedürftigkeit können in zwei Richtungen auseinanderfallen. Sowohl können professionalisierungsbedürftige Berufe nicht professionalisiert sein als auch professionalisierte Berufe nicht professionalisierungsbedürftig sein. Prototyp für ersteres ist Oevermann zufolge das Berufsfeld der Lehrer, Prototyp für letzteres das der Ingenieure (2002: 21, 33).

[20] Aus (professions)soziologischer Perspektive kann und sollte an dieser Stelle die Klassifizierung des Oevermannschen Professionsverständnisses als (zumindest ausschließlich) strukturtheoretisch in Frage gestellt werden. Die Krisenbewältigung als Kern der Professionstheorie findet ihre Wurzeln weniger in der strukturalistischen als vielmehr in der pragmatistischen Theorie. Die Grundannahme, die zum Label strukturtheoretisch geführt hat, ist, dass das Lehrerhandeln durch bestimmte wiederkehrende Strukturen geprägt sei (siehe Kapitel 2.1.2.2). Ausgehend von der Annahme, diese Strukturen seien dem Lehrerhandeln vorgeordnet, ist die Klassifizierung als strukturtheoretisch nachvollziehbar. Wenn aber berücksichtigt wird, dass Lehrerhandeln oftmals routinisiert verläuft und die Routinen, die letztlich auch fachdidaktisch begründet sind und in der Lehrerausbildung gelehrt werden, gelingen, muss in Frage gestellt werden, ob das Handeln immer durch die angegebenen Widersprüche geprägt ist, oder ob sich diese nicht wiederholt in bestimmten Situationen materalisieren, die dann als krisenhaft zu betrachten sind. Dieser Prämisse folgend ist die Oevermann'sche Professionalisierungstheorie pragmatistisch. Das Gewahr werden der Krise findet dann nämlich im konkreten Handlungsvollzug statt, hier bilden sich Bewusstsein, Erkenntnisse und Bedeutungen aus (Schubert 2013: 345). Immer dann, wenn die Routinen nicht mehr greifen, die in der Lebenswelt gegebenen Bedeutungen als nicht mehr zur jeweiligen Handlungssituation passen und nicht induktiv vom je konkreten Fallwissen ausgegangen werden kann, muss kreativ nach Möglichkeiten zur Krisenlösung gesucht werden.

Oevermann als einem der Hauptvertreter der Strukturtheorie zufolge in seiner grundsätzlichen Strukturlogik professionalisierungsbedürftig, aber nicht professionalisierungsfähig (siehe Fn. 24). Das nachfolgende Kapitel wird sich auf den Aspekt der Professionalisierungsbedürftigkeit und nicht auf den ohne Zweifel (vor allem schulpädagogisch, institutionell und auch methodisch) sehr erhellenden Diskurs zur Professionalisierungsfähigkeit konzentrieren. Dies liegt nicht zuletzt darin begründet, dass der darin enthaltene strukturelle Blickwinkel auf das System Schule als entscheidende Erweiterung zum subjektiv geprägten Blickwinkel der pädagogisch-psychologischen Theorien verstanden wird. Krisenbewältigung[21] erscheint immer dann notwendig, wenn routinierte Alltagspraxis nicht mehr greift, eigenständige – in den Worten Oevermanns autonome – Lebenspraxis mithin nicht mehr möglich ist. In Situationen der Krise bedarf der Laie der Unterstützung durch Professionelle, die die Aufgabe haben, autonome Lebenspraxis (wieder)herzustellen. Das klassische Beispiel ist die Gewährleistung psychosomatischer Integrität im Rahmen der Arzt-Patienten-Beziehung. Die durch physische bzw. psychische Krankheit gefährdete autonome Lebenspraxis wird durch das professionelle Eingreifen des Arztes wiederhergestellt, die Krise in Form der Krankheit im Rahmen der therapeutischen Beziehung bewältigt. Es handelt sich hierbei eindeutig um eine retrospektive Krisenbewältigung. Hierin besteht auch der zentrale Unterschied zur Krisenbewältigung durch Pädagogen bzw. Lehrer. Ihre Aufgabe ist prospektiver Natur[22] und besteht vielmehr darin, autonome Lebenspraxis überhaupt zu gewährleisten (Oevermann 1996: 80).

> „[Das pädagogische Handeln] kristallisiert sich [...] in seiner inneren Notwendigkeit um die sozialisatorisch eingeschränkte Funktion der Vermittlung von Wissen, Tradition und Technik - um die Vermittlung jener Inhalte, die [...] durch naturwüchsige Sozialisation in der Familie [...] nicht mehr hinreichend gewährleistet wird, so daß die Gesellschaft

---

[21]   Entscheidend ist, dass die Krise, nicht die Routine, der Normalfall professionellen Handelns sei. Dies mag auf den ersten Blick überraschen, schließlich gilt die Krise in der Praxis als „zu vermeidender Grenzfall" (Oevermann 2008: 57). Oevermann aber versteht „unter Krise ganz einfach das je Überraschende und Unerwartete [...], das sich aus der Zukunftsoffenheit des Ablaufs von Praxis und der damit verbundenen Ungewissheit ergibt." (ebd.)

[22]   Wernet (2003: 40) verweist darauf, dass der zentrale Unterschied zwischen ärztlicher und pädagogischer Krisenlösung nicht nur in der jeweils retro- bzw. prospektiven Ausrichtung liegt. Dies kann nicht zuletzt darauf zurückgeführt werden, dass gerade in einem auf Eigenverantwortung setzendem Gesundheitssystem (siehe Kapitel 3.3.2) medizinische Prophylaxe als immer bedeutsamer betont wird. Pädagogische Prophylaxe aber ist im Unterscheid zur medizinischen, krankheitsvorbeugenden Prophylaxe im Wesentlichen auf sich selbst gerichtet: „Sie ist es ja, die als potentieller Kriseneinfluss ‚krankheitsauslösend' angesichts der Rollen- und Identitätsinstabilität des Schülers konzipiert ist" (ebd., Helsper 2002: 74). Sofern professionelles pädagogisches Handeln also gelingt, ist es unsichtbar. Erst wenn es scheitert, wird es sichtbar.

für ihre eigene Reproduktion Instanzen der expliziten Vermittlung durch methodische Unterweisung bereitstellen muß." (ebd.: 143)

Insbesondere die die Wissensgesellschaft kennzeichnende Zunahme des gesamtgesellschaftlichen Wissens ist die Voraussetzung dafür, dass die routinierte Alltagspraxis der familialen Sozialisation eine autonome Lebenspraxis nicht mehr gewährleisten kann, sondern auf externe Hilfe in Form der Institution Schule angewiesen ist.

Nun kann allerdings kritisiert werden, dass bloße Wissensvermittlung, die auch Oevermann als „fraglos [primäre] Funktion" (2002: 37, 1996: 145) des Unterrichts betrachtet, nicht per se zu Situationen mit Krisencharakter führt (Kritik z.b. bei Baumert/Kunter 2006: 472ff., Wernet 2003: 38f.). Oevermann löst diese Problematik, indem er neben Wissens- und auch Normvermittlung eine dritte Funktion des Lehrerhandelns setzt, die sich aus der sozialen Beziehung zwischen Lehrer und Schüler ergibt: die quasi-therapeutische Funktion. Diese Funktion ist, gerade im Vergleich mit der therapeutischen Funktion des Mediziners, zwar latent und prophylaktisch. Entscheidend ist Oevermann zufolge aber, dass sie objektiv Bestandteil des beruflichen Handelns der Lehrer ist, unabhängig davon, ob sich diese der therapeutischen Funktion bewusst sind oder nicht, unabhängig davon, ob sie diese Funktion übernehmen wollen oder nicht (2002: 38f.).

2.1.2.2 Lehrerprofessionalität als Ausbalancierung von Widersprüchen

Die quasi-therapeutische Funktion des Lehrerhandelns ergibt sich aus der ihm zugrunde liegenden Handlungsstruktur. Gerade weil Lehrerhandeln, wie anderes professionalisierungsbedürftiges berufliches Handeln auch, nicht standardisierbar ist, also fallangemessene Problemlösungen statt deduktiv technischer Wissensanwendung verlangt, muss Unterricht notwendigerweise auf einer sozialen Beziehung zwischen Lehrer und Schüler aufbauen. Diese soziale Beziehung ist durch verschiedene Widersprüche (bei Helsper 2002: Antinomien, bei Reinhardt 2009 Konfliktstruktur) gekennzeichnet. Aus einer Synthese der verschiedenen strukturtheoretischen Zugänge zum Lehrerhandeln (insb. Oevermann, Helsper) ergeben sich die folgenden Widersprüche, die im professionellen Handeln ausbalanciert werden müssen:

- *Entscheidungsdruck vs. Begründungspflicht*: Gerade die (latente) Krisensituation erfordert oftmals, dass (trotz offener Zukunft) Entscheidungen getroffen werden müssen, ohne dass ausreichend Zeit zur Reflexion möglicher Auswirkungen der getroffenen Entscheidungen zur Verfügung stünde. Gerade das Risiko der Fehlentscheidung bringt aber das Erfordernis abgesicherter, legitimierter Begründung des Handelns mit sich (Oevermann 1996: 77; Helsper 2002: 77),

- *Wissenschaft vs. Praxis*: professionelles Handeln beruht zwar auf im Rahmen einer wissenschaftlichen Ausbildung erworbenem Wissen, allerdings kann dieses Wissen nicht uneingeschränkt in Praxis übersetzt werden. Professionelles Handeln kann „nicht durch theoretische Indoktrination und den Erwerb von Buchwissen erlernt werden, sondern nur durch praktische Einübung in eine Kunstlehre und Handlungspraxis" (Oevermann 1996: 123, Helsper 2002: 78),

- *Subsumtion vs. Rekonstruktion*: Professionelles Handeln bezieht sich immer auf Fälle. Einerseits ist es im Sinne der Krisenlösung notwendig, diese Fälle zu klassifizieren, um überhaupt nach potenziellen Lösungen suchen zu können. Andererseits besteht damit immer die Gefahr, die Spezifität des jeweiligen Falles aus den Augen zu verlieren und damit eine fallangemessene Lösung zu behindern (Helsper 2002: 78f.; Oevermann 2002: 31),

- *Vermittlungsversprechen vs. Ungewissheit*: Für Lehrer gilt, dass ihr Vermittlungsversprechen – die Ermöglichung eines autonomen Lebens für den Schüler – nicht nur nicht garantiert werden kann, sondern vielmehr „der Logik einer ‚Gift-Gegengift'-Intervention" (Oevermann 1996: 132) folgt. „Für Lehrer bedeutet dies, dass sie das kognitive Niveau, die erreichten Kompetenzen und Wissensbestände von Schülern immer wieder unter Veränderungsdruck setzen müssen, die erreichten Deutungs- und Erklärungsmuster immer wieder zu irritieren haben und damit systematisch [...] als Krisenauslöser fungieren müssen." (Helsper 2002: 80f.),

- *routinisierte Entlastung vs. routinisierte Erstarrung*: Professionelles Lehrerhandeln ist insbesondere aufgrund von Entlastungsmöglichkeiten auf strukturelle Rahmenbedingungen der Organisation Schule angewiesen. Diese können jedoch je nach subjektivem Empfinden sowohl als Erleichterung als auch als Begrenzung eigener Handlungsmöglichkeiten wahrgenommen werden (Hericks 2006: 134),

- *strukturell gegebene Asymmetrie vs. strukturell erforderliche Symmetrie*: Die Beziehung Lehrer/Schüler ist wie andere Professionelle-Klienten-Beziehungen auch durch Machtgefälle geprägt. Im Rahmen der Beziehung Lehrer/Schüler ergibt sich dieses Gefälle nicht zuletzt auch aus der Selektionsfunktion von Schule (vgl. zur Konfliktstruktur Selektion vs. Förderung Reinhardt 2009: 24). Problematisch wird dieses Machtgefälle vor allem, weil eine lösungsorientierte Gestaltung eine freiwillige Zusammenarbeit und damit eine eher symmetrische Beziehung voraussetzt (Unterricht mit den Schülern, nicht gegen die Schüler).

– *rollenförmige vs. diffuse Beziehungsanteile*: Im rollenförmigen Handeln treten sich Lehrer und Schüler ausschließlich distanziert in ihren Rollen (eben Lehrer und Schüler) gegenüber. Damit einher gehen klare Rollendefinitionen und -erwartungen. Diffusität dagegen bedeutet, dass sich Lehrer und Schüler als ganze Person gegenübertreten und somit auch solche Inhalte thematisieren und auf Verhaltensweisen zurückgreifen (sollen), die im ausschließlichen Rollenhandeln als unangemessen, da entgrenzend gelten würden (Oevermann 1996: 110f.; 2002: 42f.; Helsper 2002: 83f.)[23]. An diese Distanz schließen sich weitere Widersprüche an, insbesondere die Beachtung von im Rollenhandeln als angemessen geltende Organisations- und Verfahrensregeln vs. eine eher der diffusen Beziehung zuzuordnende Offenheit und Flexibilität (Helsper 2002: 84)

– *Autonomie vs. Heteronomie*: Die zentrale Aufgabe des Lehrerhandelns ist es, ein zukünftiges autonomes Leben des Schülers zu ermöglichen. Der Schüler muss damit sukzessive an Autonomie herangeführt werden, dies allerdings in einem institutionellen Rahmen, der vielmehr durch Heteronomie und Machtasymmetrie gekennzeichnet ist (Heslper 2002: 85; Oevermann 2008: 63)[24].

---

[23] Oevermann zufolge sind Schüler bis zum Ende der Adoleszenzphase weder in der Lage, ausschließlich rollenförmig zu handeln noch sei dies erstrebenswert. Dies liegt nicht zuletzt daran, dass im vorschulischen Feld familialer Beziehungen ausschließlich diffuse Beziehungen eingegangen werden, die Rolle des Schülers mithin die erste spezifische Rolle ist, die das Kind einnimmt (2008: 71) und auch einnehmen sollte. „[S]owohl die entwicklungspsychologische Stufenfolge in der Ausbildung der Voraussetzungen für diesen Wissenserwerb als auch die altersangemessene Systematisierung curricularisierbarer Lernprozesse lassen eine solche Delegation [des systematischen Wissenserwerbs, FW] vor dem Abschluss des vierten Lebensjahres als wenig dringlich erscheinen." (2002: 47, 1996: 149).

[24] Entscheidend für die Frage nach der Professionalisierungsfähigkeit sind Oevermann zufolge insbesondere die letzten beiden Widersprüche bzw. Antinomien. Während insbesondere die widersprüchliche Einheit von rollenspezifischen und diffusen Beziehungsanteilen ein fruchtbares Arbeitsbündnis zwischen Lehrer und Schüler erst ermöglicht (Oevermann 2002: 43), da vor allem in den diffus-partikularen Momenten der Beziehung Elemente der latenten Krise bearbeitbar sind, trage der Widerspruch zwischen Autonomie und Heteronomie zum Scheitern dieses Bündnisses und damit auch zum Scheitern der Professionalisierungsfähigkeit bei. Das Arbeitsbündnis kann erst dann als tatsächlich krisenbewältigend eingestuft werden, wenn der Klient es freiwillig eingeht, weil er erst dann die Beschädigung seiner Integrität anerkennt und bereit ist, diese zu bearbeiten. So einsichtig diese Vorstellung in Professionellen-Klienten-Beziehungen mit retrospektiver Krisenbewältigung erscheint (wenngleich auch hier, etwa im Zuge von Zwangseinweisungen in psychiatrische Kliniken ebenfalls nicht-freiwillige Krisen-

Verbraucherbildung im weiteren, Konsumbildung im engeren Sinne können als Teilaufgaben der stellvertretenden Krisenbewältigung als Vorbereitung auf ein autonomes Leben verstanden werden. Dies gilt insbesondere dann, wenn ihre Funktion auf Alltagshilfe bzw. Vermittlung von Alltagswissen beschränkt wird, wie dies oftmals in der bildungstheoretischen Debatte der Fall zu sein scheint[25] (siehe Kapitel 3.4, Kapitel 4). Besonders relevant werden in diesem Zusammenhang vor allem die letzten beiden der eben aufgeführten Widersprüche. Konsum ist ein gesellschaftliches Phänomen, dem sich auch Lehrer in ihrem außerunterrichtlichen Alltag nicht entziehen können, selbst wenn sie es wollten. Die Frage

---

bewältigungen vorliegen), so schwer nachvollziehbar ist sie aus mehreren Gründen in der Lehrer-Schüler-Beziehung. Dies mag zunächst daran liegen, dass Oevermann als Voraussetzung für die Professionalisierung explizit fordert, mit der gesetzlichen Schulpflicht eine seit dem 19. Jahrhundert anerkannte gesellschaftliche Institution abzuschaffen: „Heute wissen alle Schüler und alle Eltern, dass ein Minimum an schulischer Bildung von mindestens 10 Schuljahren für ein Leben in Selbstständigkeit unabdingbar ist. Wenn heute ein Schüler der Schule fernbleibt und wenn heute dessen Eltern ihn zum regelmäßigen Schulbesuch nicht erfolgreich anhalten, dann handelt es sich um eine Pathologie. Pathologien aber kann man nicht durch Gesetze beseitigen, sondern nur durch Therapien." (2002: 45, vgl. zur Abschaffung der Schulpflicht außerdem Oevermann 2003). Die grundsätzliche Problematik der Schulpflicht wird in der Missachtung des Lernwillens, Wissensdrangs und der Neugierde des Schülers gesehen (ebd.: 44). Wernet kritisiert diese Aussagen Oevermanns nicht – wie vielleicht zu vermuten – auf einer normativen Ebene, sondern aufgrund der von ihm konstatierten Inkonsistenz des Theoriegebäudes. Die Hauptaufgabe des Unterrichtens als Wissens-(und Normen)vermittlung ist für Wernet nicht krisenhaft, sie ist der Normalfall, in Oevermanns Worten die Routine, die ja gerade keiner Professionalisierung bedarf. Zum Klienten wird der Schüler aber erst als Nebenfolge dieser eigentlichen Hauptaufgabe, und auch erst dann, wenn der Lehrer zu stark in die personale Integrität des Schülers eingreift – Wernet zufolge eine verhinderbare und durch Vermeiden des Ansprechens des Schülers in diffusen Rollenbeziehungen auch zu verhindernde Situation (2003: 47). Insbesondere weil sich Neugierde und Wissensdurst auf den Prozess der Wissensvermittlung und damit den nicht-professionalisierungsbedürftigen Teil des Lehrerhandelns beziehen, erscheint unklar, warum ausgerechnet auf diesen beiden Aspekten ein professionelles Arbeitsbündnis aufbauen soll (ebd. 41ff.). Die logische Konsequenz dieser Ausführungen ist es, dass es weder ein professionelles Arbeitsbündnis noch eine generelle Professionalisierungsbedürftigkeit des Lehrerberufs gibt. „Er [der Lehrer] ist kein Agent der Vermittlung zwischen den widersprüchlich konstellierten Mustern. Und genau in diesem Sinne ist die Annahme der Professionalisiertheit oder Professionalisierungsbedürftigkeit dieses Berufs theoriesprachlich inadäquat. Der Lehrer ist nicht der Experte der Vermittlung der in der modernen Gesellschaft ausdifferenzierten, gegensinnigen Welten privat-partikularer und universalistisch-unpersönlicher Handlungssituationen, sondern er ist der Experte der eindeutigen, klaren und unmissverständlichen Geltung der universalistisch-unpersönlichen Leistungsorientierung." (ebd. 115). Insbesondere von Johannes Twardella (2004) ist dieser Position vehement widersprochen worden (vgl. zur Replik Wernet 2004). Vgl. zur weiteren Kritik an Oevermanns Forderung nach Abschaffung der Schulpflicht: Gruschka 2003; Blankertz 2003; Tenorth 2004.

[25]   Auch wenn Konsumbildung deutlich sozialwissenschaftlicher ausgestaltet werden sollte, bleibt die Vermittlung alltagsrelevanter Wissensbestände noch immer einer ihrer Teilaspekte. Insofern gelten die hier konstatierten Widersprüche auch in diesem Fall.

danach, wie „richtig" zu konsumieren ist, um ein autonomes Leben führen zu können, lässt sich aus diesem Grund kaum ausschließlich mithilfe rollenförmigen Wissens beantworten, sondern ist immer auch geprägt durch diffuses Alltagswissen. Auch besteht eine hohe Wahrscheinlichkeit, dass sich Lehrende an diesem vermittelten Alltagswissen selbst messen lassen müssen.

Hinzu kommt, dass durch eine früh einsetzende Konsumentensozialisation Schüler bereits über umfassende Konsumkompetenzen verfügen. Die institutionell hervorgerufene Heteronomie der Lernenden – auch hinsichtlich der Aufgabe der Vermittlung von Konsumkompetenzen – widerspricht ihrer hier bereits erzielten (Teil)Autonomie.

2.1.2.3 Kritik an der strukturtheoretischen Professionalisierungstheorie

Die Grundannahme der (schwierig zu behebenden) Widersprüchlichkeiten als strukturelle Handlungsbedingungen des Lehrerhandelns ist ein Ausgangspunkt der Kritik an strukturtheoretischen Professionalisierungstheorien, denn sie birgt in sich die Gefahr der Darstellung des Lehramtes als unmöglichen Beruf sowie der damit einhergehenden Missachtung unterrichtlicher Gelingensprozesse (so z.B. bei Tenorth 2006: 583). Sollte dem aber in der Tat so sein, böte die Strukturtheorie tatsächlich keinen „konzeptuelle[n] Weg [...] zur Beantwortung der Frage, wie Unterricht möglich ist und auf Dauer gestellt werden kann [und] systematisches und kumulatives Lernen über Kindheit und Jugend hinweg erreichbar" sind (Baumert/Kunter 2006: 472). An dieser Stelle ist aber zu betonen, dass auch die Strukturtheorie die Wissensvermittlung als primäre Aufgabe des Lehrerhandelns und dessen durchaus routiniertes Gelingen im alltäglichen Unterricht anerkennt. Ihr geht es jedoch nicht nur um die Vermittlung von Fachwissen, sondern vor allem um das Ermöglichen von Teilhabe in der und an der Gesellschaft im Sinne eines autonomen, mündigen Lebens. Hierfür ist Fachwissen zwar eine notwendige, aber eben keine hinreichende Voraussetzung. Daher kann das Ziel professionellen Lehrerhandelns aus ihrer Sicht nicht nur in der die rollenförmige Lehrer-Schüler-Beziehung betonenden Einübung didaktischer Heuristiken zur Unterrichtsplanung und -gestaltung liegen. Diffuses Handeln in Bildungs- und Erziehungsprozessen ist für die Herstellung autonomer Lebenspraxis ebenso wichtig.

Die Professionalisierungsbedürftigkeit des Lehrerberufs wird durch Oevermann vorrangig in der für die Gewährleistung autonomer Lebenspraxis therapeutisch-prophylaktischen Funktion, mit der die Aufgaben der Vermittlung von Wissen und Normen stets verbunden sind, gesehen. Durch diese Fokussierung wird die Oevermannsche Professionalisierungstheorie jedoch unterkomplex.

„Ihre gedankliche Ableitung aus der Praxisform der Therapie hat eine Überpointierung des Klientenbezuges zur Folge, wodurch die anderen Dimensionen [insbesondere die

Dimension der Vermittlung von Fach- und Sachwissen, FW] des Lehrerhandelns [...]
aus dem Blick geraten. [...] Die Vermeidung entgrenzenden Verhaltens stellt [...] keine
eigenständige Anforderung des Berufes dar, die es neben der Vermittlungstätigkeit auch
zu bearbeiten gilt, sondern ist in die Vermittlungstätigkeit untrennbar eingebunden."
(Hericks 2006: 393f.)

Hericks verweist damit auf die unmittelbare Bedeutung des jeweils subjektiv
vorhandenen Fachkonzeptes für die professionelle Ausübung des Lehramtsberufs. Er geht davon aus, dass insbesondere das Ignorieren der Fachsystematik
bzw. ein fehlendes oder unvollständig ausgebildetes Fachkonzept Basis eines
zugleich aus- und entgrenzenden Unterrichts sind: ausgrenzend, weil die Interessen der Lernenden aus dem Unterricht ausgegrenzt werden bzw. nicht Basis des
Unterrichts sind. Entgrenzend, weil die Inhalte des Unterrichts letztlich unabhängig von den Interessen der Teilnehmer zu bestimmen sind (ebd.: 384).

Die Missachtung der Fachkonzepte der Lehrpersonen auch in empirischen Untersuchungen, die auf der strukturtheoretischen Professionalisierungstheorie
aufbauen liegt nicht zuletzt daran, dass diese selten fachdidaktische Professionsforschung ist. Hier können jedoch die Erkenntnisse des kompetenztheoretischen
Modells als wertvolle Ergänzung der strukturtheoretischen Untersuchungen zur
Lehrerprofessionalität betrachtet werden. Die in auf letzterem Theoriestrang
aufbauenden Untersuchungen mehrheitlich ignorierten professionellen Wissensbestände würden so größere Berücksichtigung finden. Untersucht werden können
und sollen dann sowohl aus den Strukturen des beruflichen Handelns entsprun-
gene berufsbiografische als auch außerberuflich gewonnene Wissens- und Über-
zeugungsbestände und ihr Einfluss auf Unterricht.

2.2 Professionelle Deutungsmuster, Lehrerwissen und Lehrerprofessionali-
tät – eine wissenssoziologische Rahmung

Die beiden in den vorangegangenen Teilkapiteln dargestellten Professionstheorien entfalten in der Auseinandersetzung mit der Frage nach dem professionellen
Lehrerhandeln hohe Relevanz. Während Baumert und Kunter in ihrer Zusammenfassung der kompetenztheoretischen Diskussion beleuchten, welche Facetten
des Lehrerwissens als Voraussetzung erfolgreichen sowohl unterrichtlichen als
auch pädagogischen Handelns von Bedeutsamkeit sind, zeigen Oevermann und
die auf ihm aufbauende Forschung Handlungsprobleme bzw. potenzielle Hand-
lungskrisen im Lehrerberuf auf, die es zu bearbeiten gilt. Gleichwohl wird an
dieser Stelle die Annahme vertreten, dass das strukturtheoretische Modell der
Lehrerprofessionalität das weiter gefasste ist, weil hier nicht nur die Wissensbestände als Voraussetzung professionellen Lehrerhandelns in den Blick genommen werden, sondern das konkrete Handeln selbst. Die von Baumert und Kunter
zusammengefassten Kompetenzfacetten sind eine zwar notwendige, aber nicht

hinreichende Voraussetzung professionellen Lehrerhandelns, weil sich jenes eben gerade nicht im Sinne einer Kausalitätslogik im automatisierten Umsetzen der benannten Kompetenzen erschöpft.

Hierfür verantwortlich ist nicht zuletzt das, was im selben Modell unter dem Begriff Überzeugungen/Werthaltungen gefasst wird. Gerade hinsichtlich dieser Facette des professionellen Lehrerhandelns muss in Frage gestellt werden, ob Wissen tatsächlich in objektive und subjektive Dimensionen untergliedert werden kann und eine wie bei Baumert/Kunter vorgenommene Unterscheidung von Professionswissen und subjektiven Theorien sowohl in theoretisch-begrifflicher als auch normativer Perspektive sinnvoll erscheint. Viel eher bietet sich der Ansatz einer Dekonstruktion des Wissensbegriffs als Voraussetzung der Fruchtbarmachung beider professionstheoretischer Stränge an. Professionswissen und Überzeugungen werden dann nicht mehr wie bei Baumert/Kunter als getrennte Sphären gedacht, vielmehr gehen die als professionell gelabelten Wissensbestände in den subjektiven Theorien auf bzw. werden mit Piaget gesprochen insbesondere in Prozessen der Aus- und Weiterbildung in diesen assimiliert.

Um die Frage nach den das Lehrerhandeln leitenden Wissensbeständen (auch empirisch) beantworten zu können, soll aufbauend auf diesen Grundüberlegungen an die wissenssoziologische Auseinandersetzung mit gesellschaftlichen Wissensbeständen in Form sozialer Deutungsmuster angeknüpft werden. Dies ermöglicht eine gleich zweifache Anknüpfung an die zuvor dargestellten Professionskonzepte. *Erstens* sind Wissen und Erkenntnis aus wissenssoziologischer Perspektive im Sozialen verankert und durch das Soziale hindurch geprägt, Wissen wird „eine Art Zwischenstellung zwischen Subjektivem und Kollektivem" eingeräumt (Knoblauch 2005: 348). Wissen ist objektivierter und intersubjektiv vermittelter und geteilter Sinn, der zu stabilen Strukturen – zur Wirklichkeit – gerinnt. Es verbindet Subjekt und Gesellschaft miteinander. Es befähigt die Individuen, „sich in ihrer Umwelt zurechtzufinden, indem Repräsentationen konstruiert, getestet und immer wieder aufs neue (sic!) der Erfahrung angepaßt werden" (Nowotny/Schmutzer 1974: 7). Wissen ist dann aber gerade nicht nur das, was über wissenschaftliche Gütekriterien als objektiv wahr anerkannt wird, sondern das, was von den Subjekten in ihrer Interaktion als wahr anerkannt wird und zur Grundlage von Handeln in der Lebenswelt und der dazugehörigen Lebenspraxis – im konkreten Fall der beruflichen Lebenswelt und ihrer Praxis – wird (Knoblauch 2005: 17). Als Lebenswelt gilt dabei die für den Menschen selbstverständliche (vorwissenschaftliche) Wirklichkeit, „an der der Mensch in unausweichlicher, regelmäßiger Wiederkehr teilnimmt" (Schütz/Luckmann 2003: 29). Aufbauend auf einem so verstandenen Wissensbegriff lassen sich sowohl die im kompetenztheoretischen Modell ausgeblendete soziale, kulturelle und organisati-

onale Einbettung des handelnden Akteurs und seines Wissens als auch die im
strukturtheoretischen Modell unterbeleuchtete Seite des Fachunterrichts und
damit auch des unterrichtsgegenstandbezogenen Wissens abbilden.

Darüber hinaus sind unter Berücksichtigung sowohl des dargestellten Verständnisses von Wissen als auch von Lebenswelt die beruflichen ebenso wie die alltäglichen, außerberuflichen lebensweltlichen Erfahrungen der Lehrenden für die
Generierung von Wissensbeständen und damit auch für die Frage nach professionellem Lehrerhandeln zentral[26]. Im Rahmen der lebensweltlichen Lebenspraxis
werden Erfahrungen gemacht und Probleme wahrgenommen, die hinterfragt
werden und die es zu interpretieren gilt. Da nicht für jedes neu auftretende Problem neue Interpretationen vorgenommen werden (können), entwickeln Individu-
en Deutungsmuster als Wissenselemente, mit denen sie sich den Alltag erklären
und damit auch das Handeln im Alltag erleichtern können. Deutungsmuster – in
der Schütz'schen Semantik Typisierungen[27] – sind das Resultat der reflexiven
Auslegung vergangener Erlebnisse (ebd.: 44). Sie tragen dazu bei, kommende
Erfahrungen situativ als ähnlich zu den bereits erlebten zu bestimmen und ihnen
damit Sinn verleihen zu können. Typisierungs- und Deutungsmuster überschnei-
den sich zwischen Menschen, auch und vor allem deshalb, weil ein Großteil der
Typisierungen intersubjektiv kommunikativ vermittelt wird, mithin also aus dem
gesamtgesellschaftlichen Wissensvorrat abgeleitet ist. Diesen Annahmen folgend
gibt es auch für das Lehrerhandeln wiederkehrende, intersubjektiv vorhandene
berufskulturelle Deutungsmuster, die den Umgang mit im Berufsfeld auftreten-
den Problemen prägen, aber auch durch die Art und Weise der Problembewälti-
gung geprägt werden. Deutungsmuster tragen damit *zweitens* dazu bei, Handlungssituationen auszulegen, so dass sie als Voraussetzung konkreten Handelns
verstanden werden können.

---

[26]   Gerade die Berücksichtigung der in außerberuflichen Erfahrungen gewonnenen Wissensbe-
       stände ist letztlich aber wieder hochgradig anschlussfähig an die zentralen Annahmen der
       strukturtheoretischen Sichtweise auf Lehrerhandeln. Die Annahme, dass Lehrerhandeln sowohl
       auf berufliche Erfahrungen, also jene in der Rolle des Lehrers gewonnene Erfahrungen, und
       außerberufliche Erfahrungen gleichermaßen zurückgreift, spiegelt einen der zentralen Wider-
       sprüche des Lehrerhandelns wider: das Finden einer Balance zwischen rollenförmigen und dif-
       fusen Beziehungsanteilen. Dennoch findet hier eine Erweiterung der Perspektive statt, beziehen
       sich sowohl Oevermann als auch Helsper doch vorrangig auf das pädagogische und nicht das
       fachunterrichtliche Handeln.

[27]   Mit den Begriffen Deutungsmuster und Typisierung ist die Aufzählung der in der Soziologie
       bereitstehenden Konzepte für die Bezeichnung von Orientierungsrastern in Situationen des All-
       tags bei weitem nicht abgeschlossen. Vgl. zu den unterschiedlichen Begrifflichkeiten und ihren
       Implikationen Torka 2009: 49ff.

2.2.1 Deutungsmusterkonzepte: Definitionen, Merkmale und Eigenschaften

Der Deutungsmusterbegriff wurde 1973 von Ulrich Oevermann in einem bis 2001 unveröffentlichten Manuskript geprägt. Im Anschluss an dieses Papier hat sich der Begriff des Deutungsmusters aber mehr oder weniger verselbstständigt und wird nicht mehr ausschließlich entlang der Oevermann'schen programmatischen Grundlinien verwendet. Die Interpretation dieser Ausweitung der Anwendung des Deutungsmusterbegriffs reicht von kategorialer Unbestimmtheit bzw. Beliebigkeit (Plaß/Schetsche 2001: 511f.) bis hin zum vorteilhaften Forschungspragmatismus (Lüders 1991: 380). „In seiner allgemeinsten Bedeutung meint er [der Deutungsmusterbegriff, FW] die Organisation der Wahrnehmung von sozialer und natürlicher Umwelt in der Lebenswelt des Alltags. So verstanden, umfasst der Begriff des Deutungsmusters [auch] Typisierungen im Sinne von Schütz […]" (Lüders/Meuser 1997: 58). Die hier als „allgemeinste Bedeutung" bezeichnete Fassung des Ansatzes entspricht der Zuordnung des Deutungsmusterbegriffs zu phänomenologischen Konzeptionen sozialwissenschaftlicher Hermeneutik in der Tradition der verstehenden Soziologie [28].

Trotz der geschilderten kategorialen bzw. begrifflichen Inkonsistenz gibt es Einigkeit über einige „essentials" des Deutungsmusteransatzes (Meuser/Sackmann

---

[28] Neben den beiden aufgeführten theoretischen Spielarten der Deutungsmusteranalyse kann die von Plaß/Schetsche vorgeschlagene Version als dritte Spielart verstanden werden. Plaß und Schetsche bezeichnen ihre Version als genuin „wissenssoziologische Theorie sozialer Deutungsmuster" (2001). Wenngleich begrifflich auch bei ihnen Deutungsmuster als „kollektiv geteilte Argumentationsstrukturen, die auf objektive Handlungsprobleme bezogen sind" (ebd.: 514) definiert werden, unterscheidet sich ihre Version der Deutungsmusteranalyse in ihren theoretischen Grundannahmen und den daraus zu ziehenden methodischen Schlussfolgerungen erheblich von den beiden vorgenannten. Im Mittelpunkt der Analyse stehen nicht mehr subjektive Wissensbestände, aus denen sich Deutungsmuster rekonstruieren lassen, sondern „Prozesse der Entstehung und Verwendung sozialer Wissensformen." (ebd.: 530). Empirisch sollte die Deutungsmusteranalyse daher eher mit Hilfe von Dokumentenanalysen beispielsweise massenmedialer Kommunikation als mit Hilfe von Interviews erfolgen (ebd.). Oevermann lehnt die im Rahmen dieses Alternativvorschlags explizit geäußerte Kritik an seiner Fassung der Deutungsmusteranalyse, insbesondere die Ablehnung eines Verständnisses von „Deutungsmustern subjekttheoretischer Kategorie" (ebd.: 522), unter Hinweis darauf ab, sein Anspruch sei es, Subjektivität und Objektivität des Deutungsmusterkonzeptes nicht getrennt voneinander zu verstehen. Aus diesem Grund solle die Deutungsmusteranalyse das Ziel verfolgen, kollektive Bewusstseinsstrukturen zu rekonstruieren, die einerseits individuelle Handlungspraxis sowie deren „konkrete Kognition und Motivation" steuern, andererseits den Individuen als soziale Tatsachen im Durkheim'schen Sinne gegenüberstehen (Oevermann 2001b: 539). Dieser Anspruch Oevermanns kann freilich unter Verweis auf den ihm impliziten Strukturdeterminismus dahingehend kritisiert werden, es liege eine die Subjektivitätsperspektive deutlich überwiegende Objektivitätsperspektive vor, wird doch nicht davon gesprochen, wie Subjekte/Individuen durch ihre Handlungen gegebenenfalls auch strukturverändernd wirken können.

1992: 19), die sowohl in der phänomenologisch-wissenssoziologischen als auch in der strukturtheoretischen Variante der Deutungsmusteranalyse greifen:

(1) „Deutungsmuster stehen in einem funktionalen Bezug zu objektiven Handlungsproblemen.

(2) Deutungsmuster sind kollektive Sinngehalte; habituell verfestigte subjektive Deutungen konstituieren noch kein Deutungsmuster.

(3) Deutungsmuster haben normative Geltungskraft. Der Geltungsbereich eines Deutungsmusters variiert zwischen der Gesamtgesellschaft und einzelnen sozialen Gruppen.

(4) Deutungsmuster sind intern konsistent strukturiert, was durch allgemeine generative Regeln verbürgt wird.

(5) Deutungsmuster sind – verglichen mit singulären Deutungen, Einstellungen, Meinungen – auf einer latenten, tiefenstrukturellen Ebene angesiedelt und mithin nur begrenzt reflexiv verfügbar.

(6) Deutungsmuster haben den Status ‚relativer Autonomie‘. Trotz des funktionalen Bezugs auf objektive Handlungsprobleme sind sie hinsichtlich der Konstruktionsprinzipien und Gültigkeitskriterien autonom und konstituieren so eine eigene Dimension sozialer Wirklichkeit. Das erklärt die beträchtliche Stabilität von Deutungsmustern, die allerdings prinzipiell als entwicklungsoffen zu konzipieren sind." (Meuser/Sackmann 1992: 19)[29]

2.2.2 Zwischenfazit: Deutungsmuster in Strukturtheorie und Sozialphänomenologie – Implikationen für die (fachdidaktische) Professionsforschung

Deutungsmuster als Grundüberzeugungen und Werthaltungen lassen sich – wenngleich in den angesprochenen theoretischen Versionen mit unterschiedlichen Vorzeichen – in das Verhältnis von Handlung und Struktur einbetten (Matthiesen 1994: 102): während die Sozialphänomenologen stärker die Struktu-

---

[29]   Der dargestellte Merkmalskatalog zeigt architektonische Parallelen zwischen dem Deutungs-musteransatz und jenem der Orientierungsschemata und Orientierungsrahmen von Ralf Bohnsack auf (Bohnsack 2012). Orientierungsschemata sind normative, also exterior gesetzte Ansprüche an das Handeln, die unproblematisch nach außen kommunizierbar sind. Orientierungsrahmen meinen dagegen die Art und Weise, wie diese Ansprüche in der Praxis ausgefüllt werden. Es geht um die Frage, wie sich der individuelle, aber auch kollektive Habitus in Auseinandersetzung mit den Orientierungsschemata immer wieder reproduziert. Damit zeigen rekonstruierte Orientierungsrahmen auf, über welches handlungsleitende, atheoretische Erfahrungswissen Akteure verfügen, welches Wissen sie zum intelligenten Regelgebrauch in sozialen Situationen nutzen, aber auch welche Begrenzungen in Interpretationsmöglichkeiten und Handlungsoptionen sie durch dieses Wissen erfahren.

rierungsleistungen der Individuen in den Vordergrund auch der empirischen Analysen stellen, fokussieren Strukturtheoretiker die das Handeln determinierende Struktur (Oevermann 2001a: 37ff.). Deutungsmuster sind in diesem Zusammenhang mentale, kollektiv geteilte Strukturen, die Handeln beeinflussen bzw. sogar leiten. Gerade die differenten Perspektiven hinsichtlich der Autonomie des Handelnden scheinen die beiden unterschiedlichen theoretischen Fassungen der Deutungsmusteranalyse unversöhnlich gegenüberstehen zu lassen. Statt von diesem Gegensatz auszugehen bzw. ihn als unüberwindbar aufzufassen, kann nach Matthiesen (1994: 103f.) aber auch versucht werden, beide Ansätze miteinander zu verzahnen. Ausgangspunkt der Deutungsmusteranalyse ist dann zunächst das objektiv gegebene Strukturproblem. Die Strukturierungsleistungen der Individuen aber erhalten über Formen dichter Beschreibungen eine zentralere Rolle als dies in orthodoxen Deutungsmusteranalysen nach Oevermann der Fall ist. Deutungsmuster sind dann noch immer Wissenselemente, die auf sozialen Strukturen basieren bzw. kollektiv geteilte Strukturen der Probleminterpretation sind. Sie müssen jedoch subjektiv sinnhaft angereichert werden und ziehen damit Interpretationsleistungen der Individuen nach sich. Erst durch eben diese Interpretationsleistungen sind Deutungsmuster schließlich wandel- und veränderbar.

Ein sozialphänomenologisch angereichertes Deutungsmusterkonzept ist aus methodologischer Sicht ein sinnvoller Weg für die Analyse professioneller Lehrerwissensbestände zum Thema Konsum, da sie sowohl strukturtheoretische als auch pädagogisch-psychologische Professionstheorien miteinander zu vereinbaren mag. Die Nähe des Deutungsmusteransatzes zur strukturtheoretischen Professionalisierungstheorie verwundert nicht, sind Deutungsmuster doch zumindest in ihrer orthodoxen Variante nicht nur von Oevermann selbst in die soziologische Theoriediskussion eingeführt worden, sondern eben auch der Strömung soziologischer Strukturtheorien zuzurechnen. Der an dieser orthodoxen Variante kritisierte Determinismus scheint jedoch vor allem im Zusammenhang mit professionellen didaktisch-pädagogischen Handlungen als unangemessen. So verlangt beispielsweise die Notwendigkeit des Eingehens auf die Persönlichkeit jedes einzelnen Schülers, die sich sowohl aus der Notwendigkeit fallangemessener Problemlösungen als auch den diffusen Beziehungsanteilen zwischen Lehrenden und Lernenden ergibt, die subjektiven Sinnhaftmachung kollektiv geteilter Deutungsmuster. Strukturen werden so aber nicht nur stur reproduziert, sondern situativ anpass- und damit auch veränderbar. Für die pädagogisch-psychologischen Professionstheorien bietet das Konzept vor allem deswegen einen Anschlusspunkt, weil es nicht negiert, dass Wissensproduktion ein individueller Denkprozess ist. Zugleich ermöglicht das sozialphänomenologische Verständnis die Loslösung von der kritisierten subjektivistischen Engführung hin zu einer sozialen Sicht auf Wissen und insbesondere Beliefs.

Dem derart gewonnenen Wissen über Deutungsmuster sowie der reflexiven Auseinandersetzung mit ihnen wird im Zuge der Professionalisierungsdebatte des Lehramts erhebliche Bedeutung zugeschrieben. Die gewonnenen Erkenntnisse über die Handlungen steuernden Deutungsmuster können Ansatzpunkte für die Lehreraus- und -weiterbildung (Kolbe/Combe 2008) sowie für die auch in diesem Rahmen entscheidende weiterführende theoretische Auseinandersetzung mit einer sozialwissenschaftlichen Didaktik der Konsumbildung liefern. Dabei ist an dieser Stelle nicht von einem Top-Down-Prozess der Vermittlung jener fachdidaktisch-theoretischen Erkenntnisse insbesondere im Rahmen universitärer Lehrerbildung auszugehen – dies würde letztlich auch die Erkenntnisse über handlungssteuernde Wissensbestände des Lehrerhandelns systematisch ignorieren (siehe Kapitel 2.1.1). Das Ziel ist vielmehr eine „Habitualisierung von Reflexivität" (Kolbe/Combe 2008: 886), insbesondere wenn professionelles Lehrerhandeln als theorie- statt ausschließlich routinegeleitete Deutung der Berufspraxis zu verstehen ist.

3. Grundlagen der Konsumentenbildung: Konsum und seine Bedeutung für die moderne Gesellschaft

Konsumieren ist ein zentraler Bestandteil des täglichen Lebens in der modernen Gesellschaft. Nicht zu konsumieren ist kaum mehr vorstellbar – geht es doch alleine schon um die Sicherung physiologischer Bedürfnisse. Über die individualistische Perspektive hinausgehend ist Konsum ein Phänomen sozialer und kultureller Prägung (Hörning 1966: 129-152), dem bisweilen gesellschaftsgestaltende Wirkmächtigkeit zugeschrieben wird. Dies spiegelt sich nicht zuletzt in der vor allem durch Konsumforscher geäußerten Diagnose, die moderne Gesellschaft sei eine (Massen-)Konsumgesellschaft[30]. Gleichwohl: Innerhalb der (sozial-)wissenschaftlichen, aber auch der öffentlich-politischen Diskussion und massenmedialen Berichterstattung[31] nimmt das Interesse am Thema Konsum und der Rolle des (auch kindlichen bzw. jugendlichen) Konsumenten einen zunehmend prominenten Platz ein. Das Interesse gilt dabei analog der sozial-kulturellen Prägung

---

[30] Aufgrund der Ambivalenz des Begriffs Konsumgesellschaft wird im Fortlaufenden weitestgehend auf diesen verzichtet. Wenn jedoch auf Autoren verwiesen wird, die selber explizit mit diesem Begriff gearbeitet haben, wird er beibehalten. Gesellschaftsdiagnosen, die ausgewählte Aspekte des gesellschaftlichen Lebens – im vorliegenden Fall den des Konsums – auf die gesamte Gesellschaft übertragen und diese auf den gewählten Aspekt „eindampfen" (Bogner 2009: 9), werden bisweilen kritisch betrachtet. Gegen die Diagnose Konsumgesellschaft etwa wird eingewendet, sie universalisiere die partikulare Perspektive der Konsumforschung und betrachte die gesamte Gesellschaft aus der Brille des Konsums heraus (Hellmann 2013: 11). Konsum bliebe aber für die differenzierte Gesellschaft nur ein Aspekt unter vielen, insofern erscheine die Zeitdiagnose der Konsumgesellschaft (gleichsam wie andere ähnliche Diagnosen, z.B. der Erlebnis-, Risiko- oder Wissensgesellschaft) zwar interessant, bisweilen aber auch unsolide bzw. unseriös (Reese-Schäfer 1996: 377; Bogner 2012: 9ff.). Gegen diese generelle Kritik an Zeitdiagnosen lässt sich jedoch einwenden, dass sie über ein erhebliches Potenzial verfügen, Anlass zu Diskussionen über die Entwicklung der modernen Gesellschaft über die Fachgrenzen der Soziologie hinaus zu geben. Eine so produzierte Aufmerksamkeit ist in ihrer Bedeutung insbesondere für Bildungsprozesse nicht zu unterschätzen. Gesellschaftsdiagnosen vermögen die außerakademische Öffentlichkeit zu erreichen, zu der auch Lernende und (in aller Regel) Lehrende im Schulwesen zählen. Sie lenken Aufmerksamkeit auf die Entwicklung der Zivilgesellschaft und können in diesem Sinne als ein „kritisches Engagement für die Zivilgesellschaft gegen die immer weiter gehende Ausdehnung von Markt und Staat" (Burawoy 2015: 23) verstanden werden. Dies ist nicht zuletzt für die sozialwissenschaftliche Bildung, in deren Kontext diese Arbeit verfasst wird, von erheblicher Bedeutung, fristet die Soziologie im Vergleich zu den beiden anderen Bezugsdisziplinen Politikwissenschaft und Ökonomie ein Schattendasein.

[31] Vgl. hierfür z.B. Gasteiger (2010), der den konsumkritischen Diskurs der zweiten Hälfte des 20. Jahrhunderts nachzeichnet und hierfür neben Quellen aus dem akademischen Feld und der Werbewirtschaft auch auf Berichterstattungen überregionaler Tages- und Wochenzeitungen zurückgreift. Einen zusätzlichen Aufschwung erlebte die öffentliche Debatte um die Bedeutung des Konsums für die und in der Gesellschaft im Zusammenhang mit der Forderung nach verantwortungsvollem, ethischem bzw. nachhaltigem Konsum (vgl. hierfür Kap. 2.2.3)

© Springer Fachmedien Wiesbaden GmbH, ein Teil von Springer Nature 2019
F. Wittau, *Verbraucherbildung als Alltagshilfe*,
https://doi.org/10.1007/978-3-658-27969-1_3

des Konsums nicht nur dem Kaufakt an sich. Eine solche Verkürzung ist kennzeichnend für die den ökonomischen Diskurs bestimmende neoklassische Konsumtheorie. Konsum ist in dieser entsprechend dem Konzept des methodologischen Individualismus unabhängig von sozialen Einflüssen (=individualistische Handlung). Er erfolgt rational mit dem Ziel, größtmöglichen Nutzen zu realisieren (z.b. Bofinger 2011: 62-97). Wenngleich die Theorien der Standardökonomik innerhalb der Wirtschaftswissenschaft nach wie vor dominieren, bildet sich sowohl innerhalb der Wirtschaftswissenschaft als auch außerhalb dieser ein kritischer Diskurs um die Grenzen dieser Modellannahmen auch und gerade für den Konsum heraus (z.b. Hedtke 2001, Knobloch 1994; Stehr 2007). Dies zeigt sich etwa an der umfassenden Definition des Phänomens Konsum im vorherigen Kapitel, die Konsum als dezidiert soziales Handeln beschreibt. Die Grundlinien der akademischen und medial-öffentlichen Auseinandersetzung mit dem Konsum und seiner gesellschaftlichen Bedeutung sollen nachfolgend dargestellt werden. Insgesamt kann und soll es nicht um eine vollständige Zusammenfassung des aktuellen Standes gehen - hierfür wäre eine eigenständige Arbeit notwendig. Vielmehr bietet der nachfolgende Abriss die Grundlage für die Frage nach der gesellschaftlichen, politischen und akademischen Fundierung von Verbraucherpolitik im Allgemeinen und Verbraucherbildung im Besonderen.

Die Darstellung folgt der Maxime einer gesellschaftlichen und kulturellen Prägung konsumtiven Handelns. Daher erfolgt zunächst eine überblickartige Darstellung der Entwicklung der gesellschaftlichen Rolle des Konsums (2.1). Die heutige herausragende Bedeutsamkeit des Konsums und die sich daraus ergebende Relevanz des Themas in der für unsere Zwecke vor allem interessierenden verbraucher- und bildungspolitischen Diskussion lässt sich ohne eine solche nur bedingt nachvollziehen, denn Konsum „entwickelt und reproduziert sich […] eingebettet in die allgemeine Konsumgeschichte und Konsumkommunikation." (Hedtke 2002: 13)

Unter letzterer sind sowohl professionalisierte Formen wie Werbung und Verkaufsförderung oder der Darstellung von Konsum in Film, Fernsehen und Kunst[32] als auch Formen der Alltagskommunikation zu verstehen (ebd.: 14). Sie sind materialisierte Konsumgeschichte. Die verschiedenen Formen der Konsumkommunikation sind immer wieder Anlass, aber auch Medium der kritischen Auseinandersetzung mit den Folgen der Konsumgeschichte, denen sich das zweite Teilkapitel widmet. Die den jeweiligen Diskurs prägenden Vorstellungen von Konsum und Konsument sind als Reaktion auf die gesellschaftliche Entwicklung zu verstehen und versuchen als solche auch, Einfluss auf die zukünfti-

---

[32]   Vgl. für die Auseinandersetzung der Kunst mit Konsum und Kommerz zum Beispiel Blanché (2012).

ge Gestaltung der (Konsum)Gesellschaft zu nehmen – nicht ohne Erfolg, wie Gasteiger beispielsweise am Einfluss der populärkritischen Rezeption der Kritischen Theorie nachweist (2010: 177ff.).

Ergänzt wird das bisher Dargestellte um Informationen zur Konsumentensozialisation. Dies erscheint für die Frage nach der medial-öffentlichen Auseinandersetzung mit dem Phänomen Konsum, die wie bereits erwähnt die Klammer des nachfolgenden Kapitels darstellt, unablässig. Kinder und Jugendliche kommen gerade in unserer Wohlstandsgesellschaft nicht nur passiv mit den Auswirkungen des Konsums in Berührung. Vielmehr sind sie aktiver Bestandteil einer konsumierenden Gesellschaft, was sich unter anderem auf ihre stetig wachsenden finanziellen Mittel zurückführen lässt. Nachzuvollziehen, wie Kinder und Jugendliche mit Konsum in Berührung kommen und wodurch sie geprägt werden, beeinflusst damit letztlich auch die Frage nach Funktion und Inhalten der Konsumbzw. Verbraucherbildung.

3.1 Konsum und Gesellschaft: Entwicklungslinien im Überblick[33]

Die postmoderne Gesellschaft wird für ihre nähere Beschreibung mit zahlreichen Attributen versehen, die zu großen Teilen auf die Bedeutung des Konsums in dieser Gesellschaft verweisen: Wir leben in einer Überflussgesellschaft (Galbraith 1970), Freizeitgesellschaft, Spaßgesellschaft, Erlebnisgesellschaft (Schulze 2005), Eventgesellschaft (Prisching 2009: 16) und nicht zuletzt (Massen)Konsumgesellschaft. Zwar war Konsum auch in den vorindustriellen ständischen Gesellschaften keinesfalls bedeutungslos, auch in diesen Gesellschaften diente (übersteigerter) Konsum unter anderem Distinktion, Identitätsdarstellung und Lebenslust (Douglas/Isherwood 1996). „By looking at the history of consumption [...], we can identify a long historical arc that reaches back to pre-industrial societies, where [...] unnecessary or even excessive expenditure was the assurance of social status and power within a social collective" (Paterson 2006: 55). Dies traf in aller Regel aber nur auf die höheren Stände – vor allem den Adel – zu. Insofern entfaltete Konsum auch in den vorindustriellen Gesellschaften individuellen und sozialen Nutzen (Cheal 1990: 310; Haupt 2004: 301). Die Rolle des Konsums war dennoch insofern eine andere, als dass es sich gerade nicht um *Massen*konsum – also den Konsum standardisierter, in sehr großem Umfang hergestellter Güter durch große Teile der Bevölkerung – handelte (Eder 2011: 298).

Konsum ist aufgrund des arbeitsteiligen Aufbaus der modernen Gesellschaft, in welcher in der Regel kein Selbstversorgertum mehr existiert, auf der einen Seite bloße Notwendigkeit zur Befriedigung der grundlegendsten Bedürfnisse. Inso-

---

[33]   Für eine ausführliche Darstellung der Entwicklungslinien vgl. König (2000).

fern ist er – nicht nur in den Wohlstandsgesellschaften der entwickelten Welt –
Bestandteil des Alltags (Paterson 2006: 1-9). Andererseits haben sich in den
USA in der Zwischenkriegszeit, in Deutschland nach dem Ende des Zweiten
Weltkriegs für breite Massen der Gesellschaft Möglichkeiten des Konsums ergeben, die weit über den Erwerb sowie Ge- und Verbrauch des Lebensnotwendigen
hinausgehen. Gerade diese Entwicklung führte zu einer massiven Kritik an den
vorherrschenden Konsummustern, wie später noch zu zeigen sein wird.
Die Grundlagen und Voraussetzungen dieser Entwicklungen sind mehrdimensional. Sie lassen sich in der zunehmenden Technisierung von Produktion, Distribution und auch Kommunikation ebenso finden wie in den veränderten Arbeits-
und Lebensbedingungen eines Großteils der Bevölkerung. Hochentwickelte
Produktionssysteme, mit denen in immer kürzerer Zeit ein immer höherer Output
erzielt wurde, boten „eine notwendige – wenn auch keine hinreichende – Voraussetzung für eine Steigerung der Konsumbedürfnisse und ihre Erfüllung"
(König 2000: 32). Die Nutzung dieser Systeme für die massenhafte Produktion
gleicher oder gleichartiger Güter aber bewirkte enorme Preissenkungen, die es
einem zunehmenden Teil der Bevölkerung ermöglichten, am vermehrten Konsum teilzuhaben. Das Paradebeispiel hierfür ist das Ford T-Modell, das in entscheidendem Maß zur Massenmotorisierung der amerikanischen Bevölkerung
beitrug. Die immer kostengünstigere Distribution, zunächst über Eisenbahn,
Dampfschiff und Telegraf sowie Telefon, heute abgelöst durch Containerschiffe
und Internet, und die damit einhergehende Nutzung weltweiter Kostenvorteile
senkte die Preise zusätzlich. Über Mittel der Konsumkommunikation, die sich
durch die veränderten technischen Möglichkeiten ausdehnten, können den Gütern schließlich eigene, über den Gebrauchswert hinausgehende Qualitäten symbolischer Natur zugeschrieben werden – eine nicht unerhebliche Voraussetzung
für die weitere Ausdehnung des Konsums.
Seit der Mitte des 19. Jahrhunderts sind zudem, basierend auf den Preissenkungen einerseits, den Erhöhungen der Nominallöhne andererseits, stetig steigende
Realeinkommen in den westlichen Industriegesellschaften zu verzeichnen. Die
gesteigerten Konsumraten begrenzten sich infolgedessen nicht auf einige wenige
Wohlhabende, sondern beruhten auf der zunehmenden Kaufbereitschaft einer
breiten Bevölkerungsschicht der Mitte. Neben den wachsenden disponiblen Einkommen, also jenem Einkommen, das nach Deckung aller Grundbedürfnisse
zum Konsumieren verbleibt, ist auch ein Mehr an zur Verfügung stehender Frei-
zeit eine entscheidende Voraussetzung für die zunehmende Bedeutung des Konsums in der und für die moderne Gesellschaft (ebd.: 127-130; Bolz 2002: 120).
Die stetige Herabsetzung der Wochen-, Jahres- und Lebensarbeitszeit schuf zeitliche Freiräume, die eigens zum Konsumieren genutzt werden konnten und genutzt wurden. Shopping wurde zu einer Freizeitbeschäftigung (Bolz 2002: 111,

117; Paterson 2006: 173ff.; Prisching 2009: 95ff.). Dies zeigt sich in den immer größer werdenden Einkaufszentren und -städten (zum Beispiel die Autostadt in Wolfsburg oder Niketown in Chicago: Bolz 2002: 91), die mehr bieten, als eben nur Möglichkeiten zum Einkaufen. Herausragendes Exempel hierfür sind die *Malls* der amerikanischen Vorstädte, die

> „durch ein differenziertes und vielfältiges Angebot erweitert [werden], zu dem auch Fast-Food-Anbieter verschiedener Art, Restaurants, Food Courts, Cafés und Bars, Diskotheken, Pubs und Clubs, Kindergärten und Spielplätze, Kunstgalerien und Konzerthallen, Kinos, Schwimmbäder und Fitnessclubs, Kosmetik- und Haarstudios, Massageinstitute, Optiker, Zahnarzt- und Arztpraxen und Versammlungsräume gehören, teilweise auch Beträume […] oder Meditationsräume" (Prisching 2009: 100)

Wenngleich es sich bei dieser Beschreibung um Phänomene der amerikanischen Konsumkultur handelt, so lässt sich nicht leugnen, dass ähnliche Entwicklungen auch die deutsche Konsumkultur beeinflussen. In zahlreichen Städten wird auch hier das Innenstadtsterben zugunsten der Einkaufstempel an den Rändern der Städte beklagt[34].

Konsum, auch und vor allem von Luxuswaren, und Müßiggang beginnen sich mit diesen Veränderungen in den Arbeits- und Lebensverhältnissen über vormals geltende gesellschaftliche Grenzen hinaus auszubreiten (Jäckel 2004: 23). Positiv-optimistisch gesehen kann Massenkonsum damit (zumindest auf den ersten Blick) als ein Mittel der Demokratisierung verstanden werden. In dieses Verständnis lässt sich auch das Modell der nivellierten Mittelstandsgesellschaft Helmut Schelskys einordnen. Für ihn ist es „*vor allem* (Hervorhebungen FW) die Leistung der industriellen Massenproduktion […], die nivelliert-genormte Luxusbedürfnisse auch für breite Massen erfüllt" und damit „den Lebensstandard der Arbeiterschaft so weit gehoben [hat], daß sich in ihr kollektiv das Bewußtsein des sozialen Aufstiegs durchsetzen konnte" (Schelsky 1960: 223)[35].

---

34   Das Beispiel der Einkaufszentren an den Rändern der Städte zeigt sowohl, wie evolutiv Konsum verläuft als auch wie pfadabhängig Konsummuster sind. Konsumstrukturen wie die eben beschriebenen (Shopping als Freizeitbeschäftigung) wurden erst durch die weiter oben geschilderten grundsätzlichen Voraussetzungen (Lohnsteigerungen in Verbindung mit Preissenkungen und Arbeitszeitverkürzung) ermöglicht. Die hierfür geschaffenen Versorgungseinrichtungen der Einkaufszentren festigen nicht nur die Wahrnehmung des Shoppings als Freizeitverhalten an sich, sondern tragen auch dazu bei, dass die Zurückverlagerung des Einzelhandels in die Städte unwahrscheinlicher ist.

35   Die hohen Erwartungen, die sich bezüglich der Nivellierung sozialer Ungleichheit in diesem Zitat widerspiegeln, konnten in der Retrospektive nicht erfüllt werden. Die Ausdifferenzierung der Gesellschaft hat unter Beibehaltung sozialer Ungleichheiten weiter zugenommen. Hierbei

Veränderte Essgewohnheiten, der Wechsel von Bekleidung weit vor deren Verschleiß, stetig steigende Ausgaben für Information und Unterhaltung oder die Ausbreitung des Tourismus sind Beispiele dieses gestiegenen Lebensstandards. Das Verständnis dessen, was konsumierbar ist, weitet sich zunehmend aus. Auch solche Angebote, die bis vor wenigen Jahrzehnten nur bedingt kommerzialisiert waren, werden zunehmend als marktförmig begriffen. Beispielhaft sind hier Dienstleistungen im Gesundheits-, Bildungs- aber auch kulturellen Bereich zu nennen[36]. Es ist davon auszugehen, dass sich solche Dienstleistungsangebote weiter diversifizieren und die Konsummöglichkeiten damit weiterhin ausgeweitet werden.

Die Auswirkungen der zunehmenden Bedeutung von Konsum werden ambivalent bewertet – dem hier dargestellten Konsumoptimismus[37] stehen und standen immer auch negative Implikationen gegenüber. Konsumkritik äußert sich als Kulturkritik, Herrschaftskritik und Umweltkritik (König 2000: 439)[38]. Diese rein analytische Trennung lässt sich in der nachfolgenden Darstellung der einzelnen konsumkritischen Aspekte nicht immer aufrechterhalten. Insbesondere zwischen kultur- und herrschaftskritischen Aspekten finden sich Überschneidungen, die ihren gemeinsamen Ausgangspunkt in der jeweils postulierten zunehmenden Bedeutung materieller Werte haben. Dies zeigt sich vor allem in den Beiträgen der Kritischen Theorie, allen voran Herbert Marcuses (Marcuse 1967 sowie Gasteiger 2010: 132-210).

---

hat Konsum, auch derjenige von in Massenproduktion hergestellten Gütern, einen nicht unerheblichen Einfluss, wie die Lebensstilforschung belegt.

[36]   Vgl. hierfür zum Beispiel die Darstellungen von Paterson zum Konsum von Natur (Paterson 2006: 112-140).

[37]   Konsumoptimismus ist vor allem in der Standardökonomie weit verbreitet. Hier werden die Vorteile und Chancen des Konsums, unter anderem für „Autonomie, Individualität, Selbstverwirklichung und Kreativität" gegenüber seinen Grenzen in den Vordergrund gestellt (Hedtke 2008: 289). Eine kritische bis kritisierende Auseinandersetzung erfolgt hingegen in der Regel eher in der Soziologie, Philosophie und Kulturanthropologie. Ausnahmen bilden vor allem Arbeiten im Bereich der Wirtschaftsethik, die versuchen, ökonomische und andere sozialwissenschaftliche Konsumtheorien, insbesondere solche aus den drei genannten Disziplinen, miteinander zu verbinden (vgl. z.B. Knobloch 1994).

[38]   Eine Differenzierung der Konsumkritik entlang der von König vorgeschlagenen Dimensionen erscheint im Gesamtzusammenhang des Dissertationsprojekts als fruchtbar, weil sich Aspekte aller drei Dimensionen auch in den Zielen der schulischen Verbraucherbildung wiederfinden, wenngleich hier vor allem die Umweltkritik einen herausragenden Stellenwert zu haben scheint. Eine diesbezügliche Analyse erfolgt zu einem späteren Zeitpunkt der Arbeit. Dennoch finden sich auch weitere Ausdifferenzierungen der Konsumkritik, so zum Beispiel bei Gasteiger entlang der „Grand Narratives" des Konsums (vgl. Gasteiger 2010).

3.2 Die konsumsoziologische Diskussion: Konsumkultur und ihre Auswirkungen auf die Gesellschaft

3.2.1 Der kultur- und herrschaftskritische Diskurs

Konsum ist ein zentraler Bestandteil der (Alltags)Kultur, über Konsumgüter wird zwischen Individuum und Kultur vermittelt. Der hierbei zugrunde gelegte sozialwissenschaftliche Kulturbegriff versteht Kultur als „*way of life* [...], als Komplex von Denk- und Verhaltensmustern" (Hauck 2006: 2). Kultur ist in diesem Sinne gerade nicht nur die klassische bildungsbürgerliche Hochkultur des Theaters, der Literatur, der Kunst usw., sondern die Gesamtheit der Symbole, in denen sich Bedeutungszuschreibungen, Werte und Wissensbestände materialisieren, mittels derer Wirklichkeit geschaffen und in dieser Wirklichkeit gelebt wird. Dinge und persönliche Objekte „fungieren [...] als Brücke zwischen Individuum und Kultur. Mithilfe von Objekten internalisiert das Kind kulturelles Wissen und kulturelle Praxis über die Nutzung und Bedeutung dieser Objekte" (Bosch 2010: 86). Jene Dinge, über die Kultur vermittelt wird, sind, wie oben geschildert, mit dem Ende der Subsistenzwirtschaft in den meisten Fällen notwendigerweise über den Markt vermittelte Güter, die eben nicht mehr nur noch Kultur vermitteln (sollen), sondern auch ökonomischen Gesetzen unterliegen. Hier schließt zu großen Teilen die kulturkritische Auseinandersetzung mit der Konsumgesellschaft an.

Sie findet ihren Ausgangspunkt aber keineswegs erst in den Zwischen- und Nachkriegsjahren, die wie beschrieben mit einer zunehmenden Bedeutung des Konsums gerade nicht überlebensnotwendiger Güter einhergingen. Ihren Ursprung hat sie spätestens Ende des 19. Jahrhunderts, einer ihrer ersten Protagonisten war Georg Simmel[39]. Konsumkritik war zu dieser Zeit „Teil eines kulturkritischen Abwehrreflexes gegen allgemeine Modernisierungserscheinungen" (Lenz 2007: 47), die eng mit Umbrüchen im ökonomischen System verbunden waren. Die Loslösung aus traditionalen Bindungen, die immer schwieriger erscheinende Möglichkeit, sich die objektivierte Kultur zu Eigen machen zu können und die damit einhergehenden Entfremdungserscheinungen waren ihre Kennzeichen (ebd.: 44f.).

---

[39] Simmels Auseinandersetzung mit Konsum findet sich insbesondere in seiner Stadtsoziologie wieder. Dabei erkennt er den durchaus ambivalenten Charakter des Konsums. Er betrachtet ihn nicht nur kritisch, sondern betont ebenfalls die befreienden Möglichkeiten des Konsums. Er betont „schon zu Beginn des 20. Jahrhunderts den Doppelcharakter des Konsums als Individualisierungs- und Integrationskraft" (Lenz 2007: 43). Diese Ambivalenz des Konsums wird auch in jüngeren Analysen über die Bedeutung des Konsums insbesondere für Identitätskonstruktionen betont, siehe hierfür Fn 41.

In der Folgezeit prägten und prägen noch immer mehrere Inhalte die kulturkritische Auseinandersetzung. Insgesamt geht es um die Frage, ob es in einer durch massenhaften Konsum geprägten Gesellschaft überhaupt die Möglichkeit des gesellschaftlichen und kulturellen Fortschritts gibt. Verneint wird sie unter anderem mit dem Hinweis, Konsum und Kultur seien miteinander nicht vereinbar, „weil Kultur kritisch ist und [Massen]Konsum nicht" (Habermas 1970: 47). Die zunehmende Verbreitung von Konsumchancen führe demnach zu einer mit Kulturzerfall einhergehenden Vermassung (König 2000: 439), die es dem (post)modernen Menschen nicht mehr möglich macht, zwischen Populärkultur und Hochkultur zu unterscheiden[40]. Unterstützt wird diese Unfähigkeit durch eine Kulturindustrie, die durch „Ähnlichkeit", „Konzentration des Geistes" und „rücksichtslose Einheit" geprägt ist (Adorno/Horkheimer 2009: 128, 131).

Die Kritik an der globalen Ausbreitung der Konsumkultur nach amerikanischem Vorbild spätestens seit den Nachkriegsjahren des Zweiten Weltkriegs ist eine Konkretion des eben Dargestellten. „In dem Maße, in dem auch die letzten Welt-Nischen in den Weltmarkt integriert sind, entsteht zwar *die eine* Welt, aber nicht als Anerkennung von Vielfalt [...], sondern genau umgekehrt als *eine Waren-*Welt. In dieser werden lokale Kulturen und Identitäten entwurzelt und ersetzt durch Waren-Welt-Symbole" (Beck 1999: 81, Hervorh. im Original). Die Auflösung lokaler Kulturen wird meist mit Beispielen wie McDonalds oder Starbucks und der mit ihrer Verbreitung einhergehenden weltweiten Standardisierung von Produkten und Dienstleistungen zu belegen versucht (Paterson 2006: 63; Ritzer 1993). Aus ihr lässt sich demnach nicht nur ein ökonomischer Nutzen ziehen, vielmehr wird über sie eine kulturelle Botschaft vermittelt: Der Burger ist das Symbol eines bestimmten Lebensstils (Featherstone 2000: 84; Wagner 2002: 15).

Die These der kulturellen Konvergenz vom Zentrum der USA bis in die (globale) Peripherie stößt aber nicht nur auf Zustimmung. Kritiker der Homogenisierung von Kulturen beschreiben Globalisierung vielmehr als einen dialektischen Prozess, der sowohl mit weltweiter Vernetzung als auch mit Festigung lokaler Bindungen einhergeht, auch und gerade aus Gründen ökonomischer Rationalität (Beck 1999: 86f.). Das Stichwort der Glokalisierung, das durch den britischen Soziologen Roland Robertson geprägt wurde, scheint zur Beschreibung der Dialektik von Globalem und Lokalem besonders geeignet zu sein, betont es doch das Nebeneinander von Globalisierung und Lokalisierung. Die oben beschriebene De-Lokalisierung verläuft zeitgleich zu Prozessen der Re-Lokalisierung, der Wiederentdeckung von und Rückbindung an traditionelle(re) lokale Kulturen.

---

[40]　differenzierungstheoretischer Kulturbegriff, der der Systemtheorie entstammt (Moebius 2009: 19)

Diese Rückbindung erfolgt aber gerade in der globalen Ökonomie nicht ortsge-
bunden, so dass Lokales zum Bestandteil ihrer Warenwelt wird (Wagner 2002:
17).

(Konsum)Güter prägen in ihrem Aufgeladensein mit symbolischer Bedeutung,
gleich welchen kulturellen Einflüssen diese unterliegt, Wertvorstellungen und
Lebensbilder, die wiederum zentraler Bestandteil der alltäglichen Kultur sind.
Innerhalb dieses Wertekanons, so ein weiterer Punkt der kulturkritischen Auseinandersetzung mit dem Phänomen Konsum, nimmt die Bedeutsamkeit materieller Werte insbesondere für die Selbstdarstellung zu. Materialismus kann dabei
als eine Folge des zunehmenden Wohlstandes in den industrialisierten Gesellschaften, in denen es gerade aufgrund des Wohlstands relativ breiter Bevölke-
rungsschichten nicht mehr um die reine, zweckmäßige Befriedigung von Bedürfnissen, sondern vielmehr um die Erfüllung von Wünschen und Begehrlich-
keiten geht, betrachtet werden. Die Suche nach Individualität und Identität und
damit einhergehend das Streben nach Distinktion lassen sich in diesen Kontext
einordnen (z.B. Reisch 2002a).

Identitätskonstruktionen gleichen in der Spätmoderne „permanenten, lebenslan-
gen Baustellen, auf denen die freigesetzten [...] Individuen ohne festen Bauplan
unter Verwendung *vorhandener* Bausätze [...] sich (bis auf weiteres) eine Unterkunft schaffen" (Eickelpasch/Rademacher 2004: 14, Hervorh. FW). Konsumgüter sind die Bausätze, aus denen sich eine solche Unterkunft konstruieren lässt,
sie scheinen die adäquaten Mittel zu sein, den Wunsch nach Individualität und
Identität zu erfüllen und sich selbst zu inszenieren (Haubl 2009: 7): „[T]he ans-
wer to the question ‚Who am I?' will still include such basic definers as gender,
race, nationality, ethnicity and religion. But [...] these identifiers do no more than
frame the parameters of who we consider ourselves to be. [...] The person we
really consider ourselves to be, the ‚real me' if you like, is to be found in our
special mix or combination of tastes" (Campell 2005: 31, siehe auch Veblen).
Einige kritische Analysen der Konsumkultur explizieren bisweilen sogar, dass
der Mensch sich selbst vorrangig in seiner Rolle als Konsument verstehe und die
oben angesprochenen basic definers ohne jede Bedeutung seien. Das Lebensge-
fühl und das subjektive Wohlbefinden jener Spezies Konsument bestimme sich
demnach einzig und allein nach den wahrgenommenen Konsumoptionen (Gab-
riel/Lang 2008: 322f.; Haubl 2009: 3).

Zygmunt Baumans kulturkritische Auseinandersetzung mit den Phänomenen des
Konsumierens greift diese Debatte auf und will sie mithilfe zahlreicher Beispiele
belegen, geht aber auch über sie hinaus. Konsument und Ware stehen sich
Baumans Meinung nach nicht mehr nur dichotom gegenüber, vielmehr ist seiner
Meinung nach das grundlegendste Kennzeichen der Konsumgesellschaft, dass
der Konsument selbst zur Ware wird (Bauman 2010: 77). Der Aufstieg und die

hochfrequentierte Nutzung sozialer Netzwerke sowie die Erfolge der Kosmetik-
und Bekleidungsindustrie werden als die deutlichsten Kennzeichen dafür gewertet, dass der Mensch versucht, markttauglich und begehrenswert zu werden.

Dabei – dies wird in den Feinen Unterschieden Bourdieus besonders deutlich –
kann Konsum nicht nur Mittel zur Identitätskonstruktion, sondern auch Mittel
zur Distinktion[41] und damit auch Exklusion sein (dazu insb. Bosch 2010). Was
wie konsumiert werden kann, hängt letztlich in entscheidendem Maße von den
jeweils zur Verfügung stehenden finanziellen Ressourcen ab. Würden nur diese
Restriktionen berücksichtigt, könnte unterschiedliches Konsumhandeln vorrangig auf soziale Strukturen zurückgeführt werden. Tatsächlich kommt aber ein
weiterer Faktor bei der Beurteilung von Konsumstilen hinzu: die jeweilige Art
und Weise zu konsumieren wird zu nicht unerheblichen Teilen auf das (nicht
vorhandene) individuelle „savoir vivre" zurückgeführt, das sich der Einzelne
zwar aneignen kann, aber eben nicht angeeignet hat. Dieser Sichtweise folgend
„ist der Bezug auf Konsum ein Mittel, um soziale Ungleichheiten zu naturalisie-
ren und unsichtbar zu machen" (Kühn/Koschel 2010: 12).

Diesen Punkt führt die herrschaftskritische Sichtweise auf die Konsumgesellschaft fort. Deren Vertreter sehen in den zunehmenden Möglichkeiten des Konsums gerade für die breiten Massen der Gesellschaft, die über Jahrhunderte hiervon ausgeschlossen waren, ein Manipulationsinstrument und Mittel zur „Unten-
haltung" (ebd.: 13) sowie Sicherung von Macht. Der beschriebene Glaube, das
eigene Wohlbefinden sei von den Konsumchancen abhängig, diene nur dazu,
dass „Bürger sich von der politischen Öffentlichkeit fern halten" und „sich mehr
für eine Demokratisierung des Konsums als für eine demokratische Kontrolle der
Herrschenden einsetzen" (Haubl 2009: 3). Hochkonjunktur hatte die herrschaftskritische Auseinandersetzung mit der Konsumgesellschaft in der Frankfurter
Schule[42]. Die Neomarxisten, allen voran Herbert Marcuse, betonen, der nach wie

---

[41] Distinktion erfolgt insbesondere nach der massenhaften Ausdehnung der Konsummöglichkeiten in den Jahrzehnten des wirtschaftlichen Aufschwungs nach dem Ende des Zweiten Welt-
krieges nicht mehr über die demonstrative Zurschaustellung des Konsums bzw. der konsumierten Waren, wie dies gegen Ende des 19. Jahrhunderts von Thorstein Veblen (1971) beobachtet
wurde. „Nicht mehr der Besitz von Konsumgütern überhaupt, sondern die Qualität der Kleidung und Möbelstücke und die Art, sie zu benutzen, [lassen] Rückschlüsse auf die soziale Stellung zu" (Haupt 2004: 310; Bourdieu 2012). Dass Konsummuster tatsächlich ein adäquates
Mittel der sozialen Differenzierung sind, wie dies zum Beispiel in Milieustudien dargelegt
wird, wird nicht einheitlich befürwortet (Campell 1995: 112-117): Lifestyle – also die Art und
Weise der Nutzung von Konsumgütern und Dienstleistungen – ist keine typisch soziologische
Kategorie, sie ist vielmehr dem Marketing entlehnt,und daher ist es auch fragwürdig, ob man
sich der Gesellschaft und ihren Ungleichheiten tatsächlich über dieses Konstrukt nähern kann
und sollte.

[42] Die kultur- und herrschaftskritischen Auseinandersetzungen mit den Folgen von Massenproduktion und -konsumtion wurden öffentlichkeitswirksam vor allem durch Linksintellektuelle

vor entfremdende Charakter des kapitalistischen Systems werde durch die zunehmende Teilhabe der arbeitenden Klassen an den Erzeugnissen der Konsumgüterindustrie zu verdecken versucht (Hecken 2008: 72-75). Die Motivation zu Arbeiten entspringt nicht der Aufgabe selbst, sondern zuerst der materiellen Anerkennung, welche wiederum in Konsumgüter und damit auch in soziale Anerkennung umgesetzt wird. Gabriel und Lang bezeichnen dies als den sogenannten Fordist Deal. Henry Ford bot seinen Mitarbeitern das übliche Lohnniveau deutlich übersteigende Löhne mit dem Ziel, ihre Kaufkraft signifikant zu erhöhen. Sie dienten als Entschädigung für „deskilling, control and alienation [...] within the workplace" (Gabriel/ Lang 2008: 323), der geprägt war durch einseitige Arbeit am Fließband.

Es erfolgt damit in der Konsumgesellschaft eine Trennung zwischen der „nicht selten schmutzigen Welt der Produktion und der schönen Glamourwelt der Waren" (Hedtke 2008: 287), innerhalb derer Konsumgüter nicht mehr nur noch über einen Gebrauchswert verfügen, sondern auch symbolische Bedeutung entfalten. Waren werden erst dank dieser zu einem Hilfsmittel, das die eigene Identität, vertretene Werte oder Lebensentwürfe zum Ausdruck bringen soll und kann. Welche Konzepte und symbolischen Bedeutungen hinter einem Produkt oder einer Dienstleistung stehen, ist Teil eines gesellschaftlichen Aushandlungsprozesses, auf den Produzenten mittels Marketing erheblichen Einfluss zu nehmen versuchen. So entsteht der Vorwurf, Bedürfnisse werden künstlich erzeugt, etwa über Werbung, Shows, andere „Spektakel" (ebd.: 330) oder zeichenhafte Aufladung des Produkts selbst (Baudrillard 1998; Featherstone 1991: 85; Fine 2002: 28; Ullrich 2009)[43]. Geschaffen würde damit eine Form der Zufriedenheit, die andere Unzulänglichkeiten wenn schon nicht auflöst, so zumindest verdeckt.

Die hiermit angesprochenen, als fragwürdig beurteilten Angebote der Konsumgüterindustrie und Dienstleister machen die bereits angesprochene Verflechtung

---

und Neomarxisten in der Nachkriegszeit bestritten. Dies gilt sowohl für den deutschen als auch den internationalen Diskurs. Wie Stehr aufzeigt (2007: 196) schlussfolgerte Werner Sombart bereits Anfang des 20. Jahrhunderts, dass zunehmender materieller Wohlstand politische Apathie und damit die Manifestation bestehender Herrschaftsstrukturen fördere. Zudem verweist Stehr auf die Diskussion um Grenzen und Gefahren der Konsumgesellschaft, die ebenfalls im konservativen Lager, unter anderem von Helmut Schelsky, aufgegriffen wurde (2007: 209 Fn. 41).

[43] Güter und Dienstleitungen werden nicht mehr nach ihrem Gebrauchswert beurteilt, sondern nach ihrem symbolischen Wert (etwa Designerkleidung, deren Gebrauchswert gleich hoch ist, wie der von Kleidung aus dem Discounter, deren symbolischer Wert den der Discounterkleidung aber bei weitem übersteigt). Der symbolische Wert wird meist durch Zeichen im Saussure'schen Sinne vermittelt (bei Designerkleidung etwa durch Logos am Produkt selbst). Die Konsumgüter büßen so ihren ursprünglichen Zweck ein, um künstlich erschaffene Zwecke zu bedienen.

von Kultur- und Herrschaftskritik deutlich sichtbar. „Konsumterror" und „Überflussgesellschaft" sind Begriffe, die in diesem Zusammenhang nicht nur die deutsche Diskussion geprägt haben (Wildt 2009: 312). Die Freiheit der Wahl zwischen den angebotenen Konsumgütern sei nichts weiter als eine imaginierte Freiheit. Vielmehr schaffe die Allgegenwärtigkeit von Konsumoptionen neue Abhängigkeiten, etwa von den Erwartungs- und Umgangsvorschriften des Konsumguts selbst (Habermas 1970: 36).

Auch wenn an dieser Stelle verstärkt die Diskussion um die Schattenseiten des Konsums wiedergegeben wurde, erschöpft sich der Diskurs nicht einseitig in Themen wie Ungleichheitskonstruktion oder Entfremdung. Konsum wird auch als ein Mittel wahrgenommen, das berechtigterweise zur Identitätskonstruktion herangezogen werden kann. Dabei muss nicht der durch die Produktionsseite vorgegebene Symbolgehalt dominierenden Einfluss auf die eigene Identitätswahrnehmung haben. Vielmehr wird die Kreativität der Konsumenten und die mit dieser einhergehende Uminterpretation des ursprünglichen Symbolgehaltes betont. Zentrales Beispiel hierfür sind (jugendliche) Subkulturen. Konsum kann sowohl innerhalb dieser Gruppen als auch über sie hinaus dazu beitragen, sich und andere innerhalb der Gesellschaft zu verorten und somit Orientierung in dieser zu gewährleisten. Über das Konsumieren können Communities entstehen, deren Sinn weit über das eigentliche Konsumieren hinausgeht und bis hin zu gesellschaftlichem Engagement – etwa durch politischen Konsum – reicht (Kühn/Koschel 2010: 13).

3.2.2 Konsum und Nachhaltigkeit

Während die Kultur- und Herrschaftskritik weitestgehend innerhalb des intellektuellen Diskurses verblieben, konnten umweltkritische Diskussionen auch die breitere Öffentlichkeit erreichen. Umweltprobleme, die der Ausgangspunkt einer Diskussion um Bedeutung und Folgen von Konsummustern für die natürliche Umwelt sind, sind aber – zumindest aus soziologischer Perspektive – nicht „einfach vorhanden", sondern werden im Rahmen ökologischer Kommunikation erst konstruiert, thematisiert und kommuniziert (Brand/Eder/Poferl 1997: 24; Büscher/Japp 2010; Luhmann 2008; Hedtke 2002: 15). „Gerade weil man den Klimawandel nicht unmittelbar erleben kann (sehen, riechen, schmecken, hören, fühlen), ist die Gesellschaft auf die Thematisierung z.b. durch wissenschaftliche Forschung und eine massenmediale Berichterstattung angewiesen." (Büscher 2010: 38; Brand/Eder/Poferl 1997: 43) Die zunächst ökologische Kommunikation wurde in den vergangenen 20 Jahren um ökonomische und soziale Aspekte zu einer Nachhaltigkeitskommunikation erweitert (Michelsen 2005). Anschließend an sowohl naturwissenschaftlich orientierte als gesellschaftstheoretisch abgeleitete Formen ökologisch-nachhaltiger Kommunikation werden im Rahmen gesellschaftlicher Diskurse Handlungsforderungen und -anweisungen sowohl an gesellschaftliche Teilsysteme als auch einzelne Individuen entwickelt, die letztlich den Anspruch erheben, die ökologisch-soziale Krise lösen zu können (Büscher 2010: 23ff.).

Der erste, 1972 erschienene Bericht des Club of Rome über „Die Grenzen des Wachstums" ist das prototypische Beispiel einer an naturwissenschaftlichen Erkenntnissen orientierten Aufklärung über ökologische Tatbestände. Die Autoren kommen zum Urteil, dass von unbegrenzten menschlichen Bedürfnissen erhebliche Gefahr für die Natur und die Gesellschaft ausgeht (Meadows 1972). Wenngleich aus heutiger Sicht einige der geschilderten Schreckensszenarien nicht eintraten, wurden Umweltschutz und die Forderung, nachhaltiger zu handeln, auch aufgrund des Berichts ein Thema der (politischen) Öffentlichkeit. Es bildeten sich umweltpolitische Initiativen, die unter anderem in der Gründung der Partei der „Grünen", in deren programmatischem Zentrum Umweltschutz stand, aber auch in der Etablierung von Umweltschutzprogrammen durch die damalige Bundesregierung mündeten (König 2000: 446).

Neben der industriellen Produktion (König 2000: 446f., Büscher 2010: 31ff.) wurde und wird im Rahmen der Forderung ökologischen Handelns an private Konsumenten sowie deren ökologisches Gewissen appelliert (Grunwald 2010). Diese Forderung baut darauf auf, dass Konsum einen entscheidenden Anteil an der übermäßigen Nutzung der begrenzten Ressourcen hat (Schrader/Thøgersen 2011)[44]. Empirische Belege hierfür liefern Daten über Wasser- und Energieverbrauch, das private Verkehrsaufkommen, Siedlungsverhalten sowie die indirekte Nutzung natürlicher Ressourcen durch den Verbrauch industriell produzierter Konsumgüter (Pötter 2006: 54-97). An dieser Stelle setzten in den vergangenen Jahren über die Massenmedien verbreitete Appelle an den Konsumenten an, er solle die ihm qua Kaufkraft zustehende Macht zur Beseitigung dieser Missstände nutzen[45].

---

[44] Eine zentrale Ausnahme bildete bereits in den 1970er-Jahren Wolfgang Schmidbauers „Homo consumes: Der Kult des Überflusses". Schmidbauer betont, dass die Schuldzuschreibung der Umweltverschmutzung auf die „Profitgier der Industriebosse" vor allem Selbstschutz ist. Diese Vorwände „schützen den einzelnen davor, sein ganz persönliches Verhalten zu ändern und bewahren ihn vor der Mühe, einmal gegen den Strom des Konsumierens anzuschwimmen" (1972: 9).

[45] Nachhaltiges (Konsum)Handeln muss aber nicht ausschließlich als eine der Gesellschaft gegenüber verstandene Verantwortung begriffen werden. Ethisch-politischer Konsum kann in diesem an Bourdieu angelehnten Verständnis eine erhebliche Distinktionswirkung entfalten. „Such practices are hardly individualized solutions to collective problems. They are collective, albeit relatively elite strategies of consumption – what we have termed an "eco-habitus." Moreover, despite critiques of the "citizen consumer" who "votes with their dollars," these new HCC [high cultural capital, FW] consumption strategies may function either as a strategy

Die Forderung nach einem Mehr an ökologischer Nachhaltigkeit im Konsumhandeln wurde wie bereits erwähnt mit zunehmender globaler Verflechtung der Produktions- und damit auch Konsumketten um Aspekte gesundheitlicher und sozial-gesellschaftlicher Nachhaltigkeit erweitert. Mit der Veröffentlichung des Brundtland-Berichts durch die Weltkommission für Umwelt und Entwicklung der Vereinten Nationen im Jahr 1987 setzte ein weltweiter Diskurs über nachhaltige Entwicklung ein, der einen ersten politischen Höhepunkt mit der UN-Konferenz über Umwelt und Entwicklung 1992 in Rio de Janeiro fand. Über die dort verfasste Agenda 21 fand das Konzept der Nachhaltigkeit, gemäß dem Brundtland-Bericht verstanden als Zielzustand einer „Entwicklung, die den Bedürfnissen der heutigen Generation entspricht, ohne die Möglichkeiten künftiger Generationen zu gefährden, ihre eigenen Bedürfnisse zu befriedigen und ihren Lebensstil zu wählen" (Hauff 1987: XV), Eingang in die internationale Umwelt- und Entwicklungspolitik. Seither gebührt Nachhaltigkeit ein prominenter Platz in der öffentlich-politischen Diskussion. Nachhaltigkeit stieg zum Leitbild globaler Umweltpolitik, aber auch nationaler Verbraucherpolitik (siehe Kapitel 3.2.) auf. Neben weiterhin aktuellen klassischen Umweltthemen wie dem Verlust an Biodiversität oder Wasserverschmutzung geraten zunehmend soziale Themen der intra- und intergenerationalen Gerechtigkeit in den Blickpunkt. Intragenerationale Gerechtigkeit ist dabei eine in erster Linie globalgesellschaftliche Forderung und betrifft eine Anpassung des Ressourcenverbrauchs der entwickelten Industriestaaten im Vergleich zu Entwicklungsländern sowie die extreme globale soziale Ungleichheit. Intergenerationale Gerechtigkeit greift auch innerhalb nationaler Gesellschaften und lässt sich direkt aus der oben dargestellten Brundtland-Definition ableiten: Chancengleichheit gegenwärtiger und zukünftiger Gesellschaften in Bezug auf die Befriedigung der jeweiligen Bedürfnisse. Hier zeigt sich, dass Nachhaltigkeit auch immer unter ökonomischem Blickwinkel betrachtet werden kann und muss. Ressourcen sollen so verbraucht werden, dass angemessenes Wirtschaftswachstum sowohl heute als auch zukünftig gewährleistet sein kann. Nachhaltigkeit betrifft somit zusammenfassend den Erhalt der Funktionsfähigkeit ökologischer, sozialer und ökonomischer Systeme (Reisch 1999: 683).

Da dieses Verständnis von Nachhaltigkeit bzw. nachhaltiger Entwicklung stark abstrakter Natur ist, steht die Forderung nach einer Operationalisierung im Raum, damit das Ziel Nachhaltigkeit tatsächlich handlungsleitend wirken kann[46].

---

for pursuing distinction, or a potentially less exclusive locus of cultural authority" (Carfagna et al 2014: 175).

[46] Vgl. zur Kritik an der Ableitung von eineindeutigen Zielen aus einem so globalen Leitbild wie dem der nachhaltigen Entwicklung Giesel 2007: 72.

Belz/Bilharz schlagen beispielsweise vor, mit dem „ökologischen Fußabdruck" als Indikator zu arbeiten (2007: 29ff.). Dieser beschreibt die Fläche auf der Erde, die notwendig ist, um einen gegebenen Lebensstandard dauerhaft zu erhalten. Hierbei werden sowohl Flächen einberechnet, die zur Produktion von Konsumgütern im weitesten Sinne wie Nahrung, Kleidung oder Wohnraum benötigt werden als auch Flächen, die bei der Entsorgung von hierbei entstehenden Abfallprodukten (insbesondere CO_2) beansprucht werden. Der ökologische Fußabdruck soll damit insbesondere dazu beitragen, nachhaltige und nicht-nachhaltige Lebensstile zu unterscheiden bzw. letztere zu erkennen (ebd.: 32). Insgesamt existiert jedoch weder in der politischen noch in der akademischen Diskussion ein einheitlicher Operationalisierungsmodus. Die Debatte um die Frage, welche Konsummuster als nachhaltige zu bezeichnen sind bzw. welche Konsumgüter nachhaltigen Lebensstilen genügen, ist vielmehr stark interessengeleitet. Dem einzelnen Konsumenten zugängliche Informationen überfordern daher nicht nur aufgrund ihrer Masse, sondern sie sind auch durch ihren zum Teil widersprüchlichen Informationsgehalt als unübersichtlich zu bezeichnen (Grunwald 2010: 244-247).

Dem Konsumenten wird dennoch ein wesentlicher Anteil an der Implementation nachhaltiger Lebensstile zugesprochen (siehe am Beispiel der Textilindustrie Baringhorst 2006; Micheletti et al. 2005). Mittels zielgerichteter Nachhaltigkeitskommunikation, zu der auch Bildungsprogramme zählen, werden Konsumenten einerseits informiert (wenngleich hier angesichts der eben geschilderten Lage Schwierigkeiten offenbar werden). Andererseits haben diese Maßnahmen auch immer appellativen Charakter – sie fordern zur Verantwortungsübernahme auf und sind damit eben auch politisches Leitbild und Steuerungsinstrument (siehe hierzu auch Kapitel 4.1).

Auf den ersten Blick scheinen solche Appelle Wirkung zu entfalten. Die Umsätze nachhaltiger Konsumgüter sind in den vergangenen Jahren stetig gestiegen, was sich sowohl an den steigenden Absatzzahlen von Bio-Lebensmitteln als auch am Anteil fair gehandelter Güter verdeutlichen lässt. 2012 konnte bei ersteren ein Umsatzplus von 6% (BMEL 2013), bei letzteren sogar von 36% erzielt werden (Forum Fairer Handel 2013). Auch steigt die grundsätzliche Befürwortung sozial-ökologisch verantwortlichen Konsumhandelns an (Schoenheit 2009: 20), was zur These der Moralisierung der Märkte führt (Stehr 2007, kritisch: Engels 2010). Dennoch setzt nur ein vergleichsweise geringer Anteil der Befürworter die grundsätzliche Zustimmung in ihrem Konsumhandeln um. Die Märkte für biologisch produzierte Lebensmittel und fair gehandelte Waren bleiben Nischenmärkte. Als Gründe für diese „attidude/behavior gap" werden neben Bequemlichkeit, Unsicherheit oder zu hohen Preisen (im Vergleich zu konventionell hergestellten Konsumgütern) (ebd.) auch die mangelnde Konsum- bzw. Ver-

braucherbildung als Bestandteil eines umfassenderen Systems der Verbraucherpolitik angesprochen (Heidbrink/Schmidt 2009: 31). Mit dieser Kritik gehen
Forderungen nach einer deutlicheren inhaltlichen Fokussierung der Konsumentenbildung auf Aspekte nachhaltigen Konsumhandelns einher.

Eine solche Fokussierung scheint vorerst nachvollziehbar und erfolgverspre-
chend zu sein: „Man sieht, daß unter Jugendlichen das Interesse an ökologischen
Fragen einen Vorrang einnimmt. Könnte nicht das Erziehungswesen [...] dieses
Interesse aufgreifen und in Richtung auf eine allmähliche gesellschaftsweite
Änderung des Bewußtseins und der Einstellung zur Umwelt ausbauen?" (Luhmann 2007: 127). Aus systemtheoretischer Perspektive wird allerdings deutlich,
dass derartige moralische Fragen nicht unmittelbar für das Wirtschaftssystem an
Relevanz gewinnen – und damit die Geschlossenheit dieses Systems aushebeln –
, sondern den Umweg über systeminterne Programme gehen müssen: Letztend-
lich sind die die Kaufentscheidungen steuernden Kriterien Teil des Programms
Wirtschaftssystem. Und diese können durchaus eben auch moralischer Art sein
und müssen nicht strikt utilitaristisch sein. So können bspw. Auch Fair-Trade-
oder biologisch angebaute Produkte vermehrten Absatz finden, so lange sie sich
in den „Doppelkreislauf [aus Zahlungsfähigkeit und Zahlungsunfähigkeit, FW]
einbringen lassen – sei es, daß man an ihnen Verdienstmöglichkeiten entdeckt,
neue Märkte erschließt, neue oder verlagerte Kaufanreize produziert und vor
allem: Preise erhöht und am Markt durchsetzt" (2007: 74f.).

Trotz unterschiedlicher theoretischer Argumentationsstruktur[47] führen institutio-
nenökonomische Erklärungsmuster bezüglich der zunehmenden Durchsetzung
des als Corporate Social Responsibility (CSR) bezeichneten freiwilligen Beitrags
von Unternehmen zur nachhaltigen Entwicklung zu ähnlichen Resultaten: Die
Neue Institutionenökonomik geht davon aus, dass nutzenmaximierendes Handeln erst durch moralisches Handeln gewährleistet werden kann. Moralisches
Handeln ist diesem Verständnis folgend dann kein eigenständiger Bestandteil der
Handlungstheorie (im Sinne wertrationalen Handelns), sondern es bleibt auf die
Ziele, Mittel und Bedingungen des zweckrationalen wirtschaftlichen Handelns

---

[47] Der zentrale Unterschied besteht vor allem in der Festsetzung des Optimierungshandelns als
zentrale Motivgrundlage: „Im Unterschied zur neoklassischen Wirtschaftstheorie [auf der auch
die Neue Institutionenökonomik aufbaut, FW], die die Akteure axiomatisch auf Gewinn- bzw.
Nutzenmaximierung festlegt, ist die Theorie Luhmanns [...] offen gegenüber Handlungsmoti-
ven von Akteuren, die sich lediglich hinsichtlich der Autopoiesis des Systems bewähren müssen" (Beckert 1997: 324). Die Gewährleistung von Verdienstmöglichkeiten, das Schaffen von
Kaufanreizen oder die Erschließung neuer Märkte dienen somit vor allem der Sicherstellung
von Zahlungsfähigkeit und damit der Erhaltung der Autopoiesis des Systems. Hierin zeigt sich
eine weitere Differenz: Ausgangspunkt der Systemtheorie sind Systeme als analytische Konstrukte, Ausgangspunkt der ökonomischen Verhaltenstheorie ist der atomistische, individuelle
Akteur.

fokussiert (Walker 2015a: 78f.). Ein solch funktionalistischer Erklärungsansatz trägt jedoch nicht dazu bei zu erklären, warum sich Normen auch im Geltungsbereich der Ökonomie durchsetzen. Aus der Funktionalität einer sozialen Norm kann nicht automatisch auch deren Entwicklung abgeleitet werden (Beckert 1997: 56). Dies gilt insbesondere für die Durchsetzung von staatlich sanktionierbaren Nachhaltigkeitsnormen, die oftmals mit einer Internalisierung bisher externer Kosten einhergehen. Ein solcher Ansatz berücksichtigt nicht, „dass Institutionen nur dann verändert und externe Kosten nur dann internalisiert werden können, wenn die politische Gestaltungsmacht dafür ausreicht. Es sind oft aber gerade die *ökonomischen* Machtstrukturen, die das behindern oder verhindern, die die infrage stehenden externen Effekte verursachen und von ihnen profitieren (Hedtke 2002: 10, Hervorheb. i. O.)[48].

Auch bliebe bei ausschließlicher Orientierung an Rationalitätskriterien zu hinterfragen, warum sich ausgerechnet jene Unternehmen gemeinsam mit NGOs für eine Standardisierung von CSR-Regeln einsetzen, die durch CSR bereits Reputationsgewinne verzeichnen können. Durch branchen- bzw. industrieweite Lösungen wird ein Alleinstellungsmerkmal, das einen Wettbewerbsvorteil darstellt, aufgegeben. Insofern erscheinen die Standardisierungsbemühungen irrational, dennoch ist seit Mitte der 1990er-Jahre eine vermehrte Kooperation mit NGOs feststellbar (Bluhm 2008: 147, 156).

Die auf dem Muster des rational handelnden homo oeconomicus aufbauende Mainstreamökonomie gerät aber nicht nur bei der Erklärung moralischer Handlungsweisen von Unternehmen, sondern auch bei der Erklärung ebenso moralischer Handlungsweisen von Individuen an ihre Grenzen. Der Widerspruch, der sich aus der normativen Forderung nach individuell-rationalem, nutzenmaximierendem Konsumhandeln einerseits sowie der zeitgleichen Unterstützung institutioneller freiheitsbegrenzender Lösungen in der Rolle des Staatsbürgers andererseits, lässt sich nur schwer auflösen (Hedtke 2002: 10).

Ausgeblendet wird bei einer solchen Sichtweise letztlich die kulturelle und soziale Einbettung des Konsums, auch und vor allem des nachhaltigen Konsums. Wenngleich umfangreicher Konsum zentral für Wohlstandswahrnehmungen der modernen Industriegesellschaften ist, ist dies keinesfalls deterministisch zu verstehen. Hier ist erneut vor allem auf die Wirkung der spätestens seit Anfang der 1990er-Jahre aufkommenden Nachhaltigkeitskommunikation sowie das mit dieser einhergehende gestiegene Umweltbewusstsein zu verweisen. Dies ver-

---

[48] Als herausragendes Beispiel für die Grenzen der Internalisierung externer Kosten gilt der Handel mit Emissionszertifikaten, der als besonders anfällig für Lobbyarbeit und damit die Durchsetzung unternehmerischer Interessen gegen die zunehmende Ökologisierung der Wirtschaft gilt. In den vergangenen Jahren wurden vor allem die Überallokation an Zertifikaten sowie der damit einhergehende Preisverfall der Zertifikate kritisiert.

deutlicht, dass es der Gesellschaft, wenn auch sehr langsam, sehr wohl gelingen kann, sich auf die ökologischen, aber auch sozialen Risiken nicht nachhaltiger Lebensstile einzustellen. Dennoch ist es, auch und gerade im Sinne des notwendigen Erfolgs des Ziels der Nachhaltigkeit „unverzichtbar [...] danach zu fragen, [ob und] inwieweit die Verhaltenszumutungen des für notwendig erachteten ökologischen Umbaus in die industriegesellschaftlichen Lebenswirklichkeiten der sozialen Akteure integrierbar sind" (Kraemer 2008: 254). Eine ausschließlich suffizienzorientierte, also mit der Forderung nach absoluter Einschränkung des Konsumniveaus[49] einhergehende, Nachhaltigkeitsstrategie missachtet erstens gesellschaftliche Gegebenheiten, was zweitens zur Infragestellung des Erfolgspotenzials führt[50]. Trotz dieser strukturellen Grenzen postuliere ich an dieser Stelle keine generelle Handlungsohnmacht des Individuums, sondern kritisiere vielmehr die Ansprache des Individuums ausschließlich in seiner (als atomistisch verstandenen) Konsumentenrolle. Handeln in Rollen anderer gesellschaftlicher Teilsysteme, allen voran dem politischen, erscheint zur Umsetzung des gesamtgesellschaftlichen Ziels Nachhaltigkeit geeigneter (Grunwald 2010: 233; Petersen/Schiller 2011: 159f.; Schoenheit 2009: 25-26).

---

[49]   Die Forderung nach absolutem Konsumverzicht sowie einer dauerhaften Abkehr vom Materialismus geht oftmals einher mit einem vor allem von westlichen Intellektuellen vertretenen Verständnis von „Konsum als Krankheit" (Hellmann 2013: 39, Miller 2001). Ein solches Verständnis ist eben nicht nur unrealistisch, sondern vor allem in hohem Maße gekennzeichnet durch eine „poverty of morality" (Miller 2001). Die Moralisierung des Konsumverhaltens sei „selbstgerecht und blasiert [...], [erhebe] die eigene Weltsicht [intellektueller Konsumkritiker, FW] zum allgemeinen Maßstab [...] und [übe] von diesem hohen Roß herab pauschale Konsumkritik [...], ohne sich hinlänglich mit den Lebensverhältnissen derer vertraut zu machen, die sie derart kritisiert" (Hellmann 2013: 40). Dies schließt neben den angemahnten Folgen für Umwelt und intra- sowie intergenerationale Gerechtigkeit auch typische Narrationen des kultur- und herrschaftskritischen Diskurses ein (Miller 2001: 237).

[50]   In diesem Zusammenhang ist kritisch einzuwenden, dass eine ausschließlich effizienzbasierte Umstellung der Konsummuster aber ebenso wenig erfolgversprechend ist, da Effizienzgewinne durch vermehrten Konsum bzw. Verbrauch überkompensiert werden (Schoenheit 2009: 20). Beispielhaft ist die Ressourceneinsparung moderner, treibstoffsparender Kraftfahrzeuge, die durch die weiteren zurückgelegten Strecken überkompensiert werden.

Dem Einzelnen ist insofern nicht nur als Wirtschaftssubjekt, sondern auch und vor allem als politischem Bürger zu begegnen[51,52]. Politische Regelungen, die die Umsetzung des Leitziels Nachhaltigkeit fördern sollen, entbehren dabei aber nicht einer moralischen Fundierung, die mittels nachhaltiger Kommunikation (re)produziert und somit auch über die Konsumenten an Unternehmen weitergetragen werden kann. Moralische Orientierungen sowie ihre diskursive Kommunikation bieten die notwendige Unterstützung dafür, dass institutionalisierte Verpflichtungen tatsächlich greifen bzw. dauerhaft bestehen (Streeck 2007: 13, Bluhm 2008: 158).

3.3 Zum Konsum von Kindern und Jugendlichen

Der Konsum von Kindern und Jugendlichen spielt in der modernen Gesellschaft eine zunehmend wichtige Rolle. Vor allem in urbanen Lebensräumen nimmt die Bedeutung konsumierbarer Freizeitgestaltung stetig zu, nicht zuletzt, weil Kinder und Jugendliche über die dafür notwendigen finanziellen Mittel verfügen. Ihnen steht heute mehr Geld zur freien Verfügung als je zuvor. So erhält die Gruppe der 6-13-Jährigen im Durchschnitt monatlich mehr als 30 Euro Taschengeld. Hinzu kommen nicht unerhebliche Geldgeschenke an Weihnachten und Geburtstagen, teilweise auch an Ostern sowie kleinere Beträge zwischendurch, etwa für gute Schulnoten (Kinder-Medien-Studie 2017[53]). Eine Studie von Elmar Lange

---

[51] Kritisch angemerkt werden kann bezüglich der Umsetzbarkeit der Forderungen nach einer verstärkten Unterstützung umwelt-, aber auch entwicklungspolitischer Maßnahmen, dass zahlreiche dieser Maßnahmen ebenfalls an der attitude-behaviour-gap zu scheitern drohen. So sinkt etwa seit Jahren trotz gleichbleibend hoher Bejahung verbaler Wertmuster die Bereitschaft, für verbesserten Umweltschutz etwa in Form höherer Steuern oder Abgaben (etwa Müllgebühren) zu zahlen (Kraemer 2008: 258f.). Hierin spiegelt sich eine Befürchtung des Umschlagens der Kosten umweltpolitischer Maßnahmen auf den einzelnen Verbraucher. Dennoch sei vor einer allzu pessimistischen Lesart gewarnt, schließlich zeugt die zunehmende Implementation umwelt- und entwicklungspolitischer Maßnahmen sowohl auf nationaler wie auf internationaler Ebene von der prinzipiellen Umsetzbarkeit und der Dynamik entsprechender Forderungen. „Die Durchsetzung des Umweltstaates wird die Industriegesellschaft verändern – ebenso wie die Durchsetzung des Sozialstaates sie verändert hat. Theoretische Gründe dafür, daß der Umweltstaat im Rahmen der Industriegesellschaft entwickelt werden könnte, der Umweltstaat aber diesen Rahmen sprengen muß, sind nicht zu erkennen" (Daele 1996, zit. nach Kraemer 2008: 261).

[52] Eine eindeutige Trennung beider Rollen, der des Konsumenten und der des politischen Bürgers, ist dabei insgesamt jedoch eher als ein analytisches Instrument zu verstehen (Fischer 2015: 208).

[53] Die Kinder-Medien-Studie ist eine jährlich vom Egmont Ehapa Verlag – dem den eigenen Angaben zufolge führenden Medienkonzern im Bereich der Kinder- und Jugendzeitschriften („unangefochtener Marktführer") – in Auftrag gegebene Studie zum Medienverhalten junger Zielgruppen und wurde früher unter dem Namen Kids-Verbraucher-Analyse durchgeführt. Da

zum Jugendkonsum im 21. Jahrhundert ermittelte als Einkommen der Status-gruppe Schüler ab 15 Jahren – eine der Zielgruppen formalisierter Verbraucher-bildung – gar einen Mittelwert von 146 Euro pro Monat (2004: 68). Dies ist ein nicht unerheblicher Betrag, vor allem weil Schüler in der Regel keine fixen Ab-gaben wie etwa Miete oder Kosten für Nahrung zu tragen haben. Reisch spricht in diesem Zusammenhang von der Monetarisierung der Kindheit – Geld und der konsumierende Umgang mit Geld werden zu elementaren Bestandteilen des Erwachsenwerdens (Reisch 2002b: 11).

Zudem beeinflussen Kinder Kaufentscheidungen ihrer Eltern. Forschungsergeb-nisse belegen den Einfluss von Kindern auf Kaufentscheidungen ihrer Eltern gerade bei solchen Produkten, die sie selbst benutzen (Flurry/Burns 2005: 599; North/Kotzé 2001: 91; Tinson/Nancarrow 2010: 134). 2010 etwa haben letztere Kinderspielwaren für mehr als 2,5 Milliarden Euro gekauft (Gaschke 2011: 47). Es ist nicht davon auszugehen, dass die Kinder hier ohne jedes Mitspracherecht waren. Bei Betrachtung dieser Daten verwundert es nicht, dass Kinder eine hoch-interessante und heftig umworbene Zielgruppe sind (McNeal 1992: 17). Ferner stellen sie die Kunden der Zukunft, so dass getreu dem Motto „Früh übt sich…" eine feste Bindung an bestimmte Produkte und Marken zu erreichen versucht wird (Ekström 2010: 42; Gawlowski 2013: 10ff.; Ward 1974: 2).

Die Alltäglichkeit des Konsums ist die Ausgangsbasis der zunehmend verstärk-ten Forderung nach Konsum- bzw. Verbraucherbildung. Der Großteil der für das Konsumentenhandeln notwendigen Kenntnisse wird gerade nicht intentional, sondern unbewusst erworben. Gesteuerte Erziehungsprozesse im Rahmen der Konsumentenbildung sollen demgegenüber „Informationen und Konsumkompe-tenz in einer Rolle [vermitteln], die sie [die Kinder und Jugendlichen, FW] täg-lich einnehmen: als Verbraucher" (vzbv 2012: 4). Die damit angesprochene Bildungsrelevanz des Themenfeldes Konsum scheint unumstritten zu sein. Poli-tik und Fachdidaktik sprechen sich gleichermaßen für eine Einbindung in die Curricula und Lehrpläne der allgemeinbildenden Schulen aus (EU 2010; May 2010: 61; OECD 2009; UN 2001: 9; Kollmann 2008: 200). Dieser uneinge-schränkten Zustimmung ist aber entgegenzusetzen, dass der statistische Zusam-menhang zwischen Konsumentenbildung und Konsumentenverhalten sowie Konsumentenbildung und dem Wissen über Konsumhandlungen marginal zu sein scheint, insbesondere im Vergleich mit anderen Sozialisationsinstanzen wie der Familie oder den Peers (Moschis/Churchill 1978: 602f.). Um nachzuvollzie-hen, warum die Effekte der Konsumentenbildung geringer ausfallen als insbe-sondere von bildungspolitischer Seite erhofft, ist eine nähere Auseinanderset-

---

die Studie vor allem der Marketing- und Werbeplanung junger Zielgruppen dienen soll, um-fasst sie auch die Erhebung der finanziellen Ressourcen der 4-13-jährigen Kinder und Jugend-lichen (http://www.egmont-mediasolutions.de/unternehmen.php am 20.11.2013).

zung mit der Bedeutung des Konsums in der Lebenswelt von Kindern und Jugendlichen notwendig. Hierfür werden zunächst weiterführende empirische Daten zum Konsumverhalten der Kinder und Jugendlichen dargestellt. Anschließend werden diese empirischen Daten durch Erkenntnisse der Konsumentensozialisationstheorie gerahmt.

3.3.1 Wie aus Kindern Konsumenten werden – die Sozialisation zum Konsumenten

Die Teilhabe an Konsumprozessen ist ein die Gesamtgesellschaft umfassendes Phänomen. Dennoch wird kein Kind bereits als Konsument geboren. Vielmehr werden wir im Laufe unseres Lebens durch vielfältige Einflüsse zum Konsumenten sozialisiert. Konsum ist in diesem Sinne durch eine doppelte Sozialität geprägt. Erstens ist er komparativ und normativ an anderen ausgerichtet, zweitens ist er durch Sozialisationsprozesse geformt (Wiswede 2000: 25).

Unter Sozialisation ist im Allgemeinen der „Prozess der Entstehung und Entwicklung der Persönlichkeit eines Individuums in wechselseitiger Abhängigkeit von der gesellschaftlich vermittelten, *sozialen und materiellen* Umwelt" zu verstehen (Niederbacher/Zimmermann 2011: 15, Hervorh. FW). Sozialisation ist demnach – dies wird mit der Betonung der Wechselseitigkeit deutlich – unter zwei Sichtweisen zu betrachten: als Fügung unter die gesellschaftlich vorgegebenen Wertmuster einerseits, als aktives Selbstgestalten und Verändern dieser Bedingungen andererseits (Abels/König 2010: 15; vgl. hierzu auch die Interaktionstheorie Meads, z.B. bei Schneider 2000). Dies gilt auch und gerade für die spezifischere Sozialisation in die Rolle des Konsumenten, die all jene Prozesse umfasst, in denen solche Fähigkeiten, Kenntnisse, Orientierungen und Einstellungen angeeignet werden, die zum Markt- *und* Konsumhandeln[54] erforderlich sind (Cram/Ng 1999: 297; Moschis/Churchill 1978: 599; North/Kotzé 2001: 92;

---

[54] Die hiermit angebotene Definition geht über die von Ward aufgestellte und zahlreich zitierte Definition von Konsumentensozialisation als „the process by which young people aquite skills, knowledge and attitudes relevant to their effective functioning as consumers in the marketplace" (1974: 2) bewusst hinaus. So weist Kuhlmann beispielsweise darauf hin, dass Konsumentensozialisation weit mehr als nur solche Handlungen, Verhaltensweisen und Einstellungen zu berücksichtigen hat, „which are deemed to be of relevance for market transactions" (1983: 401). Konsum ist eben gerade nicht nur ein singuläres, in marktlich gesteuerten Transaktionen auftretendes Phänomen. Zum Prozess des Konsumierens zählen auch dem Transaktionen vor- bzw. nachgelagerte Handlungen wie Auswahl, Ge- und Verbrauch oder Zerstörung (Hedtke 2001: 53; Hellmann 2013:9). Zudem betonen Shim et al., dass Konsumentensozialisation mehr sei als die bloße Vermittlung von Wissen und Fähigkeiten. Sie heben die zentrale Bedeutung von Werten, Motiven und Einstellungen gegenüber Lebensstilen und unterschiedlichen Konsummustern innerhalb dieser hervor (2011: 297).

Ward 1974: 2)[55]. Die Entwicklung konsumspezifischer Handlungsmuster wird sowohl von individuellen Variablen wie dem Alter oder dem Geschlecht (Brusdal/Frones 2013: 125ff.), externen Variablen (Sozialisationsinstanzen) (Hayta 2008; Moschis/Churchill 1978) und situationalen Variablen wie den jeweils zugrunde liegenden Kommunikationsmodi oder den bereitgestellten Informationen (Kuhlmann 1983) beeinflusst.

Welche Fähigkeiten und Kenntnisse gebraucht werden und welche Einstellungen und Orientierungen das Konsumhandeln bestimmen (sollten) ist immer auch Resultat gesellschaftlicher Aushandlungsprozesse. Konsumentensozialisation sichert somit auch Konformität von Konsumhandlungen gegenüber gesellschaftlich anerkannten Normen (Ekström 2006: 73). Dass diese sich aber ändern – wie etwa aktuell an der zunehmenden Zustimmung zu nachhaltigem Konsum ablesbar – ist auf die oben angesprochene wechselseitige Beeinflussung von Individuum und gesellschaftlicher Umwelt zurückzuführen.

Erste – vor allem nachhaltige – Konsumerfahrungen sammeln Kinder typischerweise innerhalb der Familie (Cram/Ng 1999: 306; Kline 2010: 243; Kuhlmann 1983: 411; Lindsay/Maher 2013: 2; North/Kotzé 2001: 91/92; Young 2010: 116). Konsumkompetenzen erwerben sie dabei in der Regel durch *learning by doing* (Roland-Lévy 2010: 150/51). Werden innerhalb der ersten Lebensmonate und -jahre zunächst noch die Handlungen der Eltern beobachtet, werden zunehmend eigenständig Wünsche geäußert und eine eigene Auswahl getroffen. Kinder werden demnach über Familienkäufe mit der Rolle des Konsumenten vertraut gemacht. Die Höhe des Einflusses der Kinder auf familiäre Konsumentscheidungen hängt nach Ekström von den Kommunikationsmustern, Einstellungen zu Konsum und sozioökonomischen Bedingungen der Familie ab (2010: 46-54)[56]. Im Vergleich zu früheren Generationen kann aber konstatiert werden, dass der Einfluss von Kindern und vor allem Jugendlichen auf die Konsumentscheidungen der Familie durch die technologischen Entwicklungen der vergangenen Jahre – insbesondere den Zugang zum und die Expertise im Umgang mit dem Internet – erheblich gestiegen sind (Shim et al. 2011: 295).

---

[55] Steven Miles Interpretation zufolge ist Konsum nicht nur *irgend*ein Teilaspekt der Integration in die Gesellschaft, sondern einer der entscheidenden Wege, sein Verhältnis zur Gesellschaft auszugestalten: „Modern society initiation rites have an oddly consumerist ring about them. [...] Young people are, in effect, socialized into treating money and consumption as the doorway to life" (2000: 106).

[56] Grundsätzlich geht McNeal (1992) jedoch davon aus, dass die Einflussmöglichkeiten der Kinder auf Kon-sumentscheidungen der Familie in den vergangenen Jahren deutlich zugenommen haben. Zurückgeführt wird dies vor allem auf die veränderten Familienstrukturen. So haben zum Beispiel Kinder alleinerziehender Eltern ein erhöhtes Mitspracherecht (vgl. hierzu auch Cram/Ng 1999: 308; Tinson/Nancarrow 2010: 134).

Ab einem Alter von etwa 7 Jahren beginnen Kinder, eigenes Geld auszugeben, werden dabei meist aber noch von den Eltern unterstützt. Konsumieren wird mit dem Übergang von der Kindheits- in die Jugendphase unabhängiger vom Elternhaus. Mit durchschnittlich 11 Jahren werden erste vollkommen eigenständige Käufe getätigt (Kline 2010: 250; North/Kotzé 2001: 92). Die Rolle der Peer-Group für das Fällen von Konsumentscheidungen nimmt damit einhergehend ebenso zu (Lange 2004: 25; Unverzagt/Hurrelmann 2005:169; Ward 1974: 9) wie das Bewusstsein für die symbolische Bedeutung von Konsumgütern (Roedder-John 2008: 225; Shim et al. 2011: 293; Valkenburg/Cantor 2001: 68; vgl. zur Bedeutung des symbolischen Konsums auch Kapitel 2.2.1). Besitz von Konsumgütern prägt demnach zunehmend das Selbstkonzept der Jugendlichen (Cram/Ng 1999: 305), Konsum „is a vehicle for the construction of young people's lifestyles and it is largely within this context that their identities are constructed" (Miles 2000: 128). Bedeutsame Konsumgüter sind entsprechend ihres Anteils an den monatlichen Ausgaben laut der Studie von Lange zum Jugendkonsum Kleidung, Kommunikationsmittel und Freizeitveranstaltungen (Diskotheken-, Gaststätten- und Kinobesuche sowie weitere Events) (2004: 94). Dabei lassen sich geschlechtsspezifische Unterschiede innerhalb der Konsummuster festmachen: „Boys' consumption is often connected to an activity ‚doing' while girls' consumption is more related to ‚being', that is; looking good and being concerned with relations" (Brusdal/Frones 2013: 126). Generell spricht die Darstellung dieser Orientierungen aber nicht dagegen, dass nur der Konsum von Mädchen bzw. jungen Frauen an sozialen Motiven im Sinne des „conspicious consumption" nach Veblen orientiert ist. Vielmehr kombinieren beide Geschlechter nutzenorientierte und an sozialen Motiven orientierte Konsummuster miteinander (Shim 1996: 562). Insgesamt stützen die Daten die Sicht Miles', dass Konsum ein Vehikel für Jugendliche ist, die eigene Identität zu konstruieren bzw. nach außen zu kommunizieren, geben aber auch den erheblichen Einfluss der Konsumgüterindustrie auf die Konstruktion von Identität zu bedenken.

Wenngleich Familie bzw. Eltern in den ersten Lebensjahren entscheidende Bedeutung in der Sozialisation zum Konsumenten einnehmen und im frühen Jugendalter von Peers ergänzt bzw. abgelöst werden, so spielen auch die weiteren klassischen Sozialisationsinstanzen Medien und Schule ihre Rolle im Laufe der Konsumentensozialisation. Der herausragende Einfluss ersterer kann unter anderem mit der Erkenntnis von Valkenburg und Cantor erklärt werden, dass sich das Konsumverhalten im Laufe der Jugendphase nur noch weiterentwickelt, aber keine völlig neuen Aspekte des Konsumverhaltens mehr entdeckt und entwickelt werden (2001: 69[57]; Kuhlmann 1983: 405).

---

[57] Valkenburg/Cantor vertreten im gleichen Artikel allerdings auch die These, dass das Gewicht der Eltern für die Konsumentensozialisation abnehmen könnte. Verantwortlich hierfür machen

Die Bedeutung und Wirksamkeit der Medien wurde empirisch vor allem unter Bezugnahme auf den Umgang von Kindern und Jugendlichen mit Werbung untersucht[58]. Generell ist davon auszugehen, dass verkaufsfördernde Intentionen von Werbemaßnahmen (insbesondere von TV-Werbung) und die hierfür erforderlichen Werbetaktiken mit steigendem Alter zunehmend erkannt werden (Kuhlmann 1983: 407; Roedder-John 2008: 229, 233). Erstaunlicherweise hat dies zumindest bei Kindern im Alter von 7-10 Jahren „little or no effect on evaluations and preferences for advertised products" (ebd.: 230). Werbung ist für Kinder und Jugendliche trotz oder gerade wegen des zunehmenden Wissens interessant, unterhaltsam und sozial relevant (ebd.: 233). Vielleicht können die dargestellten Ergebnisse der Werbewirkungsforschung als Erklärungsmuster für das häufige Auftreten des Themas Werbung in Unterrichtsmaterialien und der Forderung nach einer Auseinandersetzung in den Lehrplänen (z.B. KLP Arbeitslehre NRW 2013: 26) dienen.

Neben der Rezeption von und dem Umgang mit Werbung ist – folgt man empirischen Untersuchungen von Dotson und Hyatt – der Medienkonsum generell als beeinflussender Faktor für das Konsumverhalten zu werten (2005: 39). Dies verwundert insofern nicht, als dass zahlreiche Programme wie Kinder- und Jugendserien oder -filme sowie Videoclips im Musikfernsehen ebenfalls gesellschaftlich bedeutsame Konsummuster transportieren.

Eine weitere massenmediale Sozialisationsinstanz ist besonders für die Entwicklung von konsumrelevanten Einstellungen, Denk- und Handlungsmustern ohne Zweifel das Internet. Trotz der zunehmenden Relevanz ist die Forschungslage zur Nutzung und Wirkung des Internets in Konsumentensozialisationsprozessen knapp – weitere Forschung wird seit mehreren Jahren angemahnt (Valkenburg/Cantor 2001: 69). Das Internet scheint ein wichtiger Weg zu sein, um vor allem jugendliche Konsumenten zu erreichen. Ihre tägliche Nutzungsquote betrug unter den 10-15-jährigen 2012 79%, unter den 16-24-jährigen waren es sogar 96% (destatis 2017). Die Chance, Informationen über Produkte und Dienstleistungen weltweit binnen kürzester Zeitspannen zu erhalten, birgt ebenfalls die Möglichkeit, dass andere Sozialisationsagenten in ihrer Bedeutsamkeit marginalisiert werden. „By internalizing this technology (das Internet, FW) as part of their lifestyle, its use becomes an instinct, and with this instinct comes a new set of beliefs and expectations about consumption" (Lee/Conroy 2005: 9).

Sie vor allem die immer zielgruppenspezifischeren Werbebotschaften und die insbesondere durch das Internet erweiterten Kommunikationswege für diese (2001: 69). Es muss jedoch auch darauf verwiesen werden, dass der Forschungsstand zum Konsumverhalten von Kindern und Jugendlichen außerhalb der Marketingwissenschaften auf einem geringen Stand ist (ebd.) und es sich hierbei eben um eine zu belegende These handelt.

[58]   Für eine Zusammenfassung der zentralen Ergebnisse vgl. Roedder-John 1999 und 2008.

Kommunikation innerhalb sozialer Netzwerke ermöglicht interaktives Lernen und unterscheidet sich damit wesentlich von den bisher über Massenmedien (hier insbesondere dem Fernsehen) initiierten Sozialisationsprozessen, die zunächst durch passive Rezeption des jeweiligen Inhalts geprägt sind. Das Internet erweitert damit die Möglichkeiten des sozialen Lernens, die bisher (sieht man von der Nutzung postalischer Kommunikation oder des Telefons ab) meist an die physische Anwesenheit von Familie bzw. Peers gebunden war. Vor allem Mundpropaganda und Empfehlungen innerhalb der Online-Community sind bisherige Ressourcen ergänzende, interaktiv genutzte Informationsquellen (Lee et al. 2003: 1711; Lee/Conroy 2005: 15). Hierdurch wird die soziale Bedeutung des Konsums hervorgehoben. Hinzu kommen nicht interaktiv ausgetauschte Informationen, etwa über Downloads von Dateien oder die Suche nach Informationen auf verschiedenen Internetseiten (ebd.: 14). Zudem dient das Netz nicht nur als Informationsquelle. Der Anteil derer, die über das Internet Güter und Dienstleistungen konsumieren, steigt auch unter Kindern bzw. Jugendlichen stetig an. In Deutschland konsumierte 2016 etwa ein Drittel der 10-15-Jährigen und mehr als 80% der 16-24-Jährigen über das Internet (destatis 2016). Dennoch gilt, dass das Internet von Kindern und Jugendlichen eher als Informationsquelle als mit der Intention, tatsächlich zu konsumieren, genutzt wird (Lee/Conroy 2005: 17). Zurückzuführen ist ein solches Nutzungsverhalten wohl auch auf die rechtlichen Beschränkungen, die das Abschließen von Kaufverträgen nur bedingt ermöglichen.

Forschungsergebnisse zum Einfluss der Schule respektive formalisierten Konsumentenbildung weisen deren Bedeutung für die Entwicklung von konsumrelevantem Wissen, Einstellungen und Fähigkeiten als durchaus ambivalent aus. Einerseits wird auf Basis von Studien, die das Wissen von Schülern, die an Angeboten formalisierter Verbraucherbildung teilnahmen, mit dem jener Schüler, die keine vergleichbaren Bildungsangebote wahrgenommen haben, vergleichen, ein geringer und nicht-signifikanter Unterschied in den Wissensbeständen beider Gruppen festgestellt (Moschis/Churchill 1978: 602f.; Langrehr/Mason 1977: 73)[59]. Die Konsumentenbildung scheint damit insbesondere im Vergleich zu den weiteren Sozialisationsinstanzen den geringsten Einfluss auf das sich entwickelnde Konsumentenhandeln zu haben (Kuhlmann 1983: 412). Andererseits wird die Bedeutsamkeit der Institution Schule für Konsumbildungsprozesse auch und gerade im Hinblick auf die hier verbrachte Zeit betont (Hayta 2008: 174). Dies impliziert aber, dass jegliches in der Schule vermittelte Wissen auch in Handlungen umgesetzt würde – eine Annahme, die verkennt, dass Lernen kon-

---

[59] Anzumerken ist hier, dass die betreffenden Studien vor allem das Konsumwissen der beteiligten Schüler untersuchen, dass für die Konsumentensozialisation aber mindestens genauso wichtige Einstellungen nicht erhoben werden.

struktivistischer Natur ist und nicht nach dem Prinzip des Nürnberger Trichters funktioniert. Die Pflicht zur Teilnahme an institutionalisierten Konsumbildungsprozessen kann somit auch als Argument für deren Grenzen dienen (Kuhlmann 1983: 410). Dennoch ist – wie weiter oben bereits dargestellt – die Zustimmung zu schulischer Verbraucherbildung scheinbar ungebrochen[60].

3.3.2 Theoretische Rahmungen der empirischen Ergebnisse

Zentrale Zusammenfassungen der Ergebnisse der Konsumentensozialisationsforschung sowie deren theoretische Rahmungen finden sich insbesondere bei Roedder-John (1999, 2008) und de la Ville/Tartas (2010) sowie in kritischer Diskussion auch bei Kuhlmann (1983)[61]. Zudem bieten auch allgemeinere Sozialisationstheorien einen Erklärungsrahmen für die Entwicklung von Konsummustern und Konsumverhalten. Anzuführen sind hier unter anderem die Identitätstheorie Eriksons (Abels/König 2010: 137ff.; Erikson 1973), die Theorie der Außenleitung von Riesman (Riesman/Denney/Glazer 1974) und nicht zuletzt das Habituskonzept Bourdieus[62] (2012). Nachfolgend werden die Rahmungen Roedder-

---

[60]　Zustimmung erhält Konsumentenbildung nicht nur aus der Bildungs- und Verbraucherpolitik, sondern auch von ihren Adressaten. Eine qualitative kanadische Studie mit College-Studenten im Alter von 18-24 Jahren belegte die Notwendigkeit von Konsumentenbildung aus Sicht der ehemaligen Schüler. Dies ist in besonderem Maße erstaunlich, da sich, obwohl verbraucherbildende Inhalte in Kanada Pflichtstoff während der High School sind, nur etwa die Hälfte daran erinnern konnte, entsprechende Kurse überhaupt besucht zu haben. Zudem wurde mehrfach betont, der entsprechende Unterricht sei uninteressant. Begründet wurde die Zustimmung vor allem mit der hohen Bedeutsamkeit von Konsum in der modernen Gesellschaft und den sich daraus ergebenden Gefahren wie beispielsweise Überschuldung. Zeitgleich wurde auf die besondere, da neutrale, Rolle der Sozialisationsinstanz Schule verwiesen (Lachance/Choquette-Bernier 2004: 436f.). Bezüglich letzterer Annahme sei an dieser Stelle zumindest auf die Diskussion um Lobbyismus im Klassenzimmer verwiesen. Vergleichbare Untersuchungen im deutschsprachigen Raum liegen nicht vor. Die Zustimmung zu Verbraucherbildung erfolgt eher auf Basis normativer Befürwortung der Ziele als auf Basis von Rezipientenstudien, weiterer Forschungsbedarf hierzu zeichnet sich ab.

[61]　Auch die speziellen Sozialisationstheorien im Bereich der Konsumentensozialisation beziehen sich auf allgemeinere Entwicklungstheorien, so zum Beispiel Roedder-John (1999) auf die psychologisch orientierte Entwicklungstheorie von Piaget.

[62]　Das Habituskonzept – eingebunden in Bourdieus Theorie der Gesellschaft – stellt keine explizite Sozialisationstheorie dar (Fuchs-Heinritz/ König 2011: 90) ist aber implizit dennoch als eine solche zu werten: „Der Habitus ist nicht angeboren, er ist erworben, bildet sich von früher Kindheit an in der Auseinandersetzung mit der Welt, in der Interaktion mit anderen aus. [...] Eine Soziologie, die Sozialisation als Ausbildung des Habitus sieht, braucht keine Sozialisationstheorie im strengen Sinne: Da sie weder eine außergesellschaftliche Existenzform des Menschen noch ein unabhängig von der gesellschaftlichen Praxis sich entwickelndes Wertesystem oder ,kulturelles System' kennt, können Lernprozesse nicht anders denn als Erfahrung in der Auseinandersetzung mit der Welt begriffen werden. Man *wird* nicht Mitglied einer Gesellschaft, sondern *ist* es von Geburt an." (Krais/Gebauer 2008: 61; Hervorh. i.O.)

Johns, die diese kritisch reflektierende Theorie von de la Ville und Tartas sowie das Habituskonzept Bourdieus und ihr Zusammenhang zur Konsumentensozialisation vorgestellt.

Deborah Roedder-John komprimierte in einer Retrospektive über mehr als zwei Jahrzehnte der Konsumentensozialisationsforschung die zentralen Ergebnisse in einem Modell, das auf Piagets kognitiver Entwicklungspsychologie ergänzt um Erkenntnisse über das soziale Lernen basiert. In ihren Augen stellen die kognitiven und sozialen Entwicklungen während der Kindheit und frühen Jugend jene Hintergrundfolie, vor der sowohl die zunehmende Sicherheit im Verständnis für die Rolle als Konsument als auch das Handeln in dieser zu verstehen sind (Roedder-John 1999: 184). Nachvollziehen lässt sich über das Modell damit insbesondere die herausragende Rolle der Familie als Agent im frühen Konsumentensozialisationsprozess.

Im Bereich der kognitiven Entwicklung stehen vor allem die Suche, Enkodierung und Organisation sowie der Abruf von Informationen im Mittelpunkt ihrer Untersuchungen. Die Betrachtung der sozialen Entwicklung fokussiert die Empathiefähigkeit des Kindes. Diese Fähigkeit ist nach Roedder-John für die Beeinflussung anderer (vorzugsweise der Eltern oder Peers) und für die Entwicklung von Verhandlungsgeschick entscheidend (ebd.: 185). Ebenso wie Piaget geht sie von einem phasenweise gestuften Entwicklungsprozess mit insgesamt drei Stufen aus (vgl. Tabelle 1). Das an den Stufen kognitiver und sozialer Entwicklung orientierte Konzept Roedder-Johns eignet sich gleichsam für die Erklärung der wichtiger werdenden Rolle der Medien und Peers im Konsumentensozialisationsprozess. Ebenso kann es genutzt werden, um mittels der zunehmenden Reflexivität den Nutzen organisierter Konsumbildungsprozesse zu betonen.

Tabelle 1: Phasen der Konsumentensozialisation nach Roedder-John

Phase (Alter)	Fähigkeiten/ Entwicklungsprozesse
Wahrnehmende Phase (3-7 Jahre)	– Wissen im Bereich des Konsums beschränkt sich auf das tatsächlich Wahrgenommene (z.B. ein bestimmtes Produkt während des gemeinsamen Einkaufs im Supermarkt) – Entscheidungen werden egozentrisch getroffen, kein Hineinversetzen in Andere
Analytische Phase (7-11 Jahre)	– zunehmende Komplexität des Wissens über Werbung und Marken, Funktionsweise des Marktes wird zunehmend erfasst – andere Perspektiven werden in Entscheidungen einbezogen – Kaufentscheidungen werden auf Basis mehrerer statt singulärer Produkteigenschaften und zunehmend unabhängig von konkreten Wahrnehmungen gewonnen – Entscheidungsstrategien entwickeln sich
Reflexive Phase (11-16 Jahre)	– Komplexität von Konzepten wie Markt und Preis nimmt zu – Fähigkeiten im Bereich der Informationssuche und -auswertung nehmen zu – Soziale Bedeutung des Konsumierens wird verstärkt wahrgenommen, das wiederum resultiert zum Beispiel in einer verstärkten Aufmerksamkeit für Marken und beeinflusst die Entscheidungsstrategien am Markt

eigene Darstellung nach Roedder-John (1999: 186-187)

Dennoch lässt sich an dem Modell auch Kritik üben. Vor allem die Bedeutung sozioökonomischer Faktoren wird weitestgehend außer Acht gelassen. Weiterführende Kritik am Modell von Roedder-John erfolgt durch de la Ville und Tartas. Im Fokus steht dabei erstens, dass es sich vorrangig auf Forschungsergebnisse aus dem Bereich der Marketingforschung bezieht (2010: 26), zweitens, dass es sich primär auf biologische und interne Entwicklungsfaktoren bezieht und damit die Bedeutung externer und situationaler Variablen weitestgehend außer Acht lässt (ebd.: 27; vgl. hierzu auch McNeal 2007: 24 ff.) und drittens, dass es die Entwicklung kognitiver Fähigkeiten an das Alter des Kindes bzw. des Jugendlichen bindet (ebd.). Ähnliche Kritikpunkte wurden auch an Piagets Modell kognitiver Entwicklung, auf das sich Roedder-John bezieht, immer wieder geäußert (Lourenço/Machado 1996: 146-148, 150-151). Beide Autorinnen plädieren auf Basis dieser Kritik für ein Verständnis der Konsumentensozialisation als Transformationsprozess, der seinen Ausgangspunkt in konkreten Konsumaktivitäten findet (de la Ville/Tartas 2010: 32). Sie betonen die maßgebliche Bedeutung des sozio-kulturellen Hintergrundes und der kulturellen Werkzeuge wie Sprache oder

Normen für die Entwicklung zum Konsumenten (siehe hierzu auch Kuhlmann 1983; Shim et al. 2011: 293f.). Durch gemeinsame Konsumhandlungen wird das kulturelle Verständnis der Kinder – dies beinhaltet vor allem auch Verständnis für die symbolische Bedeutung bestimmter Konsumgüter – geformt und entwickelt (ebd.).

das Habituskonzept Bourdieus betont die Bedeutsamkeit der sozialstrukturellen Variablen und damit auch der Familie für die Konsumentensozialisation. Der Habitus ist dabei die Gesamtheit der Wahrnehmungs-, Denk-, Handlungs- und Bewertungsschemata eines Menschen (Bourdieu 2012: 279). Dieses umfassende Dispositionsgefüge prägt das Auftreten eines Menschen, seine Vorlieben und Einstellungen, seine Art, zu sprechen, sich zu bewegen usw. Der Habitus ist sozialstrukturell bedingt. Die äußeren materiellen und kulturellen Lebensbedingungen – die sich je nach sozialstruktureller Lage erheblich voneinander unterscheiden – bedingen und begrenzen die möglichen Dispositionen eines jeden Einzelnen (Schwingel 2009: 65). Bourdieu spricht von einer „stillen Pädagogik" (ebd.: 67), was auf die implizite, unbewusste Herausbildung des Habitus verweist. Diese verläuft zuvorderst in der Kindheit innerhalb des familiären Rahmens: „Die jeweilige materielle, kulturelle und soziale Ausstattung einer Familie, in die ein Mensch hineingeboren wird und aufwächst, entscheidet [mithin] über seine grundlegenden Ressourcen, begrenzt und ermöglicht seine Wahrnehmungs- und Handlungsweisen" (Ecarius et al. 2010: 90). Dies gilt auch und gerade für so alltägliche Handlungsmuster wie dem Konsumieren, die, wie oben dargestellt, zunächst vorrangig im familiären Umfeld erprobt und nachgeahmt werden. Im Rahmen der Konsumentensozialisation werden somit Wissensbestände und Einstellungen zu Objekten (Konsumgüter) und ihrer Bedeutung, also kulturelle Wissensbestände über Objekte vermittelt.

Zu bedenken gilt aber auch, dass der Habitus die möglichen Erfahrungs-, Denk-, Handlungs- und Bewertungsräume zwar zunächst begrenzt, sie jedoch nicht dauerhaft festlegt. Man sollte sich „hüten, die soziale Herkunft und die mit ihr verbundene ursprüngliche Erziehung und Kindheitserfahrung als den entscheidendsten Faktor anzusehen, der auf allen Stufen einer Biografie direkt Verhalten, Einstellungen und Ansichten determiniert." (Bourdieu/Passeron 1971: 146).

„[I]nnerhalb dieser Grenzen [von Erfahrungs-, Denk-, Handlungs- und Bewertungsräumen, FW] sind Variationen und auch Innovationen möglich. Denn die grundlegenden Ressourcen, die frühen Prägungen können durch weitere Erfahrungen im Rahmen der späteren sozialen Laufbahn prinzipiell modifiziert werden, auch wenn diese Modifikationen wiederum unter bestimmten Produktionsbedingungen stattfinden. Denn Veränderungen entwickeln sich ebenfalls im Rahmen der jeweiligen kulturell, sozial und ökonomisch vorfindbaren Ressourcen und Bedingungen, die die Handlungs- und Erfahrungsgrenzen festlegen, die dem Menschen oder einer Gruppe gezogen sind. (ebd.)"

Solche angesprochenen Modifikationen können insbesondere durch den Umgang mit weiteren Sozialisationsinstanzen erfolgen. Im Bereich der Konsumentensozialisation können etwa die Intentionen der institutionalisierten schulischen Verbraucherbildung in diesem Rahmen angesiedelt werden – setzt sie sich doch das Ziel, „Kompetenzen im Sinne eines reflektierten und selbstbestimmten Konsumverhaltens" unter Einbezug „lebensweltlicher Erfahrungen der Kinder und Jugendlichen sowie ihrer Familien" zu vermitteln (KMK 2013: 2f.).

Der Habitus trägt sowohl als Bewertungs- als auch Erzeugungsschema gesellschaftlicher (Konsum)Praktiken und Werke dazu bei, dass sich entsprechend den sozialstrukturellen Lebensbedingungen unterschiedliche Lebensstile herausbilden (Bourdieu 2012: 280f.). Konsumentensozialisation ist damit auch Sozialisation des Geschmacks (Brusdal/Frones 2013: 129). Dementsprechend dient sowohl der alltägliche Konsum von zum Beispiel Nahrungsmitteln, Zeitungen oder Kleidung als auch insbesondere der Kulturkonsum dem Zweck der Distinktion (Bourdieu 2012: 355)[63] und auch der Identitätsbildung. Gemessen daran lässt sich mithilfe des Habituskonzeptes nicht nur die zentrale Stellung der Eltern bzw. der Familie im Rahmen der Konsumentensozialisation erklären, sondern auch ein verändertes Licht auf die Rolle von Peers innerhalb dieses Prozesses werfen: „Der Geschmack paart die Dinge und Menschen, die zueinander passen, die aufeinander abgestimmt sind, und macht sie einander verwandt" (Ebd.: 374).

Bezüglich der Intentionen schulischer Verbraucherbildung ist, verfolgt man diesen Gedanken weiter, aber auch zu hinterfragen, inwiefern den sozialstrukturell unterschiedlich zusammengesetzten Schülerschaften unterschiedlicher Schulformen unterschiedliche Verbraucherbildungskonzepte angeboten werden. Existiert bei der Konzeption solcher Bildungsangebote die Annahme differenter vorhandener Lebensstile bei unterschiedlichen Schülerschaften, kann dies zu einer Ausrichtung der Bildung(sziele) an diesen Lebensstilen und damit auch der Ausbildung bzw. Verstärkung eines als adäquat angesehenen Habitus führen. Beat Weber zeigt diese Entwicklung am Beispiel der Finanzbildung, die als Teilaspekt der Verbraucherbildung begriffen wird (vzbv 2010: 2): „In diesem Sinne können die Finanzbildungsoffensiven, die mit Abgrenzung gegenüber „finanziellen Analphabeten" werben, als distinktionsorientierter Diskurs begriffen werden" (Weber 2010: 388).

---

[63]   Grundlegende Voraussetzung dafür, dass Konsumgüter überhaupt als Distinktionsinstrument fungieren können, ist, wie in Kapitel 2.1 dargestellt, die grundlegende Unterscheidung von Gebrauchs- und Tauschwert von Konsumgütern. Erst der den reinen Gebrauchswert überschreitende, anerkannte soziale Zusatznutzen lädt Güter symbolisch auf und macht sie zu einem adäquaten Disktinktionsmittel (Schwingel 2009: 111f.).

3.4 Zwischenfazit: Die Konsumkultur als Basis sozialwissenschaftlicher Konsumbildung

Die Bedeutung des Konsums geht in der modernen Gesellschaft, wie in Kapitel 3.1 dargestellt, weit über reine Bedürfnisbefriedigung hinaus. Konsum ist in der BRD spätestens seit den Nachkriegsjahren des Wirtschaftswunders zu einer das soziale Gefüge prägenden Tatsache geworden und sollte aus diesem Grund nicht nur auf den eigentlichen Akt des Kaufens reduziert werden. Letztlich lässt sich auch und vor allem aus dieser Relevanz des Konsums die Rechtfertigung für seine Einbindung in den allgemeinbildenden, genauer sozialwissenschaftlichen, Unterricht ableiten. Dieser soll den Lernenden gesellschaftliches Deutungs- und Orientierungswissen vermitteln, um so Erkenntnisfähigkeit über die und Handlungsfähigkeit in der (Konsum-)Gesellschaft zu gewährleisten. Ein Verständnis der gesellschaftlichen Strukturen, aber auch der um sie herum geführten Debatten, ist dafür unabdingbar. Hierfür bedarf es eines multiperspektiven Zugangs zum Phänomen des Konsums. Einen knappen Einblick in die Vielfalt der wissenschaftlichen Bezugsdisziplinen, unter ihnen Soziologie, Wirtschaftswissenschaft, Wirtschaftsgeschichte, aber auch beispielsweise Erziehungs- und Bildungswissenschaft, konnte das vorangegangene Kapitel geben. Auch wenn an dieser Stelle keine umfassende Darstellung des akademischen Diskussionsstandes erfolgen sollte und konnte, zeigt sich, auf welch vielfältige inhaltliche Bezüge Konsumentenbildung zurückgreifen kann.

Kontrastierend hierzu kann angenommen werden, dass sich Konsumentenbildung in ihrer aktuellen Ausgestaltung vorrangig auf solche Inhalte und damit auch Ziele beschränkt, die unter der Bezeichnung Alltagshilfe zusammengefasst werden können. Orientierungsmaßstab wären dann einige wenige Leitbilder, aktuell vorrangig das des verantwortungsvollen, da nachhaltig konsumierenden Verbrauchers. Dieses sowie weitere Verbraucher(leit)bilder als Basis von Verbraucherpolitik und damit auch Verbraucherbildung sollen im nächsten Kapitel vorgestellt werden.

Hierauf aufbauend können sowohl aktuelle verbraucherbildende Konzeptionen hinsichtlich ihrer Leitbildorientierung als auch Wissensbestände von unterrichtenden Lehrkräften analysiert werden. So kann kritisch hinterfragt werden, ob konsumentenbildende Konzepte das soeben angerissene Potenzial einer sozialwissenschaftlich orientierten Konsumbildung ausschöpfen und damit Lernen in der und über die Konsumgesellschaft möglich ist.

4. Verbraucher(leit)bilder in Verbraucherpolitik und Verbraucherbildung

Inhaltliche Schwerpunktsetzungen der Verbraucherpolitik im Allgemeinen sowie der Verbraucherbildung als einem ihrer Teilbereiche lassen sich ohne deren Einordnung in die Entwicklung der Konsumgesellschaft und der Kritik an dieser nicht in ihrer Gänze nachvollziehen, denn verbraucherpolitische Konzeptionen sind kontext- und geschichtsgebunden (Reisch 2003: 12f.). Eine entsprechende Einführung in den Diskurs erfolgte daher im vorhergehenden Kapitel.

Besonders gut nachvollziehen lässt sich die Kontextgebundenheit am Paradebeispiel der BSE-Krise Anfang der 2000er-Jahre, in deren Folge erstmals ein Ministerium geschaffen wurde, das explizit auch namentlich für Verbraucherschutz zuständig sein sollte. Das Bundesministerium für Ernährung, Landwirtschaft und Verbraucherschutz vertrat eine Politik, die insbesondere im Lebensmittelbereich auf die stärkere Verantwortungsübernahme aller beteiligten Akteursgruppen setzte. Somit waren auch die Verbraucher aufgerufen, kritischer, reflektierter und vor allem nachhaltiger zu konsumieren (Schwan 2009: 59). Nachhaltigkeit als Leitlinie der Verbraucherpolitik bestimmt die Debatte um deren Zielsetzungen zwar nicht erst seit dem BSE-Skandal, wie die Diskussion um qualitativen Konsum seit den 1980er-Jahren zeigt (siehe auch Kapitel 2.2.2). Ihre dauerhafte Etablierung aber wurde durch den Lebensmittelskandal deutlich befördert.

Neben der Leitlinie nachhaltigen Konsums existieren weitere Vorstellungen gelingenden, mithin mündigen Denkens und Handelns in der Konsumgesellschaft. Diese, so die Annahme, prägen als übergeordnete, teilweise abstrakte Zielsetzungen Verbraucherpolitik und Konsumentenbildung und werden hier nachfolgend als Leitbilder bezeichnet. Das folgende Kapitel will hinterfragen, welche Einflüsse die verbraucherpolitischen Leitbilder auf die Konsumentenbildung haben. Hierfür wird zunächst der Begriff des Leitbildes in seiner Bedeutung sowie die Funktion von Leitbildern im Allgemeinen nachgezeichnet, ehe die Leitbilder des konsumtiven Handelns näher dargestellt werden. Abschließend erfolgt eine kritische Einordnung der Bedeutung dieser Leitbilder für die Konsumentenbildung in der BRD.

4.1 Idealtypisches Konsumentenhandeln in der Konsumgesellschaft – Leitbilder des Konsumhandelns

Den durchschnittlichen Konsumenten gibt es nicht. Mit der Ausdifferenzierung der Lebensstile ist dies deutlicher geworden als je zuvor. Die Instabilität von Lebensentwürfen und die zunehmende soziale Differenzierung sowohl innerhalb als auch zwischen Gesellschaften verstärkt Unterschiede in den Konsummustern

© Springer Fachmedien Wiesbaden GmbH, ein Teil von Springer Nature 2019
F. Wittau, *Verbraucherbildung als Alltagshilfe*,
https://doi.org/10.1007/978-3-658-27969-1_4

national und international (Gabriel/Lang 2008: 332f.). Konsumabsichten sind – nicht nur, aber auch aufgrund dieser Entwicklungen[64] – kaum vorhersehbar. Dennoch wird nachfolgend versucht, idealtypische Muster Konsumentenhandelns aufzuzeigen. Diese sind jedoch als analytische Konstrukte im Weber'schen Sinn, nicht als real vorfindbare Handlungsmuster zu verstehen. Trotzdem bleibt festzuhalten, dass sich auch die Verbraucherpolitik bei der Auswahl geeigneter Instrumente an jenen Idealtypen zu orientieren scheint (Schwan 2009: 54). Dann dienen die Idealtypen aber keiner wertfreien wissenschaftlichen Analyse mehr, sondern stellen vielmehr erstrebenswerte „ideale Typen" bzw. Leitbilder dar, die wünschenswerte Handlungsweisen vermitteln sollen (ebd.: 51f.).

4.1.1 Leitbild – Begriffserläuterung und Funktionsweise

Im öffentlichen Sprachgebrauch stehen Leitbilder in enger begrifflicher Nähe zu Vorbildern oder Idealen. Das sozialwissenschaftliche Verständnis eines Leitbildes geht hierüber hinaus, insbesondere weil Vorbilder sich an konkreten Personen und Beispielen orientieren, während Leitbilder stärker als soziale und kulturelle Kategorie verstanden werden, die auf allgemeineren gesellschaftlichen Rollenstereotypen und Verhaltenserwartungen basieren (Giesel 2007: 50ff.). Nach einem sozialwissenschaftlichen Verständnis handelt es sich

> „[b]ei Leitbildern [...] um – in aller Regel – sozial geteilte (mentale oder verbalisierte) Vorstellungsmuster von einer erwünschten bzw. wünschbaren und prinzipiell erreichbaren Zukunft, die durch entsprechendes Handeln realisiert werden soll. Leitbilder betreffen also zukunftsgerichtete und handlungsrelevante Vorstellungen davon, was erstrebt wird oder als erstrebenswert und zugleich als realisierbar angesehen wird" (ebd.: 38).

Grundlage der Entwicklung auch und vor allem politischer Leitbilder ist die zunehmende Anzahl von Lebensoptionen im Zuge der Moderne. Mehr Handlungsoptionen gehen mit einer vergrößerten Anzahl von Wahlmöglichkeiten, aber auch Wahlzwängen, einher. Dies zeigt sich mit aller Deutlichkeit auch bei zu treffenden Entscheidungen im Rahmen der immer vielfältiger werdenden Konsumangebots für die Rolle des Konsumenten. Leitbilder können bzw. sollen hier eine steuernde, richtungsweisende Wirkung entfalten. Sie „reduzieren [...]

---

[64]   Die Entwicklung der konsumtiven Bedürfnisse einer Bevölkerung vorauszusagen, gelang auch in den sozialistischen Gesellschaften des 20. Jahrhunderts nicht. Auch wenn der Bedarf an Lebenserhaltendem wie Nahrungsmitteln, Wasser, Strom oder Wohnraum „vielleicht [..] noch berechenbar" war, so scheiterte eine Prognose darüber hinausgehenden Bedarfs. „Wenn es dazu noch eines Beweises bedurfte, dann hat ihn die sozialistische Konsumpolitik in der DDR erbracht" (Merkel 2009: 295).

die Komplexität von Welt und strukturieren Zielsetzungen in einzelnen Handlungsfeldern" (de Haan 2001: 74). Insgesamt steigt die Bedeutung von Leitbildern vor allem in Zeiten der Krise und bei veränderten gesellschaftlichen Problemhorizonten, immer dann also, wenn mit gewohnten Traditionen gebrochen wird oder werden soll. Sie beschreiben, dies geht aus der obigen Definition hervor, damit gerade in solchen Situationen sowohl moralisch akzeptables als auch moralisch inakzeptables Verhalten.

Diese Normativität gilt es unter einem kritischen Blickwinkel zu berücksichtigen, gerade weil Leitbilder oftmals die Grundlage politischer Willensbildung sind und damit handlungssteuernde Wirkung entfalten sollen – auch im Bereich der Verbraucher- und Bildungspolitik. Damit eine derartige Beeinflussung von Handlungsmustern möglich erscheint, werden Leitbilder, die oftmals auf wissenschaftlich begründeten Entwürfen beruhen, in der öffentlichen Diskussion und Verbreitung vereinfacht. Zur Diffusion der Leitbildkonzepte bedarf es zunächst meinungsbildender Gruppen, zu denen neben Politikern oder Journalisten eben auch Lehrer gehören (Bieling 2009: 235). Insofern verwundert die Betonung der Relevanz der Verbraucherbildung als einem Teilinstrument der Verbraucherpolitik nicht. Ob und inwiefern Leitbilder aber tatsächlich gesellschaftliche Relevanz und Zustimmung erlangen, hängt vor allem von deren Akzeptanz im „Alltagsbewusstsein der breiten Massen" ab (ebd.). Diese ist umso größer, je vorteilhafter die in den Leitbildern angebotenen Antworten auf Fragen gesellschaftlicher Transformationen sind und je schlüssiger sie Lösungen in gesellschaftlichen Krisen bieten (ebd.: 336). Von außen gesetzte, auch als explizit bezeichnete Leitbilder erheben somit zunächst nur den Anspruch, handlungsleitend zu wirken. Tatsächlich steuern aber nur verinnerlichte Leitbilder Handlungen (Giesel 2007: 39). Für die Entwicklung verbraucherpolitischer Konzeptionen und Zielsetzungen sind neben Leitbildern auch hier als Verbraucherbilder bezeichneten Vorstellungen vom Konsumhandeln relevant. Diese sind explizit keine Leitbilder, da das durch sie beschriebene Verhalten in der Regel gerade nicht dem wünschenswerten entspricht. Dennoch stehen sie in engem Zusammenhang mit Leitbildern, beziehen sich diese doch gerade auf sie (Kuhlmann 1990: 27).

4.1.2 Konsumenten(leit)bilder als Grundlage der Verbraucherbildung

Es wurde bereits darauf verwiesen, dass Konsumentenbildung sich dem mündigen Konsumenten verpflichtet fühlt. „In der Politik [...] scheint der mündige Verbraucher als politisches Leitbild weitgehend unverzichtbar zu sein. Als ein Leitbild im Sinne eines erstrebenswerten Ziels ist das auch verständlich. Wer kann etwas anderes wollen, als gut informierte, verantwortungsvoll handelnde und selbstbestimmte Konsumenten?" (Strünck et al. 2012: 3). Mündigkeit scheint die Voraussetzung für eine erfolgreiche Teilhabe am gesellschaftlichen und eben auch wirtschaftlichen Leben zu sein. Nicht reflektiert wird bei dieser Forderung jedoch, dass der positiv besetzte, weil einheits- und konsensstiftende, Begriff der Mündigkeit in negativer Deutung als inhaltsleer bezeichnet werden kann. Mündigkeit ist ein durch und durch formaler Begriff, der beschreibt, *wie* gedacht (und gehandelt) werden soll, nicht jedoch *was*. So positiv dies zu werten ist, würde die Vorgabe eines solchen Inhaltes durch Andere das Denken doch geradezu entmündigen, so wenig kann darauf verzichtet werden, auf die Gefahr der Funktionalisierung von Mündigkeit hinzuweisen (z.b. Sander 1990: 162). Was dann aber letztlich unter ‚gut informiert', ‚verantwortungsvoll handelnd' und ‚selbstbestimmt' zu verstehen ist, bleibt Auslegungssache. Dies soll zwar kein Plädoyer gegen das Bildungsziel der Mündigkeit darstellen, wohl aber für eine stärkere Ausprägung der wissenschaftlichen Debatte um den Begriff der Mündigkeit, auch und vor allem im Rahmen der Debatte um Konsum(enten)bildung.

Nachfolgend sollen die verschiedenen Auslegungen mündigen bzw. unmündigen Konsumhandelns näher beschrieben werden und hieraus erste Rückschlüsse für Verbraucherpolitik und Konsumentenbildung gezogen werden. Die aufgeführten Verbraucher(leit)bilder stammen weitestgehend aus der verhaltensökonomischen Debatte. Dass gerade diese ausgewählt wurden, geht nicht mit einer Abwertung anderer Bezugsdisziplinen, allen voran der Konsumsoziologie, einher. Vielmehr handelt es sich bei diesen (Leit)Bildern um jene, die auch der Diskussion in der und um die Verbraucherpolitik zugrunde liegen. Dabei gilt es nochmals zu betonen, dass es weder den Konsumenten gibt noch Konsumhandeln konsistent einem der dargestellten (Leit)Bilder folgt oder gar folgen muss. Es ist vielmehr situationsspezifisch geprägt. Auch ist die Zuordnung einzelner Konsumhandlungen zu mehreren der nachfolgend vorgestellten Typen denkbar und realistisch. Die Unterscheidung des Konsumhandelns mithilfe der nachfolgenden (Leit)Bilder ist daher vor allem als analytisches Instrumentarium im Sinne der Weber'schen Idealtypen zu verstehen.

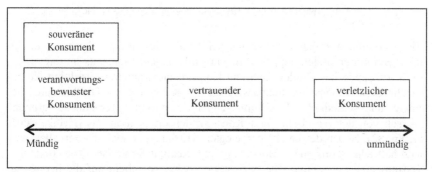

Abbildung 2: Konsumenten(leit)bilder im Spektrum der Mündigkeit

4.1.2.1 Der souveräne Konsument

Das Leitbild der Konsumentensouveränität entspringt der standardökonomischen Debatte und geht auf Adam Smith zurück. Im Kern besagt es, dass Konsumenten mit ihrem Kaufverhalten die Güterproduktion so steuern, dass die letztlich angebotenen Güter und Dienstleistungen optimale Bedürfnisbefriedigung ermöglichen (Kuhlmann 1990: 28). Der souveräne Konsument handelt entsprechend der standardökonomischen Theorie als stets rational agierender und umfassend informierter homo oeconomicus. Flankiert wird diese Vorstellung vom Ordnungsleitbild der vollkommenen Konkurrenz mit vollkommenen Märkten, fehlenden Präferenzen seitens der Konsumenten sowie beliebig teilbarer Güter (ebd.: 30).

Es sind, dem Leitbild des souveränen Konsumenten folgend, Konsumenten und nicht Produzenten, die über ihre Einkommensverwendung entscheiden, was letztlich in einer Volkswirtschaft produziert wird. „Es kann […] keinem Zweifel unterliegen, daß die ‚Souveränität des Konsumenten' das ökonomische Pendant zur ‚Souveränität des Staatsbürgers' der demokratischen Ideologie ist" (Albert 2009: 95). Die Vorstellung, der Konsument lenke als oberster Richter über die Ökonomie (Hedtke 2001: 47) das Produktionssystem, wird im Rahmen einer kritischen Analyse der standardökonomischen Theorie deutlich verneint. Wenngleich sich der Produzent an den zu erwartenden Reaktionen der Marktpartner orientiert (Albert 2009: 101),

> „täuscht diese Verwendung des Souveränitätsbegriffs über die realen Machtverhältnisse hinweg. Sie verschleiert die Tatsache, daß auch eine demokratische Gesellschaft eine hierarchische Struktur besitzt und daß es daher weder angebracht ist, die freie Güterwahl des Konsumenten als seine Herrschaft über die Produktion noch die freie Perso-

nenwahl des Staatsbürgers als seine Herrschaft über die Exekutive zu interpretieren."
(ebd.: 95f.) [65]

Hinzu kommt, dass bei Konsumentscheidungen die angesprochenen hierarchischen Strukturen gleich doppelt zum Tragen kommen: Einerseits im ungleichen Verhältnis zwischen Produzenten und Konsumenten, andererseits durch die ungleiche Einkommensverteilung zwischen den Konsumenten. Die hierdurch bedingte unterschiedliche Kaufkraft schließt bestimmte Konsumentengruppen faktisch von der Ausübung ihrer Konsumentensouveränität aus (Hedtke 2001: 51, Fn. 82). Neben der bereits dargelegten Kritik betont auch die verhaltenswissenschaftliche Konsumentenforschung die Realitätsferne des Konstrukts der Konsumentensouveränität. Sie bezieht sich dabei vor allem auf die bereits auf den ersten Blick unrealistischen Annahmen des allseits informierten und stets rational entscheidenden homo oeconomicus[66].

Trotz der empirisch begründbaren Ablehnung der Vorstellung des souveränen Konsumenten dominiert das Leitbild im Grunde große Teile nicht nur der wirtschaftswissenschaftlichen Auseinandersetzung mit Konsum (z.B. Bofinger 2011: 62-97), sondern auch der Verbraucherpolitik sowie die verbraucherrelevante Rechtsprechung (Bievert et al. 1977: 13/14; Hagen/Wey 2009: 5)[67]. Für letztere

---

[65] vgl. zur kritischen Diskussion des standardökonomischen Konsumkonzeptes auch z.B. Hedtke 2001, Knobloch 1994.

[66] Einleuchtend erscheint diese Kritik vor allem aufgrund der sozialen Bedingtheit des Konsums. Die Bedeutsamkeit des Konsums im Rahmen der Identitätskonstruktion (siehe dazu Kap. 2.2.1) in der modernen Gesellschaft basiert geradezu darauf, dass Konsumentscheidungen nicht dem Kriterium der Rationalität unterliegen. Markenprodukte sind hierfür ein herausragendes Beispiel, denn es ist insbesondere die soziale Codierung Inklusion/Exklusion, die den Wert einer Marke ausmacht. „Der Besitz einer bestimmten Marke eröffnet gewissermaßen den Zutritt zu bestimmten Kreisen, weil sie als Erkennungs- und Zugehörigkeitszeichen gilt und kommuniziert wird." (Hellmann 2011: 299) Sicher lässt sich auch die inkludierende Wirkung bestimmter Produkte unter den Nutzenbegriff subsumieren, allerdings geht dies mit einer potenziellen inhaltlichen Entwertung des Nutzenbegriffs einher (Hedtke 2001: 147).

[67] Das deutliche Rekurrieren auf das Leitbild des informierten, angemessen aufmerksamen und verständigen Durchschnittsverbrauchers prägt nicht nur nationale Verbraucherpolitik, sondern insbesondere europäische Rechtsprechung (Micklitz 2012: A14; Waddington 2013: 757f.; Wiedenmann 2004: 198ff.) sowie lange Zeit auch europäische Verbraucherpolitik. Dies ist insofern von entscheidendem Einfluss auch auf das bundesdeutsche verbraucherpolitische Programm, da Verbraucherpolitik als eine Art Flaggschiff europäischer Politikfelder verstanden werden kann und im Zuge der Etablierung des Binnenmarktes spätestens ab den 1980er-Jahren eine Harmonisierung mitgliedsstaatlicher Rechtsetzung und -sprechung im Bereich der Verbraucherpolitik forciert wurde. „Verbraucherschutz war daher lange Zeit lediglich Bestandteil der Binnenmarkt-bedingten Integrationsbemühungen, also Marktpolitik." (ebd.: 46) Micklitz spricht in diesem Zusammenhang von Zugangsgerechtigkeit durch ein „Rechtsmodell, dass […] vor allem den Zugang zum Markt sicherstellt, um ihm [dem Verbraucher, FW] die Vorteile des vervielfachten Produkt- und Dienstleistungsangebots in einem erweiterten europäischen bzw. globalen Umfeld zukommen zu lassen" (2012: A110). Wenngleich seit dem Vertrag von

bedeutet dies, dass die Förderung des Wettbewerbs und damit die Schaffung vollkommener Konkurrenz sowie die Bereitstellung umfassender Informationen im Mittelpunkt stehen und Vorrang vor der Wettbewerbsbeschränkung durch regulierende Eingriffe in das Wirtschaftsgeschehen haben. Dementsprechend liegt die zentrale Bedeutung auch der Konsumenten- bzw. Verbraucherbildung auf der Bereitstellung möglichst vieler Informationen. Jene Konsumoptimisten, die dem dargestellten Leitbild folgen, gehen davon aus, dass unter diesen Voraussetzungen Wohlstand und Lebensstandard sowie Möglichkeiten der Selbstverwirklichung und Kreativität gesteigert werden können (Hedtke 2008: 289). Wohlstandssteigernd wirkt eine solche Verbraucherpolitik zudem gleich im doppelten Maße, denn es setzt sich dem Anspruch des Modells nach nicht nur das qualitativ beste, sondern zugleich das günstigste Produkt durch.

Das Leitbild des gut informierten, rationalen und unbeeinflusst entscheidenden Konsumenten beinhaltet insgesamt eine technizistische Beschreibung mündigen Konsumierens, jedoch keine inhaltliche Konkretisierung[68]. Es beschreibt lediglich, wie Entscheidungen getroffen werden sollen, nicht jedoch, welchen inhaltlichen Werten dabei gefolgt wird (ebd.: 310). Konsumiert wird demnach das Gut mit dem besten Kosten-Nutzen-Verhältnis. Eine materielle Aufladung dagegen ist Kennzeichen des Leitbilds des verantwortungsbewussten Konsumenten, der seine Konsumentensouveränität nutzt, um moralische Ziele zu verfolgen.

4.1.2.2 Der verantwortungsbewusste Konsument

Das Leitbild des verantwortungsvollen Konsumhandelns ist geprägt durch gesellschaftliche Wertvorstellungen – der verantwortungsbewusste Konsument fühlt sich moralisch dem Ziel der Nachhaltigkeit verpflichtet (siehe dazu Kapitel 3.2.2).

Im Mittelpunkt des verantwortungsbewussten Konsumhandelns steht damit nicht mehr nur noch die Verantwortungsübernahme für das eigene Konsumbudget, indem rational die Konsumalternative ausgewählt wird, die die Bedürfnisse am günstigsten befriedigt. Vielmehr wird Verantwortung auch für Umwelt und Gesundheit, die gesamtwirtschaftliche und gesamtgesellschaftliche Entwicklung –

Maastricht Verbraucherpolitik deutlich eigenständiger wurde (was sich auch in der Etablierung eines EU-Verbraucherprogramms wiederspiegelt), zeigt sich insbesondere in der Rechtsprechung des EuGH die nach wie vor zentrale Vorstellung des souveränen Konsumenten als durchschnittlichem Konsumenten (*average consumer*).

[68] Dies bedeutet aber nicht, dass die Vorstellung des rationalen, nutzenmaximierenden Handelns ohne normative Bindung ist. Wenn gesellschaftsstrukturelle Entwicklungen dazu beitragen, dass Akteure sowohl in ihrer Rolle als Konsument als auch in anderen Rollen zunehmend eigennutzorientierter handeln, erfolgt eine legitimatorische und kulturelle Aufwertung von Eigeninteressen, die dann eben auch über das System der Wirtschaft hinaus diffundieren.

national und international sowie intergenerational – übernommen. Die eher im Geltungsbereich der Ökonomie angesiedelte Konsumentenrolle hat in dieser Vorstellung deutliche Schnittmengen mit der politischen Rolle des Bürgers, es entsteht das hybride Konstrukt des „Consumer Citizen" (Meyer 2009: 71). Politischer Konsum erfolgt in der Regel durch „boycott", dem bewussten Verzicht auf Produkte, die nicht den angestrebten ethisch-moralisch-ökologischen Werten entsprechen, oder „buycott", dem bewussten Kauf bestimmter Produkte aufgrund der Verfolgung moralisch verantwortlicher Handlungsweisen insbesondere während des Produktionsprozesses (Lamla 2006: 13; Min Baek 2010: 1070f.). Neben der eigentlichen Kaufentscheidung bezieht sich die Verantwortung aber auch auf den Ge- bzw. Verbrauch sowie die Entsorgung der Konsumgüter und Dienstleistungen (Kenning/Wobker 2013: 290). Die Forderung an die Verbraucher, mehr Verantwortung im und durch den Konsumprozess zu übernehmen, wird dargestellt als eine Folge des Globalisierungsprozesses, in dem die „Zugriffsmöglichkeiten staatlicher Handlungsagenturen schwinden" (Lamla 2008: 301), der Konsument (gemeinsam mit NGOs) mithin die Grenzen der Einflussmöglichkeiten nationalstaatlicher Politik auszugleichen vermag (Micheletti et al. 2009: xi; Baringhorst 2006: 246).

Der verantwortungsbewusste, politische oder auch qualitativ konsumierende Verbraucher ist der obigen Definition entsprechend ein klassisches Leitbild, das in den letzten Jahren eine zunehmend prominentere Rolle innerhalb der Verbraucherpolitik einnimmt. Mit der Etablierung des Verbraucherschutzes auf ministerialer Ebene im Bund nach dem BSE-Skandal Anfang der 2000er-Jahre versuchte sich Verbraucherpolitik als eigenständige politische Domäne mit schärferen inhaltlichen Konturen zu behaupten. Es dominierte dabei vor allem die Forderung, nachhaltiges Konsumhandeln zu stärken. Die Änderungen bei der Gestaltung konkreter verbraucherpolitischer Maßnahmen aber fielen nur marginal aus. Es dominiert auch hier das Informationsparadigma, das dem Konsumenten entscheidende Mitwirkungspflichten bei der Umsetzung auferlegt (Schwan 2009: 59).

Insofern handelt es sich beim die politischen Handlungskonzepte dominierenden Verständnis des nachhaltigen Konsumenten um ein individualistisches Modell, das Verhaltensänderungen des einzelnen Verbrauchers zur Grundvoraussetzung der Etablierung von mehr Nachhaltigkeit erhebt. Damit wird der einzelne Verbraucher aber nicht nur zum Zugpferd des nachhaltigen Konsums, sondern auch zum Schuldigen im Falle des Misslingens. Wie deutlich die (welt)wirtschaftspolitische Diskussion um verantwortungsbewussten Konsum von einer derartigen Individualisierung von Verantwortung dominiert wird, zeigen beispielsweise Giesler und Veresiu (2014) bei ihrer Längsschnittanalyse von Dokumenten und Interviewdaten, die den Diskurs des Weltwirtschaftsforums zum Thema in den Jahren 2004-2013 widerspiegeln. In den Bereichen der Bekämpfung extremer Armut sowie des Schutzes der natürlichen Umwelt, der eigenen Gesundheit und der Überschuldung weisen die Autoren eine deutliche Fokussierung auf individuelle Verantwortungsübernahme anstelle der Zuständigkeit wohlfahrtsstaatlicher Politik nach (ebd.: 845). Ein Gefühl von Verantwortlichkeit und damit auch Verantwortungsübernahme soll gestärkt werden, indem nicht nur das Problem selbst von der systemischen auf die individuelle Ebene verlagert wird, sondern indem gleichzeitig auf wissenschaftliche Erkenntnisse zur Legitimierung zurückgegriffen wird und konkrete (zum Teil marktbasierte) Maßnahmen zur Umsetzung bereitgestellt werden.

Hedtke weist unter Rückgriff auf das Konzept des Kollektivgutdilemmas auf den Widerspruch einer (den Vorstellungen der Mainstreamökonomik angepassten) Individualisierung von Verantwortung und der tatsächlichen Umsetzung nachhaltiger Konsummuster hin: „[...] die ökonomische Konsumtheorie mit ihren Grundannahmen stabiler Präferenzen, der Abhängigkeit des Verhaltens von den Restriktionen sowie des Eigennutzaxioms [spricht] dagegen, von den Konsumenten nachhaltigeres Handeln entgegen ihren subjektiven Nutzenvorstellungen zu erwarten" (2002: 9). Unter Rückgriff auf die Institutionenökonomik wird (zumindest in der wissenschaftlichen Debatte) dieser Widerspruch zumeist mit der Forderung nach institutioneller statt individueller Lösung des Dilemmas aufzulösen versucht (Karpe/Krol 1997). Eine solche Umsetzung wird aber realpolitisch nicht kompromisslos umsetzbar sein. Zur Veränderung von Institutionen und der damit einhergehenden Internalisierung externer Kosten bedarf es politischer Gestaltungsmacht. „Es sind aber oft gerade die ökonomischen Machtstrukturen, die das behindern oder verhindern, die die infrage stehenden externen Effekte verursachen und von ihnen profitieren" (Hedtke 2002: 10). Beispielhaft kann hierfür auf die politische Debatte um Emissionszertifikate verwiesen werden. Dennoch dominieren auf der verbraucherpolitischen Ebene nach wie vor eher an das Individuum gerichtete Handlungskonzepte, wie etwa Lern-, Bildungs-, Kommunikations- und Beratungskonzepte. Die Übersetzung der politischen Maxime des nachhaltigen Konsums in die Verbraucherbildung als einer Teilmaßnahme von Verbraucherpolitik ist demnach ein logischer Schluss, der auch politisch erhebliche Unterstützung findet. Prominentes Beispiel hierfür ist die UN-Bildungsinitiative „Bildung für nachhaltige Entwicklung Weltdekade der Vereinten Nationen". Der jugendliche Konsument soll im Sinne einer Sozialdisziplinierung bereits frühzeitig seine Verantwortlichkeit für das Erreichen nachhaltigkeitsbasierter Ziele erkennen. Verbraucherbildende Konzeptionen ohne Bezug zur Nachhaltigkeit sind heute kaum mehr denkbar. Vielmehr wird betont, dass nicht das Handeln des einzelnen Konsumenten im Privathaushalt im Mittelpunkt der Bildungsanstrengungen stehen sollte, sondern globale Zusammenhänge offengelegt werden sollen. Konsumenten sollen so ihre Eingebundenheit in die Konsumgesellschaft sowie deren Auswirkungen erkennen und reflektieren und auf dieser Basis eigene Konsummuster hinterfragen und ggf. ändern. Die Forderung, den Lernenden nicht nur Informationen bereitzustellen, sondern ihnen Ratschläge zu erteilen, die sie befähigen „to hold a moral vision for the common good, living in harmony with all living species" (Mc Gregor 2011: 5; Mc Gregor 1999), erscheint aus dieser Sicht nur folgerichtig.

4.1.2.3 Der vertrauende Konsument

Der Begriff des Vertrauens wurde durch die Verhaltensökonomie in die Diskussion um Kon-sumtypen eingebracht (vgl. Kenning/Wobker 2013: 289f.). Vereinfacht dargestellt, handelt es sich bei Konsumentscheidungen meistens um Entscheidungen unter Unsicherheit oder um Entscheidungen unter Risiko. In Risikosituationen kennt der Entscheidende die möglichen Folgen seiner Handlung und kann diesen Eintrittswahrscheinlichkeiten zuordnen. In Situationen, in denen eine Entscheidung unter Unsicherheit getroffen werden muss, kennt der Entscheidende ebenfalls die Auswirkungen seiner Handlung, nicht jedoch die Wahrscheinlichkeiten, mit denen diese eintreten (Laux et al. 2012: 33). Im Gegensatz zu Entscheidungen unter Sicherheit, bei denen der Entscheidende sämtliche Konsequenzen seiner Handlung kennt, ist die Zukunft bei Situationen unter Unsicherheit oder Risiko daher ungewiss.

Der Konsument ist in diesen Situationen kaum in der Lage, den Anforderungen eines homo oeconomicus zu entsprechen. Um eine auch nur annähernd rationale Entscheidung im Sinne des souveränen Konsumenten treffen zu können, müsste eine Vielzahl von Daten verarbeitet werden. Hinzu kommt, dass vor allem bei Entscheidungen unter Unsicherheit nicht alle notwendigen Informationen vorliegen. So gerät selbst der gewillte Konsument an die Grenzen seiner kognitiven Kapazitäten. Er hat sich mit einer Vielzahl nicht (immer) vergleichbarer Produktalternativen, über die wiederum nicht zwingend vollständige und vor allem objektive Informationen vorliegen, auseinanderzusetzen. Er handelt deshalb begrenzt rational, indem nicht mehr die Lösung mit dem maximalen Nutzen gesucht wird, sondern die Suche bei einem zufriedenstellenden Ergebnis abgebrochen wird. Beim Konsumenten handelt es sich demnach nicht mehr um den *maximizing man*, sondern um den *saticficing man*.

Um zu zufriedenstellenden Lösungen zu gelangen, wendet der Verbraucher Heuristiken, d.h. vereinfachte Regeln der Beurteilung möglicher Folgen seiner (Konsum)Entscheidung, an (Tversky/Kahneman 1974: 1124). Auch wenn Heuristiken die Entscheidungsfindung in erheblichem Maß vereinfachen können, können sie doch auch zu systematischen Fehleinschätzungen (*biases*) führen. Vertrauen, sowohl gegenüber den anderen Marktakteuren (insbesondere den Anbietern, aber

auch anderen Konsumenten[69]) als auch gegenüber dem Staat, ist eine Möglichkeit, mit der Komplexität der Entscheidungssituationen umzugehen bzw. diese
zu reduzieren (Kenning/Wobker 2013: 290). Der Bedarf nach Vertrauen – auch
und gerade im Konsumbereich – entsteht vor allem deshalb, weil die Qualität des
Konsumgutes (und damit die Leistung der sozialen Beziehung Käu-
fer/Konsument-Verkäufer/Produzent) oftmals erst mit zeitlicher Verzögerung zu
beurteilen ist (Preisendörfer 1995: 264).
Die tatsächliche Bedeutung des Vertrauens für die Kaufentscheidung unterscheidet sich von Konsumgut zu Konsumgut. Die einschlägige Gütertypologie differenziert zwischen Suchgütern, Erfahrungsgütern und Vertrauensgütern (Oehler
2013, 47). Suchgütern sind typisch neo-klassische Güter, über die nur ausreichend Informationen vorliegen müssen, damit ihre Qualität beurteilt werden
kann, am nächsten. Der Konsument kann sich vor dem Kauf über Preis und Qualität informieren (Nelson 1970: 312). Die Suche nach Informationen ist bei Erfahrungsgütern hingegen nicht zweckmäßig. Ein Urteil über die Qualität eines
Erfahrungsgutes ist erst nach deren Ge- bzw. Verbrauch möglich (ebd.) Ein typi-
sches Erfahrungsgut etwa ist ein Auto, da zwar Informationen über Leistung und
Benzinverbrauch eingeholt werden können, nicht oder nur bedingt aber Informationen über die Reparaturanfälligkeit eines Wagens. Darby/Karni fügen der von
Nelson eingeführten Unterscheidung zwischen Such- und Erfahrungsgütern eine
dritte Kategorie, die „credence goods" oder auch Vertrauensgüter, hinzu (1973:
68f.). Die Qualität eines Vertrauensgutes kann auch nach dessen Ge- oder Verbrauch nicht umfassend beurteilt werden. Neben Dienstleistungen, beispielsweise der Autoreparatur oder medizinischen Vorsorgeuntersuchungen und Wahlleis-
tungen, zählen auch zahlreiche Konsumgüter aus biologischer oder nachhaltiger
Produktion zu den Vertrauensgütern. „Zwar kann der Konsument bestimmen, ob
ein Ei faul ist oder nicht, aber ob die vermeintlichen Bio-Eier tatsächlich von
‚glücklichen Hühnern' stammen, kann er nicht überprüfen." (Tschörner 2013).
Insbesondere die unübersichtliche Vielfalt an Siegeln, die kaum politisch regle-
mentiert wird, trägt zur Informationsasymmetrie zwischen Konsumenten und
Produzenten bei. Einige Vertrauensgüter (sogenannte Kontraktgüter) enthalten
zudem nur ein Leistungsversprechen, es besteht eine erhebliche zeitliche Verzögerung zwischen Leistung und Gegenleistung. Dies trifft insbesondere auf Finanzdienstleistungen zu (Oehler 2013: 47), in die zum Teil über Jahrzehnte ein-

---

[69]   Beispielhaft für die Ausrichtung des eigenen Konsums an anderen Konsumenten ist der Bü-
chermarkt für Bestseller. „So kann ein möglicher Buchkauf einen Fehl- oder Glücksgriff be-
deuten. Das entsprechende Chancenverhältnis ist dem potenziellen Leser unbekannt. Auf
Nachfrageseite besteht also die Gefahr adverser Selektion, die nur durch hohe Suchkosten sicher verhindert werden kann. Hier stellt Imitation eine kostenminimale Alternativlösung dar."
(Keuschnigg 2012: 95)

gezahlt wird, ehe die Leistung seitens des Finanzdienstleisters erfolgt. Die dargestellten Informationsasymmetrien tragen vor allem bei Vertrauens- und Kon-
traktgütern, aber auch bei zahlreichen Erfahrungsgütern dazu bei, dass der Konsument dem Produzenten bzw. Dienstleister hinsichtlich der Qualität des Gutes
vertrauen muss.

Verhaltensökonomen betonen die Notwendigkeit der Berücksichtigung dieser
Erkenntnisse bei der Gestaltung von Verbraucherpolitik (vgl. Reisch/Oehler
2009: 31): Wenn Mündigkeit im Sinne des standardökonomischen Paradigmas
gar nicht erreicht werden kann, impliziert dies natürlich auch, dass immer umfassendere Informationen nicht die Lösung der Frage nach gelingender Verbraucherpolitik sein können. Gefordert wird daher zunächst ein gesetzlicher Mindest-
schutz, insbesondere in allen Bereichen der Daseinsvorsorge (Micklitz et al.
2010: 3). Darüber hinaus soll sichergestellt werden, dass den Konsumenten „unabhängige und glaubwürdige Institutionen" (ebd.) beratend zur Seite stehen. Im
Gegensatz zu einer am Leitbild des souveränen Konsumenten orientierten Verbraucherpolitik, die den einzelnen Konsumenten zur selbstständigen Entscheidung über das jeweilige Verbraucherwohl anhält, sollen damit in der am vertrauenden Verbraucher ausgerichteten Politik der Staat sowie Verbände und Be-
ratungseinrichtungen eine stellvertretende Interpretationsfunktion übernehmen
(Fischer 2015: 206).

Für die Konsumentenbildung bedeutet dies, dass Lernende vor allem auf die
Grenzen des eigenen Expertentums hinzuweisen sind. Sie soll in Form einer
sogenannten Meta-Bildung helfen „lernen, wie man Expertise findet, ohne jeweils selbst Experte werden zu müssen. Informationssuche und Informationsana-
lyse sind mit dem Ziel zu gestalten, Informationen zur Kompetenz und Glaubwürdigkeit von […] Informationsquellen zu erhalten." (Oehler 2013: 53). Als
Informationsquelle hervorgehoben werden dabei vor allem die Verbraucherzentralen mit ihren Beratungsangeboten (ebd.). Auch wenn sich das Leitbild des
vertrauenden Konsumenten von den Annahmen der Standardökonomik abzugrenzen versucht und die nur beschränkte Rationalität des Verbrauchers betont,
spielen Informationen deshalb letztlich nach wie vor eine zentrale Rolle, wenngleich der Verbraucher nicht mehr selbst verantwortlich für die Suche nach Informationen über Produkte oder Dienstleistungen sein soll. Vielmehr ist diese
Aufgabe (vertrauenswürdigen) Dritten zu übertragen. Die Beurteilung, ob es sich
bei diesen aber tatsächlich um vertrauenswürdige Institutionen handelt, obliegt
nach wie vor dem Verbraucher.

4.1.2.4 Der verletzliche Konsument

Als verletzlich, in der englischsprachigen Literatur vulnerable, übersetzbar auch als schutzbedürftig oder benachteiligt, werden jene Verbraucher bezeichnet, die den Anforderungen der Konsumgesellschaft nicht standhalten können bzw. von diesen überfordert sind (Micklitz 2012: A40)[70]. Das Leitbild des verletzlichen Verbrauchers bzw. die auf diesem basierende Politik beruft sich dabei insbesondere auf die strukturellen Ungleichgewichte zwischen Produzent und Konsument. Gerade weil aber bereits das Konzept des vertrauenden Verbrauchers diese Ungleichgewichte berücksichtigt, scheint eine eindeutige Abgrenzung beider Leitbilder voneinander nicht unproblematisch möglich zu sein. So bezeichnet beispielsweise Janning in seiner Analyse des Politikfeldes Verbraucherpolitik jenen Verbraucher als verletzlich, der auf unübersichtliche Angebote oder manipulative Kaufanreize mit einem impulsiven, triebgesteuerten oder habitualisierten Kaufverhalten reagiert, das eine Reduktion der komplexen Informationslage durch Vertrauenssignale oder Vertrauenspersonen vornimmt (2011: 133). Die jeweiligen Leitbilder und die mit ihnen einhergehenden Vorstellungen über die Fähigkeiten zur mündigen Teilhabe am Marktgeschehen (und darüber hinaus) sollten auch aufgrund dieser begrifflichen Überschneidungen nicht als klar voneinander abgrenzbar verstanden werden. Vielmehr handelt es sich um ein Kontinuum mit fließenden Übergängen, dessen äußere Randpunkte Souveränität im Sinne umfassender Mündigkeit und Verletzlichkeit als Vorstellung stark begrenzt mündigen Verhaltens sind (Abb. 2).

Dem Wissenschaftlichen Beirat Verbraucher- und Ernährungspolitik des BMELV folgend ist es vor allem die sozial exkludierende Wirkung der Ungleichgewichte zwischen Produzent und Konsument, die Verletzlichkeit hervorrufen und damit die Abgrenzung zum vertrauenden Verbraucher erleichtern sollen (Micklitz et al. 2010: 2f.). „Der verletzliche Verbraucher ist [...] der Adressat sozialer Gerechtigkeit schlechthin" (Micklitz 2012: 110). Insbesondere, wenn Konsum nicht nur als marktbasierter Güterkauf verstanden wird, sondern vielmehr eine der zentralen Formen gesellschaftlicher Teilhabe darstellt (siehe Kap. 2.2), geht die Beschränkung bzw. der Ausschluss von Konsumoptionen mit der „Gefahr, vom sozialen und wirtschaftlichen Leben ausgeschlossen zu wer-

---

[70] Die verbraucherpolitischen Richtlinien der Europäischen Union sowie die Rechtsprechung des EuGH definieren den verletzlichen Verbraucher in Abgrenzung zum souveränen Durchschnittskonsumenten. Verletzlich sind demnach all jene Verbraucher, die nicht angemessen informiert und aufmerksam sowie verständig handeln (dazu auch Fn. 35). Diese Negativdefintion wird aber kritisiert als „inadequate to provide the protection needed for the many different kinds of disadvantaged consumers who can fall under the general category of 'vulnerable'" (Waddington 2013: 758).

den", (Micklitz et al. 2010: 2; Micklitz 2012: A40; Bala/Müller 2014: 8) einher[71].

Wenngleich die bisherigen Ausführungen die (möglichen) Folgen von Verletzlichkeit schildern, ist damit noch nicht geklärt, wer als potenziell verletzlich zu gelten hat. In der Regel wird der Status an soziodemografischen Merkmalen festgemacht: Prinzipiell verletzlicher sind Frauen gegenüber Männern, Geringverdiener gegenüber Besserverdienenden, Menschen mit geringem Bildungsgrad gegenüber jenen mit höheren Bildungsabschlüssen, Ältere gegenüber Jüngeren (Kinder und Jugendliche ausgenommen, auch diese können verletzlich sein), Behinderte gegenüber Nicht-Behinderten sowie Menschen mit Migrationshintergrund gegenüber Menschen ohne Migrationshintergrund (Andreasen 1975: 6; Burden 1998: 5; Menzel-Baker et al. 2005: 129f., Waddington 2013: 760ff.). Gegen die Zuordnung von Verletzlichkeit auf Basis ausschließlich dieser Merkmale regt sich aber auch Widerstand. So bezeichnet Stuyck (2007: 167) die in der europäischen Richtlinie über unlautere Geschäftspraktiken erfolgte Kategorisierung von verletzlichen Verbrauchern[72] als willkürlich. „All consumers can Potentially find themselves in a ‚vulnerable' position at times, depending on the circumstances they find themselves in, and the characteristic of the product and marketing used." (Waddington 2013: 767). Verletzlichkeit und die daraus resultierende Schutzbedürftigkeit sind mithin auch von situationalen Variablen abhängig, etwa von Emotionen, die beeinflussen, wie Marktsituationen wahrgenommen werden und wie auf sie reagiert wird (Menzel-Baker et al. 2005: 130)[73].

---

[71]   Diskutiert wird, auch auf Ebene der europäischen Gesetzgebung, vor allem über den Ausschluss von lebensnotwendigen Gütern und Dienstleistungen der Grundversorgung, etwa im Bereich der Energie (Europäische Kommission 2012: 3; Luschei 2014).

[72]   „Gruppe von Verbrauchern […], die aufgrund von geistigen oder körperlichen Gebrechen, Alter oder Leichtgläubigkeit […] besonders schutzbedürftig sind" (EU 2005).

[73]   Gegen die Annahme, dass vor allem anhand soziodemografischer Merkmale abgrenzbare Bevölkerungsgruppen, insbesondere Menschen mit körperlichen oder geistigen Beeinträchtigungen, schutzbedürftig seien, sprechen auch die Erhebungen des europäischen Verbraucherbarometers. Demnach fühlen sich in Deutschland 61%, europaweit 55% der Verbraucher durch die bestehende Gesetzeslage ausreichend geschützt (Europäische Kommission 2013: 106). Im Umkehrschluss bedeutet dies, dass etwa ein Drittel der deutschen Bevölkerung einen unzureichenden Schutz proklamiert und damit eben auch als schutzbedürftig einzustufen ist.

Die sich aus dem Konstrukt des verletzlichen Konsumenten ergebenden Schluss-folgerungen für die Verbraucherpolitik hängen in starkem Maß davon ab, ob Verletzlichkeit als festgeschrieben oder veränderbar gilt. Je nach Annahme än-dern sich die möglichen verbraucherpolitischen Instrumente und insbesondere die Rolle, die der Konsumentenbildung zukommt. Wird davon ausgegangen, dass Verletzlichkeit ein festgeschriebener Tatbestand ist, besteht die Lösung in einem rigiden verbraucherpolitischen Regelwerk, dass das Ziel verfolgt, vor Fehlinformationen und Manipulierbarkeit zu schützen. Liegt allerdings die An-nahme vor, Verletzlichkeit sei behebbar, so kommt der Bereitstellung zusätzli-cher Information auch durch Verbraucherbildung eine bedeutsame Rolle zu. Das Stichwort hierfür ist „Empowerment" im Sinne von Befähigung bzw. Aktivie-rung. Dem verletzlichen Verbraucher ist dieser Sichtweise folgend zu verdeutli-chen, wie er sich und seine Interessen am Markt bestmöglich durchsetzen und so als souveräner Konsument agieren kann.

4.2 Leitbilder schulischer Verbraucherbildung in Deutschland – aktuelle bildungspolitische Konzeptionen

Im Anschluss an die theoretische Darstellung konsumrelevanter Leitbilder sowie den sich daran anschließenden Schlussfolgerungen für die Gestaltung von Ver-braucherpolitik im Allgemeinen bzw. Konsumentenbildung im Besonderen steht nachfolgend die empirische Analyse der bildungspolitischen bzw. bildungsadmi-nistrativen Vorgaben im Mittelpunkt. Dabei stellt sich vor allem die Frage, ob sich die Bildungspolitik bei der Ausgestaltung von Bildungsprogrammen an verbraucherpolitischen Leitbildern orientiert bzw. auf welche Leitbilder dabei zurückgegriffen wird. Die hieraus gewonnenen Erkenntnisse dienen einer Ver-vollständigung der aus den Gruppendiskussionen und Interviews erhobenen Daten zu den Wissensbeständen der Konsumentenbildung unterrichtenden Lehr-kräfte, die in den Kapiteln 6 und 7 ausführlich dargestellt werden. Hierfür wird der Zugang einer qualitativen Dokumentenanalyse gewählt.

4.2.1 Einordnung der Analyseeinheiten und der Methode

Die nachfolgenden Untersuchungen bildungspolitischer Konzeptionen beziehen sich auf selektiv ausgewählte bildungspolitische Forderungen bezüglich der inhaltlichen Ausgestaltung einer verstärkten Verbraucherbildung. Fokus der Untersuchung ist die Situation in Nordrhein-Westfalen, die zusätzlichen, d.h. die untersuchten Dokumente entstammen vorranging der nordrhein-westfälischen bildungspolitischen Diskussion, weitere Dokumente werden flankierend hinzu-gezogen. Demzufolge gewährleistet die Dokumentenanalyse keinen vollständi-gen Überblick über die aktuellen verbraucherbildenden Richtlinien der BRD.

Dieses Vorgehen ist insofern vertretbar, da es sich um eine qualitative Studie handelt, die nicht das Ziel statistischer Repräsentativität verfolgt. Im Sinne der methodeninternen Triangulation trägt die Dokumentenanalyse nicht nur zu einem vertieften Verständnis bildungspolitischer Forderungen bezüglich der Gestaltung schulischer Verbraucher- und Konsumbildung bei. Vielmehr strukturiert sie die weiterführende empirische Analyse von Lehrerwissensbeständen zur Konsumentenbildung bzw. stellt für diese unterstützende Informationen bereit (Bowen 2009: 29f.).

Datenbasis bilden ein Beschluss der Ständigen Konferenz der Kultusminister (KMK) zu Verbraucherbildung an allgemeinbildenden Schulen (KMK 2013), ein Antrag der Fraktionen von SPD und Bündnis90/Die Grünen, der die Grundlage für die zunehmende Implementation verbraucherbildender Inhalte an nordrhein-westfälischen Schulen bildet (Landtag NRW 2013), der Grundlagenbericht des Projekts REVIS (Reform der Ernährungs- und Verbraucherbildung in allgemein bildenden Schulen) (Schlegel-Matthies 2004), welches zentraler Referenzpunkt des Antrags ist, sowie die nordrhein-westfälische Rahmenvorgabe Verbraucherbildung in Schule, die zu Beginn des Schuljahres 2017/18 in Kraft trat und als Basis für die langfristige Entwicklung schulischer Konzepte zur Verbraucherbildung dient.

Die KMK setzt sich als länderübergreifende bildungspolitische Institution der BRD die Aufgabe der Koordinierung von Angelegenheiten der Bildungspolitik, die dem Grundgesetz folgend im Wesentlichen Aufgabe der Länder ist (Kulturhoheit der Länder). Damit wird vor allem das Ziel verbunden, in Belangen von „länderübergreifender Bedeutung [...] für das notwendige Maß an Gemeinsamkeit in Bildung, Wissenschaft und Kultur" zu sorgen (KMK 2015: 7). Daher kann der Beschluss der KMK zur Verbraucherbildung vom September 2013 als Initiative bzw. Ausgangspunkt verstanden werden, das fächerübergreifende Konzept der Verbraucherbildung weiter zu stärken und zusätzliche Anknüpfungspunkte aufzuzeigen.

Die in den Kapiteln 6 und 7 darzustellenden empirischen Ergebnisse der Interviews und Gruppendiskussionen wurden – auch aufgrund der politischen Unterstützung eines Ausbaus der Verbraucherbildung – an nordrhein-westfälischen Gesamtschulen durchgeführt. Eine nähere Untersuchung der über den Antrag für eine Stärkung der Verbraucherbildung kommunizierten Zielsetzungen erscheint aus diesem Grund auch für den Vergleich mit den Ergebnissen der Analyse der Interviews und Diskussionen bzw. sich daraus ergebender fachdidaktischer Rückschlüsse wünschenswert. Die bildungspolitischen Forderungen sowohl des Landtags als auch der KMK fanden in der Rahmenvorgabe Verbraucherbildung einen konkreten curricularen Niederschlag. Angaben des nordrhein-westfälischen Ministeriums für Schule und Wissenschaft zufolge dient diese

Rahmenvorgabe als Referenzdokument für die Erarbeitung konkreter unterrichtlicher und überunterrichtlicher schulischer Vorhaben sowie für die Überarbei-
tung der betreffenden Kernlehrpläne, so dass auch diese Rahmenvorgabe in die
Dokumentenanalyse einfließt.

Aus den vorliegenden Dokumenten sind für die genauere Analyse jene Einheiten
von Bedeutung, die sich auf das vermutete sowie erwünschte Konsumverhalten
der Lernenden beziehen. Konsumentenbildung kann als Teilaufgabe der Verbraucherbildung verstanden werden – dennoch existiert eine gewisse begriffliche
Unklarheit, die bei Sichtung der internationalen Diskussion um die Notwendigkeit von Verbraucherbildung umso deutlicher wird: im Englischen bezeichnet
der Begriff consumer sowohl den Verbraucher als auch den Konsumenten. Der
Bundesverband der Verbraucherzentralen benennt neben der Schulung der Konsumkompetenz als weitere Aufgaben der Verbraucherbildung die Entwicklung
von Finanzkompetenz, Medienkompetenz, Werbekompetenz, Ernährungs- und
Gesundheitskompetenz sowie Sozialkompetenz (vzbv 2010: 2). Diese Abgrenzung ist dabei nicht vollkommen trennscharf zu verstehen, denn Aspekte der
Werbe-, Ernährungs- und Gesundheitskompetenz spielen ebenso wie solche der
Finanzkompetenz auch im Bereich der Konsumentenbildung eine nicht unwesentliche Rolle. Dennoch ist sie bei der Auswahl der Analyseeinheiten zu berücksichtigen, indem solche Inhalte, die keine Wechselbeziehungen zu Konsumhandlungen aufweisen, ausgeschlossen werden.

Die Analyse der vorliegenden Auswahleinheiten erfolgt mittels qualitativer Dokumentenanalyse mit dem Ziel, die Relevanz der verhaltensökonomischen Leitbilder in Bildungskontexten zu erfassen. Die Dokumentenanalyse orientiert sich
deutlich an der Vorgehensweise der (qualitativen) Inhaltsanalyse (Bowen 2009:
28), im vorliegenden Fall genauer an der inhaltlich strukturierenden qualitativen
Inhaltsanalyse (Kuckartz 2012: 77ff.; Mayring 2010: 92ff.; Steigleder 2007:
30ff.). Im Mittelpunkt steht dabei die Entwicklung und Ausdifferenzierung eines
Kategoriensystems, das an das Material angelegt wird, um dessen zentrale Struktur zu erfassen (Mayring 2010: 92).

Die Entwicklung der Kategorien erfolgt in einem mehrstufigen Verfahren zunächst deduktiv aus der bereits erfolgten theoretischen Vorarbeit zu den verbraucherpolitischen Leitbildern. Anschließend erfolgt die Überprüfung und Weiterentwicklung der Kategorien induktiv am Material (Kuckartz 2012: 77), insbesondere hinsichtlich ihrer weiteren Konkretisierung und Definition (Mayring
2002: 116f.). Diese Vorgehensweise bricht mit dem induktivistischen Verständnis vor allem der Grounded Theory (Glaser/Strauss 2010), qualitative Sozialforschung soll sich dem Untersuchungsgegenstand möglichst unvoreingenommen
nähern. Demgegenüber steht die hier berücksichtigte „These von der Unmög-
lichkeit voraussetzungsfreier Erkenntnis" (Meinefeld 1997: 25) bzw. des „induk-

tivistischen Selbstmissverständnisses" (Kelle/Kluge 2010: 18), die jeweils darauf verweisen, dass auch im Rahmen qualitativer Forschung eine gewisse Vorstrukturierung der Datenanalyse nicht zu umgehen ist.

4.2.2 Auswertung der Dokumente nach Kategorien

Aus den Vorüberlegungen (Kapitel 4.1) sowie der induktiven Weiterentwicklung am Material ergeben sich die nachfolgenden thematischen Hauptkategorien, anhand derer die Dokumente ausgewertet werden.

Tabelle 2: Liste der thematischen Hauptkategorien

Kategorie	Definition der Kategorie
Leitbildorientierung	Geäußert wird eine an Normen orientierte Verhaltenserwartung, die auf die Zukunft gerichtet ist und Handlungsempfehlungen beinhaltet
Verantwortungsübernahme	Konsumhandeln orientiert sich an seinem Einfluss auf Nachhaltigkeit, moralische Orientierung des Konsumhandelns
Souveränität	Konsumhandeln orientiert sich am Modell des Rationalentscheiders. Der Verbraucher kennt seine Möglichkeiten, Einfluss auf Marktentscheidungen im von ihm gewünschten Sinne zu nehmen
Vertrauen	Konsumhandeln orientiert sich an vertrauenswürdigen Informationsquellen, die den Verbraucher bei der Suche und Auswahl der Konsumgüter und Dienstleistungen unterstützen
Verletzlichkeit	Konsumenten sind als manipulierbar und aus diesem Grund besonders schutzbedürftig anzusehen. Es besteht ggf. die Gefahr sozialer Exklusion
Sozialwissenschaftliche Aspekte der Verbraucherbildung	Soziale und kulturelle Bezüge des Konsums werden benannt und in ihrer Bedeutung für die inhaltliche und kompetenzbezogene Gestaltung des Unterrichts betrachtet

4.2.2.1 Leitbildorientierung

Die Reflexion gegenwärtigen Konsumhandelns mit dem Ziel, zukünftige, wünschenswerte Handlungsoptionen aufzuzeigen, ist eine der Kernkategorien der untersuchten Dokumente. Die für die Leitbildorientierung typische Ausrichtung an Normen/Wertmustern spiegelt sich in den vorliegenden Dokumenten an verschiedenen Stelln wider. Zunächst wird betont, dass das Ziel des verbraucherbildenden Unterrichts der Aufbau bzw. die Anbahnung von *Haltungen* ist (KMK 2013: Z39-40; Schlegel-Matthies 2004: Z266-267). Der Begriff der Haltung verweist auf eine Orientierung an Normen bzw. Wertmustern, die an dieser Stelle jedoch inhaltlich noch nicht konkretisiert werden. Zeitgleich erfolgt insbesondere mit der Forderung, Haltungen *anzubahnen,* eine Abgrenzung des gegenwärtigen Handelns vom zukünftigen, da die erwünschten Haltungen noch nicht vorliegen. „Letztlich stellt sich [...] die Frage danach, *wie wir* jetzt und zukünftig das (Zusammen-)Leben in der *Gesellschaft gestalten wollen.* Diese Frage wird auch im Lebens- und Handlungsfeld Konsum (mit)entschieden." (Schlegel-Matthies 2004: Z436-438). Mithilfe der Definition des Konsums als „Zukunftsfrage" (MSW 2017: Z10) kann eine Diskussion in Gang gesetzt werden, welche Gesellschaft in Zukunft als erstrebenswerte auch durch Konsumhandlungen erreicht werden kann. Damit steht auch die Frage im Mittelpunkt, welches Konsumverhalten als erstrebenswert betrachtet wird bzw. wie Konsumverhalten zum „guten Leben" beitragen kann. Eine so verstandene Verbraucherbildung ist dann eben nicht mehr nur noch als Bildungs- sondern auch als Erziehungsaufgabe zu verstehen (MSW 2017: Z4). Schülerinnen und Schüler sollen in diesem Zusammenhang Wissen und Kompetenzen erwerben, die ihnen *reflektierte* Entscheidungen ermöglichen (MSW 2017: Z26, Z76-77). Reflexion bedingt Werte, mithilfe derer (hier im konkreten Fall) Konsum bzw. die damit einhergehende Lebensweise betrachtet werden kann. Hierin verdeutlicht sich die normative Ausgestaltung der Verbraucherbildung.

Im Rahmen dieser wertgebundenen Ausrichtung spielen vor allem die Thematisierung und das Aufgreifen der (vermuteten) gegenwärtigen sowie zukünftigen Lebenswelt der Schülerinnen eine zentrale Rolle. Im Positionspapier der KMK, dem Grundlagenbericht des Forschungsprojektes REVIS und der Rahmenvorgabe Verbraucherbildung wird das Aufgreifen *„lebensweltlicher Erfahrungen"* (KMK 2013: Z53; MSW 2017: Z23) bzw. die Berücksichtigung des *„lebensweltlichen Kontext[s]* nicht nur aus motivationalen und methodischen Gründen, sondern *als immanente[r] Bestandteil"* (Schlegel-Matthies 2004: Z238-240) gefordert. Die Betonung des immanenten Charakters der Lebensweltorientierung jenseits von nur motivationalen oder methodischen Interessen spiegelt die vermutete Zentralität der im Rahmen der Verbraucherbildung vermittelten Kompetenzen für die Lebensgestaltung der Lernenden. Die Orientierung an den Erfahrungen der Kinder und Jugendlichen, aber auch ihrer *Familien* (KMK 2013: Z54) eröffnet Möglichkeiten, gewünschte Verhaltensweisen aufzuzeigen bzw. unerwünschte Verhaltensweisen zu erkennen. Ziel ist es, den Schülern „*Alltags- und Lebensgestaltungskompetenzen"* (Landtag NRW 2013 Z58-59) zu vermitteln. Aus sozialwissenschaftsdidaktischer Sicht kann das so verstandene Konzept einer lebensweltorientierten Konsumentenbildung als begrenzt betrachtet werden. Zwar werden Alternativen zu bestehenden Konsummustern als eine Form von „Horizonterweiterungen" nicht nur als Unterrichtsinhalte, sondern insbesondere als Unterrichtsziele gesetzt. Durchschaubar aber werden „die eigene Le-

benswelt und ihre [ggf. notwendigen] Veränderungen [...] nur durch eine Wahr-
nehmungsweise [...], die auf ‚Weltwissen' zielt" (Steffens 2005: 16). Das Verständnis von Lebenswelt bzw. Alltag der Konsumentenbildung, das sich in den
betrachteten Dokumenten spiegelt, erscheint hierfür jedoch zu verkürzt. Eine
soziologisch orientierte Auffassung von (Konsum-)Alltag bzw. Lebenswelt als
einem selbst aufklärungsbedürftigen Phänomen kann auch und gerade im Falle
der Konsumentenbildung einer unreflektierten Alltagswende entgegenstehen.
Die wertorientierte Ausrichtung an der (vermuteten) Lebenswelt der Schülerinnen und Schüler ist eng verbunden mit *erstens* dem Aufzeigen konkreter Handlungsoptionen und einer darauf basierenden Handlungsorientierung des Unterrichts sowie *zweitens* der Kontrastierung des gegenwärtigen, unerwünschten
(Konsum-)Handelns mit zukünftigen, positiv gewerteten Handlungsformen mit
dem Ziel der Verhaltensänderung.
Handlungsorientierung geht dem Verständnis der Konsumentenbildung folgend
über ein didaktisches Prinzip zur Strukturierung des Unterrichts und seiner Inhalte (z.B. Reinhardt 2010: 105ff.; Sander 2008: 198f.) hinaus. Vielmehr steht im
Mittelpunkt, dass *„konkrete Handlungsoptionen* im Rahmen der in und im Umfeld der Schule gegebenen Möglichkeiten" (KMK 2013: Z58-59) eröffnet werden und die Verbraucherbildung auf diesem Weg „Praxisrelevanz" entfaltet
(MSW 2017: Z214). Die (Konsum-)Handlung, die es zu beeinflussen gilt, muss
hierbei nicht zwingend während des Unterrichts ausgeführt werden. Eben jener
handelnde Charakter aber wäre typisch für „klassischen" handlungsorientierten
Unterricht. Stattdessen soll zukünftiges Handeln beeinflusst werden. Hierfür
sollen den Lernenden konsumrelevante *Kompetenzen* vermittelt werden. Die
Betonung der kompetenzorientierten Gestaltung der Konsumentenbildung in den
vorliegenden Dokumenten unterstreicht den an konkreten Handlungsoptionen
ausgerichteten Charakter. Die Kompetenzorientierung ist eines der zentralen
bildungspolitischen Paradigmen der vergangenen Jahre. Fokussiert werden vor
allem die Outcomes des Unterrichts. Mithin stehen nicht Inhalte, sondern die zu
vermittelnden Fähigkeiten sowie deren Einsatz zur Lösung bestimmter Probleme
(Klieme et al. 2003: 71ff.) im Mittelpunkt eines kompetenzorientierten konsumentenbildenden Unterrichts. Die Lernenden sollen daher „befähigt werden, *in
unterschiedlichen Situationen* und *angesichts wechselnder Problemlagen* als
Konsumenten ‚angemessen' *handeln zu können*." (Schlegel-Matthies 2004:
Z117-119).
Den vor allem im Rahmen des REVIS-Projekts konkretisierten sowie in der
Rahmenvorgabe Verbraucherbildung festgehaltenen Kompetenzen wird rheto-
risch für die zukünftige Lebensgestaltung der Lernenden eine erhebliche Bedeu-
tung zugesprochen. So wird Verbraucherbildung etwa im Grundlagenbericht des
REVIS-Projekts als dringend erforderliche Grundbildung bezeichnet, „die alle

Bürgerinnen und Bürger zu eben dieser Teilhabe [Teilhabe an der Konsumgesellschaft, FW] befähigt und sie mit den entsprechenden *unverzichtbaren Kulturwerkzeugen* ausstattet" (Schlegel-Matthies 2004: Z287-289). Zu den gängigen Kulturwerkzeugen zählen dem allgemeinen Sprachgebrauch folgend vor allem Lesen, Schreiben und Rechnen. Durch das Gleichsetzen der Kompetenzkataloge mit eben jenen Kulturtechniken erfolgt eine erhebliche sprachliche Aufwertung, die durch die Betonung ihrer Unverzichtbarkeit sowie der dringenden Erforderlichkeit der Verbraucherbildung als Grundbildung zusätzlich unterstrichen wird. Dabei greifen insbesondere die Rahmenvorgabe sowie der REVIS-Bericht die Grenzen der Moralisierung der Verbraucherbildung auf. So ist in der Rahmenvorgabe Verbraucherbildung festgehalten, dass es „unstrittig ist, dass Schule keine Wertungen vorgibt" (MSW 2017: Z6-7). Der REVIS-Bericht betont, dass es zwar „keine ‚Patentrezepte' für ‚richtiges' Verbraucherverhalten gibt" (Schlegel-Matthies 2004: Z68-69), stellt aber dennoch fest, dass es „zahlreiche Handlungsfelder und *Bedarfsbereiche*" (ebd.: Z66) im Rahmen der Konsumentenbildung zu betrachten gilt. Auch wenn es also keine offensichtlichen „Patentrezepte" gibt, sondern diese an jeweils unterschiedliche Lebensbedingungen angepasst werden müssen, liegen Handlungsfelder vor, die für eine Verhaltensänderung in Betracht gezogen werden können bzw. bei denen eine Verhaltensänderung dringend erwünscht ist. Dabei erfolgt die Betrachtung der Bedarfsbereiche immer aus Sicht des Verbrauchers, was einerseits die Berücksichtigung seiner Bedürfnisse einschließt, andererseits aber auch konkrete Handlungsoptionen des Einzelnen erschließen lässt. Das anzustrebende Konsumverhalten ist so (vermutlich) deutlich leichter umsetzbar.

Dieses anzustrebende Konsumverhalten grenzt sich der sprachlichen Darstellung folgend in seiner grundsätzlichen Ausgestaltung vom angenommenen gegenwärtigen Konsum sowohl der Schülerinnen und Schüler als auch ihres persönlichen Umfeldes ab. Anzustreben sind „*Verhaltensänderungen* von Schülerinnen und Schülern und z.T. ihrer Familien" (Schlegel-Matthies 2004: Z324-316). So fordert die Stellungnahme der KMK: „Die Verbraucherbildung hat die *Entwicklung* eines verantwortungsbewussten Verhaltens als Verbraucherinnen und Verbraucher zum Ziel" (2013: Z36-37). Der Begriff Entwicklung lässt sich bezüglich seiner Ausrichtung auf zukünftige Verhaltensweisen deuten. Der Schüler ist zwar noch nicht in der Lage, verantwortungsbewusst zu konsumieren, soll aber dazu möglichst befähigt werden. Es erfolgt damit eine „Bildung *hin zu* einem bewussten Konsum und Verbrauch" (Landtag NRW 2013: Z24), indem „*Gestaltungsoptionen*" eröffnet werden (MSW 2017: Z296). Die Konsumentenbildung verfolgt damit einen klaren Zielpunkt – bewussten Konsum und Verbrauch als konkrete Utopie –, der jedoch erst erreicht werden muss und sich somit vom aktuellen, nicht bewussten Konsum und Verbrauch unterscheidet. Dieses aktuelle Konsumverhalten der Schülerinnen und Schüler wird zum Ausgangspunkt des angestrebten Lernprozesses. Verbraucherbildung erfolgt in diesem Sinne problemorientiert. Ein Problem ist ein als negativ empfundener Zustand, der gelöst werden soll. Mithin erfolgt eine Kontrastierung zwischen dem gegenwärtigen, problematischen Ist-Zustand und dem zukünftigen, als Lösung betrachteten Soll-Zustand des Konsumierens. Ein zentraler Ansatzpunkt dieses Soll-Zustands ist die prospektive Übernahme von Verantwortung.

4.2.2.2 Verantwortungsübernahme

Die Übernahme von Verantwortung ist eine der zentralen Forderungen, die die bildungspolitischen Konzeptionen an die Schüler in ihrer Rolle des Konsumenten stellen. Differenziert wird dabei zwischen der Verantwortung, die für andere übernommen werden soll, etwa durch den Erwerb sozialverträglich hergestellter Güter, sowie der Verantwortung für sich selbst und das eigene Wohlergehen. Die damit erfolgende Zuschreibung von Verantwortung entspricht in mehrfacher Hinsicht nicht dem klassischen ideengeschichtlichen Verantwortungsbegriff, der sich auf die (personale) Zurechnung der Folgen bereits erfolgten Handelns bezieht (Bayertz 1995: 5). Vielmehr erfolgt *erstens* eine temporale, prospektive Ausdehnung der Verantwortlichkeit, die für die ideengeschichtlich moderne Verwendung des Verantwortungsbegriffs typisch ist (ebd.: 45; Birnbacher 1995: 143; Heidbrink 2003: 35f.). *Zweitens* zielt diese prospektive Verantwortung nicht mehr auf eine Haftung für bereits eingetretene Schäden, sondern eher auf eine Vermeidung zukünftiger Schäden (Bayertz 1995: 45). *Drittens* schließlich wird Verantwortungsübernahme auch für solche Handlungen – im konkreten Fall Konsumhandlungen – gefordert, deren Folgen für den Handelnden nicht mehr unmittelbar erfahrbar sind (ebd.: 44). Gerade weil im Bereich des Konsums nicht das Handeln des Einzelnen, sondern das aggregierte Handeln vieler zu Schäden führt, folgt hieraus auch, dass Lernende als Teil eines Kollektivs dargestellt werden bzw. ihre Handlungen in kollektive Zusammenhänge eingebettet werden. Sichtbar wird diese Kollektivierung von Verantwortung etwa im Grundlagenbericht des REVIS-Projekts. „Kinderarbeit, Ressourcenverbrauch, katastrophale Arbeits- und Lebensbedingungen etc. (auch als Grundlage niedriger Preise) sind Probleme, die *uns* alle angehen als Konsumentinnen und Konsumenten und als Bürgerinnen und Bürger" (Schlegel-Matthies 2004: Z481-483). Neben der Kollektivierung, die insbesondere durch das Wort „*uns*" erzeugt wird, ist auch die Emotionalisierung der Aussage hervorzuheben. Die Entwicklung von Verantwortungsbewusstsein wird nicht ausschließlich kognitiv, sondern eben auch emotional beeinflusst. Emotionen, zum Beispiel in Form von Ärger oder Empörung, können durchaus handlungswirksam werden und die Übernahme von Verantwortung begünstigen (Auhagen 1999: 45, 223-234). Folgen von Konsum, wie die im REVIS-Grundlagenbericht beschriebenen (Kinderarbeit, *katastrophale* Lebens- und Arbeitsbedingungen), werden auf breiter Basis abgelehnt und können Gefühle wie Ärger oder Empörung hervorrufen. Sie durch entsprechendes verantwortungsbewusstes Konsumverhalten zu verhindern, erscheint wünschenswert und daher als legitime Zielsetzung schulischer Verbraucherbildung. Zentral für die Definition von Verantwortungsübernahme im Rahmen des Konsumhandelns ist die Orientierung an den Dimensionen der Nachhaltigkeit. Die herausragende Bedeutung des Nachhaltigkeitskonzeptes zeigt sich in allen vier vorliegenden Dokumenten. So fordert die KMK, Verbraucherbildung solle *„durchgängig* vor allem der Bildung für nachhaltige Entwicklung" folgen (KMK 2013: Z7), damit die Lernenden solche Kenntnisse erwerben, die ihnen eine fundierte Konsumentscheidung ermöglicht. Auch die nordrhein-westfälischen Landtagsfraktionen von SPD und Bündnis 90/Die Grünen fordern im Titel ihres Antrags „Verbraucherbildung in der Schule nachhaltig und vielfältig [zu] gestalten" (Landtag NRW 2013: Z7). Die Fokussierung auf eine nachhaltige Verbraucherbildung erfolgt hier bereits im Titel des Dokuments, was den zentralen Stellenwert des Nachhaltigkeitskonzepts unterstreicht. Auch die Rahmenvorgabe Verbraucherbildung, die nicht zuletzt auf Basis des Landtagsbeschlusses erarbeitet wurde, zeigt enge Bezüge zur Bildung für nachhaltige Entwicklung auf, indem sie als *„grundlegender* Bestandteil zur Umsetzung der Landesstrategie ‚Bildung für nachhaltige Entwicklung – Zukunft lernen'" eingestuft wird (MSW 2017: Z43-45). Ziel einer nachhaltig orientierten Verbraucherbildung ist eine „differenzierte Urteilsbildung bei Konsumentscheidungen" (KMK 2013: Z50), die die Schüler dabei „unterstützt, reflektierte und verantwortungs*bewusste* Entscheidungen zu treffen" (KMK Z80-81, MSW 2017: Z107-108). Bewusstes Konsumverhalten erkennt an, dass Konsum Folgen (sowohl für die Gestaltung des eigenen Lebens als auch des Lebens der anderen) hat und bezieht diese Folgen in die zu treffende Konsumentscheidung mit ein. In diesem Zusammenhang wird auch der bereits in Kapitel 4.2.2.1 aufgegriffene Begriff der Gestaltungskompetenz, die die Verbraucherbildung stärken soll (KMK 2013: Z47), geschärft. Der Begriff Gestaltungskompetenz findet vor allem im Rahmen der Bildung für nachhaltige Entwicklung Verwendung. Dort wird

> „mit Gestaltungskompetenz […] die Fähigkeit bezeichnet, Wissen über nachhaltige Entwicklung anwenden und Probleme nicht nachhaltiger Entwicklung erkennen zu können. Das heißt, aus Gegenwartsanalysen und Zukunftsstudien Schlussfolgerungen über ökologische, ökonomische und soziale Entwicklungen in ihrer wechselseitigen Abhängigkeit ziehen und darauf basierende Entscheidungen treffen, verstehen und individuell, gemeinschaftlich und politisch umsetzen zu können, mit denen sich nachhaltige Entwicklungsprozesse verwirklichen lassen." (de Haan 2008: 31).

Demzufolge wären verantwortungsbewusste, nachhaltige Entscheidungen vor allem durch erhöhte Selbstreflexivität geprägt. Die Zielstellung, Selbstreflexivität zu erhöhen, ist auch im Verbraucherbildungsprojekt REVIS zentral: „Verbraucherbildung im Projekt REVIS wird verstanden als Befähigung zu Wissen, Verstehen, Reflexion und Handeln in unterschiedlichen Konsumfeldern auf der Grundlage individueller und sozialer Bedürfnisse u.a. gesundheitsorientierter, ökologischer Entscheidungen und anderer ethischer Werthaltungen" (Schlegel-Matthies 2004: Z308-311). „Nur vor diesem Hintergrund sind Verhaltensänderungen von Schülerinnen und Schülern und z.t. ihrer Familien hin zur Berücksichtigung regionaler, saisonaler, ökologisch verantwortlich hergestellter Produkte anzustreben und für diese einsehbar" (ebd.: Z314-316). REVIS verbindet damit die für die Leitbildorientierung typische Ausrichtung an gesellschaftlichen Normen mit konkreten Handlungsempfehlungen. Gerade die damit angesprochene genuin moralische Dimension des Verantwortungsprinzips soll dazu führen, „dass Akteure sich aus intrinsischen Überzeugungen [...] für bestimmte Ziele einsetzen und für die Verbesserung bestehender Zustände engagieren" (Heidbrink 2008: 17).

Vor allem im REVIS-Bericht und der Rahmenvorgabe Verbraucherbildung wird die angesprochene anzustrebende Wertorientierung des Konsumhandelns zudem eng mit politischem Handeln verknüpft. Die durch Verbraucherbildung zu vermittelnde Consumer Literacy[74] wird eingebettet gesehen in ein gesellschaftliches Bildungsverständnis, „das unverzichtbare Grundlagen beschreibt, die für die Entwicklung einer modernen Bürgergesellschaft notwendig sind" (Schlegel-Matthies 2004: Z388-89). Consumer Literacy trägt damit ihren Teil zur Entwicklung der Bürgergesellschaft bei. Bürgergesellschaft kann als zur Zivilgesellschaft analoger Begriff verstanden werden. Ziel ist die Gestaltung der Gesellschaft nicht nur für die Bürger, sondern eben auch durch die Bürger. (Staats)Bürgerschaft wird damit nicht mehr nur noch als passiver Status verstanden. Der Status des (Staats)Bürgers ruft vielmehr zum aktiven Handeln auf. Wenn dieses aktive Handeln sich wie im vorliegenden Fall auf den Bereich des Konsums bezieht, wird hier der politische Konsument angesprochen, der mit bzw. durch Konsum Gesellschaft gestalten soll. Ziel ist daher den Lernenden, indem sie als *„Staatsbürgerin oder -bürger* angesprochen [werden], *neue Felder der Partizipation* [aufzuzeigen]" (MSW 2017: Z192-193). Der REVIS-Grundlagenbericht unterstützt diese Zielsetzung: „Die einzelnen Bürgerinnen

---

[74]   Der Literacy-Begriff geht weit über Belesenheit hinaus und meint vielmehr Gebildetsein in einem umfassenden Sinn. „Understandings in the international policy community have expanded too: from viewing literacy as a simple process of acquiring basic cognitive skills, to using these skills in ways that contribute to socio-economic development, to developing the capacity for social awareness and critical reflection as a basis for personal and social change" (UNESCO 2006: 147). Insofern kann er sich auch wie im vorliegenden Fall auf Konsumkompetenzen beziehen (siehe dazu auch die Angaben zur Kompetenzorientierung in Kapitel 4.2.2.1).

und Bürger bilden den Souverän und haben somit nicht nur das Recht, aktiv und passiv den Kurs der Politik zu bestimmen, sondern auch die Pflicht, die Verantwortung in der und für die Gesellschaft zu übernehmen. Damit sind sie zunehmend auch in ihrer Rolle als Konsumenten und Konsumentinnen gefordert." (Schlegel-Matthies 2004: Z421-424). Zur Konkretisierung und damit auch zur Darlegung von Handlungsempfehlungen wird auf die Theorie der zweiten Moderne von Ulrich Beck verwiesen. Mit diesem Verweis kann bzw. soll zeitgleich auch die theoretische Legitimation der Verbraucherbildung erhöht werden. „Für die Diskussion über den Zusammenhang zwischen Bürgerbildung und Verbraucherbildung soll Ulrich Beck herangezogen werden, der konstatierte, dass ‚die zweite Moderne […] auch eine verbraucherorientierte Demokratie werden [könnte]. Dem liegt die - in transnationalen Käuferboykotts erfahrbare und praktizierte - Einheit von Kaufakt und Stimmzettel zugrunde'" (ebd.: Z462-465). Festgestellt wird demzufolge: „Bisher noch zu wenig in den Köpfen der Verbraucherinnen und Verbraucher ist aber auch, dass durch die Globalisierung der Märkte erstmals die Möglichkeit besteht, über Grenzen hinweg, direkt und *sogar* in Fragen, die bis dahin allein vom Management der Konzerne entschieden wurden, Entscheidungen zu beeinflussen und zwar einzig und allein durch den Kaufakt." (ebd.: Z469-473). Ziel der Verbraucherbildung muss es mithin sein, diese Möglichkeit *„in die Köpfe* der Konsumenten zu bringen". Auffällig erscheint an dieser Aussage, dass eine erhebliche Differenz hergestellt wird zwischen Management, als „denen da oben, die bisher allein entschieden haben", und Konsumenten als „wir hier unten, die jetzt endlich die Möglichkeit bekommen, mit zu bestimmen". Die Betonung der Mitbestimmungsmöglichkeiten *sogar in solchen Fällen*, die bisher allein vom Management entschieden wurden, hebt diese Differenz nochmals hervor.

Durch die im Rahmen der Konsumentenbildung angestrebte Reflexion der Folgen des Konsumhandelns werden solche Kompetenzen vermittelt, die die Schüler zur „Übernahme von Verantwortung *für sich selbst und andere*" (Landtag NRW 2013: Z11) befähigen sollen. Insbesondere im Rahmen der Gesundheitsbildung sowie der Finanzbildung, die beide enge Bezüge zur Konsumentenbildung aufweisen und daher keinesfalls eindeutig von dieser abgegrenzt werden können, dominiert der Anspruch der Selbstsorge bzw. Eigenverantwortung. So wird in der Rahmenvorgabe Verbraucherbildung die Einbindung der Inhaltsbereiche Private Altersvorsorge, Absicherung und Vermögensbildung (MSW 2017: Z387-388) ebenso gefordert wie die Etablierung einer gesundheitsförderlichen Lebensführung und Ernährung (ebd.: Z404). Durch die Auseinandersetzung mit konsumbezogenen Alltags- und Lebenssituationen sollen jene Aspekte des Konsumhandelns fokussiert werden, durch die „Verantwortung für die eigene Person sowie ggf. für andere Mitglieder eines Haushalts übernommen werden" kann (ebd.: Z451-452). Auch die KMK fordert, Lernende zum Fällen „bewusste[r] Entscheidungen für eine gesundheitsorientierte Ernährung und Lebensweise" (KMK 2013: Z20-21) zu befähigen. Dass Eigenverantwortung gerade in den Bereichen Finanzbildung sowie Gesundheits- und Ernährungsbildung eingefordert wird, erscheint angesichts des Verantwortungsdiskurses in einem zunehmend aktivierenden Sozialstaat nur als logische Konsequenz (für den gesundheitspolitischen Diskurs siehe Bertelsmann Stiftung 2004; Schmidt 2008).

4.2.2.3 Souveränität

Selbstbestimmtes Handeln im Sinne einer eigenverantwortlichen Ausgestaltung des Konsums ist auch für die Kategorie Souveränität von nicht unerheblicher Bedeutung. Es wurde bereits erwähnt, dass die Abgrenzung der einzelnen Leitbilder voneinander nicht trennscharf erfolgen kann. Insofern lässt sich auch die inhaltliche Nähe der Konzepte Verantwortungsübernahme (gerade für das eigene Wohlergehen) und Souveränität erklären. „In marktwirtschaftlich geprägten Gesellschaften stellen [...] souveräne KonsumentInnen die verantwortungsbewussten Prototypen dar, die als fähige RationalistInnen die volle Verantwortung für das eigene Dasein übernehmen können." (Schmidt 2008: 32)

Als eine der Grundvoraussetzungen für souveränes Handeln gilt die Fähigkeit, „Informationen erschließen und nutzen zu können" (Schlegel-Matthies 2004: Z404). Insbesondere da „die Anforderungen an Kinder und Jugendliche, was Kenntnisse des wirtschaftlichen Handelns und der privaten Vorsorge anbelangt" (KMK 2013: Z11-13), steigen, solle deren Fähigkeit „Informationen und Materialangebote zu beschaffen, kritisch zu bewerten und angemessen zu nutzen" (ebd.: Z74-75), geschult werden. Die Begründung für die Notwendigkeit der Verbraucherbildung baut damit zumindest in Teilen darauf auf, dass Kinder und Jugendliche als eine aktuelle, aber auch zukünftig bedeutsame Zielgruppe für Konsumgüter und Dienstleistungen Bedarf an Kenntnissen des wirtschaftlichen Handelns haben, zu denen auch das Bewusstsein über die Notwendigkeit der Information und des Informiertseins gehört. Die Verbraucherbildung tritt als Vermittler dieser Kenntnisse auf. Insgesamt „wird von dem Widerspruch von Konsumkompetenz und ökonomischer Inkompetenz ausgegangen" (Schlegel-Matthies 2004: Z243-235). Den Schülern fehlt es demnach an Wissen, um zu verstehen, warum sie wie als Konsumenten agieren. Hier setzt die Verbraucherbildung an, indem sie mit Schülern „ökonomische Zusammenhänge erarbeitet" (ebd.: Z237). Es erfolgt damit auch eine Betonung der Bedeutung von Wissen, Kenntnissen und Informationen, um der Produzentenmacht Konsumentenmacht entgegenzusetzen. Es zeigt sich auch hier, dass die (Leit)Bilder der Verbraucher- bzw. Konsumentenbildung eher auf einem Kontinuum liegen als sich diametral gegenüberzustehen. So kann der ökonomisch inkompetente jugendliche Konsument eher als verletzlich gelten als der mit Kenntnissen des wirtschaftlichen Handelns und der privaten Vorsorge ausgestattete Verbraucher. Die Verletzlichkeit ist jedoch kein unabwendbarer Zustand, sondern kann durch die Vermittlung der Bedeutsamkeit eines kritischen Erschließens und Nutzens von Produktinformationen in Richtung Souveränität abgewendet werden.

Der souveräne Verbraucher entscheidet – auch auf Basis der ihm zur Verfügung stehenden Informationen – selbst- und nicht fremdbestimmt über seinen Konsum. Diese Differenzierung erscheint hinsichtlich der Lernziele der Verbraucherbildung besondere Bedeutsamkeit zu entfalten, geht es doch gerade darum, selbstbestimmtes, rationales Konsumieren zu fördern. So wird die Notwendigkeit der Vermittlung ökonomischer Kompetenzen in der Rahmenvorgabe Verbraucherbildung mit dem widersprüchlichen Verhalten der Konsumenten begründet:

> „Sie [Konsumentinnen und Konsumenten, FW] entscheiden in verschiedenen Konsum- und Lebensbereichen unterschiedlich und folgen nicht immer zweckrationalen Erwägungen. Einerseits handeln sie im Rahmen der gesamten haushaltsbezogenen Bedürfnisse und der ihnen zur Verfügung stehenden Mittel. Andererseits folgen sie spontanen Anreizen und persönlichen Vorlieben, Gewohnheiten, Traditionen oder Bequemlichkeiten." (MSW 2017: Z116-121)

Sofern dem Verbraucher aber „die Verflechtungen und Mechanismen des Marktes unter Berücksichtigung verschiedener Perspektiven und die Einflussmöglichkeiten von Konsumentinnen und Konsumenten" (KMK 2013: Z72-72) dargelegt werden, wird die Fähigkeit selbstbestimmt zu entscheiden, gestärkt. Der ausreichend über die (durch die Mechanismen des Marktes beeinflusste) Produzentenmacht informierte Konsument weiß seine Einflussmöglichkeiten zu nutzen und eigene Interessen durchzusetzen. Hierzu trägt auch die zu vermittelnde Kenntnis über „Verbraucherrechte und -pflichten" (ebd.: Z71; MSW 2017: Z374-75) bei. „Der aktiv gestaltenden Rolle der Verbraucherinnen und Verbraucher wird [so] Rechnung getragen" (Schlegel-Matthies 2004: Z368).

Als zentral für die Durchsetzung der eigenen Interessen wird neben der „nötigen Markt- und Gütertransparenz eine Transparenz der eigenen Bedürfnisse" (ebd.: Z350-351) betrachtet. Das Bedürfniskonzept spielt in der (neo)klassischen ökonomischen Theorie zumindest auf den ersten Blick eine zentrale Rolle, dient dem Konzept der Konsumentensouveränität, das auch der ökonomischen Theorie entnommen ist, die Produktion doch der optimalen Befriedigung eben jener Bedürfnisse. So ist „das ‚Denken in Alternativen' […] zu einem fast selbstverständlichen Merkmal der typischen Figur ihres [der neoklassischen Standardökonomik, FW] Objektbereichs, des homo oeconomicus, geworden" (Albert 1965: 141). Dieser rational entscheidende Konsument wählt, wie in Kapitel 4.1.2.1 dargestellt, zwischen den ihm zur Verfügung stehenden Handlungsoptionen diejenige, die bei gegebenem Einkommen die größte Bedürfnisbefriedigung verspricht. Die Kosten-Nutzen-Perspektive wird unter anderem in der Rahmenvorgabe Verbraucherbildung als eines der zentralen Kriterien zur Reflexion des eigenen Konsumhandelns hervorgehoben (MSW 2017: Z288). Bewusstes Kaufverhalten zeichnet sich demnach dadurch aus, dass die zur Verfügung stehenden Mittel derart eingesetzt werden, dass ein möglichst hoher Nutzen erzielt wird. Sowohl der Begriff des Nutzens als auch der Begriff des Bedürfnisses bleiben in der Standardökonomie, die als theoretische Basis einer an Rationalitätskriterien orientierten Verbraucherbildung verstanden werden kann, aber erstaunlich inhaltsleer und damit eher ein Randthema (Hedtke 2001: 101, 148-154; Albert 1965: 150; ders. 2009: 9). Insbesondere die Fragen nach der Bedürfnisentstehung bleiben unbeantwortet, Bedürfnisse werden als gegeben vorausgesetzt. Insofern erfolgt innerhalb der vorliegenden Dokumente, wenngleich sie wie dargestellt in Teilen auf der Mainstreamökonomik aufbauen, eine Erweiterung des Nutzensowie des Bedürfniskonzeptes. Während ersteres eine inhaltliche Präzisierung vor allem durch das Konzept des verantwortungsvollen Konsums erfährt, erfolgt eine Erweiterung des Bedürfniskonzeptes durch (inhaltliche) Bedürfnisreflexion. So wird im REVIS-Grundlagenbericht betont: „Verbraucherbildung im Projekt REVIS wird verstanden als Befähigung zu Wissen, Verstehen, *Reflexion* und Handeln in unterschiedlichen Konsumfeldern *auf der Grundlage individueller und sozialer Bedürfnisse*" (Schlegel-Matthies 2004: Z308-310). Wenngleich zur Bedürfnisreflexion angeleitet wird, sollen Schüler durch die „Identifikation individueller Bedürfnisse" und die „Abwägung unterschiedlicher Möglichkeiten der Bedarfsdeckung" (MSW 2017: Z250-251) als Konsumenten souveräner agieren. Gerade durch die Forderung, Bedürfnisse zu identifizieren sowie Optionen der Bedarfsdeckung zu kennen, wird an die Souveränität der Konsumenten und damit an ggf. notwendige Verhaltensänderungen appelliert. Das Bewusstsein eigener, notwendiger Bedürfnisse schützt vor Übervorteilung, so dass entsprechend der Annahme des Paradigmas der Konsumentensouveränität über eigene Bedürfnisse die Angebote des Marktes gesteuert werden können.

4.2.2.4 Vertrauen

Bereits im Rahmen der Darstellung der Kategorie Souveränität wurde auf die Bedeutung von Informationen für das (erstrebenswerte) Konsumverhalten verwiesen. Informationen spielen auch im Konzept des vertrauenden Verbrauchers eine wichtige Rolle. Hier geht es nicht nur darum, Informationen als Basis der Konsumentscheidung heranzuziehen, sondern auch um die Frage, welche Informationen und Informationsquellen als vertrauenswürdig eingestuft werden. Das bereits angesprochene Ziel, „die Fähigkeit der Kinder und Jugendlichen [zu schulen], Informationen und Materialangebote zu beschaffen, kritisch zu bewerten und angemessen zu nutzen" (KMK 2013: Z74-75), zielt gerade nicht nur auf die Nutzung von Informationen, sondern auch auf das Schaffen eines Bewusstseins dafür, welchen Informationsangeboten vertraut werden kann. Eine inhaltliche Konkretion dieses Ziels erfolgt in der Rahmenvorgabe Verbraucherbildung: „Im Rahmen der Informationsbeschaffung und -analyse wird auf die Bedeutung von Expertise und die Beurteilung der Kompetenz und Glaubwürdigkeit der Quelle hingearbeitet" (MSW 2017: Z400-402).

Ausgangspunkt der Frage danach, warum die Vertrauenswürdigkeit von Informationsangeboten hinterfragt werden sollte, ist in den untersuchten Dokumenten das Experten-Laien-Gefälle, das bereits in Kapitel 4.1.2.3 dargestellt wurde. „In nahezu allen Konsumfeldern ist beispielsweise das Experten-Laiengefälle zwischen Anbietern und Konsumenten so groß, dass Verbraucherinnen und Verbraucher realistischer Weise nicht die gleichen Kenntnisse erwerben können wie die Experten im jeweiligen Bereich" (Schlegel-Matthies 2004: Z129-131). Gerade wenn Verbraucher sich aber nicht die gleichen Kenntnisse aneignen können wie Experten im jeweiligen Bereich, ist die logische Schlussfolgerung, dass der Konsument einzuschätzen weiß, an welche Experten er sich im Bedarfsfall wenden kann und sollte. Dabei erfolgt durch die angestrebte „Zusammenarbeit mit *den* Unterstützungs- und Beratungssystemen und mit außerschulischen Partnern" (KMK 2013: Z146-147) die Konkretisierung, auf welche Formen von Expertise zurückzugreifen ist. Die klassischen Institutionen der Verbraucherberatung und -unterstützung sind die Verbraucherzentralen, die sich als unabhängige Anlaufstelle für Verbraucher zum Zwecke der Beratung, Information und Interessenvertretung beschreiben, sowie die Stiftung Warentest, die auf Bestreben der Arbeitsgemeinschaft der Verbraucherverbände (Vorläuferorganisation der heutigen Verbraucherzentrale Bundesverband) seit 1966 regelmäßig Warentests veröffentlicht (Gasteiger 2010: 129). Insofern verwundert es nicht, dass gerade diese beiden Einrichtungen als außerschulische Partner (KMK 2013: Z153, MSW 2017: Z212-213) unterrichtlicher Verbraucherbildung benannt werden.

Ein weiteres Instrument, das zur Vereinfachung der Konsumentscheidung beitragen soll, sind Güte-, Prüf- bzw. Qualitätssiegel. Auf die unreglementierte Vielfalt des „Siegeldschungels" wurde bereits in Kapitel 4.1.2.3 verwiesen. Aufbauend auf dieser Problematik betont der REVIS-Grundlagenbericht die Notwendigkeit der Konsumentenbildung: „Verbraucherbildung ist *dennoch* unverzichtbar, denn nur bei Transparenz der zugrunde liegenden Kriterien können Konsumenten „verantwortlich" beispielsweise die mit einem Gütesiegel besiegelten Güte- oder Qualitätsmerkmale in ihre Konsumentscheidungen einbeziehen" (Schlegel-Matthies 2004: Z170-173). Die Verbraucherbildung wird so dargestellt als eine Instanz, die über echte und vermeintliche Advokaten, die als Experten zur Überwindung des Experten-Laien-Gefälles heranzuziehen sind, aufklärt. Sie ermöglicht es dem vertrauenden Konsumenten, einfacher zu vertrauen, indem zumindest über Heuristiken bei der Entscheidungsfindung aufgeklärt wird. Es erfolgt durch die Bezugnahme auf das Beispiel der Gütesiegel eine Abgrenzung von anderen Beratungs- und Informationsangeboten, die auf dem Vertrauen der Verbraucher aufbauen. Die Verbraucherbildung sei *dennoch*, also gerade entgegen der Annahme, es gäbe ausreichende Möglichkeiten der Unterstützung und Beratung, unverzichtbar. Es erfolgt damit eine Positionierung der Verbraucherbildung als wertvoll, gerade im Zusammenhang mit der ihr zugeschriebenen Advokatenrolle.

Auch die geforderte Auseinandersetzung mit Verbraucherrechten (KMK 2013: Z71; MSW 2017: Z374-375) lässt sich nicht ausschließlich dem Leitbild des souveränen Verbrauchers (siehe Kapitel 4.2.2.3), sondern ebenso dem Leitbild des vertrauenden Verbrauchers zuordnen. Wenn gefordert wird, dass Schüler Verbraucherrechte und -pflichten kennen und Hindernisse selbstbestimmten Konsums identifizieren können (MSW 2017: Z261), deutet dies auf eine Abschwächung des Informationsparadigmas hin. Nicht ausschließlich Informationen tragen zu einer möglichst souveränen Konsumentscheidung bei. Der Verbraucher kann vielmehr auf die Geltung seiner Rechte und damit auf die Institutionen der Verbraucherpolitik vertrauen. Dies schließt jedoch die Geltung des Anspruchs, souverän zu konsumieren nicht aus. Vielmehr deutet es darauf, dass sich der Konsument im Falle erschwerten souveränen Handelns auf seine Rechte berufen kann.

4.2.2.5 Verletzlichkeit

Der verletzliche Verbraucher bedarf eines besonderen Schutzes bzw. besonderer Unterstützung. Er ist vergleichsweise einfach manipulierbar und auch aufgrund dieser Manipulation stärker von sozialer Exklusion bedroht als die anderen Konsumententypen. Ziel schulischer Verbraucherbildung, die auf einer Vorstellung des Konsumenten als verletzlich aufbaut, muss es daher sein, die Manipulationssowie Exklusionsgefahr zu verringern bzw. zu beseitigen.

In den zu untersuchenden Dokumenten zeigt sich eine angenommene Gefährdung des Verbrauchers an mehreren Stellen. Erstens wird auf die Manipulierbzw. Steuerbarkeit der Konsumenten durch die Produzenten verwiesen. Diese steht in enger Verbindung zum zweiten Gefährdungspotenzial, der Problematik von Ver- bzw. Überschuldung, die zu potenzieller Exklusion von gesellschaftlicher Teilhabe führt bzw. führen kann. Drittens schließlich wird auf Lebensmittelskandale als Ursprung einer verstärkten Forderung nach Verbraucherbildung verwiesen, die nicht nur die finanzielle, sondern auch die körperliche Unversehrtheit der Konsumenten berühren.

Die erste der angesprochenen Gefährdungslagen, die Manipulation des Konsumenten durch den Produzenten, ist ein klassisches Thema sowohl der Verbraucherpolitik im Allgemeinen als auch der Verbraucherbildung im Speziellen (Gasteiger 2010: 199f.). Insbesondere Produktwerbung wird als Instrument der Manipulation gewertet. Der Verbraucher, der sich durch die Werbung beeinflussen lässt, wird dem Anbieter gegenüber als benachteiligt eingestuft. Insofern verwundert eine Thematisierung von „Werbung und Konsum" (KMK 2013: Z129) im Rahmen schulischer Konsumentenbildung nicht. Darstellung des Verbrauchers als zum Teil *stark* und *unbewusst* durch Kommunikation, Werbung und Verkaufspraktiken beeinflussbar in der Rahmenvorgabe Verbraucherbildung MSW 2017: 7) deutet auf die Annahme prinzipieller Unterlegenheit. Alle untersuchten bildungspolitischen Konzeptionen betonen des Weiteren die Verletzlichkeit durch Ver- und Überschuldung. Der KMK zufolge zeige „ein stets steigender hoher Anteil an überschuldeten sowie hoch verschuldeten Haushalten und die große Zahl an Privatinsolvenzen […] die Notwendigkeit, Kindern und Jugendlichen im Zusammenhang mit Konsumentscheidungen Kompetenzen für eine mittel- und langfristige Finanzplanung mit auf den Weg zu geben, damit sie sich auch bei rasch wechselnden Rahmenbedingungen zurecht finden können" (2013: Z14-18). Die dargestellte Notwendigkeit, Schüler über den „bewusste[n] Umgang mit Geld" (ebd: Z126) aufzuklären, impliziert die Annahme, dass (zumindest ein Teil der) Schüler ohne Verbraucherbildung Gefahr liefe, sich zu ver- bzw. sogar zu überschulden. Potenzielle Gefährdungen entstehen diesbezüglich unter anderem durch den Wandel im Zahlungsverkehr (MSW 2017: Z262-263). Angespielt wird hier vor allem auf das bargeldlose Bezahlen und der damit verbundenen Annahme eines verlorenen Überblicks über Einnahmen und Ausgaben, was wiederum die Gefahr der Ver- und Überschuldung begünstigt. Verbraucherbildung bereitet auf diese besondere Gefahr vor, indem vor allem Wege der Finanzplanung und damit der rationalen wirtschaftlichen Haushaltsführung besprochen werden. Methodisch umgesetzt wird diese Forderung zum Beispiel, indem die Lernenden mit der haushaltsbezogenen Buchführung vertraut gemacht werden (ebd.: 829). Das Haushaltsbuch listet klassischerweise Einnahmen und Ausgaben innerhalb eines Haushaltes auf. Ziel der regelmäßigen Führung eines Haushaltsbuches ist es vor allem, Einsparpotenziale aufzulisten, was die potenzielle Gefährdung der Ver- und Überschuldung minimiert. Damit trägt Verbraucherbildung dem eigenen Anspruch nach dazu bei, den potenziell verletzlichen Konsumenten weniger verletzlich zu machen.
Die Forderung nach (einer Ausweitung der) Verbraucherbildung wird dem REVIS-Grundlagenbericht zufolge „nicht zuletzt befördert durch die aktuellen Nahrungsmittelskandale (BSE, Nitrofen etc.) oder die alarmierenden Befunde verschiedener Untersuchungen zum finanziellen Wissen der Deutschen" (Schlegel-

Matthies 2004: Z83-85). Auf die Bedeutung der Thematik der Ver- und Überschuldung wurde bereits verwiesen. In der dargestellten Aussage wird durch das Attribut *alarmierend* nicht nur die besondere Wichtigkeit des Themas mit Nachdruck betont, sondern auch die Dringlichkeit einer Reaktion auf die Befunde zum finanziellen Wissen in Form von Verbraucherbildung hervorgehoben. Gleiches gilt für die dargestellten Nahrungsmittel*skandale*. Insbesondere der BSE-Skandal führte seit Ende des Jahres 2000 zu einer veränderten Wahrnehmung im Umgang mit Lebensmitteln sowie der Wahrnehmung der Lebensmittelsicherheit, der bis zu diesem Zeitpunkt eine meist selbstverständliche Geltung zugesprochen wurde (Schwan 2009: 57). Die sich auf Basis des Skandals entwickelnde Neuausrichtung der Verbraucherpolitik führt zu einer „Öffnung dieses Politikfeldes für die Gesellschaft" und forderte „einen kritischeren Umgang mit Lebensmitteln und deren Herstellung sowie die stärkere Verantwortung der einzelnen Akteursgruppen" (ebd.: 58). Hierzu zählen auch die Verbraucher, die durch Konsumentenbildung sensibilisiert werden sollen. Insgesamt zeigt sich auch in dieser Darstellung der Verbraucherbildung das Verständnis eines verletzlichen Verbrauchers. Wenn die Forderung nach einem (zumindest partiellen) Mehr an Verbraucherbildung vor allem im Anschluss an die benannten Skandale laut wird, zeigt sich aber auch, dass diese Verletzlichkeit durch Verbraucherbildung behebbar und damit kein unumkehrbarer Zustand ist. Ziel ist vielmehr das Empowerment der Konsumenten durch Bildung.

4.2.2.6 Sozialwissenschaftliche Aspekte der Verbraucherbildung

Die bisherige Analyse der untersuchten Dokumente zeigt, dass Verbraucherbildung in der Regel vor allem als Beitrag zur als angemessen betrachteten Entwicklung des Konsumverhaltens der Lernenden verstanden wird. Dies lässt sich eher als Erziehungs- denn als Bildungsaufgabe charakterisieren. Gleichwohl lassen sich insbesondere in der Rahmenvorgabe Verbraucherbildung, aber auch zum Beispiel im Beschluss der KMK Ansatzpunkte einer Verbraucherbildung finden, die dezidiert sozialwissenschaftliche Aspekte berücksichtigt. Ihr Fokus liegt dann nicht mehr ausschließlich auf Handlungsempfehlungen, sondern auch die soziale und kulturelle Bedingtheit des Konsums findet Berücksichtigung. So fordert die KMK hinsichtlich der Weiterentwicklung der Verbraucherbildung den Einbezug von Ergebnissen aktueller Studien zur wirtschaftlichen, sozioökonomischen, ökologischen und gesellschaftlichen Entwicklung, sofern diese Bezüge zur Verbraucherbildung aufweisen (KMK 2013: Z104-106). Die Rahmenvorgabe Verbraucherbildung geht über diese Forderung hinaus und betont die Relevanz sozialwissenschaftlicher, insbesondere konsumsoziologischer Erkenntnisse für die Verbraucherbildung zunächst auf inhaltlicher und zielbezogener Ebene, etwa indem die „Analyse und Reflexion von Lebensstilen und sozialen

Milieus" (MSW 2017: Z298) oder die „Reflexion politischer Strategien zur Veränderung der Konsumentenposition, wie z.b. [...] Steuern [... oder] Verbote"
(ebd.: Z301-303) als Lernziele der Verbraucherbildung hervorgehoben werden.
Darüber hinaus wird grundsätzlich festgehalten, dass „Konsumentscheidungen
[...] trotz gesellschaftlicher Beeinflussung und innerhalb des Spannungsfeldes
differierender Leitbilder des Konsums vom Individuum selbst zu treffen [sind].
Daraus resultiert die Notwendigkeit einer multiperspektivischen Verbraucherbildung, die sich an den Grundsätzen des Beutelsbacher Konsenses' orientiert."
(MSW 2017: Z778-781). Dies kann als erster Ansatzpunkt einer kritischen Auseinandersetzung mit einer leitbildorientierten Verbraucher- und Konsumentenbildung verstanden werden, wenngleich diese – wie die obige Analyse gezeigt
hat – auch in der Rahmenvorgabe durchaus Präsenz entfalten. Eine weiterführende kritische Betrachtung, die sowohl die Chancen als auch die Grenzen leitbildorientierter Bildungskonzeptionen berücksichtigt sowie diese sozialwissen-
schaftsdidaktisch rahmt, folgt im nächsten Kapitel. Hier erfolgt auch eine weiterführende Diskussion der Bedeutung des Beutelsbacher Konsenses für die Verbraucherbildung, der in der Rahmenvorgabe Verbraucherbildung ausdrückliche
Erwähnung findet.

4.3 Zwischenfazit: Chancen und Grenzen leitbildorientierter Konsumenten-
bildung

Aus der dargestellten Analyse der verbraucherbildenden Konzeptionen ergeben
sich Rückschlüsse bezüglich der Chancen und Grenzen einer an Leitbildern orientierten Verbraucherbildung, die im Mittelpunkt des nachfolgenden Kapitels
stehen. Sie betreffen sowohl den Leitbildcharakter im Allgemeinen als auch die
inhaltliche und normative Konkretisierung in Form der analysierten Leitbilder.

4.3.1 Diskussion des allgemeinen Leitbildcharakters der Konsumentenbildung

Leitbilder stellen die Grundlage nicht nur der Konsumentenbildung, sondern
vielmehr der sozialwissenschaftlichen Bildung allgemein dar. Die damit einhergehende normative Orientierung gehört zu den konstitutiven Grundlagen der
sozialwissenschaftlichen Bildung. Normierende Werte, verstanden als „regulati-
ve Prinzipien für individuelles und soziales Handeln, als handlungsleitende
Standards des gesellschaftlich Wünschenswerten" (Mickel/Zitzlaff 1988: 93)
werden den Adressaten im Rahmen sozialwissenschaftlicher Bildung „als
zweckmäßig für den Bestand und die Entwicklung von Staat und Gesellschaft"
(ebd.: 94) vorgestellt. Es soll an dieser Stelle nicht negiert werden, dass Leitbilder Grundlage von Bildung, zumal sozialwissenschaftlicher und damit auch
Konsumentenbildung, sein können. Wolfgang Sander fragt in diesem Zusam-

menhang zum Beispiel: „Wie sollte politische [bzw. sozialwissenschaftliche, FW] Bildung praktizierbar sein ohne eine Vorstellung von dem, was am Ende des pädagogischen Prozesses erreicht sein soll?" (1990: 159). Vielmehr steht jedoch die Frage nach dem Umgang mit Leitbildern als Grundlage von Bildungsprozessen im Raum.

Gerade wenn Bildung nämlich nicht nur Instrument zur Erhaltung der bestehenden oder Implementation einer zuvor klar definierten veränderten gesellschaftlichen Ordnung sein soll, muss die Funktion von Leitbildern als Grundlage von Bildungsprozessen kritisch hinterfragt werden. Leitbilder sind oftmals stark interessengebunden. Sie haben gerade nicht nur das Ziel, Wissen zu vermitteln, sondern im Fall der Konsumenten- und Verbraucherbildung Verbraucherhandeln im Sinne des im Leitbild definierten erwünschten Handelns zu verändern. Solche inhaltsreichen Leitbilder stehen eher für geschlossene, nicht-plurale Gesellschaften statt für eine offene, demokratische und plurale Kultur der Diskussion (ebd.: 162). Sie widersprechen damit auch den Anforderungen an eine sozialwissenschaftliche Bildung, die im Beutelsbacher Konsens als Minimalkonsens politischer und sozialwissenschaftlicher Bildner festgehalten sind (Wehling 1979: 179f.).

Erstens wird das *Überwältigungsverbot* infrage gestellt. Es verbietet, den Schüler im Sinne erwünschter Meinungen zu überrumpeln und ihn so an der Gewinnung eines eigenständigen Urteils zu hindern. Gerade wenn aus leitbildorientierter Bildung eindeutige Moralerziehung wird, die Konsumhandlungen mit den Prädikaten „gut" oder „schlecht", „richtig" oder „falsch" belegt, findet Unterricht mindestens an der Grenze zur Indoktrination statt.

Zweitens weicht eine leitbildorientierte Bildung vom *Kontroversitätsgebot* ab, welches fordert, dass, was in Wissenschaft und Politik kontrovers ist, auch im Unterricht kontrovers dargestellt werden soll. So konkurrieren wie bereits dargestellt zum einen unterschiedliche Leitbilder miteinander, zum anderen besteht hinsichtlich der näheren inhaltlichen Definition der einzelnen Leitbilder nicht ausschließlich Konsens (siehe Kapitel 4.3.2). Beides sollte im Rahmen einer am Kontroversitätsgebot ausgerichteten Konsumentenbildung thematisiert werden.

Drittens schließlich wird auch die Geltung des Prinzips der *Schülerorientierung* in Zweifel gezogen. Soll der Schüler in die Lage versetzt werden, eine politische, ökonomische oder gesellschaftliche Situation und seine eigene Interessenlage zu analysieren, darf ihm sowohl die anzustrebende Interessenlage als auch die Interpretation der Situation nicht vorgegeben sein. Genau diese Gefahr geht aber mit leitbildorientierter Bildung einher, zeigt sie doch an, was als wünschenswertes Handeln gilt.

Die hier dargestellten Grenzen können für Konsumentenbildung jedoch fruchtbar gemacht werden, indem sich diese nicht mehr mit der Aufgabe beschäftigt, den je nach Leitbild richtigen Konsum zu etablieren, sondern indem die Leitbildvorstellungen selbst zum Inhalt des Unterrichts gemacht werden. In der Konfrontation mit den Leitbildern können die Lernenden dann befähigt werden, „ihren Standort, ihre Interessen, Bedürfnisse, Überzeugungen und Ziele in der Auseinandersetzung mit anderen selbst zu finden und zu entwickeln. Leitbilder wären dann nicht als normative Vorgaben, sondern als Lerngegenstand politischer Bildung zu verstehen." (Sander 1990: 164). Durch eine derart leitbildorientierte Konsumentenbildung blieben die Anforderungen des Beutelsbacher Konsens gewahrt und Schüler würden tatsächlich befähigt, sich ein eigenständiges Urteil zu bilden, beispielsweise darüber, welches Leitbild das für sie geltende sein soll und kann (ebd.).

Hinzu kommt, dass Leitbilder und die in ihnen inkludierten Handlungsempfehlungen sich in der Regel an den einzelnen Schüler richten. Ihnen eigen ist ein atomistisches Akteursverständnis, das zumindest in Teilen die sozialen Zusammenhänge und Strukturen, innerhalb derer der Akteur handelt, ausblendet. Soziales Handeln aber, dazu zählt ohne Frage auch das Konsumhandeln (siehe Kapitel 2.1), ist Handeln in sozialen Situationen geprägt von sozialen Strukturen (Schimank 2010: 44f.). Diese beeinflussen die konkrete Handlungswahl, zum Beispiel die Frage ob Frischmilch oder H-Milch aus konventioneller oder biologischer Produktion, laktosefreie Milch oder Sojamilch gekauft werden soll. Die Lernenden über diese Strukturen und ihren Einfluss auf im konkreten Fall den Milchkonsum[75] aufzuklären, könnte statt dem ausschließlichen Apell zur Handlungsänderung Inhalt einer sozialwissenschaftlich geprägten Konsumentenbildung sein. Insofern fände auch hier eine Erweiterung und inhaltliche Aufwertung leitbildorientierter Bildung statt.

Neben der inhaltlichen Kritik an den Leitbildern muss schließlich auch pragmatische Kritik geäußert werden. Selbst wenn leitbildorientierte Bildung auf Handlungsänderungen ausgerichtet ist, heißt das noch lange nicht, dass die damit einhergehenden Ziele tatsächlich erreicht werden. Giesel unterscheidet in diesem Zusammenhang implizite von expliziten Leitbildern. Während erstere als „echt", da handlungsleitend bezeichnet werden, werden letztere als vorsätzlich entworfen und daher „synthetisch" dargestellt (2007: 42). „Implizite Leitbilder werden gelebt, explizite Leitbilder werden aufgestellt, um gelebt zu werden" (ebd.: 246).

---

[75] Der stetig steigende Marktanteil laktosefreier Milchprodukte bei etwa gleichbleibender Anzahl laktoseintoleranter Konsumenten ist ein herausragendes Beispiel dafür, wie die Präsenz des Themas der Nahrungsmittelunverträglichkeiten in der öffentlichen Wahrnehmung zu erhöhtem Umsatz entsprechender Nahrungsmittel führen.

Die zuvor analysierten Dokumente der Bildungspolitik und -administration entsprechen eher dem Verständnis expliziter Leitbilder. Gerade wenn es um die Umsetzung gesellschaftlich anerkannter und als erstrebenswert definierter Ziele wie etwa mehr sozialer Gerechtigkeit oder einem hohen Umweltschutzstandard geht, sollte jedoch kritisch hinterfragt werden, ob die Absichtsbekundungen expliziter Leitbilder ausreichen, Verhalten tatsächlich zu ändern. Hier gelangt leitbildorientierte Bildung an eine klare Grenze, die nach Handlungen nicht der Schüler, sondern nach gesellschaftspolitischen Veränderungen verlangt. Diese können aber gleichfalls zum Inhalt einer sozialwissenschaftlich orientierten Konsumentenbildung werden und damit die wissenschaftlichen Bezugsdisziplinen, auf denen Verbraucherbildung bislang aufbaut, erweitern.

4.3.2 Diskussion der Chancen und Grenzen der analysierten Leitbilder

Neben dem allgemeinen Leitbildcharakter der Konsumentenbildung lassen sich auch die inhaltliche sowie normative Konkretisierung in Form der einzelnen Leitbilder diskutieren. Im nachfolgenden Kapitel werden analog zur Analyse der bildungspolitischen und -administrativen Dokumente (Kapitel 3.2.2) die vier dargestellten Leitbilder hinsichtlich ihrer Implikationen, Chancen und Grenzen untersucht. Zunächst erfolgt eine umfassende Auseinandersetzung mit dem Leitbild des verantwortungsbewussten Konsumenten, welches nicht nur in allen vier untersuchten Dokumenten, sondern auch in der öffentlich-medialen Wahrnehmung der Diskussion um angemessenes bzw. richtiges Konsumverhalten erhebliche Präsenz hat. Daran anschließend folgt die Auseinandersetzung mit den weiteren Leitbildern souveräner, vertrauender und verletzlicher Konsument.

Die Forderung, Konsumenten sollen nachhaltiger konsumieren sowie der sich daraus ergebende Anspruch der Konsumentenbildung, Schüler zu mehr verantwortungsbewusstem Konsum zu motivieren, erscheinen angesichts der drohenden ökologischen Krise sowie zunehmender weltweiter Ungleichverteilung von Wohlstand nachvollziehbar und wünschenswert. Dieser Bekräftigung des Leitbildes sind jedoch Grenzen zu entgegnen, die partiell auf der Kritik am allgemeinen Leitbildcharakter der Verbraucherbildung aufbauen.

So widerspricht auch das Leitbild des verantwortungsbewussten Konsumenten den Ansprüchen des Beutelsbacher Konsenses. Forderungen, wie jene, „Verhaltensänderungen von Schülerinnen und Schülern und z.T. ihrer Familien hin zur Berücksichtigung regionaler, saisonaler, ökologisch verantwortlich hergestellter Produkte" (Schlegel-Matthies 2004: Z314-316) zu generieren, beinhalten Bewertungsmuster von Konsumhandlungen im Sinne von richtig oder falsch. Während im Lebensmittelbereich der regionale, saisonale und ökologisch verantwortliche Konsum als richtig und gut zu bewerten ist, wird im Gegenzug der Konsum von beispielsweise Erdbeeren im Winter als falsch und schlecht bewertet. Damit aber wird Meinungsbildung beeinflusst und Konsumentenbildung befindet sich an der Grenze zur Überwältigung. Noch deutlicher wird die Kritik, wenn das Thema des Bekleidungskonsums in den Blick genommen wird. Die sozial-ethisch kritisch zu bewertenden Produktionsbedingungen – hierzu zählen die Nichtbeachtung von Menschenrechten, mangelnder Arbeitsschutz, Kinderarbeit, gesundheitliche Risiken oder Löhne unterhalb der absoluten Armutsgrenze – werden häufig in unterrichtspraktischen Vorschlägen aufgegriffen (vgl. z.b. Bretschneider 2012; LpB Baden-Württemberg 2003). Auf diesem Weg bietet sich einerseits die Möglichkeit, Chancen und Grenzen der Globalisierung gerade für nichtwestliche Gesellschaften zu analysieren. Verfolgt wird mit der Thematisierung (zumindest implizit) aber auch das Ziel, Konsumhaltungen im Sinne verantwortungsbewussten, nachhaltigen Konsums zu überdenken bzw. sogar zu beeinflussen. Unbeachtet bleiben aber meist die Auswirkungen auf die gesellschaftliche Position der meist weiblichen Näherinnen in den männlich dominierten Gesellschaften der Entwicklungsländer. Die Chance auf Teilhabe am Erwerbsleben ermöglicht den Frauen finanzielle Unabhängigkeit, bietet die Chance, „zum ersten Mal im Leben eigene Entscheidungen [zu] treffen", verringert die Anzahl früher Hochzeiten bzw. Familiengründungen sowie der damit verbundenen gesundheitlichen Risiken und trägt zu einem allmählichen Schließen der Kluft zwischen den Geschlechtern bei (Hossain 2007: 101f.). Mit dieser Auflistung kann und soll zwar nicht über die prekären Arbeitsbedingungen hinweggetäuscht werden, es soll aber gezeigt werden, dass multiperspektivische Informationen vorliegen, deren Weitergabe an die Lernenden die Gefahr vorschneller, unreflektierter und einseitiger Urteile minimieren kann. Aufgrund dieser Darstellung wird Skepsis nicht nur bezüglich der Beachtung des Überwältigungsverbots, sondern auch des Kontroversitätsgebots geäußert.

Ergänzt werden muss, dass gerade das Leitbild des verantwortungsbewussten Konsumenten deutlich mittelschichtsorientiert ist (vgl. Häußler/Küster 2013: 90). Eine einseitige Verkürzung von Konsumentenbildung auf dieses Leitbild berücksichtigt nicht, dass Konsummuster milieutypisch wertebasiert sind und Schüler aus anderen Milieus einen berechtigten Anspruch auf Vertretung anderer Konsumideale haben. Dies zeigt sich zum Beispiel bei der Betrachtung der aktuellen Sinus-Jugendmilieus, in denen sich lediglich ein kleiner Bruchteil der Unter-18-Jährigen über sozialökologische Wertmuster bestimmt (siehe Abbildung 3). Das Leitbild des verantwortungsbewussten Konsumenten ignoriert damit auch die soziokulturelle Bedeutung des modernen Wohlstandskonsums als aktive und subjektiv sinnhafte Praxis. Es negiert damit, dass auch hedonistischer Konsum den Interessen, Bedürfnissen, Überzeugungen und Zielsetzungen der (nicht nur) jugendlichen Konsumenten entsprechen kann. Wenn dem Gebot der Schülerorientierung folgend aber die Interessenlage des Schülers im Mittelpunkt des Unterrichts stehen soll, ist eine Nichtthematisierung oder Negation unter dem Etikett „schlecht" bzw. „defizitär" zu beanstanden. Die Interessenlage der Schüler, die nicht aus dem sozialökologischen Milieu stammen, wird auf diese Art nicht nur ausgespart. Den Lernenden wird vielmehr die Möglichkeit genommen, sich mit ihrer Position in der (Konsum-)Gesellschaft reflexiv auseinanderzusetzen und die gesellschaftliche Bedingtheit und Einbettung ihres Konsumverhaltens zu verstehen.

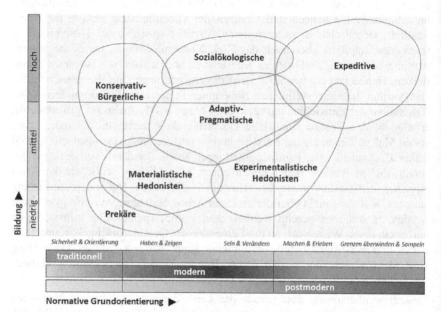

Abbildung 3: Sinus-Lebensweltmodell u18 (Sinus Markt- und Sozialforschung 2011)

Hinzu kommt, dass verantwortungsbewusster Konsum nicht nur als wünschenswert, sondern auch als prinzipiell unproblematisch umsetzbar dargestellt wird. Mittels Reflexion des eigenen Konsumhandelns sollen die Konsumenten im Sinne einer moralischen Konsumentensouveränität Einfluss auf die Produktpalette und Produktionsbedingungen nehmen können. Unberücksichtigt bleiben in dieser Darstellung aber die gleich mehrfachen Grenzen einer Politik mit dem Einkaufswagen.

Erstens findet der Kurzschluss statt, dass, wenn Lernenden „Zusammenhänge von Produktion und Konsum in ihren ökonomischen, ökologischen und sozialen

Aspekten" (Z313-14) bekannt seien und diese über nachhaltige Werthaltungen verfügen würden, sie auch nachhaltig handeln würden. Dies wiederum widerspricht den zentralen Erkenntnissen über die Attitude-Behaviour-Gap beim Konsumhandeln und damit der Art und Weise, wie Konsumentscheidungen getroffen werden. Die Dialektik von Anspruch und Wirklichkeit bezüglich des Konsumhandelns der Schüler wird jedoch in keinem der Dokumente aufgegriffen und kritisch reflektiert. Hier zeigt sich wiederum ein Ansatzpunkt einer sozialwissenschaftlich orientierten Verbraucherbildung.

Zweitens bleiben strukturelle Rahmenbedingungen der Verantwortungsübernahme durch Einzelne unberücksichtigt. Es erfolgt damit eine Überforderung des Verantwortungsbegriffs und damit auch der als verantwortlich Gekennzeichneten. „Der Verantwortungsbegriff dient als Heilsversprechen für eine Gesellschaft, in der zunehmend undurchschaubar wird, welche gesellschaftlichen Akteure für welche Ereignisse Verantwortung übernehmen können und sollen" (Schmidt 2008: 25). Gerade wenn aber nicht objektiv nachvollzogen werden kann, wer im Sinne des klassischen retrospektiven Verantwortungsverständnisses die Rechenschaft für bestimmte Ereignisse zu übernehmen hat, wird Verantwortung in gesellschaftlichen Aushandlungsprozessen zugewiesen bzw. zugeschrieben. „Nicht objektive Wahrheit bietet die Grundlage der Verantwortungszuweisung, sondern konstruierte Wirklichkeit" (ebd.: 27). Die ungleiche Verteilung der Definitionsmacht über diese sozial konstruierte Wirklichkeit trägt dazu bei, dass diejenigen, denen schließlich Verantwortung zugeschrieben wird, nicht zwingend ihren eigenen Standpunkt und ihre Interessen in die Aushandlungsprozesse einbringen können. Durch die Zuschreibung von Verantwortung allein wird aber noch keine tatsächliche Verantwortung übernommen.

Letztlich ist auch die Übernahme der Forderung nach mehr Eigenverantwortung gerade in den Bereichen Gesundheit/Ernährung und Vorsorge/ Finanzmanagement aus dem gesundheits- und sozialpolitischen Diskurs als nicht unproblematisch zu werten. Das Konzept der Eigenverantwortung selbst erfährt innerhalb dieses Diskurses eine ambivalente Wertung (Schmidt 2008: 10-14)[76], die zudem bereits dem Begriff der Eigenverantwortung inhärent ist:

> „Der Wert *Eigenverantwortung* kann als ein Mix verschiedener Optionen verstanden werden: Der Wortteil ,eigen' verweist auf das *Ego* des Individuums, mit den Facetten der intellektuellen und gefühlsmäßigen Entfaltungsbedürfnisse, dem Bedürfnis nach Unabhängigkeit – bis hin zum Egoismus. Die Verantwortung zieht dem Individualismus jedoch Grenzen; sie zielt auf die Zurechenbarkeit der Gedanken und Handlungen zum Individuum, das für diese einstehen muß. Das Individuum muss sich an bestimmten externen, definierten und gültigen Maßstäben messen lassen." (Gensicke 1998: 20, Hervorh. i.O.)

---

[76] Vgl. zur Ambivalenz des Konzepts Verantwortung Auhagen 1999: 45f.

Die Betonung des egoistischen Charakters der Eigenverantwortung in dieser Definition (Kaschube 2006: 20), die sich aus dem Zusammentreffen von Verantwortungssubjekt und Verantwortungsobjekt ergibt, widerspricht der psychologischen Beschreibung verantwortungsbewusster Personen. „Solche Menschen sind [...] nicht egoistisch auf sich selbst bezogen." (Auhagen 1999: 55).

Auch in der umfassenderen Diskussion des Konzepts der Eigenverantwortung zeigt sich die bereits angesprochene Doppelwertigkeit. Einer positiven Lesart folgend wird das Konzept mit Begriffen wie Freiheit, Selbstbestimmung oder Bürokratieabbau verbunden (Schmidt 2008: 9). Die Übernahme von Eigenverantwortung ist demnach „der entscheidende Baustein [...] einer zukunftsfähigen Mentalität" (Gensicke 1998: 20), ohne den ein erfolgreiches Leben in der globalisierten Informationsgesellschaft kaum möglich erscheint (ebd.). Dass die Forderung nach mehr Eigenverantwortung aber nicht ausschließlich Befürworter findet, zeigt sich in der spätestens seit der Umsetzung der Agenda 2010 umfassend geführten Diskussion um den aktivierenden Sozialstaat. Hier wird Eigenverantwortung vor allem mit dem Rückzug des Staates insbesondere aus finanziellen Hilfeleistungen verbunden. Durch diesen Rückzug werden aber Bedürfnisse nach Sicherheit und das Verlangen nach Gerechtigkeit erheblich tangiert. Sicherheit und Gerechtigkeit stehen den bereits angesprochenen Bedürfnissen nach Freiheit und Selbstbestimmung gegenüber (Schmidt 2008: 11).

Soll Konsumentenbildung die dargestellten Grenzen des Leitbildes „Verantwortungsbewusster Verbraucher" berücksichtigen, ohne die damit verbundenen Zielstellungen – etwa eine gerechte Verteilung des Wohlstandes intra- und intergenerational oder den Schutz der natürlichen Umwelt – zu negieren, ist wie bereits in Kapitel 4.3.1 dargestellt, das Leitbild selbst zum Thema des Unterrichts zu machen. Beispielsweise wäre der Anspruch, Bekleidungskonsum nachhaltiger zu gestalten, mit seinen Anknüpfungspunkten und Hindernissen zum Inhalt des Unterrichts zu machen. Hier kann und sollte dann auch die Frage nach der Rolle politischer Regulierung zur Durchsetzung fairer Produktionsbedingungen in den südostasiatischen Textilfabriken gestellt werden. Bei einer ausschließlich auf Emotionalisierung aufbauenden Konsumentenbildung hingegen lauert, „[wenn] Grenzen und Spielräume der individuellen Verantwortung nicht registriert und reflektiert werden, [...] die Falle der Moralisierung des Konsums und eines ‚blaming the victim': Die Unterscheidung von gutem/schlechtem Konsumverhalten kann [dann] als individuelle Schuldzuweisung verstanden werden." (Häußler/Küster 2013: 89).

Die inhaltlichen Zusammenhänge der Konzepte souveräner, vertrauender und verletzlicher Konsument wurden bereits mehrfach betont. Zunehmend souverän, d.h. rational und nutzenmaximierend zu agieren, ist eine Zielstellung, die auch an den bisher (zu stark) vertrauenden bzw. (noch) verletzlichen Konsumenten gestellt wird. Im Umkehrschluss bedeutet dies, wenn es nicht gelingt, den Schüler zu rationaleren Entscheidungen in seiner Rolle als Konsument zu befähigen, dieser weiterhin als verletzlich bzw. (zu stark) vertrauend zu gelten hat. Insofern sind zumindest die funktionalen Grenzen einer Umsetzbarkeit souveränen Konsumentenverhaltens als Bestehensbedingungen der beiden anderen Leitbilder zu verstehen. Dies wirkt sich auch auf die Bewertung einer am Leitbild der Souveränität orientierten Konsumentenbildung aus.

Die Analyse der untersuchten Dokumente zeigte bereits, dass das in der Verbraucherpolitik nach wie vor dominante Informationsparadigma trotz Realitätsferne von Bedeutung ist. Hier wird am mainstreamökonomischen Verständnis festgehalten, das bei möglichst umfassender Informationslage von größtmöglicher Konsumentenmacht ausgeht. Die Grenzen der Informiertheit hingegen werden kaum thematisiert. Stattdessen soll die Aufmerksamkeit auf potenzielle „Verbraucherfallen" gelenkt werden, um diesen möglichst aus dem Weg zu gehen. Statt am Leitbild des souveränen Konsumenten festzuhalten, der durch individuell rationales Handeln die Produzentenmacht zumindest begrenzt und entsprechende Verhaltensweisen zu bewerben, könnte auch hier eine metatheoretische Auseinandersetzung insbesondere mit dem Akteursmodell des Homo oeconomicus erfolgen. Das in der verhaltensökonomisch geprägten Debatte um die Grenzen rationalen Konsumhandelns aufgestellte Ansuchen, den vertrauenden bzw. verletzlichen Konsumenten durch gesetzliche Mindeststandards zu schützen, kann in diesem Zusammenhang ebenfalls zum Thema interdisziplinärer Konsumbildung werden.

Über die Notwendigkeit solcher Mindeststandards ließe sich beispielsweise in der Auseinandersetzung mit der Thematik der Ver- und Überschuldung, der ein erhebliches Gefährdungspotenzial zugesprochen wird, diskutieren. Im Gegensatz zur Darstellung beispielsweise der KMK zeigt eine nähere Auseinandersetzung mit den Ursachen der Überschuldung, dass eine unwirtschaftliche Haushaltsführung durch mangelndes Bewusstsein im Umgang mit Geld nicht zu den Hauptauslösern gezählt werden kann (siehe Tab. 3). Arbeitslosigkeit sowie weitere persönliche Schicksalsschläge tragen – auch bei Schuldnern unter 25 Jahren[77] – wesentlich stärker zu Ver- und Überschuldung bei. Sofern aber nicht unwirt-

---

[77] Im Vergleich zu älteren untersuchten Gruppen ist unwirtschaftliche Haushaltsführung bei Schuldnern unter 25 Jahren mit 21% eine überdurchschnittlich häufige Überschuldungsursache. Relativiert werden kann diese Feststellung jedoch auch damit, dass die durchschnittliche Höhe der Verschuldung der Unter-25-Jährigen etwa ein Fünftel der durchschnittlichen Schuldenhöhe aller in Schuldnerberatungsstellen beratenen Personen betrug (Pressemitteilung Nr. 021 vom 17.01.2013).

schaftliche Haushaltsführung, ausgelöst durch mangelhaftes ökonomisches und finanzielles Wissen, sondern vor allem Arbeitslosigkeit zentrale Grundlage der Überschuldung ist, wird Wissens- und Informationsvermittlung über den Umgang mit Geld kaum dazu beitragen, Ver- und Überschuldungsraten zu minimieren. Diese Vorstellung ist gerade bei Vertrauensgütern wie Finanzdienstleistungen (siehe Kapitel 3.1.2.3) unrealistisch. Vielmehr sollte stattdessen auch im Rahmen von Bildungsprozessen hinterfragt werden, ob die Vermittlung von Finanzkompetenz nicht zuletzt auch als politisches Projekt betrachtet werden kann, das die zunehmende Reduktion sozialstaatlicher Leistungen und damit einhergehend die Akzeptanz von Finanzdienstleistungen und Eigenverantwortung fördern soll (Schürz/Weber 2005: 61 f.; Willis 2008: 44).

Tabelle 3: Hauptauslöser der Überschuldung 2012-2018 in %

Hauptauslöser der Überschuldung in %						
Gegenstand der Nachweisung	2012	2013	2014	2015	2016	2017
Arbeitslosigkeit	25,6	23,6	19,1	20,0	21,1	20,6
Trennung, Scheidung, Tod des Partners/ der Partnerin	14,2	13,6	12,4	12,5	13,0	13,3
Erkrankung, Sucht, Unfall	12,7	12,7	12,1	13,5	14,7	15,1
Unwirtschaftliche Haushaltsführung	11,6	11,2	11,2	9,4	10,9	12,3
Gescheiterte Selbstständigkeit	8,3	8,3	8,1	8,1	8,4	8,3
Zahlungsverpflichtung aus Bürgschaft, Übernahme oder Mithaftung	2,5	2,6	2,4	2,4	2,6	2,7
Gescheiterte Immobilienfinanzierung	3,6	3,3	2,4	2,8	2,8	2,4
Unzureichende Kredit- oder Bürgschaftsberatung	2,9	2,7	2,1	1,2	1,3	1,3
Längerfristiges Niedrigeinkommen	-	-	-	3,4	5,6	7,2
Sonstige	18,8	18,4	18,1	18	18,5	21,9

Statistisches Bundesamt (2018)

Im Vergleich zur Dominanz des Informationsparadigmas erfährt das Bedürfniskonzept im Gegensatz zur standardökonomischen Debatte innerhalb der untersuchten Dokumente eine Aufwertung. Der geäußerte Anspruch einer Bedürfnisreflexion entspricht vielmehr einem anthropologischen Bedürfnisbegriff, der von der kulturellen Prägung menschlicher Bedürfnisse ausgeht. „Erst in der Auseinandersetzung mit den Befriedigungsobjekten, die die Umwelt anbietet, werden die Bedürfnisse plastisch. Demnach können sie [die Bedürfnisse, FW] nicht als naturgegebene Tatbestände betrachtet werden […], sondern sind weitgehend abhängig von den vorhandenen Befriedigungsmöglichkeiten, die durch die kulturellen Errungenschaften geprägt sind." (Leonhäuser 1988: 51). Bedürfnisse werden bei Berücksichtigung dieser Annahme in einer durchaus (auch) auf dem Modell der Konsumentensouveränität aufbauenden, aber eben über dieses hinausgehenden Bildung nicht als gegeben betrachtet. Vielmehr kann und sollte untersucht werden, welche Einflüsse auf die Bedürfnisgenese wirken. Hierunter fallen aber weitaus mehr Einflussquellen als lediglich Werbung und Marketing. Daher geht diese Forderung mit einer zunehmenden Einbindung soziologischer und sozialpsychologischer Erkenntnisse in den konsumentenbildenden Unterricht einher. Unter diesen Umständen würde auch der Souveränitätsbegriff eine angemessene Aufwertung erfahren. Souveränität hieße dann nicht mehr nur noch, mittels der in Nachfrage transformierten Bedürfnisse die Produktion zu steuern – eine Annahme, die aufgrund der Machtverhältnisse zwischen Produzenten und Konsumenten sowieso als realitätsfern zu kennzeichnen ist. Souveränität könnte dann auch im Umgang mit den eigenen Bedürfnissen gewonnen werden. Ein dergestaltiges Verständnis von Souveränität schließt dann aber auch das Zugeständnis solcher Bedürfnisse ein, die aus Sicht von Lehrkräften oder Curricula als irrational bewertet werden und die sich beispielsweise in Form hedonistischer Konsummuster äußern können.

4.3.3 Das Potenzial sozialwissenschaftlicher Konsumbildung

Konsum ist, das sollte durch den vorhergehenden Abriss deutlich geworden sein, keineswegs nur ein Thema der ökonomischen oder Nachhaltigkeitsbildung. Vielmehr werden innerhalb des Themenfeldes auch soziologisch-gesellschaftliche und politische Aspekte angesprochen. Ihre Einbindung in den sozialwissenschaftlichen Unterricht bietet erhebliche Chancen einer Perspektivenerweiterung. Wird Konsumieren nicht nur als Marktentnahme, sondern als Prozess betrachtet, können auch weitere Stadien innerhalb dieses Konsumprozesses wie etwa Bedürfnisentstehung oder Ver- und Gebrauch von Gütern diskutiert werden. Nachfrage entsteht selbst bei Grundbedürfnissen nicht nur aufgrund physiologischer Bedürfnisse wie etwa jenen nach Nahrung oder Schlaf, sondern unterliegt immer auch gesellschaftlichem Einfluss: „daß wir essen und trinken müssen, ist physisch vorgegeben, *wie* und *wann*, in welchen *Ausdrucksformen* und mit welchen *Geschmacksvarianten* und Vorlieben wir essen und trinken, ist bereits wesentlich sozial überformt" (Wiswede 2000: 25, Hervorh. i.O.). Der Rückgriff auf über die Leitbilder hinausgehende soziologische Theorien und ihre Konzepte vermittelt den Lernenden gesellschaftliches Deutungs- und Orientierungswissen, das die Basis für eine differenzierte Urteilsbildung ist (Zurstrassen 2012: 406). Eine integrative sozialwissenschaftliche Konsumbildung verfolgt dann das Ziel, auf die Art des Denkens – nämlich frei, selbstbestimmt und reflektiert – zu wirken. Sie verfolgt gerade nicht den Anspruch, auf die Inhalte dieses Denkens Einfluss zu nehmen und Konsumverhalten zu lenken. Die Berücksichtigung multiperspektiver sozialwissenschaftlicher Wissensbestände zum Thema Konsum, die unter anderem die Leitbilder selbst zum Unterrichtsgegenstand macht, kann als eine Barriere dienen, wenngleich auch sie nicht gänzlich davor schützt.

5. Fragestellung und Methoden für die empirische Untersuchung

Der empirische Zugriff auf die Begründungsmuster für Schwerpunktsetzungen im Bereich der Konsumentenbildung baut auf dem in Kapitel 4 dargestellten Verständnis von Wissen als sozial konstruiert auf. Die Zielstellung der Arbeit ist eine den subjektiven, aber kollektiv geprägten Sinn des Lehrerhandelns rekonstruierende, verstehend-empirische Analyse. Im Folgenden werden das gewählte Forschungsdesign sowie in diesem Rahmen gewählte Erhebungs- und Auswertungsinstrumente dargestellt. Die in den vorhergehenden Kapiteln aufgezeigten theoretischen Hintergründe wurden bei der Erstellung des Studiendesigns zwar berücksichtigt. Gleichwohl sollte mit dem Ziel größtmöglicher Offenheit gegenüber den konsumbildenden Deutungsmustern der befragten Lehrkräfte eine explorative Untersuchung durchgeführt werden, so dass weder die Generierung und Überprüfung von Hypothesen noch die Kodierung des Materials mithilfe eines aus der Theorie abgeleiteten Kategorienschemas in Betracht gezogen wurden. Stattdessen orientiert sich die Studie am qualitativen Paradigma der Sozialforschung und dem ihr immanenten offenen Charakter der Datenerhebung sowie dem interpretativen Charakter der Datenauswertung.

5.1 Implikationen der Methode Deutungsmusteranalyse

Wie bereits in Kapitel 2 dargelegt, gibt es zur Deutungsmusteranalyse weder einen völlig einheitlichen Diskurs, noch gibt es dementsprechend ein konsistentes Verständnis hinsichtlich der Frage, was unter einer Deutungsmusteranalyse methodisch zu verstehen sei. Aus diesem Grund liegen auch keine übereinstimmenden Annahmen über das methodische Vorgehen zur Rekonstruktion von Deutungsmustern vor. Die Deutungsmusteranalyse ist mithin kein standardisiertes methodisches Verfahren, das bestimmte Erhebungs- und Auswertungsinstrumente vorsieht. Dies liegt nicht zuletzt daran, dass soziale Deutungsmuster zunächst eher als theoretisches Konzept denn als methodisches Instrument entwickelt wurden (Becker 2007: 107; Plaß/Schetsche 2001: 512f.). Dennoch lassen sich auf Basis der in Kapitel 2.2 aufgezeigten Definitionen und Merkmale sozialer Deutungsmuster Rückschlüsse auf das grundsätzliche methodische Vorgehen zur Erhebung dieser fassen. Ausgehend von den Annahmen, dass erstens Deutungsmuster nur latent verfügbar sind, sie aber zweitens genutzt werden, um Situationen zu definieren sowie Handlungen zu erklären und zu begründen, muss eine methodisch gesicherte Erfassung von Deutungsmustern zur Abgabe solcher Kommunikationsformen auffordern, in denen Handeln gegenüber dem Interaktionspartner erklärt und gerechtfertigt wird. Diese Äußerungen sind direkt zugäng-

© Springer Fachmedien Wiesbaden GmbH, ein Teil von Springer Nature 2019
F. Wittau, *Verbraucherbildung als Alltagshilfe*,
https://doi.org/10.1007/978-3-658-27969-1_5

lich und werden als Derivationen bzw. Derivate bezeichnet (Alemann 2015: 104; Ullrich 1999a: 5; Ullrich 1999b: 430; Abb. 5). Aus ihnen lassen sich überindividuelle Deutungsmuster interpretativ reproduzieren, die durch Verdichtung zu Typen zusammengefasst werden können. Hierfür bieten sich vor allem rekonstruktive, interpretative methodische Verfahren an, die sowohl auf soziale, politische und ökonomische Verhältnisse als dem einzelnen Akteur vorgegebene Strukturen verweisen als auch die von den Akteuren (re)produzierte Intersubjektivität nachvollziehen (Lüders/Meuser 1997: 68).

Entsprechend dieser Überlegungen lassen sich spezifischere methodische Rückschlüsse für die zu wählenden konkreten Erhebungs- und Auswertungsverfahren treffen, die in den kommenden Kapiteln dargelegt werden.

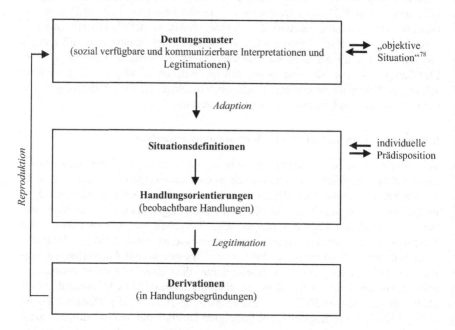

Abbildung 4: Deutungsmuster, Situationsdefinitionen, Handlungsorientierungen und Derivationen (Ullrich 1999a: 5)

---

[78]　Die Objektivität der Situation grenzt sich von der Subjektivität der Situationsdefinition ab. Als „objektive Situation" wird bei Ullrich das konkrete Bezugsproblem, auf das sich das Deutungsmuster bezieht, bezeichnet (1999: 4).

5.2 Erhebungsinstrument(e): Interviewformen zur Rekonstruktion von Deutungsmustern

Interviews erscheinen als Erhebungsinstrumente zum Erfassen von Deutungsmustern besonders angemessen, da in ihnen eine Gesprächssituation geschaffen werden kann, die die Abgabe von Derivationen fokussiert. Da die Zielstellung der Erhebung eine Erfassung der Deutungsmuster zum Themenschwerpunkt Konsumentenbildung ist, gleichzeitig jedoch Raum für subjektive Relevanzsetzungen bleiben soll, bietet sich die Durchführung leitfadengestützter Interviews an, da sie zwischen den Forderungen nach dem notwendigen Theoriebezug und zeitgleicher Offenheit vermitteln. Der Begriff des Leitfadeninterviews selbst ist jedoch vergleichsweise unbestimmt, da hierbei ein technisches Merkmal zentrales Charakteristikum der Interviewform ist (Ullrich 1999b: 435). Dies gilt insbesondere, wenn der Begriff des Leitfadeninterviews eher als Oberbegriff für all jene Interviewformen verwendet wird, in denen Leitfäden zum Einsatz kommen (so z.B. bei Flick 2016: 194f.). Das methodische Vorgehen während der Erhebungsphase orientiert sich an drei Formen von Leitfadeninterviews und trianguliert diese methodenintern. Nachfolgend sollen die für das Dissertationsprojekt relevanten Formen – das diskursive Interview, das Experteninterview und das episodische Interview – kurz näher beschrieben werden.

5.2.1 Das diskursive Interview

Das von Ullrich (1999a, b) entwickelte diskursive Interview schließt weitestgehend an die bereits dargestellten Überlegungen zur Deutungsmusteranalyse an (siehe Kapitel 5.1). Ziel ist es, Derivationen zu evozieren. Dies gelingt insbesondere, indem die Befragten dazu veranlasst werden, Situationsdefinitionen und Handlungsorientierungen zu erklären und zu begründen. Der jeweilige Interviewpartner informiert auf diesem Weg über die soziale Konstruktion seiner Wirklichkeit. Er wird als eigenständiges Subjekt mit Expertenstatus wahrgenommen (Alemann 2015: 126).

Das diskursive Interview zielt im Gegensatz zu zahlreichen qualitativen Interviewformen weniger auf die Abgabe von Narrationen als vielmehr auf die Abgabe von Begründungen, weil diese „das beste Ausgangsmaterial für die Rekonstruktion sozialer Deutungsmuster bieten" (Ullrich 1999b: 438). Gleichwohl sind Erzählungen elementarer Bestandteil des diskursiven Interviews, auch wenn sie eher strategische Funktionen erfüllen, da Stellungnahmen und Begründungen ganz wesentlich auf ihnen basieren (ebd.). Das methodische Vorgehen während der Interviewführung ist dementsprechend als ein mehrschrittiges zu konzipieren (ebd.: 437ff.): an Wissensfragen, die sich vor allem für die Eröffnung der Interviewsituation als produktiv erweisen, schließen sich zunächst Erzählaufforderungen an. Hier werden vergangene Erfahrungen, Ereignisse und Handlungen dargestellt. An diese knüpfen Aufforderungen zu Stellungnahmen an, die individuelle Interessen und Meinungen sichtbar werden lassen. Über die Stellungnahmen hinaus können die Befragten zudem zur Abgabe von Begründungen aufgefordert werden. Begründungen beziehen sich meist auf vergangene Handlungen und lassen sich vor allem über Warum-Fragen evozieren. Während die Bitte zur Abgabe einer Stellungnahme prinzipiell auch unabhängig von vorangegangenen Erzählungen erfolgen kann (wenngleich sich dies negativ auf eine produktive Interviewatmosphäre auswirken kann), setzen Begründungsaufforderungen immer einen unmittelbaren Bezugspunkt voraus und ergeben sich daher aus der Interviewsituation.

Anschließend an die oben dargestellten Frageformen wird ein Leitfaden konstruiert, der Basis des Interviews darstellt und Erhebung und Auswertung der Daten theoretisch vorstrukturiert. Ullrich geht davon aus, dass der Einsatz des Leitfadens im diskursiven Interview relativ „rigide" erfolgen sollte (etwa im Vergleich zum narrativen Interview), dem Interviewer jedoch mindestens Optionen eines steuernden Eingriffs in die Interviewführung eröffnen sollte (1999b: 436).

5.2.2 Das Experteninterview

Im Mittelpunkt des Experteninterviews stehen die zu interviewende Person des Experten sowie ihre Wissensbestände. Diese als Expertise zu bezeichnenden Wissensbestände werden genutzt, Situations- sowie Problemdefinitionen zu entwickeln und mit diesen umzugehen (Meuser/Nagel 2009: 46f.). Expertenwissen ist nicht ausschließlich bewusstes, explizierbares Wissen, sondern umfasst immer auch vortheoretische Elemente, die dennoch handlungsleitend in das Expertenhandeln einfließen (siehe dazu auch Kapitel 4.1). Bogner und Menz definieren Expertenwissen anhand dreier Dimensionen, aus denen es sich zusammensetzt (2009: 70f.):

(1) *Technisches Wissen*: Technisches Wissen ist Fachwissen im engeren Sinn und umfasst Wissen über Operationen, Regeln sowie bürokratische Kompetenzen.

(2) *Prozesswissen*: Prozesswissen ist praktisches Erfahrungswissen aus dem eigenen Handlungsumfeld. Hierzu zählen z.B. Wissen über Handlungsabläufe, Routinen oder Kenntnisse über aktuelle und vergangene Ereignisse und organisationale Strukturen.

(3) *Deutungswissen*: Das Deutungswissen steht im Mittelpunkt rekonstruktiver Experteninterviews. Es umfasst subjektive Relevanzsetzungen, Regeln, Interpretationen. Soziale Deutungsmuster fließen in erheblichem Maße in die Konstruktion jenes Deutungswissens ein.

Da Expertenhandeln immer in institutionelle Kontexte und organisationale Strukturen eingebettet ist – Experte wird man nicht individuell-biografisch – besteht die Annahme, das Experteninterview sei selektiv auf eben diese Zusammenhänge zu fokussieren, der Experte als Privatperson hingegen sei nicht von Bedeutung (Liebold/Trinczek 2009: 35). Dem widersprechen Meuser und Nagel, die die Methodendiskussion um das Experteninterview in entscheidendem Maß geprägt haben. Ihnen folgend erscheint eine Trennung zwischen Expertenrolle und Privatperson aufgrund der soziokulturellen Bedingungen der Wissensproduktion kaum möglich. Daher gilt es, auch wenn das Experteninterview kein biografisches Interview ist, private Relevanzen zu erheben, sofern sie „in die für das Expertenhandeln primären funktionsbezogenen Relevanzen" einfließen (Meuser/Nagel 2009: 46; siehe auch Bogner/Menz 2009: 72).

Aus diesen grundsätzlichen Überlegungen lassen sich Rückschlüsse für die Gestaltung der Interviewpraxis ziehen. Die vorliegende Untersuchung zielt insbesondere auf die Erfassung von Deutungs- aber auch Prozesswissen, „habitualisierte Formen des Problemmanagements" (Meuser/Nagel 2009: 51) sollen sichtbar gemacht werden. Da diese Wissenselemente in der Regel einen latenten Charakter aufweisen, können sie während des Interviews nicht einfach abgerufen werden. Vielmehr müssen sie aus den Daten in Form von Erfahrungsberichten, Beispielerzählungen etc. rekonstruiert werden. Ziel der Interviewführung muss es daher sein, Narrationen des Experten anzustoßen, auch weil in narrativen Passagen die Spannung zwischen institutionellen Vorgaben und Erwartungen einerseits sowie individueller Regelinterpretation andererseits zum Ausdruck kommt (Meuser/Nagel 2010: 465). Solche Explorationen gelingen besonders in vergleichsweise offenen Interviewformen. Da gleichwohl keine thematische Beliebigkeit anzustreben ist – im Fokus des Dissertationsvorhabens steht die Lehrkraft als Expertin für konsumbildenden Unterricht –, ist eine Strukturierung der Interviewführung notwendig. Die Erhebungssituation gestaltet sich somit als „Gratwanderung zwischen Strukturierung und Offenheit" (Liebold/Trinczek 2009: 37). Auflösen lässt sich diese Dialektik durch die flexible Handhabung eines Leitfadens, der im Sinne einer Gedächtnisstütze fungiert und vor allem thematische Schwerpunkte setzen soll.

Das Experteninterview basiert damit auch auf inhaltlichen Vorkenntnissen des Interviewers. Die theoretische Vorarbeit erleichtert eine flexible Handhabung des Leitfadens. Der Interviewer kann so auf die jeweilige Gesprächssituation eingehen, ohne am Leitfaden zu kleben. Nachfragen können immanent erfolgen und so weitere Narrationen generieren. Aus diesen Annahmen folgt jedoch, dass

„Neutralität im Interview letztlich unglaubwürdig [bleibt]. Gerade in Experteninterviews ist den Befragten bewusst, dass ihr Gegenüber sich mit dem Thema der Untersuchung bereits intensiv auseinandergesetzt und sich eine eigene Meinung gebildet hat.

[...] Das Offenlegen der eigenen Positionen, d.h. sowohl des Erkenntnisinteresses wie auch des eigenen thematischen bzw. fachlichen Standpunktes, kann für das erfolgreiche Gespräch wesentlich fruchtbarer sein als ein Versteckspiel. Damit steht das sowohl in Experteninterviews im Besonderen als auch bei qualitativen Interviews im Allgemeinen vertretene Ideal des neutralen bis empathischen Interviewers infrage." (Bogner/Menz 2009: 91f.)

5.2.3 Das episodische Interview

Das episodische Interview nach Flick (2008, 2011) basiert auf der Differenzierung verschiedener Wissenstypen: semantisch-begriffliches Wissen einerseits, narrativ-episodisches Wissen andererseits. Ersteres umfasst Situationen, deren Kontext und Ablauf, letzteres Begriffe und Definitionen. Übertragen auf die Schütz'sche Texttypologie (Kleemann et al. 2013: 65f.) ist narrativ-episodisches Wissen eher Bestandteil von Erzählungen, begrifflich-semantisches Wissen hingegen Bestandteil von Argumentationen. Beschreibungen nehmen einen Zwischenstatus ein. Soziale Repräsentationen, die im episodischen Interview erhoben werden sollen, sind hinsichtlich der Textsorten, in denen sie sich spiegeln, mehrdimensional. Sie umfassen sowohl individuelles Denken und Wissen, das sich in Erzählungen über persönliche Erlebnisse findet, als auch soziales Denken und Wissen, das von konkreten Erlebnissen abstrahiert bzw. diese generalisiert (Flick 2008: 37).

Das episodische Interview eignet sich Flick zufolge insbesondere für den Einsatz bei Interviews mit Professionellen, zu denen auch der Lehramtsberuf gezählt werden kann (vgl. Kapitel 2.1), und zu ihrem beruflichen Handeln. Hinterfragt wird, über welche subjektiven Konzepte die Interviewpartner verfügen und welche Relevanz diese im beruflichen Handeln entfalten. Dabei interessieren sowohl berufliche als auch private Erfahrungen, da angenommen wird, dass die persönliche Biografie, die immer auch das Privatleben umfasst, entscheidenden Einfluss auf die für das berufliche Handeln relevanten Deutungsmuster hat (Flick 2011: 276f.). Mithin sollen all jene Bereiche des (berufsbezogenen) Alltags, in denen das Thema der Untersuchung für die Interviewpartner relevant wird, erfasst werden.

Daher greift auch das episodische Interview zur Vorbereitung und Durchführung der Datenerhebung auf einen Leitfaden zurück. Er bietet eine Orientierung über die für das Interview bedeutsamen thematischen Bereiche. Gleichwohl ist der Leitfaden insofern flexibel einzusetzen, als dass Spielraum für Relevanzsetzungen der Befragten bleibt. Zentralen Raum erhalten im Leitfaden deshalb Aufforderungen, erlebte Situationen zu erzählen. „Neben Erzählaufforderungen bilden Fragen (z.B. nach subjektiven Definitionen [...]) den zweiten Zugang im Interview. Dieser zielt auf die semantischen Anteile des Wissens ab." (ebd.: 275).

Dieser Fragetypus eignet sich insbesondere für den Einstieg in die Interviewsituation. Hier wird der Befragte in der Regel gebeten, seine Vorstellungen zum Untersuchungsgegenstand darzulegen.

5.2.4 Der Leitfaden

Aufbauend auf diesen methodischen Vorüberlegungen wurde der Leitfaden des Interviews entwickelt[79,80]. Dieser wurde insbesondere im Sinne der „geschlossenen Offenheit" gestaltet und hat vor allem einen orientierenden Charakter. Die Interviewführung soll sich dem „natürlichen" Gesprächsverlauf anpassen. Sofern Themenbereiche vom Interviewpartner während des Interviews eigenständig angesprochen wurden, wurden diese daher nicht erneut aufgegriffen.

Die Konstruktion des Leitfadens orientiert sich an vier Hauptfragen, die im Mittelpunkt des Forschungsinteresses des vorliegenden Dissertationsprojekts standen:

(1) *Was verstehen Lehrer unter dem Konzept Konsum?*: Diese Frage zielt vor allem auf den Blickwinkel, aus dem Lehrkräfte das Thema Konsum betrachten. Ist Konsum für sie bloße Marktentnahme und damit eher ökonomisch determiniert oder schreiben sie dem Konsum in Analogie zur soziologischen Debatte gesellschaftsgestaltende Kraft zu? Wo beginnt Konsum? Bereits bei der Auswahl der zu konsumierenden Produkte? Oder erst bei der tatsächlichen Kaufhandlung? Wo endet Konsum? Zählt die Entsorgung auch noch zum Konsum? Inwiefern beeinflusst dieses Verständnis von Konsum die Gestaltung des Unterrichts?

(2) *Welche Ziele verfolgen Lehrer mit der Gestaltung konsumbildenden Unterrichts?:*_Überzeugungen haben Einfluss auf die verfolgten Unterrichtsziele (Aguirre/Speer 2000). Ausgehend vom Konsumverständnis der Lehrkräfte ist demnach davon auszugehen, dass sie unterschiedliche Ziele für den konsumbildenden Unterricht entwickeln. Welche Konsumkompetenzen wollen sie ihren Schülern vermitteln? Welche Bedeutung schreiben sie den angesetzten Zielen für die Allgemeinbildung ihrer Schüler zu?

---

[79] Der komplette Leitfaden findet sich im Anhang.

[80] Der im Anhang befindliche Leitfaden ist das Ergebnis einer fortwährenden Weiterentwicklung der Themen- und Fragenkomplexe auch noch während der Erhebungsphase. Der erste Leitfaden wurde entsprechend des Prinzips der methodischen Offenheit als vorläufiges Forschungsinstrument betrachtet und an die Ergebnisse der ersten Gruppendiskussionen und Interviews sowie dem sich daraus ergebenden veränderten Kenntnisstand angepasst. Da auch in den mit dem vorläufigen Leitfaden geführten Interviews zentrale Deutungsmuster ersichtlich wurden, fließen diese auch in die Datenauswertung mit ein bzw. werden nicht verworfen.

(3) *Welchen Einfluss hat das Schülerbild der Lehrer auf die didaktischen Ziele?:* Den Vorstellungen der Lehrer über gegenwärtige und zukünftige Konsumhandlungen ihrer Schüler wird ein Einfluss auf die Unterrichtsgestaltung zugesprochen. Von Interesse ist im Rahmen der Arbeit die Frage nach generalisierten Vorstellungen bzw. Typisierungen, die das Verhalten leiten und darüber bestimmen, wie das Gegenüber (= der Schüler) behandelt wird (Berger/Luckmann 1969: 33). Unterscheiden sich die anvisierten Lernziele nach angestrebtem Bildungsabschluss oder sozioökonomischem Status der Lernenden? Wodurch entwickeln sich diese Vorstellungen bei Lehrern?

(4) *Welche Rolle spielen Konsum- und Verbraucherbildung in der (Lehrer)Ausbildung und der Schulpraxis?:* Diese Frage wird geleitet durch das Interesse an der Genese der Theorien. Entsprechend der Vorannahmen über die Entwicklung der Beliefs (Richardson 1996) zielt sie auf den Umgang mit dem Thema Konsum in der Ausbildungszeit. Welche Rolle spielten Konsumtheorien und Konsumentenbildung im Laufe der eigenen Schulzeit? Wurde das Thema im Studium behandelt? Welche Schwerpunkte wurden dabei gesetzt? Wie wurde das Themenfeld bisher unterrichtet? Wie reagierten Schüler auf diesen Unterricht?

Aus diesen Fragen wurde der Interviewleitfaden entwickelt. Er enthält neben der Einstiegs- und Schlusssequenz acht weiterführende Themenblöcke:

(1) Ziele und Themen der Konsumenten- und Verbraucherbildung

(2) Rolle des eigenen Fachs/Fachunterrichts für das fächerübergreifende Prinzip der Konsumenten- und Verbraucherbildung

(3) Konsum- und Verbraucherbildung in der Unterrichtspraxis

(4) Vergleich zu den anderen unterrichteten Fächern/überunterrichtlichen Aufgaben

(5) Konsum im Alltag von Lehrern und Schülern

(6) Alltagsrelevanz der Konsumenten- und Verbraucherbildung

(7) Konsumenten- und Verbraucherbildung als bildungspolitische Entscheidung

(8) Berufsbildungsbiografie

Die Einstiegssequenz lehnt sich an die Forderungen des episodischen Interviews an und fragt insbesondere semantisches Wissen ab. Die Interviewpartner werden gebeten, auf die Frage „*Was heißt es für Sie, Konsum zum Thema von Bildungsprozessen zu machen?*" zu antworten. Im Mittelpunkt steht damit das Verständnis der Befragten zum Untersuchungsgegenstand Konsum- und Verbraucherbildung (Flick 2011: 274). Entsprechend der Differenzierung von Fragetypen bei Ullrich handelt es sich hierbei um eine offene Wissensfrage (1999b: 438). Diese eignet sich für den Einstieg in die Erhebungssituation, da sie weitgehend voraussetzungslos ist, auch weil die Option einer falschen Antwort durch die Fokussierung auf subjektive Relevanzsetzungen prinzipiell nicht besteht. So kann eine vertrauensvolle Interviewatmosphäre hergestellt werden. Anschließend an die Eröffnungssequenz können die Interviewpartner gebeten werden, das eigene Verständnis von Konsum- und Verbraucherbildung anhand von Beispielsituationen zu explizieren. Dieses Vorgehen orientiert sich erneut am episodischen Interview, für das die regelmäßige Aufforderung, Situationen zu erzählen, in denen der Interviewpartner bedeutsame Erfahrungen gesammelt hat, konstitutiv ist (Flick 2011: 274). Auf diesem Weg können die auch für das Experteninterview zentralen Narrationen evoziert werden.

Darüber hinaus wurden auch Frageformen aus dem diskursiven Interview eingesetzt, um Stellungnahmen und Begründungen hinsichtlich des beruflichen, aber auch privaten (in diesem Falle vor allem konsumbezogenen) Handelns zu erhalten. Neben den bereits angesprochenen klassischen und offenen Wissensfragen wie etwa derjenigen aus der Einstiegssequenz und Erzählaufforderungen wurden „Meinungsfragen" (Ullrich 1999b: 438) wie die folgende eingesetzt: *„Wenn Verbraucher- und Konsumbildung vor allem Alltagskompetenzen schult/schulen soll, ist sie dann überhaupt Aufgabe der Schule?"*. Ziel solcher Meinungsfragen ist es, Wert-überzeugungen der Befragten zu erheben und auf diesem Weg Rückschlüsse auf wirksame soziale Deutungsmuster ziehen zu können. Darüber hinaus wurden die Interviewpartner, sofern eine konstruktive Gesprächsatmosphäre vorlag, zur Abgabe von Begründungen aufgefordert. Typische Begründungsaufforderungen sind offene Warum-Fragen, etwa *„Warum sind Ihnen benannte Lernziele besonders wichtig?"*. Daneben ermöglichen weitere Stimuli die Abgabe von Begründungen, z.B. hypothetische Situationen, „Persilscheine" (Anerkennen auch solcher Sichtweisen, die als eher heikel gelten), bewusste Suggestivfragen oder Konfrontationen und Polarisierungen. Diese wurden sparsam und zum Teil nonverbal (vor allem im Falle der „Persilscheine") eingesetzt. Oevermann (2001) zufolge leisten Fragen des Typus Meinungsfrage oder Begründungsaufforderung einen konstruktiven Beitrag zur Erfassung sozialer Deutungsmuster, weil diese „am ehesten zutage treten, wenn sich der Befragte statt vorfabrizierte Selbstdarstellungen darzubieten in actu damit beschäftigt, konfligierende Gesichtspunkte oder heterogene Einzelheiten kohärent unter einen Hut zu bringen, und wenn er dazu gebracht werden kann, sich konkret mit Problemen der Begründung und Rechtfertigung beschäftigen zu müssen." (61f.)

5.3 Sampling und Interviewführung

Das Dissertationsprojekt will dazu beitragen, Wissensbestände und Deutungsmuster von Lehrkräften zum Themenfeld Konsumbildung näher zu beleuchten. Diese wurden in 12 Einzelinterviews sowie zwei Gruppendiskussionen mit drei bzw. vier Teilnehmern durchgeführt. Tabelle 4 enthält eine Übersicht über die geführten Interviews und Gruppendiskussionen. Alle Namen sind anonymisiert. Alle teilnehmenden Lehrkräfte unterrichteten zum Zeitpunkt der Interviews und Gruppendiskussionen an Gesamtschulen in Nordrhein-Westfalen. Auf eine Ausweitung des Untersuchungsgebietes auf andere Bundesländer wurde bewusst verzichtet, da es mit Ausnahme Schleswig-Holsteins kein eigenes Unterrichtsfach Verbraucherbildung gibt und die Lehrpläne der Fächer Hauswirtschaftslehre in NRW und Verbraucherbildung in Schleswig-Holstein zahlreiche Kongruenzen aufweisen. Gesamtschullehrer eignen sich im Vergleich zu Lehrenden an anderen Schul¬formen aus drei Gründen in besonderem Maße. Erstens spielt Verbrau-cherbildung als Teilinhalt vor allem des Faches Arbeitslehre, aber auch des Fa-ches Gesellschaftslehre im Bereich der Sekundarstufe I eine größere Rolle als dies etwa an Gymnasien der Fall ist. Zweitens werden Lehrer hier mit einer vergleichsweise heterogenen Schülerschaft konfrontiert. So können mögliche Unterschiede und Gemeinsamkeiten in der Herange¬hensweise an Verbraucherbildung auch in Abhängigkeit der Lernenden offengelegt werden. Drittens ist auch die Lehrerschaft selbst an Gesamtschulen vergleichsweise heterogen, insbesondere bezüglich ihrer Fakultas. Zentral ist dabei vor allem die Differenzierung von Lehrern, die eine Fakultas für die Sekundarstufen I und II besitzen und jenen, die als Gesamt-, Real- und Hauptschullehrer ausschließlich in der Sekundarstufe I unterrichten.

Da – so die Annahme – die Überzeugungen der Lehrkräfte zu Zielen und Gestaltung konsumbildenden Unterrichts erheblich voneinander abweichen und somit keine homogene Untersuchungsgruppe vorliegt, erfolgte die konkrete Auswahl der Interviewpartner mittels Theoretical Sampling (Lamnek 2010: 167 f.; Kelle/Kluge 2010: 47 ff.). Nach der Erhebung und Auswertung der Daten zunächst der beiden Gruppendiskussionen wurden potenziell bedeutsame Faktoren erfasst und auf deren Basis weitere Interviewpartner ausgewählt. Beispiele für derartige Faktoren waren das Alter sowie die Berufs- und Ausbildungserfahrung der Lehrkräfte, die konkret unterrichteten Fächer und das Einzugsgebiet der Schule (städtische/ländliche Prägung). Ziel des Theoretical Sampling ist es, „bestimmte Eigenschaften eines sozialen Phänomens konstant [zu halten], während andere nach bestimmten Kriterien systematisch variiert werden" und so sowohl möglichst große Unterschiede oder relevante Ähnlichkeiten aufzuzeigen (ebd.: 48).

Die Kontaktaufnahme zu potenziellen Interviewpartnern erfolgte einerseits über schriftliche Anfragen, die via E-Mail und Brief an die Schulleitungen versandt wurden, andererseits mittels Schneeballverfahren. Die Rückmeldequote auf die schriftlichen Anfragen war sehr gering, so dass trotz Theoretical Sampling und anzustrebender Repräsentanz der Interviewpartner von einer gewissen Selektivität ausgegangen werden muss. Sämtliche Gruppendiskussionen und Interviews fanden in den Räumlichkeiten der jeweiligen Schule statt. Ein Teil der Interviews wurde in Freistunden der jeweiligen Lehrkräfte durchgeführt, so dass die Dauer dieser Interviews auf 45 Minuten begrenzt und damit durch Zeitdruck geprägt waren. Die Gespräche wurden nach der Einwilligung durch die Interviewpartner vollständig digital aufgezeichnet und wortwörtlich (inkl. nichtwörtlicher Äußerungen) transkribiert. Im Anschluss an die Interviews wurden die Lehrkräfte gebeten, Kurzfragebögen auszufüllen, die vor allem biografische Daten erfassen. Ziel ist es, die Kommunikationssituation des Interviews von solchen Fragen zu entlasten. Erhoben wurden über diese Fragebögen die studierten sowie unterrichteten Fächer sowie die konkrete Lehrerfahrung in Dienstjahren. Dies erscheint für die Zielstellungen des Projektes deutlich relevanter als das Alter, so dass hierauf verzichtet wurde. Nach dem Gespräch wurde ein Interviewprotokoll angefertigt, das Ort und Zeit des Interviews, Angaben zur Person des Gesprächspartners, den persönlichen Eindruck vom Gesprächspartner, Atmosphäre und Ablauf des Interviews, wichtige Gesprächsinhalte sowie Anmerkungen zu situativen und nonverbalen Aspekten des Gesprächs und „spontane thematische Auffälligkeiten und Interpretationsideen" (Witzel 2000: 9) enthielt.

Tabelle 4: Übersicht über die Gesprächspartner

Name (Kürzel)	Unterrichtete Fächer	Diensterfahrung in Jahren	Fachfremder Unterricht	Einzugsgebiet der Schule
Frau Heinz (G1: H)	SW/ AW/ En	32	nein	städtisch
Frau Wilhelm (G1: W)	AW/ GL/ Ma	10	nein	städtisch
Herr Eberhard (G1: E)	AW/ Ma	36	nein	städtisch
Frau Karl (K)	HW/ En	21	ja	städtisch-ländlich
Herr Franz (G2: F)	SW/ D	34	nein	städtisch
Herr Ullrich (G2: U)	AW/ Technik	26	nein	städtisch
Herr Conrad (G2: C)	SW/ Ma	13	nein	städtisch
Frau Martin (G2: M)	Ge/ SW	17	nein	städtisch
Herr Adam (A)	D/ SW	17	nein	ländlich
Frau Otto (O)	Bio/ HW/ Technik	16	nein	ländlich
Frau Theodor (T)	D/ Ge/ GL	15	ja	ländlich
Frau Jakob (J)	eR/ HW/ GL	21	nein	ländlich
Herr Dagobert (D)	HW/ AW/ Technik	33	nein	ländlich
Herr Peter (P)	SW/ Sp	5	nein	ländlich
Herr Lucas (L)	SW/ Sp	18	nein	ländlich
Herr Stephan (S)	SW/ Sp	7	nein	ländlich
Herr Rudolf (R)	Ge/ SW	5	nein	ländlich
Herr Georg (G)	AW/ D	31	nein	städtisch
Herr Nicolas (N)	Ge/ Spa/ AW/ GL	22	ja	ländlich

5.4 Auswertung des empirischen Materials

5.4.1 Auswertungsmethode

Die Datenauswertung soll von Äußerungen der Interviewpartner auf begründbare Deutungsmuster schlussfolgern. Lüders und Meuser betonen, dass Deutungsmusteranalysen der interpretativen Sozialforschung zuzurechnen sind, jedoch kein einheitlicher Regelkanon für die Datenauswertung vorliegt: „Das Konzept des Deutungsmusters läßt sich empirisch einholen durch verschiedene Varianten einer rekonstruktiv verfahrenden Sozialforschung" (1997: 67). Diese Offenheit ist jedoch nicht mit methodischer Beliebigkeit zu verwechseln. Da die kollektiven Sinngebilde der sozialen Deutungsmuster sich nicht ausschließlich aus manifest vorliegenden Aussagen der Interview- bzw. Gruppendiskussionspartner erschließen lassen, geht es vielmehr auch darum, latente Sinngehalte offenzulegen. Diese latent vorliegenden Bedeutungen von Äußerungen können jedoch nicht losgelöst von allen Kontexten (insbesondere dem interview- bzw. diskussionsinternen Kontext) verstanden werden. Sequenzanalytische Vorgehensweisen eignen sich daher für das Erfassen von Deutungsmustern im besonderen Maß (ebd.: 69). Hier erschließen sich enge Bezüge zur objektiven Hermeneutik, in deren Zusammenhang das Konzept des Deutungsmusters ursprünglich auch entwickelt wurde. Die Textauswertung erfolgt dementsprechend extensiv und berücksichtigt neben nonverbalen Äußerungen auch und vor allem Inkonsistenzen, da Deutungsmuster an diesen besonders sichtbar werden (Oevermann 2001: 69). Aufbauend auf der Forschungsfrage wird Sequenz für Sequenz mithilfe eines dreischrittigen Vorgehens interpretiert: „(1) Geschichten erzählen, (2) Lesarten bilden und schließlich (3) diese Lesarten mit dem tatsächlichen Kontext konfrontieren" (Wernet 2009: 39). Ziel ist es, haltbare Lesarten zu entwickeln, diese an weiteren Stellen des Transkripts zu überprüfen, so dass schließlich eine Fallstrukturhypothese entwickelt werden kann (Kleemann et al. 2013: 125). Diese ist auf ihre Gültigkeit am Gesamttext zu überprüfen. Hierfür ist die sequentielle Feinanalyse des gesamten Textmaterials nicht mehr notwendig, auch weil dies mit der Gefahr einherginge, eine unüberschaubare Menge an Daten zu gewinnen, die sich nicht mehr systematisieren lässt. Gleichwohl erfolgt die Textauswertung entlang der methodischen Vorgaben der objektiven Hermeneutik vergleichsweise umfassend und bisweilen „akribisch" (Kleemann et al. 2013: 126) – auch um inhaltliche Beliebigkeiten während der Interpretation zu verhindern.

Das soeben geschilderte Vorgehen zur Datenauswertung betrachtet jedes Interview als einmaligen Fall seiner Lebenspraxis. Demgegenüber betont Ullrich, dass „sequentielle Einzelfallanalysen für eine Rekonstruktion sozial geteilter Deutungsmuster nicht [ausreichen, da] die Rekonstruktion mehrerer, hinsichtlich eines Bezugsproblems konkurrierender Deutungsmuster mit sequentiellen Einzelfallanalysen allein kaum gelingen [dürfte]" (1999b: 432). Analog sowohl zum Experteninterview als auch zum episodischen Interview schlägt er daher die Fokussierung auf einen systematischen Fallvergleich mit dem Ziel der auf Kategorien basierenden Typenbildung vor. Auf dieser Basis soll schließlich eine theoretisch informierte Perspektive auf die empirisch generalisierten Auswertungsergebnisse entwickelt werden (Meuser/Nagel 2010: 467).

Das konkrete Vorgehen im vorliegenden Forschungsprojekt nimmt Anleihen bei beiden Vorgehensweisen und ist daher als mehrperspektivisch zu bezeichnen. Jedes Interview soll sowohl als einmaliger Fall als auch vor dem Hintergrund der sozialen Strukturen der Lebenswelt mit ihren geteilten Deutungsmustern verstanden und auch analysiert werden (Arnold 1983: 909). Daher muss das gewählte Auswertungsverfahren ermöglichen, jedes Interview bzw. jede Gruppendiskussion zunächst eigenständig auszuwerten, um darauf aufbauend die Fälle und die in ihnen wirksamen Deutungsmuster systematisch miteinander zu vergleichen. So können schließlich Verallgemeinerungen im Sinne der Theoriegenerierung vorgenommen werden. Im Zuge der Einzelfallauswertung erfolgt entlang der Sequenzanalyse eine textnahe Kodierung des Materials in den Worten der Interviewten. Diese induktiv gefundenen Codes werden anschließend mithilfe des Textanalyseprogramms MaxQDA den entsprechenden Textstellen zugeordnet. Verfahren computergestützter qualitativer Datenanalyse gestalten den Auswertungsprozess nicht nur einfacher und übersichtlicher, sondern auch effektiver, reliabler und transparenter und tragen so zur Qualitätssicherung der Datenauswertung bei (Kuckartz 2007: 22). Aufbauend darauf können die Einzelfälle miteinander verglichen und im Sinne der Typenbildung die vorhandenen Deutungsmuster gruppiert bzw. gebündelt werden. Dabei erfolgt zumindest in Teilen eine Ablösung von der Terminologie der Interviewten, um Gemeinsamkeiten und Unterschiede in der Problemwahrnehmung und -lösung und in der Verwendung sozialer Deutungsmuster zu erfassen. Codes werden zu Kategorien verdichtet. Die hierin sichtbaren Deutungsmuster werden schließlich in ihren internen theoretischen Zusammenhang gestellt. Der Arbeitsprozess ist dabei als zirkulär zu begreifen, Schleifen insbesondere zwischen Einzelfallauswertung und Fallvergleich, aber auch zwischen Fallvergleich und theoretischer Einordnung werden im Sinne der Qualitätssicherung bewusst eingebaut. Abbildung 5 gibt einen Überblick über die Arbeitsschritte der Datenauswertung.

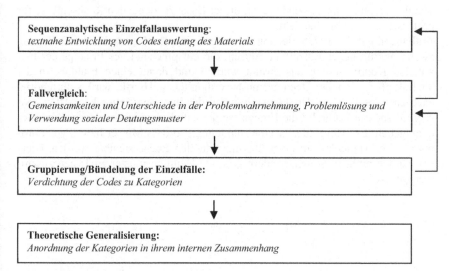

Abbildung 5: Schrittfolge der Datenauswertung

Um die Datenauswertung intersubjektiv nachvollziehbar zu machen und damit die Güte der gewonnenen Ergebnisse abzusichern, wurden die vorliegenden Rohdaten in wechselnden Gruppen bzw. Forschungskolloquien interpretiert (Steinke 2015: 326). Durch den diskursiven Umgang mit den Daten und deren Interpretation konnten umfassendere Lesarten gebildet werden. Auf diesem Weg wurde dem an die qualitative Forschung oftmals gerichteten Vorwurf mangelnder Objektivität begegnet.

5.4.2 Darstellung der Ergebnisse

Die Darstellung der Ergebnisse qualitativer Sozialforschung muss entlang der Dialektik von Detaillierung und Verallgemeinerung erfolgen. Einerseits müssen der Forschungsprozess und die in ihm gewonnenen Ergebnisse transparent gemacht werden, damit „der Gang der Erkenntnisgewinnung wenigstens teilweise [nachvollzogen] und damit auch [überprüft werden] kann" (Kunze 2005: 226). Andererseits sprengt eine Darstellung sämtlicher Einzelfallanalysen den Rahmen der vorliegenden Arbeit. Zudem gehen zu detaillierte Ausführungen mit der Gefahr der Unübersichtlichkeit einher und wirken damit dem Verständnis der Forschungsergebnisse entgegen. Dies gilt insbesondere für die zu entwerfenden Theorien über die für den Bereich schulischer Verbraucherbildung relevanten sozialen Deutungsmuster und die auf dieser Basis zu ziehenden Rückschlüsse für professionelles Lehrerhandeln.

Aufbauend auf diesen Überlegungen erfolgt in Kapitel 6 zunächst die Darlegung zweier ausführlicher Einzelfallanalysen, die entsprechend des Prinzips der maximalen Kontrastierung ausgewählt wurden und damit einen Einblick in die Vielfalt professioneller Deutungsmuster ermöglichen. Hierfür wird, sofern nötig, auch auf Auszüge aus den Transkriptionen der Interviews zurückgegriffen. Danach werden in Kapitel 7 die Ergebnisse des fallübergreifenden Vergleichs wiedergegeben. Es erfolgt hierfür eine Bündelung, so dass Muster bzw. Typen professionellen Handelns auf einer überindividuellen Ebene sichtbar werden. Hierbei werden nicht Personen, sondern geltende Deutungsmuster zu Typen zusammengefasst.

6. Rekonstruktion der individuellen didaktischen Theorien zur Konsum(enten)bildung – zwei Fallstudien

Das vorliegende Kapitel enthält die Rekonstruktionen individueller didaktischer Theorien zur Konsum(enten)bildung von zwei Lehrkräften, die als instruktive Beispiele für die Verknüpfung fachdidaktischer Theorien mit professionsbezogenen Deutungsmustern gelten können. Die Einzelfallrekonstruktionen sollen so nicht nur Elemente der individuellen, konsumbezogenen Theorien sowie deren Verknüpfungen aufzeigen, sondern am Einzelfall bereits Allgemeines sichtbar werden lassen. Die Analyse dient damit auch als Grundlage der in Kapitel 7 darzustellenden fallübergreifenden Diskussion von Deutungsmustern berufsbezogenen Handelns, an denen sich die Lehrkräfte des Samplings orientieren und mit denen sie ihr berufliches Handeln erklären und legitimieren. Zu Beginn der Forschung standen die konsumbezogenen Deutungsmuster sowie deren Einfluss auf die didaktischen Theorien der Lehrkräfte im Fokus der Untersuchung. Mit fortschreitender Datenerhebung hat sich jedoch gezeigt, dass die Frage danach, was es bedeutet, Lehrer zu sein, mindestens latent eine Rolle für die Untersuchten spielte. Im Zuge der Datenauswertung fand daher eine weiterführende Auseinandersetzung mit Professionstheorien statt. Das Anlegen theoretischer Konzepte an das Material führte zu einer Sensibilisierung für das Untersuchungsfeld und die in ihm handelnden Personen. Da „weder empirische Verallgemeinerungen noch theoretische Aussagen […] einfach aus dem Datenmaterial [‚emergieren‘]" (Kelle/Kluge 2010: 28), ist der Rückgriff auf vorhandene theoretische Konzepte dennoch nicht mit einer deduktiven Untersuchungsstrategie gleichzusetzen. Vielmehr half dieser Rückgriff, relevante Daten überhaupt als solche zu erkennen. Die Konfrontation der Daten mit den theoretischen Hintergrundinformationen führte mithin erst zur Elaboration der subjektiven Theorien. Insbesondere die Ausbalancierung von Widersprüchen als Kern des professionellen Handelns wurde durch die Interviewpartner immer wieder thematisiert und erst durch eine Nachjustierung mittels Professionstheorien ersichtlich. Um den Gang der Interpretation für den Leser intersubjektiv nachvollziehbar zu machen, finden im Sinne der Transparenz die relevanten theoretischen Bezüge auch in der Darstellung der Auswertungsergebnisse ihren Platz.

Die Darstellung beider Fallstudien erfolgt insbesondere aus Gründen der Lesbarkeit nicht entlang der jeweiligen hermeneutischen Einzelfallauswertung, sondern fasst deren Ergebnisse mit unterschiedlicher Gewichtung entlang der Aspekte *Tätigkeitsbild/professionelles Selbstkonzept*, *Schülerkonzept* sowie *Fachkonzept* zusammen. Aus diesem Grund weicht die Darstellung in Teilen auch von der chronologischen Abfolge der Interviews ab. Unter *Tätigkeitsbild* werden dabei

© Springer Fachmedien Wiesbaden GmbH, ein Teil von Springer Nature 2019
F. Wittau, *Verbraucherbildung als Alltagshilfe*,
https://doi.org/10.1007/978-3-658-27969-1_6

generelle, professionsbezogene Deutungsmuster verstanden, anhand derer sich die jeweiligen Interviewpartner mit der Frage auseinandersetzen, was es bedeutet, Lehrer zu sein bzw. welche Rollenanforderungen sich aus dem spezifischen Berufsfeld heraus (auch und insbesondere für den Unterricht in der sozialwissenschaftlichen Domäne) ergeben. Besonderer Fokus liegt dabei auf den auszubalancierenden Strukturproblemen und Widersprüchen, die in Kapitel 4.1.2 aufgezeigt wurden. Der Aspekt des *Schülerkonzepts* umfasst Vorstellungen über die Lernenden sowohl hinsichtlich der von ihnen im engeren schulischen Kontext auszufüllenden Schülerrolle als auch über die gegenwärtigen und zukünftigen Konsumhandlungen der Lernenden. Beidem wird Einfluss auf die konkreten unterrichtlichen und außerunterrichtlichen Handlungsweisen zugesprochen, wobei insbesondere letztere zudem in enger Wechselwirkung mit dem entsprechenden *Fachkonzept* stehen dürften. Hierunter fällt vor allem das fach- bzw. sachbezogene (im konkreten Fall konsumbezogene) sowie fachdidaktische Wissen sowie die dazugehörigen Beliefs. Die Trennung entlang der vorgeschlagenen Konzepte muss dabei als eine vorrangig analytische verstanden werden, so dass Verknüpfungen zwischen ihnen nicht nur immer wieder aufscheinen werden, sondern auch zeigen, in wie engem Zusammenhang Tätigkeits-, Schüler- und Fachkonzept stehen. Eröffnet werden die Einzelfalldarstellungen mit knappen Angaben zur Berufsbiografie bzw. der jeweilig aktuellen Arbeitssituation der Lehrkräfte.

6.1 Frau Karl: Mit kleinen Dingen Großes bewirken

Frau Karl unterrichtet an einer Gesamtschule am Rand einer Großstadt die Fächer Hauswirtschaftslehre und Englisch. Zum Zeitpunkt des Interviews verfügt sie über mehr als zwanzig Jahre Berufspraxis. Direkt im Anschluss an das Referendariat unterrichtete sie für 10 Jahre an einem Gymnasium. Anschließend wechselte sie auf eigenen Wunsch die Schulform an die Gesamtschule. Dort unterrichtet sie neben Englisch seit neun Jahren fachfremd Hauswirtschaftslehre (HW), wie sie ausdrücklich betont ebenfalls auf eigenen Wunsch. Frau Karl hat sich für die Teilnahme am Interview freiwillig gemeldet, insbesondere weil sie die Förderung von Forschung unterstützen möchte. Das Interview fand nach Schulschluss in der Schule statt.

6.1.1 Das Tätigkeitskonzept von Frau Karl

6.1.1.1 Professionalität qua Expertise/Insidertum

Die Frage nach der Professionalität des eigenen Handelns bzw. die Versicherung dieser stellt während des gesamten Interviews einen der immer wiederkehrenden Hauptaspekte dar. Dies zeigt sich bereits zu Beginn des Interviews, als noch vor dem inhaltlichen Einstieg zunächst die formalen Rahmenbedingungen geklärt werden. Auf die Aussage, dass bei Unverständnis seitens der Interviewerin gegebenenfalls Nachfragen erfolgen, reagiert Frau Karl wie folgt:

> Frau Karl (K): BITTE, ich kann manchmal nicht einschätzen, für Insider sind so viele Sachen klar, dass ich die vielleicht weglasse und das is n großes Fragezeichen [...]."
> (00:01:07)

Das angesprochene Insidertum markiert eine angenommene Differenzierung zwischen Innen und Außen, die im konkreten Fall das Eingebundensein in das System Schule betrifft. Zunächst bestätigt Frau Karl nur, dass es systembezogenes Wissen gibt. Explizit als Teil dieses Systems und damit als Insider positioniert sie sich, indem sie betont, dass es möglich ist, dass sie im Gesprächsverlauf jene Inhalte auslässt, die derart klar seien, dass diese zumindest für sie keiner weiteren Explikation bedürfen. Expertentum baut letztlich auf dem Verfügen über spezifische Wissensbestände auf, über die sich von Laien abgegrenzt wird. In der vorliegenden Sequenz erfolgt infolgedessen eine Abgrenzung von der Interviewerin, die aufgrund der fehlenden Zugehörigkeit zum System Schule auf die Expertise Frau Karls angewiesen ist. Im späteren Verlauf wird sich jedoch noch zeigen, dass die Differenzierung von Innen und Außen auch auf andere Beziehungen angewendet wird, insbesondere zur Abgrenzung der Systeme Schule und (Bildungs)Politik.

Relevanz erhält die Rückversicherung über das verfügbare Expertenwissen insbesondere im Zusammenhang mit der Frage nach den Gründen für die Übernahme von Unterrichtsstunden im Fach HW, die von Frau Karl fachfremd erfolgt. Sie betont als hinreichende Bedingung für die Übernahme die Notwendigkeit des Zutrauens in die eigenen Fähigkeiten, das Fach zu unterrichten.

> K: [...] ich hab einfach ein anderes Fach gesucht, das ich mir zutraue, in dem nicht so viele Korrekturen anfallen
>
> Interviewerin (I): Eh warum Hauswirtschaft? Also es hätte ja auch irgendwie noch andere Varianten gegeben.
>
> K: Bei Technik ehm da wäre mir die Luft zu staubig, wir haben keine vernünftige Absauganlage, die is eigentlich auch gar nich zulässig die wir haben, und ich hab immer wieder Stimmbandprobleme, und Atemwegsprobleme. Daher Technik nicht, sowohl ich fachlich eh das eigentlich sehr gern machen würde (-). Und ja Sport kann ich nicht

((lacht)). Keine Chance (-) ja, und da bot sich an, das konnte ich reinkommen und da hab ich gesagt, mach ich das. (00:02:32)

Dass dieses Zutrauen nicht zwingend auf einem „Brennen für das Fach" bzw. einer „Liebe zum Fach" beruht, zeigt sich in der dargestellten Sequenz, in der die Entscheidung für das Fach HW als Ausschlussbegründung erfolgt. Statt auf konkretem inhaltlich-fachlichem Interesse zu basieren (wie dies etwa bei Technik der Fall gewesen wäre), erscheint die dargestellte Entscheidungsfindung als utilitaristische, die Entscheidung dient als Mittel zum Zweck. Gleichwohl besteht seitens Frau Karl ein Vertrauen in die eigenen Fähigkeiten, HW unterrichten zu *können*, anderenfalls hätte sie dieses Fach analog zu Sport kategorisch ausschließen müssen. Die nähere Begründbarkeit für das Zutrauen in die eigenen Fähigkeiten erschließt sich vorrangig aus dem in Kapitel 6.1.3 näher vorzustellenden fachbezogenen Deutungsmustern von Frau Karl. Prinzipiell – so viel als knappe Vorausschau – wird das Fach HW deutlich stärker als diffuse Fürsorgeleistung denn als Möglichkeit zur Vermittlung von Fachwissen aufgefasst. Darüber hinaus generieren sich große Teile des verbleibenden zu vermittelnden Wissens bzw. der zu vermittelnden Fähigkeiten aus alltagsbezogener, auf thematischem (statt konkret fachlich-fachwissenschaftlichem) Interesse basierender Expertise, die beispielsweise in der folgenden Sequenz sichtbar wird:

> K: In kleinen Bereichen in Klasse sieben, aber hauptsächlich dann in Klasse acht neun, da kommt das massiv, war bisher ein Thema auch weltweiter Handel, Energieverbrauch von Produkten, nehm ich die Äpfel aus Neuseeland, sind die wirklich energieschlechter als hiesige Äpfel, die aber dann lange eingelagert werden müssen, was auch energieaufwendig ist. Ehm zwischendurch sorgsamen Umgang mit Lebensmitteln, dass nich viel weggeschmissen wird, und dazu zeig ich auch ganz gerne mal einen Film, wie zum Beispiel die Hälfte des Brots vernichtet wird, zu Pellets verarbeitet wird, weil die der Bäcker im Supermarkt um achtzehn Uhr noch n breites Angebot haben muss (-), und das geht nur wenn er am Ende viel übrig hat. (00:04:31)

Die Auseinandersetzung mit den dargestellten Beispielen erfolgt im appellativen Modus, richtig zu konsumieren. Die Hypothese, dass die Kriterien für „richtiges" bzw. „falsches" Konsumverhalten entlang des eigenen, außerberuflichen Handelns als (bewusster) Konsumentin generiert werden, bestätigt sich im weiteren Verlauf des Interviews (siehe Kapitel 6.1.3). Die Selbstwahrnehmung als bewusste Konsumentin, die sich mit den Chancen, aber auch Grenzen der Konsumgesellschaft auseinandersetzt, stärkt so das Zutrauen in die Fähigkeit, HW angemessen unterrichten zu können. Professionalität ist demnach im Fach Hauswirtschaft unabhängig von einer vorliegenden Fakultas möglich. Dementsprechend wird die denkbare Option des Erlangens der Fakultas über eine Zusatzausbildung von Frau Karl nicht in Betracht gezogen. Von den Schulbehörden bereitgestellte Angebote zur Zusatzqualifizierung im Bereich HW werden im

Verlauf des Interviews mehrfach abgelehnt bzw. delegitimiert. Hierfür spielen drei Kriterien eine entscheidende Rolle:

1. Der im Vergleich zu einem vollwertigen Studium geringe Umfang der Ausbildung gewährleistet nicht mehr als die Vermittlung marginaler Grundlagenkenntnisse.

2. Darauf aufbauend wird die Funktion der Ausbildungsgänge vorwiegend als rechtliche Absicherung der Lehrkräfte, nicht als inhaltliche Vorbereitung auf das Fach dargestellt. So werden Kurse beispielsweise vorrangig für Technik angeboten, *„weil in Technik die Sicherheitsauflagen strenger sind"* (00:31:39).

3. Es besteht eine deutlich drängendere Verpflichtung, fachfremden Unterricht in den Hauptfächern zu unterbinden, wie folgende Gesprächssequenz belegt:

> I: [...] Denken Sie, dass das Fach Hauswirtschaft professionalisiert werden müsste?
>
> K: Das wäre nett, aber eh ich glaube, die Schulen haben andere Baustellen, die da deutlich wichtiger sind.
>
> I: Zum Beispiel?
>
> K: Wir haben immer noch viel fachfremden Unterricht, an vielen Schulen die nicht Gymnasien sind, in den Hauptfächern. /I: Hm./ Es gibt Studien, die besagen, dass die Schüler dann wirklich hinter dem von Stand Leistungsstand von anderen Kindern zurück sind, die bei voll ausgebildeten Kräften Unterricht haben, und das ist mit unseren zentralen Abschlussprüfungen ein Nach' wirklicher Wettbewerbsnachteil für die Kinder [...]. (00:35:46)

Latent setzt sich die dargestellte Sequenz nicht nur mit der Frage einer optionalen Professionalisierung des HW-Unterrichts, sondern auch mit der Frage nach der eigenen Professionalität auseinander. Bestünde in den Augen Frau Karls die dringende Notwendigkeit einer Professionalisierung, müsste sie ihre eigenen Fähigkeiten, das Fach unterrichten zu können, infrage stellen und selber einen Prozess der Professionalisierung (zum Beispiel durch eine Zusatzausbildung) durchlaufen. Gerade die Option der Professionalisierung durch Zusatzausbildung besteht aber nicht, schließlich wurde zuvor die mangelnde inhaltliche Fokussierung dieser betont. Zusatzausbildungen für Fächer mit praktischem Fokus bedarf es nur und ausschließlich, wenn während dieser Sicherheitsrisiken bestünden (s.o.). Durch den im Fortgang der Sequenz erfolgenden Bezug auf Studienergebnisse wird die Ablehnung der Option der Professionalisierung des Faches HW zugunsten der Professionalisierung der Hauptfächer nicht mehr ausschließlich als subjektive Meinung, sondern als objektives Faktum präsentiert, das es aufgrund der empirischen Absicherung einerseits, der damit einhergehenden normativen Implikationen andererseits durch die Interviewerin nicht mehr weiter zu hinterfragen gilt. Die deutlichste Wettbewerbssituation, die auf Basis der Leistungen in den zentralen Abschlussprüfungen auf die Lernenden zukommt, ist die um die Positionierung im Berufssystem bzw. berufsbildenden System. Fachfremd erteilter Hauptfachunterricht erschwert die Chance auf eine angemessene Platzierung im Berufsleben und behindert die der Integration der Lernenden in die Gesellschaft sowie die Teilhabe an dieser. Fachfremd erteilter HW-Unterricht hingegen ist für die Bewährung in dieser Wettbewerbssituation irrelevant. Insofern erscheint eine Ablehnung der Professionalisierung des Faches HW konsequent und einzig möglich, auch und insbesondere, da anderenfalls die bisherigen Deutungsmuster der eigenen Professionalität infrage gestellt würden.

Ausweisbar ist die sich selbst zugeschriebene Expertise anhand der Reaktionen der Lernenden auf den Unterricht. Die von Frau Karl geschilderte Wahrnehmung rekurriert in diesem Zusammenhang vorrangig auf die Beziehungsebene zwischen Lehrenden und Lernenden:

> K: Da kriegt man immer reichlich von den Schülern, manche sind natürlich stiller, aber, man merkt dann oft, dass die aufmerksam dabei sind, die sagen vielleicht nicht, wie's bei ihnen Zuhause ist, aber die nehmen schon einiges mit, ist immer mein Eindruck. (00:07:32).

Manifest betont Frau Karl zunächst die Lern- und Bildungsrelevanz ihres Unterrichts. Sie als Lehrerin spricht verallgemeinernd davon, dass sie *„immer reichlich"* kriegt, die Lernenden also aktiv am Unterricht teilnehmen und dies die Regel ist. Die Teilnahme ist von umfassender, aktiver Natur. In der nachfolgenden Sequenz (*„manche sind natürlich stiller"*) relativiert sie zwar die bisherige Darstellung bzw. das geäußerte Pauschalurteil (*„immer reichlich"*), ohne ihre diagnostischen Fähigkeiten zu negieren: sie seien *„natürlich"* stiller. Naturgemäß haben Lernenden unterschiedliche Charaktere, es gibt introvertierte und extrovertiertere Schüler. Gleichwohl seien die Schüler *„aufmerksam dabei"*. Aufmerksamkeit signalisiert erneut aktive Teilnahme am Unterricht. Festzustellen ist die Aufmerksamkeit der Lernenden dabei nicht anhand konkreter Kriterien, vielmehr *„merkt"* sie das. Sie zeigt somit einerseits, dass sie sich in der Lage sieht, das Unterrichtsverhalten der Lernenden adäquat einzuschätzen. Andererseits duldet eine derartige Aussage nur bedingt Widerspruch seitens der Interviewerin, nicht zuletzt auch, weil diese außerhalb des Systems Schule steht, ihr mithin die systeminterne Perspektive bzw. entsprechende Fähigkeiten einer gleichwertigen Einschätzung fehlen (s.o.).

Grundsätzlich zeigt sich während des Interviewverlaufs immer wieder, dass Erfolgserfahrungen der Lernenden vorrangig auf die Leistungen des Unterrichts und damit der Lehrkraft zurückzuführen sind. So verwendet Frau Karl wiederholt den Begriff des Stolzes der Lernenden darauf, eine während des Unterrichts erprobte Handlungsweise auch außerhalb des Unterrichts anwenden zu können. Den Schülern werden auf dieser Basis Erfolgserlebnisse bescheinigt. Die Ziele und Herausforderungen, die zu bewältigen sind, werden jedoch nicht durch die Lernenden selbst, sondern durch die Lehrkraft definiert. Die Verwendung sowohl des Begriffes Stolz als auch des Begriffes Erfolgserlebnis hat so ein paternalistisches Moment inne, das mit einer Entmündigung der Lernenden einhergeht.

Während Erfolge der Lernenden durch Frau Karl in der Regel auf den eigenen Unterricht und die eigene Professionalität zurückgeführt werden, erfolgt im Falle von Misserfolgen eine deutliche Fremdzuschreibung dieser. Neben den kognitiven Leistungsfähigkeiten der Lernenden sowie ungeeigneter Maßnahmen der Bildungspolitik sind es vor allem sozialisatorische Einflüsse des Elternhauses, die gerade die Veränderung konsum- und ernährungsbezogener Handlungsmuster erschweren, aber auch die generelle Bildungsfähigkeit der Lernenden infrage stellen (siehe Kapitel 6.1.1.4).

Auf Basis des eigenen Wissensvorsprungs in Kombination mit den mangelnden Fähigkeiten sowohl der Lernenden als auch deren Herkunftsfamilien entwirft Frau Karl eine Unterrichtsprogrammatik, die als Vermitteln durch Erklären bezeichnet werden kann. Besonders deutlich wird dies in der nachfolgenden Sequenz.

> I: Mhhh, können die Schüler das reflektieren, also auch so ihr, ihr eigenes Konsumverhalten son bisschen im Vergleich eh sehen zu dem, was, was gemacht wird (K: DIE') oder auch das Konsumverhalten?
>
> K: Die Schüler sollen ja auch eigene Rezepte mitbringen und ihre Wünsche äußern. Dann gucke ich, welche Sachen können wir davon umsetzen, und dann erklär ich natürlich auch, warum wir was nicht umsetzen können, warum hier keiner ein 300g Steak aus Argentinien kriegt. Gleichzeitig versuche ich, ehm Sojaprodukte zu eh zu verwenden. EH Sojaburger gehen weg wie nix, das lieben die Kinder, und dann erfahren sie mal, dass man auch ohne Fleisch was Leckeres machen kann. Fleisch ist einfach in der ganzen Produktionskette extrem wasserverbrauchend, extrem flächenverbrauchend, und das wird dann reflektiert in den Klassen acht neun so. (00:20:52)

Wenngleich die Lernenden wie geschildert eigene Rezepte mitbringen sollen, liegt die Entscheidungsgewalt über die tatsächlichen umzusetzenden Inhalte letztlich bei der Lehrenden und wird nicht etwa dialogisch getroffen. Die Fragestellung der Interviewerin bezieht sich auf die Reflexion des Konsumverhaltens der Lernenden durch die Lernenden selbst, nicht die Lehrende. Eigenständiges Reflektieren setzt eine Auseinandersetzung mit dem Konsumverhalten voraus, es geht um Verstehen, um ein Hinterfragen mit anschließender Beurteilung, nicht um bloße Umsetzung einer Entscheidung. Das Hinterfragen und die Auseinandersetzung mit den notwendigen Kriterien obliegt in der dargestellten Sequenz aber ausschließlich Frau Karl. Gleichwohl erfolgt nicht per se eine Ablehnung der Entscheidungsfähigkeit der Lernenden (etwa durch ein entschiedenes „Nein" als Antwort auf die Frage der Interviewerin). Vielmehr impliziert die Strukturierung der Antwort, dass sie die geschilderte Strukturierung des Unterrichts als Voraussetzung jedweder Reflexionsfähigkeit versteht. Dadurch wiederum wird der Begriff der Reflexion bzw. Reflexionsfähigkeit aber ad absurdum geführt.

Dem beschriebenen Entscheidungsverhalten wird durch den Zusatz *„dann erklär ich natürlich auch"* vermeintlich seine Willkürlichkeit genommen, durch die Erklärung wird die Entscheidung als legitim gekennzeichnet. Tatsächlich bleibt die Reflexion dennoch eine fremdbestimmte, denn die Gründe für die Ablehnung oder Umsetzung eines bestimmten Verhaltens müssen den Lernenden zunächst erklärt werden. Dies impliziert zweierlei: erstens muss es zwingend eine Erklärung geben, ohne Erklärung würden die Schüler die Entscheidung nicht nachvollziehen können (was sie im Nachhinein eben doch wieder in gewissem Maße als willkürlich kennzeichnet; die Entscheidung könnte ja auch selbsterklärend sein oder als solche verstanden werden). Zweitens ist ein Erklären in der Regel auf jemand anderen gerichtet, ihm müssen Zusammenhänge verdeutlicht werden, weil er sie bisher nicht versteht. Dem Schüler mangelt es an Verständnis für im konkreten Fall die Unangemessenheit des mitgebrachten Rezeptes. Die bereits aufgeführten entmündigenden bzw. paternalistischen Elemente wiederholen sich. Insgesamt geht es letztlich weniger darum, Anweisungen zu verstehen, als sie vielmehr umzusetzen, weil das von der Lehrkraft als richtig erachtet wird. Dies kann als Rationalisierung der Reflexionsfähigkeit im Sinne unterrichtlicher Arbeitsteilung verstanden werden. Die mitgebrachten Rezepte sind dann aber lediglich schmuckloses Beiwerk oder bestenfalls Negativbeispiele.

Während die Expertise qua thematischem Interesse sowohl für die Positionierung gegenüber der Interviewerin (fähige Lehrerin trotz fehlender Fakultas) als auch gegenüber den Lernenden Relevanz erhält, basiert insbesondere die Positionierung gegenüber bildungspolitischen Entscheidungen auf dem Kriterium beruflicher Erfahrung bzw. Bewährung. Es erfolgt eine dialektische Gegenüberstellung bildungspolitischer Theorie und unterrichtlicher Praxis, wobei sie als Praktikerin im Vergleich zur Administration über Handwerkswissen (siehe Shulman, „wisdom of practice", 1986: 9; 1987: 8) verfügt, das es ihr ermöglicht, bildungspolitische Reformen als bloße Semantik statt inhaltlicher Veränderungen zu beurteilen. Diese Reformen gelten auch deswegen als gescheitert und werden als wiederholte und ungerechtfertigte Störung wahrgenommen, die eine Fokussierung auf eigentliche Aufgaben verhindern:

I: Gibt's noch irgendwas […], was Sie sich vielleicht auch von der Bildungspolitik wünschen würden oder?

B: Dass die uns an den Schulen endlich mal in Ruhe lassen mit Reformen, wir setzen so viele Stunden darein, alles umzustricken jetzt in Kompetenzen, was aber bei den Schülern gar nicht anders ankommt, denn natürlich haben die trotzdem ihr Buch weiterhin, müssen trotzdem da drin Texte lesen, müssen trotzdem Vokabeln lernen. In Hauswirtschaft müssen sie trotzdem den Abwasch machen, ob ich das Kompetenz nenne oder Fertigkeit ((lacht)) ehm, und da geht einfach so viel Zeit und Energie rein, dass wir diese Energien und Zeiten auch im Sinne des Gesundheitsschutzes der Lehrer, der ja ein großer Aspekt ist dafür, dass der Unterricht überhaupt motivat' motiviert durchgeführt werden kann, einfach da die Ressourcen gespart werden, wenn nicht wirklich was bringt. (00:55:59)

6.1.1.2 Die Rolle der Organisation Schule: individuelle Autonomie vs. organisationale Heteronomie

Als zentral für die Wahrnehmung der tätigkeitsbezogenen Aufgaben erweist sich für Frau Karl im Verlauf des Interviews wiederholt der strukturelle Widerspruch zwischen individueller Autonomie und organisationaler Heteronomie. Dies wird bereits zu Beginn des Interviews deutlich, als die berufsbiografisch relevante Frage nach den Gründen für die Übernahme des Faches HW gestellt wird.

I: […] fänd ichs sehr spannend, wir hatten am Telefon schon drüber gesprochen, dass Sie Hauswirtschaft fachfremd unterrichten, ehm wie Sie dazu gekommen sind, wie man auf Sie zugekommen ist und warum Sie Hauswirtschaft eh unterrichten.

K: ICH wollte das. Niemand ist auf mich zugekommen, ich unterrichte fast nur Englisch und hatte ausschließlich Korrekturgruppen (in) Englisch, viele in der Oberstufe und ich hab einfach ein anderes Fach gesucht, das ich mir zutraue, in dem nicht so viel Korrekturen anfallen. (00:01:54)

Durch die Interviewerin erfolgt eine unmittelbare Bezugnahme auf die fehlende fachbezogene Ausbildung von Frau Karl für das Fach HW. Wenngleich in Abhängigkeit von Schulform und -fach der Anteil fachfremden Unterrichts hoch sein kann, spricht die Feststellung, dass ohne Ausbildung unterrichtet wird, ein heikles Thema an und kann als unangenehme Wahrheit betrachtet werden. Der Fortgang der Sequenz zeigt, dass die Interviewerin von einer heteronomen Entscheidung bezüglich der Übernahme des Unterrichts ausgeht. Auf diese unterstellte Heteronomie nimmt Frau Karl unmittelbar Bezug und grenzt sich von ihr ab. Die gewählte Syntax in Form kurzer, prägnanter Aussagesätze deutet auf eine emotionale Distanzierung von der durch die Interviewerin angenommenen Fremdbestimmtheit hin.

Im weiteren Verlauf der dargestellten Passage wechselt sie in eine Rechtfertigungshaltung, die nicht nur den fachfremden Unterricht legitimiert, sondern zeitgleich den Lehramtsberuf als einen Kraft und Ausdauer verlangenden Beruf kennzeichnet, der bisweilen zu Überforderung führen kann. Durch die Wahl eines weiteren Faches mit anderen Anforderungen kann sich Frau Karl dem subjektiven Gefühl der Überforderung entgegenstellen und so die weitere Ausübung des Lehramtsberufs gewährleisten (siehe dazu auch die Sequenz „Wünsche an die Bildungspolitik"). Hinzu kommt, dass eine mögliche kritische Einschätzung fachfremden Unterrichts durch Frau Karl sowohl auf Basis der eigenen Expertise bzw. des Zutrauens in die eigenen Fähigkeiten als auch auf Basis der fachbezogenen Deutungsmuster abgelehnt wird (siehe Kapitel 6.1.1.1 sowie 6.1.3).

Wenngleich die Entscheidung für das Fach HW als Mittel zum Zweck – der Reduktion des häuslichen Korrekturaufwandes – dargestellt wird, so ist dies dennoch nicht mit Faulheit gleichzusetzen. Vielmehr geht es Frau Karl um einen Wechsel der Belastungsform, der sie sich im Vergleich zu zahlreichen anderen Kollegen stellt:

> K: Hauswirtschaft wollen viele nicht unterrichten, weil es un-heim-lich anstrengend ist. Wenn in acht Küchen gleichzeitig die Kinder mit acht Mixern Eischnee schlagen (-), dann ist das ein enormer Lärmpegel, und wenn an acht Kochstellen gleichzeitig die Einbrenne anzubrennen droht und die Kinder haben alle Angst, man ist so was von am schnell Wuseln, ehm, dass viele Kolleginnen und Kollegen das gar nicht möchten, weil sie sich das nicht zumuten möchten. Und wenn sie das dann nicht gelernt haben, sind sie auch nicht, es ist schwer, sie dazu zu verpflichten. Es soll ja auch Qualität sein und man möchte Lehrer haben, die motiviert dafür sind. (00:29:55-1)

Frau Karl hebt sich in dieser Sequenz positiv von jenen Lehrkräften ab, die kein HW unterrichten wollen. Obwohl sie um den anstrengenden Charakter des Unterrichts weiß, hat sie sich bewusst dafür entschieden, diesen Unterricht mit der für die Qualität des Unterrichts notwendigen Motivation zu geben. Auch wenn dieses Fach einen geringeren Korrekturaufwand mit sich bringt, ist es doch nicht unanstrengend, die Wahrnehmung des Lehrerberufs als belastender Beruf bleibt bestehen. Indem insbesondere die Intensität der Belastung („un-heim-lich") hervorgehoben wird, wird die eigene erbrachte Leistung auch und gerade in Abgrenzung von jenen Kollegen, die das „gar nicht möchten" bzw. die Aufgabe als Zumutung empfinden, hervorgehoben. Durch die Verwendung des Begriffs „zumuten" kennzeichnet sie die Grundsituation des HW-Unterrichts als etwas eigentlich unannehmbares, dem sie sich jedoch stellt.

Die Auseinandersetzung mit dem jeweils möglichen Maß an Autonomie bei der Berufsausübung spielt für Frau Karl auch bei der Einschätzung der Rolle bildungsadministrativer Vorgaben eine entscheidende Rolle. Das Fach HW wird unter diesem Blickwinkel zur Coping-Strategie, sich der durch bildungsadministrative Vorgaben auferlegten Heteronomie, die sie insbesondere für das Fach Englisch empfindet, zu entziehen. Die autonome Entscheidung, HW zu unterrichten, kann aus dieser Sicht als Widerspruch gegen die als ungerechtfertigt empfundenen Auflagen des Systems verstanden werden, auch weil die Logik des Faches als eine andere im Vergleich zu Englisch erscheint.

K: [...] als Hauptfachlehrer hat man viel mehr zu kämpfen, weil man ja auch viel mehr schlechte Noten geben muss. In Hauswirtschaft kriegt fast jeder ne drei. (-) DA und ne drei tut eigentlich keinem so wirklich schlimm weh, das ist auch nicht versetzungsrelevant, und wenn jemand da in der Theorie nicht gut ist, dann war er in der Praxis so gut, dass ich dem ne drei geben kann, vielleicht auch ne zwei, ehm und das ist natürlich dann motivationsmäßig für die Schüler besser, man hat viel weniger Widerstände, gegen die man an muss, als wenn man Vokabeltests dauernd zurückgibt eh mit schlechten Noten und Klassenarbeiten.

I: (Ja) kann ich mir vorstellen.

K: Und da ist man dann von den Schülern her nicht unbedingt mehr geachtet, aber mehr gefürchtet vielleicht, das ist auch schwierig dann auch nen positiven Draht zu den Kindern zu haben, wenn die, sich wirklich Mühe geben, dem Fach aber nicht gewachsen sind. Im Unterricht lobe ich dann und sag toll, dass du durchhältst, mach nur die Aufgabe, nur die einfache und dann, dafür großes Lob und dann kriegen die doch wieder die gleiche Klassenarbeit vorgesetzt wie die anderen, sodass die eigentlich nicht mitschreiben müssen, weil ich weiß, dass die nicht über die fünf hinauskommen. Das find ich menschlich für mich schlimm, aber ich kann es nicht vermeiden und für die Kinder ist jedes Mal wie ne Ohrfeige, obwohl sie sich bemüht haben, und dass ich da als Lehrerin nicht so beliebt bin wie in Hauswirtschaft, wo ich dann für andere Sachen loben kann und wo der Pfannekuchen schmeckt, das ist einfach so. (01:01:40)

Frau Karl betont in der vorliegenden Passage nicht nur, dass HW als bewusster Ausweg aus dem Zwang zur Selektion betrachtet wird. Latent erfolgt vielmehr eine emotionale Distanzierung von den als *„menschlich schlimm"* empfundenen Auflagen der Leistungsbewertung kognitiv überforderter Schüler, indem diese zwar für das Fach Englisch als unvermeidbar dargestellt, durch das Fach Hauswirtschaft aber ausgleichbar dargestellt werden. Insbesondere in dieser Sequenz wird zudem ein weiterer für das Verständnis des eigenen Tätigkeitsbildes relevanter Aushandlungsprozess deutlich: die Positionierung entlang der Rollenverständnisse Fachlehrer bzw. Pädagoge.

6.1.1.3 Das Spannungsverhältnis Fachlehrer vs. Pädagoge: Tendenzen der Entgrenzung

Frau Karl charakterisiert den Lehramtsberuf und sich selbst während des gesamten Interviews immer wieder im Spannungsverhältnis von Fachlehrer und Pädagoge sowie den damit einhergehenden Anforderungen an den Unterricht, der Einforderung von Leistung bzw. Fürsorge. Die jeweilige Zuordnung erfolgt dabei vorrangig entlang der von ihr unterrichteten Fächer Englisch und HW sowie den mit dem jeweiligen Fach verbundenen Vorstellungen und Konzepten (siehe dazu auch Kapitel 6.1.3), die äußerst grob mit der Differenzierung zwischen Haupt- und Nebenfach umschrieben werden können. Während die Aufgabe des Lehrers im Hauptfach stärker als Fachlehrertum gedeutet wird, entspricht sie im Nebenfach eher der des Pädagogen.

Für den HW-Unterricht geht mit dieser Differenzierung die (deutliche) Bevorzugung der Übernahme diffuser vor rollenspezifischen Beziehungsanteilen einher. Deutlich wird dies unter anderem an der oben aufgezeigten Passage zur Bewertungs- und Selektionsproblematik. Frau Karl entzieht sich im HW-Unterricht bewusst der mit der Rolle des Lehrers verbundenen Verpflichtung zur Selektion mit der Folge, als Lehrerin in diesem Fach beliebter zu sein als in Englisch. Der strukturtheoretischen Professionstheorie folgend, gilt es für Lehrkräfte, eine Balance zwischen „der Anforderung, Wissen zu vermitteln, und dem Gebot, die Jugendlichen zu stabilisieren" (Helsper/Wiezorek 2006: 443) zu finden. Prinzipiell kann, insbesondere in Berücksichtigung der zu unterrichtenden Schülerschaft, durchaus eine Verschiebung der Balance in Richtung emotionaler Stabilisierung als angemessen gelten (ebd.: 446, 449). Dennoch gilt zu beachten, dass mit einer einseitigen Fokussierung auf die Person (im Vergleich zur Fokussierung auf die Sache) eine prinzipielle Gefahr der Entgrenzung gegeben ist, insbesondere weil den Lernenden kognitive Ansprüche zugunsten der emotionalen Stabilisierung bewusst verwehrt und sie auf diesem Weg letztlich doch entwertet werden. Dies liegt nicht zuletzt daran, „dass Schule als Sozialisationsinstanz […] eine Institution gesamtbiografischer Gestaltung" mit erheblichem Einfluss auf die Identitätsentwicklung ist (Wiezorek 2005: 303), zu der auch die Frage nach individuellen Leistungspotenzialen zählt.

Die Entgrenzungsproblematik spiegelt sich im Tätigkeitskonzept von Frau Karl vor allem in der wechselseitigen Verknüpfung der biografischen Herkunft der Lernenden, ihrer (unterstellten) Leistungsfähigkeit sowie den sich daraus ergebenden Anforderungen schulischer Bildung, wie sich exemplarisch an den folgenden Sequenzen zeigt:

> K: Also jeder, der irgendwann mal Akademiker werden will, hat ne Studentenbude, muss n bisschen Haushaltsführung können und muss nen Tisch abwischen können oder n Abwasch richtig machen können. Das ist schon für alle eh relevant, aber diejenigen, die nicht eh höhere Bildungsgrade erreichen können, weil ihre (-) ehm Kapazitäten einfach nicht so weit reichen oder weil der familiäre Hintergrund nicht genügend Unterstützung bietet, denen bietet das natürlich die Möglichkeit, ihr Selbstbewusstsein aufzubauen, sich an etwas festzuhalten. […]. (00:09:37)

> K: […] Und am Gymnasium, die machen dann die zweite Fremdsprache ab eh Klasse sechs, da ist kein Platz (unv.) Hauswirtschaft, weil die zweite Fremdsprache am Gymnasium verpflichtend ist. Halte ich auch für richtig, wer auf ein Gymnasium geht von vornherein, der sollte in unserer globalisierten Welt Fremdsprachen ausführlich lernen können. (00:13:27)

In beiden Sequenzen erfolgt eine Differenzierung potenzieller Schülerschaften hinsichtlich der Bildungsansprüche, aber auch -fähigkeiten. Diese Differenzierung wird jedoch nicht am individuellen Einzelfall festgemacht, so dass eine Konzentration auf die ganze Person (im Vergleich zur Konzentration auf die rollenförmigen Anteile des Schülers) professionstheoretisch nachvollziehbar und damit legitim erscheint. Vielmehr erfolgt sie als gruppenbezogenes Pauschalurteil in Abhängigkeit vom jeweils angestrebten Abschluss. So erfolgt per se eine Abwertung der kognitiven Fähigkeiten jener Lernenden, die keine akademische Karriere planen. Die Verknüpfung beider Sequenzen über den textinternen Kontext zeigt, dass die Schulform des Gymnasiums dabei prinzipiell als „Akademikerschmiede" anerkannt wird. Insofern bezieht sich die angesprochene Abwertung der Lernenden bewusst auch auf die in der Gesamtschule unterrichteten Schüler, die dann in negativer Abgrenzung zu den als zukünftige Elite der globalisierten Gesellschaft verstandenen Gymnasiasten betrachtet werden. Grundlage der Entgrenzungsbewegung ist mithin zunächst die fehlende Anerkennung der prinzipiellen kognitiven Leistungsfähigkeit der Lernenden. Auf dieser Basis wird letztlich ein Scheitern innerhalb der rollenspezifischen Anforderungen vorausgesetzt. Darüber hinaus unterstellt Frau Karl jedoch auch, emotionale Stabilisierung als Korrektiv „nicht weit reichender Kapazitäten" sei notwendig, damit sich die Schüler „an etwas festhalten" können. Auf diese Weise spricht sie den Lernenden einen generellen Sinn im Leben zumindest teilweise ab und unterstellt latent auch ein (erwartbares) Scheitern als ganze Person.

Daran gemessen kann das Verständnis der oben dargestellten Unterrichtsprogrammatik (vgl. Kapitel 6.1.1.1) erweitert werden. Es geht nicht mehr nur noch um Vermitteln durch Erklären, vielmehr erfolgt die Vermittlung im Modus der Belehrung und Aufklärung. Dies zeigt sich sowohl in der bereits dargestellten Steak-Soja-Sequenz als auch in der nachfolgenden Aussage:

> K: Klassisch wäre erstmal eine Runde "Wer weiß was zu", wie viel Lebensmittel schätzt ihr schmeißen eure Eltern weg bei euch im Haushalt? Wie viel schmeißen die Supermärkte weg, eine kleine Hinleitung, dann kriegt man schon mit, dass nur einzelne Spezis was wissen (-). DIE wollen aber alles loswerden ((lacht)), da bremst man die ein bisschen und sagt, jetzt kommen erstmal Informationen [...]. (00:05:37)

Es erfolgt hier eine Gegenüberstellung der Schülerbeiträge als Aussagen lediglich subjektiver Qualität und den durch die Lehrerin eingebrachten Inhalten als Wissen mit objektivem Informationsgehalt, was dadurch letztlich als höherwertig gekennzeichnet wird. Den von den Schülern eingebrachten Aussagen hingegen wird die Relevanz im Rahmen des Unterrichts abgesprochen. Die geschilderte Methode der Hinführung zum Thema, die den Zweck verfolgt, die Schüler aktiv in die Unterrichtsgestaltung einzubeziehen, erscheint deshalb ebenso widersinnig wie die mitgebrachten Rezepte in der oben geschilderten Sequenz zum Fleisch-konsum. Die dargestellten Modi der Unterrichtsgestaltung gehen mit der Gering-schätzung von Schülererfahrungen und -wünschen sowie genereller gesprochen geringerer Anerkennung einher (siehe zur Pädagogik der Anerkennung auch Scherr 2002). Inwiefern eine emotionale Stabilisierung aber ohne soziale Wert-schätzung schülerbezogener Selbst- und Weltinterpretationen sowie Lebensfor-men und Lebensstile möglich ist, kann durchaus infrage gestellt werden[81].

Über die Aufgabe der (themenbezogenen) Belehrung hinaus betrachtet Frau Karl den HW-Unterricht als Beitrag zur grundsätzlichen wertebasierten Erziehung der Lernenden, wie sich in der unten stehenden Interviewsequenz spiegelt.

> K: Mitessen dürfen auch nur die Kinder, die gekocht haben, die Kinder, die ihre Schür-ze nicht dabei haben oder sonst wie nicht mitarbeiten können, die dürfen dann auch nicht mitessen. Und wenn das bei manchen zu sehr einreißt, dass sie ihre Schürzen nicht mitbringen, inzwischen haben wir Leihschürzen, aber vorher hatten wir nicht die nicht, hab ich einmal außer der Reihe Waffeln gebacken, dann durften sie die riechen, die sehen (lacht) und mit am Tisch sitzen aber nicht essen, danach war das Thema Schürze ver-gessen meist vom Tisch. (01:02:31)

Es zeigt sich, dass das bewusste Entziehen aus der Verpflichtung zur klassischen, notengebundenen Leistungsbewertung nicht mit dem Vorenthalten jeglicher Sanktionsleistungen einhergeht. Die gewählten Sanktionsmechanismen beziehen sich entsprechend der bisher geschilderten Logik des HW-Unterrichts aber nicht mehr auf die rollenspezifische Beziehung zwischen Lehrer und Schüler, sondern auf die weiteren, diffuseren Beziehungsanteile. Im Mittelpunkt des Unterrichts steht als Bildungsziel dann aber gerade nicht mehr (vorrangig) die Frage nach dem richtigen Konsum- und Ernährungsverhalten bzw. der Wissensvermittlung, sondern die Vermittlung der „klassischen" Werte Ordnung, Disziplin und Fleiß. Dem textinternen Kontext folgend werden den Lernenden über die gewählte Form der Sanktionierung so aber jene Erfolgserlebnisse, die ihnen bereits im restlichen schulischen Alltag verwehrt bleiben, auch im HW-Unterricht genom-men. Es geht um Disziplinierung der Lernenden. Disziplin wird als im Rahmen der prospektiven Krisensituation der Lebensbewältigung notwendiger Wert an-gesehen – allerdings nicht in Form von Selbstdisziplinierung, sondern Fremddis-ziplinierung und Unterordnung. Es herrscht ein Machtgefälle statt einer symmet-rischen Lehrer-Schüler-Beziehung, das, wie die Sequenz zeigt, bewusst wahrge-nommen und auch ausgespielt wird, indem ungeplant solche Gerichte zubereitet werden, die die Lernenden mögen (und die dem eigentlichen Anspruch des nachhaltigen, gesundheitsbewussten Essens als Süßspeise eben auch widerspre-

---

[81]   Vgl. zum Umgang mit politischen Deutungsmustern sowie deren bewusstem Ausschluss aus dem unterrichtlichen Lernprozess Henkenborg 2002.

chen), die sie schließlich aber nicht nur nicht essen dürfen, sondern bewusst zuschauen müssen, wie die Mitschüler dieses Essen zu sich nehmen. Davon ausgehend, dass beispielsweise Gerüche durchaus appetitanregend sein können und den Lernenden die Teilhabe am Essen bewusst verwehrt wird, findet hier ein absichtlich verletzendes Handeln seitens der Lehrerin statt, das von ihr als gerechtfertigt anerkannt wird, da das Erziehungsziel der Organisationsfähigkeit erreicht wird. Damit kann das geschilderte Lehrerverhalten von Frau Karl erneut als bewusst entgrenzend bezeichnet werden.

Im Vergleich zum HW-Unterricht wird für den als Fachunterricht wahrgenommenen Englischunterricht die Verpflichtung auf eine entsprechende Erziehungsverantwortung unter dem Hinweis auf die fehlende Zeit (vgl. Kapitel 6.1.3.2) abgelehnt. Sowohl für die Schüler als auch für Frau Karl als Lehrerin ist der „*strenge Fachunterricht*" (ebd.) Ort inhaltlicher Auseinandersetzung mit fachbezogenem Wissen. Damit ändert sich auch das Verständnis der Anforderungen an den professionellen Lehrer bzw. der Bedingungen für das Zutrauen in die Fähigkeit, ein Hauptfach unterrichten zu können. Während wie oben geschildert Professionalität im Fach HW unabhängig von einer vorliegenden Fakultas ist, gilt entsprechendes für den Hauptfachunterricht nicht – fachfremder Hauptfachunterricht gilt vielmehr als zu beseitigende „*Baustelle*" (vgl. Kapitel 6.1.1.1). Zutrauen in die eigene Professionalität ist deswegen in Hauptfächern wie Englisch vielmehr ausbildungsabhängig.

6.1.1.4 Zwischenfazit: Hauswirtschaftsunterricht im Rahmen stellvertretender Krisenbewältigung

Die strukturtheoretische Professionalisierungstheorie sieht den Kern professionellen beruflichen Handelns in der stellvertretenden Krisenbewältigung (vgl. Kapitel 2.1.2.1). Eine Auseinandersetzung mit den prospektiven Lebenskrisen der Lernenden sowie den daraus resultierenden Anforderungen an das eigene Lehrerhandeln bestimmt – so können die bisherigen Darlegungen zusammengefasst werden – auch das Tätigkeitskonzept von Frau Karl. Als zentrale zu erwartende Krise wird von ihr die angemessene Bewältigung des zukünftigen Alltags beschrieben. Diese umfasst im engeren Kontext konsum- und ernährungsbezogene Verhaltensweisen der Lernenden sowie darüber hinausgehend ein auf emotionaler Stabilisierung basierendes Erkennen eines Lebenssinns.

Als angemessen gilt die Bewältigung der konsum- und ernährungsbezogenen Herausforderungen dann, wenn sie den Mustern bewussten sowie gesundheitsbezogenen Handelns entspricht. Die Folgen angemessenen bzw. unangemessenen Handelns betreffen nicht nur den einzelnen Lernenden, sondern sind vielmehr von gesamtgesellschaftlicher Relevanz. Frau Karl erkennt die potenzielle Krisensituation für zumindest einen Teil der Schüler als solche an, verneint jedoch die grundsätzliche Verantwortlichkeit der Schule für die Bewältigung aufgrund mangelnder Einflussmöglichkeiten. Begründet wird die marginalisierte Rolle der Schule bzw. der Lehrkraft vor allem mit dem negativen Einfluss des Elternhauses der Lernenden, wie sich an den folgenden beiden Sequenzen zeigt:

> K: Wie viel Motivation die haben, sich wirklich einen frischen Salat zuzubereiten, wenn sie dann erst noch einen Teil der Zutaten garen müssen, vorher das Gemüse putzen müssen, das ist langfristig dann ne andere Sache, das ist eher die Prägung des Haushaltes zuhause, was dort vorgelebt wird. (00:15:52)

> [...]

> K: Die Salatbar ist etwas weniger umlaufen, aber es gibt auch Kinder, die das eh wahrnehmen, und wenn es dann als Nachtisch Donuts gibt dann, wollen viele Kinder sich da dreimal holen. Es ist nicht unbedingt das umweltbewusste Essen, es ist nicht das gesundheitsbewusste Essen, aber wenn die Kinder das von Zuhause auch nicht so mitbekommen (-) als Grundgewohnheit, dann ist das schwer, das in einer Mensa durchzusetzen, sodass die Kinder tatsächlich noch am Essen teilnehmen. (00:38:46)

Die Debatte um die Rolle auch außerhäuslicher Organisationen, insbesondere von Schulen, für die Ernährungssozialisation wird dabei von Frau Karl vollkommen ausgeblendet, obwohl im wissenschaftlichen und politischen Diskurs eine Verantwortung der Schule nicht zuletzt aufgrund des zeitlichen Umfangs, den Kinder und Jugendliche hier verbringen, weitgehend bejaht wird (vgl. zur Rolle der schulischen Ernährungssozialisation z.B. Avemann 2013; Reitmeier 2013: 166 ff.). Die Ablehnung der Verantwortlichkeit geht für Frau Karl aber nicht mit der Annahme verringerter Professionalität einher. Vielmehr zeigt sich während des Interviews wiederholt, dass eine Selbstzuschreibung von Unterrichtserfolgen sowie eine Fremdzuschreibung von Misserfolgen vorgenommen wird (vgl. Kapitel 6.1.1.1), etwa wenn trotz fehlender grundsätzlicher Verantwortlichkeit (zumindest geringe) Erfolge hinsichtlich des Konsum- und Ernährungsverhaltens erzielt werden können (vgl. z.B. die Sequenz zum Fleischkonsum). Der durch den in der oben stehenden Sequenz verwendeten Begriff der Prägung entstehende Eindruck des Determinismus bezüglich des Ernährungsverhaltens wird so wenn nicht negiert so doch zumindest in seiner Endgültigkeit bezweifelt. Indem der Prägungscharakter der Eltern relativiert bzw. korrigiert wird, findet letztlich auch eine Selbstvergewisserung der eigenen Relevanz und Professionalität statt.

Die über den engen Kontext des Konsum- und Ernährungshandelns hinausgehende emotionale Stabilisierung als Grundlage einer auf Selbstvertrauen basierenden Lebensführung ist aus diesem Grund auch nur als bedingt abhängig von der erfolgreichen Veränderung jener Muster der Lebensführung zu betrachten. Emotionale Stabilität entwickeln die Lernenden durch im Fach HW generierte Erfolgserlebnisse. Diese sind entsprechend des stärker auf diffusen Beziehungsanteilen basierenden Charakters des HW-Unterrichts motivationaler statt kognitiver Natur. Statt den Schülerhabitus des leistungsorientierten Erwerbsmenschen (Helsper/Wiezorek 2006: 440) anzusprechen geht es vielmehr darum, Schuldistanz durch Selbststärkung zu verhindern. Dies gelingt Frau Karl folgend mittels nonreflexiver Handlungsorientierung entsprechend des Konzepts „Machen vs. Denken" bzw. drastischer formuliert „Machen statt Denken". Die zu bewältigenden Ziele bzw. Herausforderungen, die dem Erfolg vorausgehen, werden nicht durch den Lernenden selbst, sondern durch die Lehrkraft bestimmt. Das sich hierin spiegelnde hierarchische Lehrer-Schüler-Verhältnis wird in der oben dargestellten Waffel-Sequenz noch deutlicher. Um die Bearbeitung der prospektiven Krisensituation der Lebens- bzw. Alltagsbewältigung zu gewährleisten, setzt Frau Karl bewusst deren Verschärfung in Form des Entzugs von Erfolgserlebnissen ein.

6.1.2 Das Schülerkonzept von Frau Karl

6.1.2.1 Der Schüler als Schüler: Rollenspezifische Attribuierungen

Bereits im Rahmen der Darstellung des Tätigkeitskonzeptes sind zentrale Aspekte des Schülerkonzeptes von Frau Karl deutlich geworden. Diese werden nun in Teilen erneut aufgegriffen und konkretisiert sowie um weitere Bestandteile des Schülerkonzeptes ergänzt. Der enge Zusammenhang zwischen Schüler- und Tätigkeitskonzept erschließt sich insbesondere dann, wenn der Lehramtsberuf und die ihm inhärente Lehrer-Schüler-Beziehung anerkennungstheoretisch gerahmt werden. In Anlehnung an Honneth (2012) beschreibt Hericks in seiner Professionalisierungsstudie Solidarität und Recht als zentrale Formen der Anerkennung im schulischen Setting (Hericks 2006: 122 ff.). Grundlage solidarischer Anerkennung ist die grundsätzliche Wertschätzung der Leistung bzw. Leistungsfähigkeit jedes Schülers. Diese basiert auf einer sozialen Werteordnung, „in der die gesellschaftlichen Zielsetzungen eine so komplexe und reiche Auslegung erfahren [...], daß im Grunde genommen jeder einzelne die Chance zur Erlangung sozialen Ansehens erhält" (Honneth 2012: 207). Während die Anerkennungsform der Solidarität damit stärker die individuellen Besonderheiten und ihren Beitrag zur gesellschaftlichen Weiterentwicklung fokussiert, nimmt die Form des Rechts hiervon Abstand, indem sie unabhängig von individuellen Unterschieden alle Menschen als prinzipiell rechtsgleich anerkennt. Honneth bezieht sich hierbei auf die in modernen Gesellschaften ausdifferenzierte Sphäre des Rechts, in der von Geschlecht, ethnischer Zugehörigkeit, Herkunft etc. abgesehen werden soll. Übertragen auf das System Schule manifestiert sich rechtliche Anerkennung im Kontext der Bewertung, der sich nicht auf ganzheitliche Persönlichkeitsmerkmale, sondern fachliche Leistung bezieht (Hericks 2006: 123ff.). Als dritte Form der Anerkennung existiert darüber hinaus diejenige der Liebe, die, wenngleich auch innerhalb der Lehrer-Schüler-Beziehung diffuse emotionale Aspekte eine Rolle spielen, ihren Ort insbesondere innerhalb familiärer Primärbeziehungen findet bzw. finden sollte (Honneth 2012: 153ff; Hericks 2006: 121).

Frau Karl setzt sich während des gesamten Interviews immer wieder mit allen drei Anerkennungssphären auseinander. Zentral für ihr Schülerkonzept ist die Frage nach der prinzipiellen Partizipationsfähigkeit der Lernenden sowohl im innerschulischen bzw. unterrichtlichen Kontext als auch darüber hinaus. Dabei greift Frau Karl verschiedene Differenzierungskriterien auf, anhand derer sie die Schülerschaft kategorisiert. Ein hierbei zentrales Kriterium, der jeweils angestrebte Bildungsabschluss, wurde weiter oben schon thematisiert (vgl. Kapitel 6.1.1.3). Indem Frau Karl den Gesamtschülern die kognitive Leistungsfähigkeit qua angestrebten Abschluss aberkennt, verletzt sie die Verpflichtung sowohl zur solidarischen als auch rechtlichen Anerkennung. Sie wechselt stattdessen in den Modus der Anerkennungsform Liebe, die emotional statt kognitiv basiert ist und deren Ziel es ist, den Schützling zu befähigen, elementares Vertrauen in sich selbst zu gewinnen (Honneth 2012: 172, 211). Dies zeigt sich nachdrücklich in der als „Halt gewähren" beschriebenen Funktion des Hauswirtschaftsunterrichts (vgl. Kapitel 6.1.1.3). Diese Interpretation ist jedoch, wie bereits im Rahmen des Tätigkeitskonzeptes gezeigt, eng mit der Gefahr von Entgrenzung verflochten, insbesondere weil die Notwendigkeit des Gewährleistens von Halt als derart grundlegend betrachtet wird, dass Momente der Zurückhaltung als Vorbereitung auf eine autonome Teilhabe am öffentlichen Leben verwehrt bleiben (könnten). Folge dessen ist letztlich aber auch ein Aberkennen der generellen gesellschaftlichen Partizipationsfähigkeit der unterrichteten Schüler.

Das Kriterium der Leistungsfähigkeit spielt im Schülerkonzept Frau Karls aber nicht nur bezüglich der Unterscheidung Gymnasium/Gesamtschule, sondern auch in Hinblick auf die innere Differenzierung der Gesamtschülerschaft eine zentrale Rolle. Zusätzlich wird es ergänzt um das Kriterium des Leistungswillens, wie die folgende Sequenz zeigt:

I: Mh Sie haben grade schon gesagt, nur relativ wenige Schüler das als Wahlpflicht wählen. [...] ehm warum wählen die Schüler andere Angebote? Also Sie haben gesagt, es gibt ne ganze Menge Angebote, deswegen wählen wenige Leute eigentlich Hauswirtschaft. (00:13:50)

K: Wer sich mit Englisch schwer tut, hat keine Lust auf Französisch. Französisch ist mehr Paukerei, weil man die ganzen Konjugationen noch lernen muss, weil man viel mehr grammatikalische Regeln machen muss, diese Kinder haben zum Teil mit Englisch schon mehr als genug zu tun, das ist ganz richtig, dass die sich nicht noch Französisch aufbürden. Die gucken dann natürlich, was ist alternativ im Angebot, und dann kommen Sachen wie Hauswirtschaft, wo man praktisch was macht, in Hauswirtschaft kann man auch relativ schnell gute Noten erreichen, mit wenig häuslichem Aufwand im Vergleich zu Fremdsprachen, das heißt wer die Fremdsprache wählt, hat, wenn er seinen, Schnitt durch alle Fächer rechnet, oft nen schlechteren Schnitt als wenn er den gleichen Aufwand in Hauswirtschaft betreibt. Und die Waffeln in Hauswirtschaft schmecken auch einfach auch besser als das Vokabel lernen Zuhause. (00:14:47)

Hier wird die Entscheidung für ein bestimmtes Wahlpflichtfach nicht als Neigungswahl, sondern als Rationalentscheidung beschrieben, mit deren Hilfe Lernende ihren Notenschnitt bei gleichzeitiger Minimierung des Aufwandes zu verbessern versuchen. Schüler, denen Lernen im Fach Englisch (das sie nicht abwählen können) Mühe bereitet, wählen auch kein Französisch. Grundlage dieser Entscheidung sind aber nicht fehlende sprachliche Neigungen oder Talente, sondern die fehlende Lust auf „Paukerei". Damit ist impliziert, dass diese Schüler ihre schlechten Noten bzw. Leistungen im Englischunterricht vorrangig der mangelnden Lernwilligkeit zuzuschreiben haben. Der verwendete Begriff der Paukerei verweist auf den anstrengenden Charakter des wiederholten Auswendiglernens, das für das Erzielen von Erfolgen ein Bemühen der Lernenden voraussetzt. Diesen Mühen aber entziehen sich die Schüler in der Wahrnehmung Frau Karls. Durch die Verknüpfung der sprachlichen Elemente des „Lusthabens", der „Paukerei" sowie der Suche nach „relativ schnell" und „mit geringem häuslichen Aufwand" zu erreichenden guten Noten wird das Bild des faulen (Gesamt)Schülers gezeichnet. Dass das Ziel ihres Bildungsprozesses aus der Perspektive Frau Karls gerade nicht in theoretisch-kognitiver Erkenntnis sowie damit einhergehender gehaltvoller Partizipation am Unterrichtsgeschehen und darüber hinaus liegt, zeigt auch der Abschluss der Sequenz. Die „besser schmeckende Waffel" wird in Bezug zu den zu Hause zu lernenden Vokabeln gesetzt und damit unmittelbarer sinnlicher Genuss mittelbar erfahrbarer kognitiver Erkenntnis gegenübergestellt.

Das utilitaristische Schülerkonzept spiegelt sich nicht nur in den Aussagen Frau Karls zum schul- bzw. vor allem unterrichtsinternen Handeln der Schüler, sondern wird von ihr auch auf die zeitlich und räumlich über die Schule hinausgehende Lebensführung ausgedehnt. Dies zeigt sich deutlich beispielsweise in der Antwort auf die Frage, ob zwei Halbjahre Unterricht in HW, die jeder Schüler als Mindestmaß besuchen muss, als ausreichend betrachtet werden:

K: Naja, ausreichen, am Ende mit Doseneintopf überleben werden se. (00:15:33)

Als „ausreichend" wird in der vorliegenden Sequenz die Minimalanforderung der Absicherung der physiologischen Bedingungen des Überlebens definiert. Durch das gewählte Beispiel des Doseneintopfes – ein prototypisches Beispiel ungesunder Fertignahrung mit besonderer symbolischer Wirkung – in Verbindung mit der Wiederholung der Interviewerfrage bestätigt sich ein als zynisch zu bezeichnendes Konzept der Lernenden als (zu) faul (Hericks 2006: 122). Darin impliziert ist das fehlende Zugeständnis von Anerkennung in Form von Leistungsfähig- und -willigkeit, was sich letztlich in geringen zugeschriebenen Chancen auf die Bewältigung einer erfolgreichen Bildungskarriere niederschlägt.

6.1.2.2 Der Schüler als Konsument

Während des gesamten Interviewverlaufs erfolgt die Darstellung des beobachtbaren sowie vermuteten Konsumverhaltens der Lernenden immer wieder als defizitär. Die damit einhergehende Abwertung des schülerseitigen Konsumverhaltens erfolgt, darauf wurde bereits im Rahmen der Darstellung des Tätigkeitskonzeptes verwiesen, insbesondere in Abgrenzung zum eigenen Konsumverhalten, das sowohl als bewusst als auch als interessiert dargestellt wird. Manifest sichtbar wird diese Einschätzung an der folgenden Interviewsequenz, die sich unmittelbar an die oben wiedergegebene Supermarktbäcker-Sequenz anschließt:

> I:Wie sind so die Erfahrungen, eh wie die Schüler das wollen, wie gehen die Schüler so mit dem Fach um?
>
> K: Die STAUNEN, denen war das gar nicht bewusst. Denen is auch nicht bewusst, warum es Mülltaucher gibt, dass eben so viele Lebensmittel (-) weggeschmissen werden, bevor sie den Verbraucher überhaupt erreichen. (00:04:47)

Die Darstellung des Ausmaßes des Unbewusstseins erfolgt über die Wortwahl – sowohl „*staunen*" als auch „*gar nicht bewusst*" – als absolut. Darüber hinaus entwickelt der Terminus des Unbewusstseins eine doppelte Wendung, bezieht er sich einerseits auf fehlendes Wissen, andererseits auf das darauf aufbauende Konsumverhalten. Sich einer Sache bewusst zu sein bedeutet zunächst, über explizites Wissen zu dieser zu verfügen. Konkret bezieht sich Frau Karl auf das Schülerwissen zu den als negativ bewerteten Entwicklungen der Konsumgesellschaft (negative Energiebilanzen, Lebensmittelverschwendungen usw.). Die Schüler haben also kein Wissen über die Schattenseiten der Konsumgesellschaft, sie müssen darüber aufgeklärt werden, dass mit Lebensmitteln sorgsam umzugehen ist. Hier zeigt sich bereits die enge Verbindung zur kritischen Auseinandersetzung mit der Konsumgesellschaft, die das bewusste Konsumieren kennzeichnet und dazu auffordert, das eigene Konsumhandeln zu hinterfragen (vgl. dazu auch Kapitel 6.1.3.1). Letztlich erschließt sich aus der Sequenz, dass die Lernenden in den Augen Frau Karls nicht nur die Grenzen der Konsumgesellschaft verkennen, sondern darüber hinaus bzw. gerade deswegen defizitär konsumieren. Das massive Unbewusstsein der Grenzen des Konsumismus kennzeichnet sie als gefangen im verschwenderischen System des Konsums. Damit stellt Frau Karl mindestens latent auch ihre eigene Entfernung von den Lernenden dar, die sie letztlich wiederum in den Expertenstatus heben und Zutrauen in die eigenen Fähigkeiten, das Fach HW zu unterrichten, bedingen (vgl. Kapitel 6.1.1.1). Die in der Sequenz erfolgende kritische Auseinandersetzung mit dem Konsumhandeln der Lernenden wird auch während des weiteren Interviews aufgegriffen und bestätigt damit die defizitorientierte Perspektive Frau Karls auf die Schüler. Dies gilt insbesondere hinsichtlich des ernährungsbezogenen Konsumverhaltens, wie beispielsweise an den oben dargestellten Sequenzen „Steak/Sojaburger" oder „Mensa" deutlich wird. Das beobachtbare Ernährungsverhalten, dies wurde bereits gezeigt, erscheint als Determinismus. Damit aber wird den Lernenden die Fähigkeit zu mündigem, da selbstständigem Konsum- und Ernährungsverhalten weitestgehend abgesprochen.

Die Wahrnehmung des Konsumhandelns der Lernenden als unbewusst beschränkt sich aber nicht nur auf das ernährungsbezogene Handeln der Lernenden, sondern greift auch über dieses hinaus, etwa auf den Bekleidungskonsum:

> K: Es ist oft wenig Bewusstsein da, und in Klasse fünf und sieben machen wir auch Mülltrennung zum Beispiel als Themen, und da kommt dann oft die Frage "Wohin tue ich kaputte Turnschuhe?", "Was mache ich, wenn die Leuchtdioden haben?" /I: (lacht)/ ((lacht) dann sind sie) SONDERMÜLL. Das is, wissen viele nicht, is für mich Verbraucherbildung, dass ich dann sage: "Oh die haben Leuchtdioden drin, das ist hochgiftig mit dem Kadmium und dergleichen, also vielleicht gar nicht erst solche Schuhe kaufen beim nächsten Mal". (00:06:57)

Den Lernenden wird eine zu geringe Auseinandersetzung mit den von ihnen konsumierten Gütern im Vorfeld der eigentlichen Kaufhandlung während des Auswahlprozesses vorgeworfen (*„gar nicht erst solche Schuhe kaufen"*). Ursächlich für sich daraus ergebende von Frau Karl als fehlerhaft bewertete Konsumentscheidungen ist (vordergründig) Unwissen, aber auch Desinteresse an den Folgen des Konsums. Die Wahrnehmung der Abwertung des konkreten Konsumverhaltens als Konsumanalphabeten erhärtet sich, wenn die beschriebenen Produkte als Sondermüll identifiziert werden (und hierauf eine erhebliche Betonung liegt). Aus der Giftstoffbelastung des Sondermülls folgt eine Gefährdung der Umwelt und damit sowohl individueller als auch kollektiver Gesundheit, die es zu unterbinden gilt, indem das Konsumverhalten als falsch bewertet wird. Mit dieser Wertung geht Frau Karl zwar nicht auf die Frage der Lernenden ein, die durchaus von Interesse (an der umweltgerechten Entsorgung der Schuhe) zeugt, kann aber das Deutungsmuster des unmündigen, da verantwortungslos handelnden Konsumenten aufrechterhalten.

Dieses Deutungsmuster zeigt sich erneut an einer Sequenz, die sich mit den außerunterrichtlichen Ganztagsangeboten der Schule auseinandersetzt. Konkret handelt es sich beim thematisierten Angebot um eine Fahrradwerkstatt.

> I: Und bringen dann ihre eigenen Fahrräder oder kaputten Fahrräder mit und'
>
> K: <u>Können</u> sie, aber wir kriegen hier auch immer wieder kaputte Fahrräder und dann können sie „Aus dreien mach Eins" versuchen oder einfach üben wie man nen Platten flickt.

I: Für, für sich persönlich dann auch, also was passiert mit den Fahrrädern, wenn die jetzt beispielsweise drei kaputte Räder haben und das zusammenbauen wollen, dürfen die das dann behalten oder?

K: Die Reste werden am Schuljahresende entsorgt, über den Schrotthändler, und wenn dann gute oder akzeptable Fahrräder dabei rauskommen, dann, ich weiß nicht, ob die Kollegen die verkaufen irgendwie innerhalb der Schule, dann bei irgendwelchen Schulfesten oder dergleichen, oder ob das Schüler kaufen können, die einfach sonst sich kein Fahrrad leisten konnt' könnten, gegen irgendwie einen symbolischen Preis /I: Mmh/ Verschenken sollte man's nicht, dann hat's keinen Wert für die Schüler. (00:48:37)

Die Interpretation bezieht sich vorrangig auf die letzte Sequenz, mit der Frau Karl betont, dass verschenkte Räder ohne Wert für die Schüler seien. Die von Frau Karl angesprochenen Schüler können dabei sowohl die (potenziellen) Käufer der Räder als auch die Mitarbeitenden der Fahrradwerkstatt sein. Der verwendete Wertbegriff ist daher auch mehrfach konnotiert, wobei in der vorliegenden Sequenz drei denkbare Begriffsinhalte infrage kommen: *Erstens* Wert im materiellen Sinn als Ausdruck der Wichtigkeit eines Gutes, die es für die Befriedigung subjektiver Bedürfnisse besitzt und die im realen wirtschaftlichen Verkehr meist mit Preisen bemessen wird (= monetärer Wert). Wert kann *zweitens* in Zusammenhang mit der in die AG eingebrachten Arbeitskraft und damit auch der dieser entgegengebrachten Wertschätzung verstanden werden. Darüber hinaus kann Wert *drittens* im philosophisch-ethischen bzw. normativen Sinn betrachtet werden und entspricht dann eher Idealismen, es geht um als moralisch erstrebenswert betrachtete Eigenschaften und Qualitäten. Während der erste Wertbegriff die potenziellen Käufer der Räder fokussiert, bezieht sich der zweite auf die Teilnehmer der Fahrradwerkstatt. Der dritte Wertbegriff kann in beiden Zusammenhängen Anwendung finden.

Im sequenzinternen Kontext basiert die Argumentation Frau Karls zuvorderst auf dem monetären Wertbegriff. Es findet zunächst eine Bezugnahme auf die potenziellen Käufer als Abnehmende der Räder statt. In diesem Kontext wertvoll ist das Gut in den Augen Frau Karls für die Schüler nur, wenn es preislich bewertet wird, was bei kostenlosem Verschenken verneint werden muss. Latent spiegeln sich mehrere darüber hinausgehende Aspekte wider: das zentrale Bedürfnis der Lernenden am Rad ist nicht etwa dessen Nutzen im Hinblick auf Mobilität, also dessen Gebrauchswert (denn dann hätte es auch einen Wert, wenn es verschenkt würde). Vielmehr steht der jeweilige Tauschwert im Mittelpunkt. Die Sozialisation der Lernenden in eine Konsumgesellschaft, in der die Bewertung der Konsumgüter vorrangig auf dem jeweiligen Tauschwert basiert, ist dabei für Frau Karl derart fortgeschritten, dass kostenlose Güter von den Schülern von vornherein als nicht wertvoll betrachtet werden. Wertschätzung von Gütern durch die Lernenden wird aus ihrer Sicht so ausschließlich vom Preis abhängig gemacht. Dies impliziert aber auch eine Bewertung bzw. Abwertung der Konsumhaltung der Lernenden, die stärker auf die ethisch-moralische Wertedimension zielt: Sie werden von ihr als verantwortungslose Mitglieder einer konsumistischen Wegwerfgesellschaft dargestellt, die zumindest potenziell der Gefahr unterworfen sind, ihnen zur Verfügung gestellte Güter ohne adäquate monetäre Gegenleistung in nicht ausreichendem Maße zu schätzen. Diese Sichtweise wird auch bei Berücksichtigung des interviewinternen Kontextes gestützt, in dem Frau Karl mehrfach auf die falsche, da nicht mündige Konsumhaltung der Lernenden verweist. Das Verlangen einer monetären Gegenleistung, sei sie auch noch so symbolisch, geht daher auch mit erzieherischen Aspekten einher: dem Aberziehen einer Einstellung des „Ich kann immer alles haben". Aus diesem Konsumismus können die Lernenden somit nur entzogen werden, indem dessen Mittel (insbesondere die Tauschwertfokussierung, aber auch das Entziehen monetärer Mittel für andere Güter) herangezogen werden. Dies verdeutlicht erneut die unterstellte Unmündigkeit der Schüler.

6.1.3 Das Fachkonzept von Frau Karl

6.1.3.1 Angemessen Konsumieren: konsumbezogene Deutungsmuster

Die enge Wechselwirkung zwischen konsumentenbezogenem Schülerkonzept, also der Frage nach der Wahrnehmung der Lernenden in ihrer Konsumentenrolle, und konsumbezogenen Wissensbeständen bzw. Deutungsmustern wurde bereits zu Beginn des Kapitels betont, so dass an gegebener Stelle auf bereits aufgezeigte Aspekte verwiesen wird und diese ergänzt werden.

Insgesamt differenziert Frau Karl Konsumhandlungen durchgehend anhand der Kriterien richtig bzw. falsch. Auf dieser Basis erfolgt eine Grenzziehung zwischen als legitim anerkannten Lebensstilen, wobei Verschwendung als falsche und Askese bzw. bewusster Konsumverzicht als die normativ erstrebenswerte Lebenshaltung dargestellt werden. Die Kritik an Verschwendung zeigt sich gleichermaßen an der „Supermarktbäcker-Sequenz" (vgl. Kapitel 6.1.1.1) sowie an der „Mülltaucher-Sequenz" (vgl. Kapitel 6.1.2.2). Aus beiden Sequenzen sprechen nicht nur Kritik und Empörung über das defizitäre Wissen bzw. Bewusstsein der Lernenden, sondern auch Empörung über die Entwicklung der Konsumgesellschaft und ihrer Schattenseiten. So erschließt sich diese Empörung eindringlich über die Aussage, dass den Schülern „nicht bewusst [sei], warum es Mülltaucher gibt" (00:04:47-9). Mülltauchen, auch Containern oder Dumpstern genannt, bezeichnet die Entnahme noch genießbarer, aber aufgrund von Mängeln wie Druckstellen oder abgelaufenem Mindesthaltbarkeitsdatum entsorgter Lebensmittel aus Müllcontainern insbesondere von Supermärkten, aber auch Restaurants oder der Nahrungsmittelindustrie. Ausgangspunkt hierfür sind in der Regel nicht materielle Zwänge, sondern vielmehr eine konsumkritische Einstellung. „In Opposition zur Konsumkultur wird das dort proklamierte Konsumglück infrage gestellt und alternativ im Konsumverzicht gesucht." (Edlmayr 2009: 87). Mülltauchen stellt somit zunächst eine Praxis des individuellen Widerstands gegen als fehlerhaft verstandene Entwicklungen der Konsumgesellschaft dar, greift aber über den individuellen Nutzen hinaus, sofern diskursiv darüber verhandelt wird (ebd.: 88). Das „Warum" in der dargestellten Interviewsequenz mit Frau Karl zielt auf diese Ursachen des Phänomens Containern und kann daher als Kritik an Konsumismus bzw. Hedonismus und Verschwendung aufgefasst werden.

Die konsumkritische Haltung und die auf ihr aufbauende, normativ gerahmte Differenzierung angemessener Lebensstile wird auch in der nachfolgend aufzuzeigenden Sequenz deutlich. Diese schließt inhaltlich (wenngleich nicht unmittelbar chronologisch) an die „Steak-Soja-Sequenz" (vgl. Kapitel 6.1.1.1) an:

> K: Aber ich kann natürlich mit Pfannekuchen das Thema Braten machen, oder mit nem argentinischen Steak. [...] Ja und es geht, Statussymbol oder etwas Leckeres, was alles gerne mögen /I:Mhm/ Das wird auch gegeneinander gesetzt, dass Genuss eben nicht heißen muss, es ist das teure Produkt, das besonders (-) umweltunfreundlich produziert wird [...]. (00:26:14)

Frau Karl wiederholt hier nicht nur die Annahme, Fleischkonsum bedürfe besonderer Legitimation, sondern stützt auch die ablehnende Haltung gegenüber der auf Verschwendung und Materialismus aufbauenden Konsumkultur. Die beiden miteinander verglichenen Gerichte entfalten in diesem Zusammenhang nicht nur implizit Symbolcharakter. Das Rindersteak wird als Mittel des Status- und Distinktionskonsums bezeichnet. Statussymbole sind solche Gegenstände der materialen Kultur einer Gesellschaft, mit denen der Besitzende ein bestimmtes Ansehen erlangen will und die ihren Nutzen in aller Regel gerade nicht über ihren jeweiligen Gebrauchswert entfalten. Zudem sind sowohl klassische Statussymbole wie Autos oder auch technische Geräte, aber auch das hier als Statussymbol gekennzeichnete Rindersteak durch einen hohen Ressourcenverbrauch gekennzeichnet und können als Signifikant unbewussten Verbraucherverhaltens gewertet werden.

Zusätzlich findet in der vorliegenden Sequenz ein Infragestellen des denkbaren Genusses bzw. der Kategorisierung des Fleisches als Genussmittel zunächst durch das Kriterium „lecker" statt. Diese zweifelnde Haltung wird im Abschluss der Sequenz bekräftigt. Hier wird festgelegt, welche Produkte als genießenswert gelten (dürfen). Genuss ist dann aber gerade kein subjektiver, individuell unterschiedlich zu bewertender Sinneseindruck, sondern wird mithilfe moralischer Argumentation objektivierbar. Die Betonung, dass jenseits des Geschmackes andere Aspekte wie der Preis und vor allem die Umweltfreundlichkeit des gewählten Produktes zentral für die Konsumentscheidung sind, rückt das Kriterium des Genusses als Befriedigung individuellen Geschmackes in die zweite Reihe. Erst wird berücksichtigt, unter welchen Umständen Produkte hergestellt werden, dann, wie teuer sie sind und erst im letzten Schritt folgt der Genuss. Dies rückt die dargestellte Haltung erneut in die Nähe einer asketischen Lebenshaltung, in der es um Verzicht geht und Genuss (zumindest bestimmter Produkte) bewusst gemieden bzw. eingegrenzt wird. Eine asketische Lebenshaltung ist somit ein erstrebenswertes, legitimes Korrektiv nicht nur gegenüber Hedonismus, sondern auch gegenüber Statusorientierung.

Die Frage nach dem angemessenen Konsumhandeln zeigt sich in den bisher dargestellten Sequenzen vorrangig als eine grundsätzliche Befürwortung asketischerer Lebensstile. Eine Selbstpositionierung als bewusste Verbraucherin findet gleichwohl mindestens latent statt. Explizit wird diese Selbstpositionierung als Abgrenzung von nicht-bewusstem Verbraucherhandeln jedoch in der nachstehenden Sequenz, in der sich Frau Karl in negativer Abgrenzung auf das vor allem vegetarische Essensangebot der Schulmensa bezieht:

> K: Ich hab's selber erlebt bei meinem Kind, der war in einer ziemlich alternativen Kita, da haben die immer Essen bekommen von einem vegetarischen Caterer /I: Mhm/ K: X-Caterer hier in X-Stadt, und eh das ist dann doch sehr gut angekommen auf Dauer, und wir haben gesagt, wer möchte, dass sein Kind Fleisch isst, kann dem ein Wurstbrot zum Frühstück geben, kann dem zum Abendbrot was machen, kann am Wochenende einen dicken Braten aufn Tisch stellen (-), nicht Vegetarier können ja vegetarisch problemlos essen. (00:50:27)

Unter Berücksichtigung, dass die Auswahl der durch das eigene Kind zu besuchenden Kindertagesstätte in der Regel eine elternseitige Entscheidung darstellt und auch in Abhängigkeit vom jeweils verfolgten Konzept der Kindertagesstätte erfolgt, findet in dieser Sequenz eine Selbstpositionierung statt. Dies gilt insbesondere, da die durch das Kind besuchte Einrichtung explizit als alternativ bezeichnet wird. Bezogen auf die Thematik des Konsums kann als alternative Lebensweise eine solche bezeichnet werden, die sich insbesondere von bürgerlichen Lebensstilen abgrenzt und der gesellschaftlichen Steigerungslogik zu entziehen versucht. Diese Interpretation wird auch durch den textinternen Kontext bestätigt. Zudem impliziert die Aussage, die Versorgung mit vegetarischem Essen in der Kita sei *„dann doch sehr gut angekommen auf Dauer"*, dass es zunächst kein generelles Einverständnis hinsichtlich der Versorgung der Kinder/ des Kindes mit vegetarischem Essen gegeben hätte. Indem sich letztlich aber dennoch die Einsicht durchgesetzt hat, die Entscheidung für eine vegetarische Versorgung sei angemessen und richtig, spiegelt sich in der Sequenz auch die Ansicht wider, Widerstände (im vorliegenden Fall gegen eine Ausweitung des vegetarischen Angebotes der Schulmensa) ließen sich mit entsprechendem Willen und in Zusammenarbeit mit den Eltern überwinden. Bewusstes und richtiges Konsumhandeln erscheint daher als eine mühevolle Leistung, um die immer wieder gerungen werden muss, die aber letztlich dennoch durchsetzbar und lohnenswert ist. Diese Annahme bestätigt sich auch über die vorliegende Sequenz hinaus, z.B. in folgender Aussage:

> K: [...] in Hauswirtschaft, wenn die selber Gemüse putzen, wer schmeißt wie viel weg, wer macht sich die Mühe, möglichst viel von dem Produkt wirklich zu nutzen? (00:06:57)

Bewusstes Konsumhandeln ist ressourcenschonend, wobei dies nicht als selbstverständlich, sondern vielmehr mühevoller Prozess betrachtet wird. Es ist im vorliegenden Beispiel einfacher, das Gemüse grob zu schälen, damit aber weniger davon „*wirklich zu nutzen*". Die verwendete Begrifflichkeit des „*Mühegebens*" ist im Kontext der Durchsetzbarkeit ressourcenorientierten Verbrauchens ambivalent. Einerseits ist ein solches Konsumieren eine besondere Leistung, die es zu würdigen gilt. Andererseits zeugt die Verpflichtung zum Bemühen von der mit diesem Handeln verbundenen Anstrengung und Kraft, die als prinzipiell unabschließbarer Kampf erscheint, von dem man sich nicht abhalten lassen sollte. Dies gilt – wie weiter unten bei der Darstellung des unterrichtsfachbezogenen Konzeptes zu zeigen sein wird – nicht nur für das Konsumhandeln selbst, sondern auch für das verbraucherbildungsbezogene Verständnis Frau Karls.

Zusammenfassend beschreiben die bisher aufgeführten Sequenzen, in denen sich Frau Karl mit erstrebenswerten Konsumhaltungen und -handlungen auseinandersetzt, ein Konzept, das vorrangig mit dem des verantwortungsvollen Konsums korrespondiert. Die Verantwortungszuschreibung erfolgt dabei individuell und nicht systemisch[82]. Es ist das Handeln des Einzelnen, das an die Grenzen der Konsumgesellschaft angepasst werden muss. Dieses Konzept kennzeichnet auch die inhaltsbezogenen Deutungsmuster hinsichtlich der Frage angemessener Verbraucher- bzw. Konsumentenbildung, wie im nachfolgenden Teilkapitel zu zeigen sein wird.

6.1.3.2 Verbraucherbildung und Hauswirtschaft – Unterrichtsfachbezogene Deutungsmuster

Die unterrichtsfachbezogenen Deutungsmuster Frau Karls lassen sich grob entlang der Aspekte inhaltliche sowie organisatorische Schwerpunkte gliedern. Die inhaltlichen Schwerpunkte sowie darauf aufbauenden Ziele des HW-Unterrichts

---

[82]   Dieses Bild korrespondiert eng mit der Verantwortungszuschreibung für Leistungsfähigkeit im Schülerkonzept Frau Karls. Auch hier ist es weniger das Schulsystem, das durch bildungssoziologisch nachgewiesene strukturelle Benachteiligung zumindest als mitverantwortlich gekennzeichnet wird, sondern der einzelne Schüler, dem es entweder an Leistungswillen fehlt oder dessen „Kapazitäten einfach nicht so weit reichen".

leiten sich in großen Teilen von ihren konsumbezogenen Deutungsmustern sowie der Wahrnehmung der Lernenden in ihrer Rolle als Konsumenten ab. Angestrebter Soll-Zustand und damit das Leitbild, an dem sich die Verbraucherbildung Frau Karls orientiert, ist der verantwortungsbewusste Konsument, der sich deutlich vom wahrgenommenen Ist-Zustand der Lernenden in ihrer Rolle als Verbraucher unterscheidet. Diese werden vielmehr als bequeme und unkritische, unbewusste Konsumenten dargestellt. Aufbauend auf dieser Differenzierung entwickelt Frau Karl eine Darstellung der Verbraucherbildung als normativ gefärbte, gesellschaftsrelevante Alltagshilfe, die weder die Vermittlung von Sachwissen noch von Reflexionsfähigkeit in den Mittelpunkt des Unterrichts stellt. Deutlich wird dies insbesondere an der Leuchtdioden-Schuh-Sequenz, in der explizit betont wird:

> K: *Das [...] is für mich Verbraucherbildung,* dass ich dann sage: "Oh die haben Leuchtdioden drin, das ist hochgiftig mit dem Kadmium und dergleichen, also *vielleicht gar nicht erst solche Schuhe kaufen beim nächsten Mal. Das sind so kleine Stellen [...].*" (00:06:57, kursive Hervorhebungen FW)

Auf diesem Weg ermöglichen der HW-Unterricht und die während ihm stattfindende Verbraucherbildung den Lernenden das Aufbrechen alter Gewohnheiten sowie darauf aufbauend eine Annäherung an das angestrebte Konsumentenleitbild, wenngleich Frau Karl auf die Schwierigkeiten der Veränderung gewohnter Konsummuster nicht zuletzt aufgrund der fortgeschrittenen Konsumenten- und Ernährungssozialisation der Lernenden verweist (siehe z.B. Kapitel 6.1.1.4: „Prägung"). Als Ergebnis des Unterrichts wird dennoch die Erweiterung des Horizonts der Lernenden dargestellt:

> K: Ja, und die kriegen dann oft auch große Erfolgserlebnisse. Die sagen, ein bestimmtes Lebensmittel mögen sie überhaupt nicht, dann haben wir aber die Verpflichtung, für alle das Rezept, das heute ansteht, wird gekocht, und alle müssen auch davon probieren. Sie müssen nicht alles aufessen, aber ein kleiner Happen probiert und dann kommt das Aha-Erlebnis: „OH das schmeckt ja doch". Und selbstgekocht auch noch, dann sind die stolz, haben wieder was neues gelernt, ihren Horizont erweitert wie, ich kann neues probieren und es gefällt mir DOCH, und das sind einfach wichtige Erlebnisse. (00:17:34)

Der Begriff der Horizonterweiterung wird klassischerweise im Kontext des Reisens, des Kennenlernens fremder Kulturen oder religiöser bzw. spiritueller Erkenntnis verwendet. Er verweist gerade in diesen Zusammenhängen darauf, dass über Bekanntes hinausgegangen wird, indem sich Neuem und Unbekanntem geöffnet wird. Übertragen auf den HW-Unterricht ermöglicht dieser damit das Überschreiten kultureller bzw. milieubezogener Grenzen. Die durch Frau Karl dargestellten Ernährungsgewohnheiten der Lernenden bzw. ihrer Herkunftsfamilien entsprechen dem interviewinternen Kontext folgend häufig denen der Konsummaterialisten aus den klassischen Sinus-Milieus. Sie sind gekennzeichnet etwa durch „Sorglosigkeit und Verantwortungslosigkeit im Umgang mit sich selbst und dem Körper, [...], [f]ehlende Ernährungskompetenz und Esskultur, [sowie der] Dominanz des Convenience-Motivs („Fastfood', „Junkfood')" (Wippermann 2009: 150). Dieses Deutungsmuster ist vor allem deswegen so relevant, weil sich in ihm ein Widerspruch zu dem als deterministisch beschriebenen Ernährungsverhalten der Lernenden offenbart[83]. Integrieren lässt sich dieser Widerspruch wie bereits gezeigt vor allem in der Selbstvergewisserung eigener Professionalität bzw. der Legitimität des eigenen Lehrerhandelns (vgl. Kapitel 6.1.1.4). Ohne Zwang bzw. deutliche Intervention seitens Frau Karls („*alle müssen auch davon probieren*") gäbe es gar keine Veränderungen. Es erscheint ihr selbst damit lohnenswert, sich für den „Konsumsünder" einzusetzen, auch wenn die Aussicht auf Erfolg nur eine geringe ist. Verbraucherbildung erfüllt damit den quasi-missionarischen Anspruch, mit kleinen Dingen großes zu bewirken[84]. Das Deutungsmuster der Verbraucher- bzw. Konsumentenbildung als Alltagshilfe wird so gestützt.

Der mit dem HW-Unterricht verfolgte Anspruch der Alltagshilfe wird von Frau Karl aber nicht nur auf der Ebene des Wandels der Lernenden vom unbewussten und bequemen Konsumenten zum bewussten Konsumenten verfolgt. Alltagshilfe leistet der Unterricht zudem durch die diffuse Fürsorgeleistung, in deren Rahmen der Unterricht „*Halt*" bietet bzw. als letzter Anker dient. Die Notwendigkeit der Fürsorgeleistung besteht dabei insbesondere für diejenige Schülerschaft, die keinen akademischen Werdegang plant. Für Lernende hingegen, deren „*Kapazitäten weit genug reichen*" gilt:

> K: Die Überflieger, [...] die brauchen das nicht fürs Selbstbewusstsein, die brauchen aber manchmal doch n paar praktische Hinweise, damit sie die Nudeln kochen können. (00:09:37)

Diese Sequenz zeigt, dass die Deutungsmuster des HW-Unterrichts im Besonderen bzw. der Ernährungs- und Konsumentenbildung im Allgemeinen in Abhängigkeit von der zu unterrichtenden Zielgruppe differieren. Für Gymnasialschüler bzw. „*die Überflieger*" stellen diese Bildungsprozesse einen nützlichen aber entbehrlichen Zusatz dar. Praktische Hinweise haben den Charakter von Tipps,

---

[83]   Oevermann folgend, sind „Inkonsistenzen [...] für Deutungsmuster geradezu endemisch und typisch. Nach ihnen muss man fahnden, weil sie daran vor allem erkennbar sind" (2001a: 67). Dennoch löst sich die Stimmigkeit der eigenen Theorie im konkreten Fall gelingender Verbraucherbildung nicht auf. Es geht vielmehr darum, Widersprüche im Rahmen der Alltagspraxis zu einer stimmigen Theorie zu integrieren und damit auf das „Problem von Lebenspraxis als widersprüchlicher Einheit von Entscheidungszwang und Begründungsverpflichtung zu reagieren" (ebd.).

[84]   Hierin drückt sich auch das zuvor in Kapitel 6.1.3.1 erwähnte Motiv der Vermittlung „richtiger" Konsummuster als prinzipiell unabschließbarer Kampf, von dem sich die Lehrkraft trotz der damit verbundenen Mühe und ggf. Enttäuschung nicht abhalten lassen sollte, aus.

die kaum eigene Lernzeit in Anspruch nehmen. Dies gilt in besonderem Maße für das gewählte Beispiel („*Nudeln kochen*"), wo Zubereitungshinweise bereits auf der Umverpackung zu finden sind. Für Gesamtschüler hingegen, insbesondere für „*diejenigen die nicht eh höhere Bildungsgrade erreichen können weil ihre, ehm Kapazitäten einfach nicht so weit reichen oder weil der familiäre Hintergrund nicht genügend Unterstützung bietet*" (00:09:37), stellt der HW-Unterricht eine unerlässliche Notwendigkeit dar.

Die Kombination von Alltagshilfe als Fürsorge und Alltagshilfe als Anpassung unangemessenen Konsumverhaltens führt zu einer ausschließlichen Fokussierung auf die instrumentelle Relevanz des Unterrichts. Nützlich ist der Unterricht dann, wenn er alltagsrelevant ist bzw. handlungsrelevante Kenntnisse und Fertigkeiten vermittelt. Hierin spiegelt sich ein als klassisch zu bezeichnendes Deutungsmuster pädagogischen Handelns im Lernbereich Hauswirtschaft wider, dessen Ursprünge unter anderem in der Arbeitsschulpädagogik zu finden sind.

> K: Es ist eben einfach, dass das sehr alltagsrelevant ist, für die Kinder und die sind auch stolz, wenn sie Zuhause dann ein ein Rezept nachkochen können und dem kleinen Bruder hat der Pfannekuchen so gut geschmeckt. (00:08:16)

Folge der zu starken Fokussierung auf Alltagsrelevanz ist eine Trivialisierung der Inhalte, die letztlich die von Frau Karl angemahnte gesellschaftliche Relevanz (Umweltverschmutzung, Verschwendung, Konsumismus) konterkariert. Im Mittelpunkt des Unterrichts steht gerade nicht Einsicht durch Verstehen, sondern mechanisches Anwenden des Gelernten. Ein solches Verständnis hinsichtlich des Bildungsauftrags der Schule ist aber als kritisch zu bewerten, zumal die Frage nach der konkreten Alltagsrelevanz und den zu vermittelnden Fähigkeiten in den Händen der Lehrkraft liegt. Oelkers folgend ist eine dergestaltige

> „Nutzerwartung [...] tückisch [...]: Sie trivialisiert die Gehalte. [...] Nutzen für die Lebenswelt kann sich nur auf die Bewältigung von Alltagsproblemen beziehen, die resistent sind gegenüber *jeder* Form anspruchsvoller Bildung. Wer dieses Kriterium überzieht, muss den Lehrplan trivialisieren, ohne auf der anderen Seite wirklich ‚Lebensnutzen' zu erzielen oder gar nachweisen zu können. Auch ein ‚alltagsnaher' Unterricht kann nicht antizipieren, was sich in der *nachfolgenden* Lebenserfahrung der Schülerinnen und Schüler an Problemgehalten ergibt. Anspruchsvolle Gehalte dafür zu opfern, wäre nicht nur ein hoher, sondern zugleich ein sinnloser Preis." (Oelkers 2002: 108, zit. nach Hericks 2006: 397) [85]

---

[85] Sowohl Oelkers als auch Hericks beziehen sich mit der Mahnung vor einer Trivialisierung der Inhalte auf naturwissenschaftliche Bildung. Sie ist aber ebenso gut übertragbar auf gesellschaftswissenschaftliche bzw. sozialwissenschaftliche Bildung, deren Fokus in der Vermittlung von Analyse- und Urteils-, sowie Handlungsfähigkeit liegt. Voraussetzung hierfür ist aber das Verfügen über Deutungs- und Orientierungswissen, das nicht zuletzt auf Gesellschaftstheorien beruht bzw. beruhen kann.

Im Zusammenhang mit der Frage, was wirklich Lebensnutzen sei, muss hinsichtlich der im Interview aufscheinenden Deutungsmuster zudem hinterfragt werden, was als der relevante Alltag, für den die Kenntnisse vermittelt werden sollen, gilt. So zeigt sich etwa an folgender Sequenz, dass der Bezugspunkt des Unterrichtshandelns sich eher auf Realitäten innerhalb des Systems Schule als auf außerschulische, zukünftige Realitäten bezieht:

> I: Aber dann könnte man ja trotzdem schon so 'n bisschen vermuten dass es nicht alles nur von Zuhause kommt, sondern dass das n bisschen <u>Input</u> zumindestens auch ehm vermutlich irgendwie aus dem Unterricht hier kommt.
>
> K: Das zeigt sich auf den Klassenfahrten in <u>acht</u>, wenn die' /I: Wie zeigt sich das?/ Wenn die Kinder dann ihre Gerichte, die sie dort kochen, tatsächlich zubereiten können, wenn das gut klappt in den Gruppen, und wenn sie dann davon erzählen, wenn sie wieder da sind. (00:23:06)

Alltagsrelevant wird im Unterricht Vermitteltes erst dann, wenn es insofern als nachhaltig gelten kann, dass die Lernerfolge tatsächlich anwendbar und damit letztlich auch sichtbar sind. Der von Frau Karl in der vorliegenden Darlegung angesprochene konkrete Kontext, d.h. die lernrelevante Situation, in der eine Anwendung erfolgt, ist die Klassenfahrt in Klassenstufe 8. Dabei erfolgt die Fähigkeitsvermittlung nicht nur „nebenbei", sondern in expliziter Vorbereitung auf die Klassenfahrt:

> K: [...] in Klasse sieben geht es um Gartechniken und einfache Rezepte, damit die lernen, sich auf der Klassenfahrt, die dann in Klasse acht kommt, selber zu bekochen. (00:03:15)

Lebensnutzen und Alltagsrelevanz, die immer auch einen Zukunftsbezug aufweisen, können hierauf beruhend gleich mehrfach infrage gestellt werden. Zum einen handelt es sich um eine Situation, die in unmittelbarer Zukunft (dem nächsten Schuljahr) der Lernenden liegt. Hinsichtlich der weiter entfernten Zukunft kann an Oelkers Kritik, auch ein an Alltag orientierter Unterricht könne nicht vorhersagen, auf welche Problemlagen Schüler zukünftig treffen, weiterhin festgehalten werden. Darüber hinaus liegt der Anwendungsbezug im schulischen Setting. Lernen erfolgt damit nur bedingt „für das Leben", sondern in Vorbereitung auf ein spezifisches, schulbezogenes Ereignis – die Klassenfahrt.

Die Konzentration auf die Förderung praktisch umsetzbarer Fähigkeiten (unabhängig vom konkreten Bezugspunkt) bzw. die unmittelbare Nutzenorientierung und Fürsorgeleistung des Unterrichts lässt sich nicht zuletzt auf die organisatorische Einordnung des Faches HW als Nebenfach zurückführen. Diese Einschätzung drückt sich unter anderem in der folgenden Äußerung Frau Karls aus:

> I: Was heißt das Hauswirtschaftsunterricht? Was, was kann ich mir darunter vorstellen?

> K: Das heißt in Klasse fünf und sieben haben alle Kinder bei uns ein halbes Jahr lang eh Hauswirtschaftsunterricht, jeweils die halbe Klasse, die andere Hälfte hat in der Zeit Technikunterricht, und zum zweiten Halbjahr werden die beiden Gruppen getauscht, sodass jedes Kind etwa zwanzig Wochen Hauswirtschaft hat, eine Doppelstunde pro Woche. (00:03:15)

Nebenfächer sind im Vergleich zu Hauptfächern organisatorisch zunächst durch ihren geringeren Umfang gekennzeichnet, ein Aspekt auf dem Frau Karl im hier vorgestellten Zitat rekurriert. Auf die Interviewerfrage hätte sie durchaus auch mit einer inhaltlichen Präzisierung der Unterrichtsgegenstände antworten können. Stattdessen stellt sie das Fach (in einer Sequenz direkt zu Beginn des Interviews) in seinem organisatorischen Aufbau vor. Es erfolgt damit eine Positionierung zum Fach: für die eigene Wahrnehmung des Faches spielen organisatorisch-strukturelle Faktoren eine größere Rolle als inhaltliche. Zunächst handelt es sich um ein zeitlich begrenztes Fach. Im Vergleich zu zahlreichen anderen (auch Neben-)Fächern, die durchgängig unterrichtet werden, findet der HW-Unterricht (als Pflichtunterricht) ausschließlich in den Klassenstufen 5 und 7 für ein Halbjahr statt, wobei die Gruppengröße im Vergleich zu anderen Fächern auch kleiner ist, weil im halbjährlich wechselnden Modus nur die Hälfte der Klasse für je zwei Stunden pro Woche am Kurs teilnimmt. Auch auf Basis dieses geringen zeitlichen Umfangs ist HW ein korrekturarmes und damit weniger arbeitsintensives Fach, wie sich wiederholt nachweisen lässt:

> K: ich hab einfach ein anderes Fach gesucht, das ich mir zutraue, in dem nicht so viel Korrekturen anfallen. (00:01:54)

> K: Es gibt viele die sagen, man sollte ein Hauptfach studieren und ein Nebenfach, das Hauptfach, damit man von den Schülern ernst genommen wird, das Nebenfach, damit man nicht in dem Hauptfach sich nur kaputtarbeitet mit den Korrekturen. (00:59:33)

Insbesondere die zweite Darlegung zeugt darüber hinaus von der durch Frau Karl empfundenen und den Schülern unterstellten geringeren Anerkennung des Nebenfaches HW, die eine im Vergleich zu Hauptfächern veränderte Schwerpunktsetzung in der inhaltlichen Ausgestaltung des Unterrichts erst rechtfertigt. Im Mittelpunkt steht nicht mehr theoretisch-kognitive Erkenntnis, sondern die Vermittlung anwendbarer Fähigkeiten sowie eines klassischen Wertekanons (Ordnung, Fleiß, Disziplin, vgl. Kapitel 6.1.1.3).

> I: Mhm, und und auch das Erziehen scheint also, ja wir wissen, dass nen Lehrer eigentlich unterrichten soll und damit natürlich auch irgendwie ein fachwissenschaftliche Aufgabe hat, aber selbst die KMK sagt ja mittlerweile, Erziehen ist auch ne ganz wichtige Aufgabe von, von Lehrerinnen und Lehrern und das ((lacht)).

> K: Aber das braucht ZEIT, und die haben wir im strengen Fachunterricht nicht, die haben wir aber in Fächern wie Hauswirtschaft. (01:03:42)

Es findet in der Aussage Frau Karls eine deutliche Abgrenzung des Faches HW vom Fachunterricht statt (strenger Fachunterricht vs. Fächer wie Hauswirtschaft), wobei die Interpretation des Fachunterrichts als streng sowohl auf den Vorrang der Aufgabe der Vermittlung von Fachinhalten vor erzieherischen Aspekten als auch auf eine damit verbundene Ausgestaltung des Unterrichts im Modus der Strenge in Form lehrerzentrierter Methodik verweisen kann. Letztlich beinhaltet aber auch die zweite Deutung die (wenngleich rezeptive) Vermittlung von Fachwissen als empfundenen Schwerpunkt des Unterrichts. Die dem gegenüberstehende Wahrnehmung der vorrangigen (doppelten) Nutzenorientierung des HW-Unterrichts ergibt sich nicht zuletzt auch aufgrund der Einschätzung der Lernenden als zu theoretisch-kognitiver Erkenntnis unfähig oder zumindest unwillig, was auf den engen Zusammenhang von Schülerbild und Fachkonzept verweist. Beispielhaft hierfür sind sowohl die in Kapitel 6.1.2.1 aufgezeigte Wahlpflicht-Sequenz (Französisch vs. HW) als auch die nachfolgende Aussage:

> K: [...] die sind auch stolz, wenn sie Zuhause dann ein ein Rezept nachkochen können, [...] ist einfach eine Motivation da, die sicherlich viel größer ist als die, wieder Vokabeln zu üben. (00:08:16).

Zusammenfassend deutet sich damit eine auch auf dem organisatorischen Status des Faches als Nebenfach beruhende Abwertung des HW-Unterrichts hinsichtlich seiner Relevanz und Bedeutsamkeit im Vergleich zu Hauptfächern an, in die sich zahlreiche der bereits aufgeführten Deutungsmuster auch des Tätigkeitskonzeptes Frau Karls integrieren lassen, etwa:

- die mangelnde Notwendigkeit der Professionalisierung des HW-Unterrichts bzw. die Wahrnehmung des Fachs HW als (insbesondere im Vergleich zu den Hauptfächern wie Englisch) nicht professionalisierungsbedürftiges Fach,

- die Abwehr der Verpflichtung zur (Objektivität bei der) Leistungsbewertung,

- der Utilitarismus bei der Entscheidung für das Fach sowie das mit diesem einhergehende geringere fachliche Interesse (kein „Brennen" für das Fach).

Insbesondere der letzte Punkt spiegelt sich auch in einer fehlenden Auseinandersetzung mit Optionen fächerübergreifender bzw. lernbereichsübergreifender Lernprozesse wider. Diese sind für das Fach HW nicht zuletzt denk- und erwartbar, weil es sich in den Fächerverband Arbeitslehre eingliedert, der neben hauswirtschaftlicher auch technische und ökonomische Grundbildung gewährleisten soll. Dem geltenden Kernlehrplan folgend spielt die Thematik des Konsums nicht nur im Teilbereich HW, sondern auch in den Bereichen Arbeitslehre sowie Wirtschaft eine zentrale Rolle (MSW NRW 2013). Auf denkbare Überschneidungen, die das Deutungsmuster der Verbraucherbildung als Alltagshilfe um

Gesichtspunkte der Reflexivität erweitern könnten, geht Frau Karl jedoch zu keinem Zeitpunkt des Interviews ein.

6.2 Herr Peter: It's all about the Money

Herr Peter unterrichtet an einer Gesamtschule im ländlichen Raum, an der er bereits sein Referendariat absolvierte, die Fächer Gesellschaftslehre, Arbeitslehre/Wirtschaft (Sekundarstufe I), Sozialwissenschaften (Sekundarstufe II) und Sport. Er hat die Fächer Sozialwissenschaften und Sport studiert und unterrichtet somit nicht fachfremd. Er verfügt einschließlich des Referendariats zum Interviewzeitpunkt über knapp fünf Jahre Berufserfahrung und hat dem Expertiseansatz nach Berliner folgend das Stadium des kompetent handelnden Lehrers erreicht (Herzmann/König 2016: 84ff.). Herr Peter konnte für die Teilnahme am Interview während einer Teilnahme an der Fachkonferenz Sozialwissenschaften gewonnen werden. Das Interview selbst fand während einer Freistunde an der Schule statt, was zu einem begrenzten Zeitrahmen von maximal 45 Minuten Dauer führte.

6.2.1 Das Tätigkeitskonzept von Herrn Peter

6.2.1.1 Planungs- vs. Erfahrungswissen: Expertise qua theoretisch-formalem Wissen

Herrn Peters Verständnis von Konsumbildung wird eher durch abstraktes Begriffswissen statt durch Erfahrungswissen auf Basis der eigenen Unterrichtspraxis dominiert. Basis des professionellen Lehrerhandelns ist damit weniger die Berufserfahrung, sondern theoretisch formales Wissen. Damit einher geht eine weniger starke Differenzierung zwischen Innen und Außen, die sich auch bei der Klärung der formalen Rahmenbedingungen des Interviews zeigt:

> I: Ja alles gut. Ehm genau, wie gesagt es geht um das Thema Konsum beziehungsweise Verbraucherbildung, n bisschen spezieller Konsum als Teil von Bildungsprozessen, ehm ganz so viel mehr will ich dazu Eigentlich auch gar nicht sagen, weil im Mittelpunkt die Erfahrungen von Lehrerinnen und Lehrern stehen, der Interviews, und wenn dann irgendwie noch Fragen oder Zeit über sind, dann können wir da am Ende auch noch mal ganz kurz über meine Forschungsinteressen sprechen, ehm (-) ich werde mir während des Gesprächs ab und zu Notizen machen, ansonsten aber versuchen recht wenig zu unterbrechen, wenn dann irgendwelche Fragen sind, würd ich einfach auch auf meine Notizen zurückgreifen. (00:01:13)
>
> Herr Peter (P): Ja, na klar. (00:01:15)

Die Reaktion Herrn Peters kann einerseits als Annehmen des durch die Interviewerin angesprochenen Expertenstatus des Interviewees, andererseits als unproblematische Zustimmung zur geplanten Vorgehensweise der Interviewführung gelten. Da keine – auch keine nonverbale – Unterbrechung durch Herrn Peter

während der Aussage, im Mittelpunkt stünden die Erfahrungen der zu intervie-
wenden Lehrkräfte sowie keine weitere Ausdifferenzierung der anschließenden
Zustimmung erfolgen, gilt letztere Annahme als wahrscheinlicher. Dies beinhaltet zeitgleich die Option, dass das angesprochene Vorgehen als selbstverständlich gilt und Herr Peter mit den Regeln der Interviewführung vertraut ist, was
schließlich eher als Betonung der Nähe zum wissenschaftlichen Arbeiten und
damit auch der fachlichen Nähe zwischen Interviewee und Interviewerin zu werten ist.

Die Relevanz des theoretisch-abstrakten Wissens zeigt sich bereits zu Beginn des
Interviews deutlich, als Herr Peter nach seinem Konzept von Konsumbildung
befragt wird:

> I: Ok, zu Beginn würd ich ganz gerne wissen was Sie mit dem Begriff oder dem
> dem Thema Kon-sumbildung überhaupt verbinden, was das für Sie bedeutet? (
> 00:01:25)
>
> P: […] Ehm, ja also Konsum, einmal (-) geht das bei mir n Stück weit los bei den
> Bedürfnissen […], aber auch […] wirtschaftliche Planung da auch n Stück weit,
> (00:02:29)

Bedürfnisse sowie wirtschaftliche Planung im Sinne der Kosten-Nutzen-
Rechnung sind einerseits Themen der Standardökonomie (Hedtke 2001), andererseits klassische Lehrplanthemen der Sekundarstufe I (KLP AW S.16f). Aus
dieser Darstellung resultiert die Annahme einer relativ starken Orientierung an
Lehrplan und den darin benannten Wissenselementen. Im Sinne von Fenstermacher stützt er sich damit auf theoretisch-formales statt praktisches Wissen. Praktisches Wissen ist „erfahrungsbasiert, in spezifische Kontexte eingebettet und auf
konkrete Problemstellungen bezogen" (Baumert/Kunter 2006: 483). Ausgehend
von der Annahme, dass, je umfangreicher die konkreten Unterrichtserfahrungen
sind, umso umfangreicher auch Beschreibungen und Erzählungen der konkreten
Unterrichtspraxis ausfallen werden, kann dies als Hinweis auf die vergleichsweise geringe Berufserfahrung von Herrn Peter (insbesondere im Bereich der Konsumbildung) gewertet werden.

Theoretisch-formales Wissen spielt aber nicht nur für die Entwicklung eines
eigenen Konzeptes von Konsumbildung eine wichtige Rolle, sondern ist auch für
die Frage nach deren Zielen von Gewicht. Die Aufgabe der Schule im Rahmen
von Konsumbildung beschreibt Herr Peter als Vermittlung von Orientierungswissen im Sinne Hermann Gieseckes (Giesecke 1965: 86 ff.; Giesecke 2000:
96ff.):

> P: Ehm, die Schule muss das natürlich n bisschen, ich denke noch mehr mit Wissen fül-
> len, also wenn wir so von Entstehung von Geld und Bedeutung von Geld, oder große
> wirtsch' wirtschaftliche Zusammenhänge, das ist schon Aufgabe von Schule. (00:12:51)

Orientierungswissen ist der klassische, sozialkundliche Wissenskanon, der den Lernenden Einblicke in die „Realität der gegenwärtigen politischen, wirtschaftlichen und gesellschaftlichen Welt" (Giesecke 1965: 87) vermitteln und sie auf dieser Basis zur Teilhabe an Politik, Wirtschaft und Gesellschaft befähigen soll. Die Relevanz jenes Orientierungswissens für Herrn Peters Tätigkeitskonzept bestätigt sich im weiteren Verlauf des Interviews, so etwa in der folgenden Sequenz, in der er nach seinem Bildungsbegriff befragt wird:

> I: Mhm (-) was heißt Bildung? Was ist für Sie Bildung? (00:20:00) […]
>
> P: Ehm dazu brauchts natürlich zum einen Grundwissen gehört dazu, auch n Verständnis von Gesellschaft und Kultur, also Zusammenhänge zu erkennen, warum kann ich eben manche Entscheidungen eben nicht treffen, auch wenn die eben persönlich richtig wäre oder für einen individuell, aber ehm ja, und eben auch Zusammenhänge zu erkennen, also langfristige Zusammenhänge, wa' ja welche Folgen können Entscheidungen haben, das ist eben auch dieses Ursache und Wirkungsprinzip zu verstehen, das gehört für mich auch viel in Bildung hinein. (00:21:25)

Das zu vermittelnde Wissen soll nicht für sich alleine stehen, sondern – auch hier zeigt sich der enge Zusammenhang zur Didaktik Hermann Gieseckes – die Schüler befähigen, „*möglichst viele Lebenssituationen für sich selber bewerten zu können und dann in der Lage sein für sich n Entscheidung zu treffen oder für sich n Urteil zu fällen.*" (00:20:21). Zielstellung dieses geschilderten Bildungsverständnisses ist mithin die Förderung von Mündigkeit im Sinne selbstständigen, kritischen und freien Denkens.

Anknüpfend an die mit dieser Zielstellung verbundene Vorstellung von (sozialwissenschaftlicher) Bildung lässt sich die oben konstatierte Annahme, Herrn Peters professionelles Lehrerhandeln baue auf theoretischem Wissen auf, nicht nur bestätigen, sondern sogar erweitern. Die wissensbasierten Grundlagen seines Unterrichts sind neben fachlichem sowie curricularem Wissen auch im Vorhandensein fachdidaktischen Wissens zu finden. Er verfügt damit über ein relativ gut ausgebildetes Fachkonzept im Sinne Hericks (2006: 384, vgl. Kapitel 6.1.2.3). An die Grenzen seiner fachlichen Expertise gerät Herr Peter eigenen Angaben zufolge insbesondere beim Thema Altersvorsorge und Versicherungen, welchem er eine hohe Relevanz im Rahmen der Konsum- und Verbraucherbildung zuspricht. Diese „Wissenslücken" sind jedoch bei einem angemessenen Umgang mit ihnen für professionelles Lehrerhandeln nachrangig, wie die nachstehende Sequenz zeigt:

> P: wobei ich da eben auch Schwierigkeiten sehe, also in (-) ja weil sowas muss auf nem sehr aktuellen Stand sein, wenn wir zum Beispiel von Altersvorsorge oder Versicherungen reden, da muss ich jetzt ehrlich sagen, ich weiß gar nicht, ob das als Lehrkraft (-) machbar ist, deswegen hab ich da auch diese, diese Expertise von außen mir eher gewüscht, ehm denn ich denke, da sind nicht ohne Grund Angestellte nur mit Versicherungen beschäftigt ihr ganzes Leben lang, ehm als dass man da nebenbei als Lehrer, wo man

zwei Fächer hat und sich um ne Klasse kümmert, ehm da so viel Expertise mitbringen kann, um da auch wirklich mal sinnvoll zu beraten. (00:35:38)

Hierfür spielen folgende Kriterien eine Rolle:

(1) Das Feld der Altersvorsorge und Versicherungen ist ein derart weites und aktuelles, dass es einem Lehrer kaum zugemutet werden kann, Experte auf diesem Feld zu sein. Das gilt besonders, da das Lehramt aufgrund der vielfältigen zu übernehmenden Aufgaben als ein anstrengender, Kraft und Ausdauer kostender Beruf charakterisiert wird. Dies wiederum führt dazu, dass angesichts gesellschaftlicher Entwicklungen prinzipiell notwendige Expertise nicht vorhanden ist und auch gar nicht vorhanden sein kann. Umfassende Expertise ist vielmehr eine Utopie.

(2) Aufbauend darauf kann und sollte jene Expertise von außen in den Unterricht eingebracht werden, um sicherzustellen, dass das vermittelte Wissen inhaltlich korrekt ist. Der Ausgleich fehlender eigener Expertise durch außerschulische Institutionen oder Personen steht daher nicht im Widerspruch zur eigenen Professionalität, sondern gilt angesichts des Ziels, den Lernenden angemessene Bildungsangebote bereitzustellen, vielmehr als Beleg dieser. Das gilt vor allem, da Herr Peter die Angebote außerschulischer Experten durch eigene Unterrichtsangebote rahmt, auch und insbesondere um Tendenzen der Überwältigung so gering wie möglich zu halten:

> P: Ja, also ich versuche mir natürlich Sachen anzulesen und mir Materialien zu beschaffen, die brauchbar sind, ehm (-) zum Teil hol ich mir auch Experten von außen, allerdings (-) als Beispiel ich hab ne Ansprechpartnerin bei der Deutschen Bank so was auch mal macht, bin allerdings dann 3, 4 Stunden lang bemüht [...], das in die Richtung zu schieben, und eh das Stichwort Deutsche Bank da wieder rauszukriegen. (00:36:21)

Trotz der hohen Bedeutung von Professionswissen für Herrn Peters Tätigkeitskonzept bleibt seine Praxis von (Konsum)Bildung nicht widerspruchsfrei. Im Hinblick auf sein praktisches Lehrerhandeln zeigt sich zumindest in Teilen eine Revision des zuvor definierten Bildungsauftrags. Dieser kann als Widerspruch zwischen „Wissen vs. Handeln" zusammengefasst werden. Wenngleich Wissensvermittlung zum Zwecke der Urteilsfindung und dem darauf basierenden Handeln als Hauptaufgabe politisch-sozialwissenschaftlicher Bildung benannt wird, spiegelt sich in der Beschreibung des konkreten Unterrichtsvorgehens insbesondere in der Sekundarstufe I zumindest teilweise ein Vorgehen, das als Aktionismus bezeichnet werden kann.

> P: ehm aber auch ehm viel der Umgang mit Geld, also haben wir mit denen richtig trainiert [...] und geguckt: was kostet Mehl, und festgestellt dass es ja gar nicht nur eine

Sorte Mehl gibt, sondern auch günstiges und teureres und Markenprodukt und nicht Markenprodukte also. (00:08:05)

Training umschreibt ein systematisches Tun mit dem Ziel der Veränderung des Verhaltens. Setzt sich konsumbildender Unterricht das Ziel, den Umgang mit Geld zu trainieren, steht in seinem Mittelpunkt aber gerade nicht mehr der Dreiklang aus Wissen, Urteil und Handlung. Vielmehr geht es ihm darum, bestimmte Fähigkeiten (hier preissensitive Verhaltensweisen) ohne systematische Reflexion, die als Grundvoraussetzung für sozialwissenschaftliches Urteilen betrachtet werden kann, einzuüben. Zeitgleich ist die oben stehende Sequenz ein Beleg für die asymmetrische Beziehung zwischen Lehrer und Schüler(n), die als eine der zentralen Antinomien des professionellen Lehrerhandelns gilt. Der sorgsame Umgang mit Geld, dies wird die weitere Analyse des Interviews zeigen (vgl. Kapitel 6.2.1.4), ist für Herrn Peter zumindest für einen Teil der Schülerschaft Voraussetzung für eine autonome Lebensführung. An diese müssen die betroffenen Lernenden jedoch aufgrund des vorherrschenden Wissensgefälles heteronom durch die Lehrkraft herangeführt werden (vgl. zum als marginal wahrgenommenen Umgang der Lernenden mit Geld Kapitel 6.2.2).

6.2.1.2 Das Spannungsverhältnis Fachlehrer vs. „Mensch": fachspezifische Tendenzen der Entgrenzung

Für Herrn Peters Konzept von Bildung ist, wie oben beschrieben, das auch in der sozialwissenschaftsdidaktischen Diskussion als zentral anerkannte Bildungsziel der Urteilskompetenz bedeutsam. Urteile sind in der fachdidaktischen Debatte solche Aussagen über Menschen und Sachen, durch die „das Individuum sein Verhältnis zur Welt, also zu seiner sozialen und natürlichen Umwelt" definiert (Weinbrenner 1997: 74). Das Fällen von Urteilen setzt zwar die Vermittlung von Wissen voraus, geht aber deutlich über diese hinaus, indem Urteile immer auch wertebasiert sind. Die dem Urteilen zugrunde liegenden Werte werden auch in Unterricht und Schule vermittelt. Hieraus ergibt sich das sowohl in der fachdidaktischen Diskussion (z.B. bei Klee 2008: 99f.) als auch durch Herrn Peter benannte Dilemma, dass einerseits selbstständiges Denken gefördert werden soll, die hierfür erforderliche Wertebasis aber bereits vorgegeben ist. Durch die Vermittlung konsumbezogener Wertmuster im Rahmen der Verbraucherbildung erfolgt immer auch eine Bewertung bestimmter Lebensweisen und Lebenseinstellungen. Dies macht die unterrichtliche Auseinandersetzung mit Konsum zu einem „*schwierigen Feld*", da sie tendenziell in den Alltag eingreift und somit überwältigenden Charakter annehmen kann. Obwohl Herr Peter diese Problematik anerkennt, erscheint ein derartiger Eingriff im Kontext der unten stehenden Sequenz legitim. Grundlage dafür ist die Sozialisationsfunktion von Schule, die den Schülern Werte und Fähigkeiten vermitteln soll, um in der Gesellschaft zu bestehen und diese mitzugestalten.

> I: Mhm, ehm (-) das führt dann natürlich auch dann dazu, dass, wenn wir jetzt wieder auf das Thema Verbraucherbildung zurückkommen, dass Schule dann stärker, ehm nicht nur im Unterricht, sondern auch über den Unterricht hinaus, Konsum bilden würde. Bräuchte es da n konkretes Konzept?

> P: [...] man braucht ja auch ne gewisse Zielvorstellung, bis wohin möchte man bilden, ehm (-) es ist natürlich n schwieriges Feld, weils auch sehr in das spätere Leben eventuell eingreift der Kinder, weil man ja schon auch das schlecht wertungsfrei machen kann, grade Konsumbildung ehm (-) eben, ja wenn man auch darüber diskutiert, welche Produkte sind gut und wie werden die hergestellt und so weiter, eh ist ja schon auch einiges an Wertung drinne, auf der anderen Seite ehm find ich ist ja ne Schule auch dafür da, gewisse gesellschaftliche Werte zu vermitteln, und ehm ich denke grade in Sachen Konsum und wie der global eben auch sich entwickelt, oder auch sich Produktionsmethoden sich entwickeln, es ist ja w' es ist ja schon auch sinnvoll als Gesellschaft, die Schule dafür mit zu verwenden und eh da gewisse Zielvorgaben eben auch zu formulieren, ehm in welche Richtung man möchte. Aber es, es ist ja, es braucht ein wirklich ausgeklügeltes Konzept, das ist schon klar, ehm und eben auch Bildungspläne auch dann dazu, die auch n Stück weit vereinheitlicht sind, weil wenn da jeder was anderes macht, ist es glaub ich auch nicht das sinnvollste. (00:26:36)

Gelingen kann Verbraucherbildung mit dem Ziel der Vermittlung gesellschaftlicher Werte in den Augen Herrn Peters vor allem dann, wenn konkrete Zielvorgaben *„bis wohin man bilden möchte"* vorhanden sind. Dies geht mit der Notwendigkeit eines konkreten, *„ausgeklügelten"* Bildungskonzeptes einher. Latent distanziert sich Herr Peter mit dieser Forderung von der individuellen Übernahme von Verantwortung im Rahmen der Konsumentensozialisation. Ein Scheitern von Konsumbildung liegt weniger an den eigenen Fähigkeiten bzw. mangelnder Professionalität, sondern vielmehr an einem fehlenden Gesamtkonzept, welches durch die Bildungsadministration in Form einheitlicher Bildungspläne vorzugeben ist. In dieser Aussage bestätigt sich damit die bereits getroffene Annahme einer vergleichsweise starken Lehr-planorientiertheit Herrn Peters. Bildungsbehördliche Vorgaben hinsichtlich der Gestaltung von Unterricht werden durch ihn weniger als Einschränkung beruflicher Autonomie denn als Voraussetzung gelingender Berufsausübung wahrgenommen.

Im weiteren Verlauf des Interviews zeigt sich, dass heteronome Vorgaben zu Unterrichtszielen auch deswegen befürwortet werden, weil sie einen Ausweg aus der Problematik des Umgangs mit eigenen Wertvorstellungen im Unterricht darstellen (können).

> I: Mhm (-) ehm Sie sprachen grade davon, dass es schwer ist, Unterricht wertungsfrei zu haben, kommen Sie als Lehrer da auch zum Teil in nen Dilemma?

> B: Ja, definitiv. Also ich steh ja da auch als Mensch ehm und ich werte auch im Unterricht, da mach ich auch ehm, aber allerdings sag ich das den Schülern vorher, also

ehm das Ziel, das Ziel ist ja auch, dass Schüler bewerten, also das ist ja n allgemeines Ziel von Unterricht, und neben nur die Faktenvermittlung an sich, ist ja nicht viel wert, wenn man die Fakten nicht bewerten kann, und eh von der Sache her werte ich natürlich auch im Unterricht, und eh mach das aber den Schülern deutlich, und stell denen da auch meine Argumentation gerne vor, und ehm wechsle manchmal aber auch aktiv die Rolle, um zu zeigen, dass es Argumente für beide Seiten gibt, ehm das durchaus eh, es ist natürlich immer schwierig, weil manche Schüler auch dazu neigen, das Wort des Lehrers als einzigste Möglichkeit hinzustellen, eh aber manchmal lässt sich das auch nicht vermeiden. (-) Also wenn da der Schüler dann eben nicht so aufnimmt, dann muss man eben noch mal gucken, ob im weiteren Gespräch oder so, dass man das noch mal verstärkt deutlich macht, dass es eben verschiedene Richtungen gibt. (00:27:53)

Herr Peter zeigt in der vorliegenden Sequenz eine fachspezifische Ausprägung der Antinomie zwischen rollenförmigen („*Lehrer*") und diffusen („*Mensch*") Beziehungsanteilen auf, die auch in der fachdidaktischen Professionsforschung als charakteristisch ausgewiesen wird. Glaubwürdige, „gute" Bildungsangebote zeichnen sich demnach durch eine fachspezifische Kultur der Anerkennung subjektiver Deutungsmuster aus (Henkenborg 1999: 17). Dies schließt zwar keinesfalls aus, dass Lehrende „Stellung beziehen" (Siebert 1999: 19), bedeutet aber eben zeitgleich, dass die von ihnen vertretene „Wirklichkeitskonstruktion [...] nicht wahrer, objektiver, verbindlicher [ist] als die der Lernenden" (ebd.: 19f.). Als Fachlehrer mit seinem bereits dargestellten Bildungskonzept geht es Herrn Peter darum, Fachwissen zu vermitteln, um den Schülern Einblicke in Gesellschaft zu ermöglichen und ihnen zu Urteilsfähigkeit zu verhelfen. Notwendig hierfür ist aber für ihn die gleichwertige Darstellung vielfältiger Argumente. Im Unterricht ist es jedoch nicht immer möglich, ausschließlich rollenförmig zu agieren, so dass er eigene Wertvorstellungen in den Unterricht einfließen lässt und damit die Gefahr besteht, dass die Schüler in der Findung eines eigenständigen Urteils behindert werden. Für Herrn Peter löst sich diese Antinomie in einem Vorgehen auf, das als offensiver Umgang mit der Problematik beschrieben werden kann. Eigene Wertvorstellungen werden ganz bewusst als solche gekennzeichnet und ggf. durch gegensätzliche Argumente ergänzt. Die Verantwortung, das eigenständige Urteil zu finden, wird damit auf den Schüler übertragen, seine Aufgabe ist die Aufnahme von Informationen. Nimmt er diese nicht bzw. nicht wie gewünscht („*nicht so*") auf, liegt dies außerhalb der Verantwortung der Lehrkraft, die nur ein Bildungsangebot bereitstellt. Folgt der Schüler dennoch zu unkritisch der Meinung des Lehrers „*lässt sich das [manchmal] auch nicht vermeiden*" und steht daher nicht im Widerspruch zum eigenen Professionsanspruch bzw. der eigenen Professionalität. Dies gilt insbesondere, da Herr Peter vielfältige Lernangebote bereitstellt. Er spricht hier von „*weiteren Gesprächen*" mit einzelnen Schülern – ein individualisiertes, ggf. außerunterrichtliches Lernarrangement, welches von besonderem Engagement zeugt bzw. zeugen soll.

6.2.1.3 Das Spannungsverhältnis Fachlehrer vs. Pädagoge: außerunterrichtliche Entgrenzungstendenzen

Aus der bisherigen Analyse des Interviews mit Herrn Peter zeigt sich, dass Konsumbildung von ihm zu großen Teilen als Aufgabe der sozialwissenschaftlichen Bildung verstanden wird und einen Beitrag zur Teilhabe an Gesellschaft ermöglichen soll. Darüber hinaus beinhaltet Konsumbildung aber immer auch solche Aspekte, die unter dem Stichwort Erziehung zusammengefasst werden können und beispielsweise in der Sequenz „Umgang mit Geld trainieren" sichtbar wurden. Noch stärker zur Geltung kommen diese Gesichtspunkte aber in der außerunterrichtlichen Arbeit Herrn Peters, die vor allem im Rahmen der Klassenlehrertätigkeit stattfindet. Hier geht es gerade nicht um die Vermittlung von Fachwissen, die für die professionelle Ausübung der Fachlehrertätigkeit von entscheidender Bedeutung ist. Stattdessen geht es eher darum, bestimmte Lebensweisen als erstrebenswert zu kennzeichnen, indem man diese den Lernenden vorlebt.

> I: Ist das eher ne pädagogische oder eher ne fachliche Aufgabe, Verbraucherbildung Konsumentenbildung?

> P: Also im Rahmen der Klassenfahrt ist es eher ne pädagogische, weil da ehm diskutieren wir ja jetzt auch nicht über <u>Werte</u> oder über Bedürfnisse in dem Sinne, sondern da ist einfach ein Vorleben und ein Schülern bewusst machen, was es für Möglichkeiten gibt, ehm während im Unterricht eher diese fachliche Aufgabe eben ne Rolle spielt, wobei das find ich auch wichtig, ist denn auf ner Klassenfahrt, um die Beziehung zu den Schülern aufzubauen, möcht ich auch nicht als als Pauker in jeder Sekunde anwesend sein, sondern das Schöne ist ja, dass man auch mal als normale Person ehm unterwegs ist. (00:39:47)

Während die Diskussion über Werte mit dem Ziel der Vermeidung von Überwältigung und Indoktrination Kennzeichen professionellen Unterrichts im Fach Sozialwissenschaften und der im Rahmen des Unterrichts stattfindenden Konsumbildung ist, steht eine entsprechende Wertedebatte außerhalb des Unterrichts nicht zur Disposition. Insbesondere die Klassenfahrt kann als Bildungsarrangement genutzt werden, innerhalb dessen Herr Peter nicht „*Pauker*", sondern „*normale Person*" ist. Als solche kann er bestimmte Wertvorstellungen vorleben, ohne über diese zu diskutieren. Einerseits zeigt die angesprochene Differenzierung, dass gerade auf Klassenfahrten, auf denen Lernende und Lehrende gemeinsam Situationen des außerunterrichtlichen Alltags erleben, die Hierarchie zwischen beiden geringer wird. Während sich damit die in der Professionalisierungstheorie als Machtasymmetrie charakterisierte Antinomie auflöst – etwa weil Faktoren wie diejenigen der schülerseitigen Verpflichtung zu lernen oder der lehrerseitigen Verpflichtung zu bewerten untergeordnete Bedeutung haben –, kommt jedoch die Widersprüchlichkeit zwischen rollenförmigen und diffusen

Beziehungsanteilen deutlich stärker zum Tragen. Besonders deutlich wird dies in der nachfolgenden Sequenz:

> P: ehm, also da hat man schon einen ganz anderen Kontakt, das ist eben fast schon die Elternrolle in die man dann da geht, grade bei den kleineren Klassen. (00:38:55)

Die im Rahmen der Sozialisation eigentlich unterschiedlichen Schwerpunkte von Elternhaus und Schule werden verwischt, indem Herr Peter „*schon fast in die Elternrolle geht*". Die Übernahme einer so gedeuteten Erziehungsverantwortung zeigt, dass bei Herrn Peter Konsumbildung in die für das professionelle Lehrer-handeln entscheidende stellvertretende, prospektive Bewältigung von Lebenskri-sen eingeordnet wird. Dieser Aspekt des Tätigkeitskonzeptes wird im folgenden Kapitel ausführlicher betrachtet.

6.2.1.4 Konsumbildung im Rahmen stellvertretender Krisenbewältigung: Die Verantwortung der Schule und ihre Grenzen

Die stellvertretende, prospektive Krisenbewältigung zählt zu den Kernelementen der strukturtheoretischen Professionalisierungstheorie. Für Herrn Peter sind in diesem Zusammenhang zwei potenzielle Lebenskrisen von Bedeutung:

(1) der Umgang mit (wenig) Geld und die sich daraus ergebende Gefahr der Ver- bzw. Überschuldung sowie

(2) die Problematik der Alterssicherung sowie die damit einhergehende Ge-fahr von Altersarmut.

Ad (1): Herr Peter stellt infrage, ob die Lernenden in der Lage sein werden, ihren Alltag zu bewältigen, macht dies aber weniger von den Fähig- und Fertigkeiten der Lernenden als vielmehr von ihrem sozialstrukturellen Status abhängig. Ziel konsumbildenden Unterrichts muss es daher insbesondere für Schüler aus ein-kommensschwachen Elternhäusern sein, den Umgang mit Geld bzw. vor allem den Umgang mit wenig Geld zu erlernen. Wie später ausführlicher zu zeigen sein wird, ist Geld die zentrale Kategorie für Herrn Peters Fachkonzept zur Konsum-bildung (siehe Kapitel 6.2.3)

> I: Wie sieht der aus der gebildete Konsument? (-) Wie ist der so?
>
> P: Er kann verantwortlich mit Geld umgehen, im Rahmen seiner finanziellen Res-sourcen, die er hat (-) und er kann Prioritäten setzen (-) im im Umgang mit Geld, […] (00:03:14)
>
> […]
>
> P: ehm um eben auch den Schülern beizubringen, dass man eventuell auch mit wenig Geld auskommen muss und kann. (00:08:05)

Ursächlich für die Entwicklung der Krise ist für Herrn Peter die unzureichende Konsumentensozialisation im Elternhaus. Zu den konsumentensozialisatorischen Aufgaben des Elternhauses gehört in seinen Augen das gemeinsame *„bewusste Erleben des Alltags"*, wozu er auch das gemeinsame Einkaufen zählt.

> P: wie gesagt, die Eltern müssen da schon auch aktiv dran arbeiten, wobei das, ja das ist ne Frage des Erziehungsstils, wenn n Kind mit einkaufen geht, lernt es das schon viel von alleine, ehm weil man durch Beobachtung einfach sehr viel lernen kann, aber es gibt eben auch viele Kinder, die waren noch nie im Supermarkt mit ihren Eltern einkaufen, erlebt man hier immer wieder [...].

> I: Mhm. Also kann man schon sagen, dass es auch von Seiten der Schülerinnen und Schüler definitiv n Bedarf an Verbraucherbildung, an Konsumbildung gibt?

> P: Also definitiv, und der wird immer größer würd ich sagen, also die die Schüler haben weniger Erfahrung mit Geld umzugehen, und vor allem (-) ehm haben Schüler aus (-) ehm finanzschwächeren Haushalten viel größere Bildungsdefizite als ehm Kinder aus finanziell stabileren Haushalten. (00:13:25)

Aus der oben stehenden Sequenz ergibt sich auch eine veränderte Funktion von Schule, der das Konzept von Konsumbildung anzupassen ist. Im Mittelpunkt steht aufgrund der unzureichenden Sozialisation im Elternhaus nicht mehr ausschließlich die Vermittlung von Orientierungswissen, die zentral für Herrn Peters Verständnis von Bildung ist (siehe Kapitel 6.2.1.1), sondern es geht eher darum, den Schülern zu ermöglichen jene Erfahrungen zu sammeln, die ihnen im außerschulischen bzw. häuslichen Bereich verwehrt bleiben. Wenn die Erfahrungen, die ja eigentlich im Elternhaus gesammelt werden sollen bzw. durch das Elternhaus ermöglicht werden sollen, indem die konsumbezogenen Aspekte des Alltags mit den Kindern gemeinsam erlebt werden, ausbleiben, muss Schule diese Aufgabe übernehmen. Sie ist dann nicht mehr nur noch Wissensvermittlerin, die Einsicht in wirtschaftlich-theoretische Zusammenhänge aufzeigt, sondern vielmehr eine Institution, die die verpassten Erfahrungen bereitstellt. Unter diesem Blickwinkel löst sich auch der in Kapitel 6.2.1.1 aufgezeigte Widerspruch in Herrn Peters Bildungskonzept (Wissen vs. Handeln) auf. Dieser Betrachtungsweise folgend übernimmt Schule aber Aufgaben, die Herr Peter eigentlich im Elternhaus verortet und korrigiert den dort vorherrschenden fehlerhaften Erziehungsstil. Damit werden Grenzen zwischen privat (zu Hause) und öffentlich (Schule) verwischt, was zur Gefahr organisationsbezogener Tendenzen der Entgrenzung führt. Dies verweist auf die durch Herrn Peter angenommene Rolle von Schule im Hinblick auf die Übernahme von Verantwortung für die prospektiven Lebenskrisen der Lernenden. Es ergibt sich eine *„immer größer"* werdende Verpflichtung und damit auch eine die Institution Schule betreffende zunehmende Verantwortung, Schülern Angebote zur Verbraucherbildung bereitzustellen, um zumindest im Ansatz Erfahrungen im Umgang mit (wenig) Geld sammeln zu können. Dennoch zeigen sich für ihn deutliche Schranken in Form der begrenzten organisatorischen bzw. rechtlichen Möglichkeiten von Schule, die ein potenzielles Scheitern in zukünftigen Lebenskrisen nicht dem mangelnden professionellen Lehrerhandeln zuschreiben.

> P: das ist ne Aufgabe, die (-) auf jeden Fall Eltern leisten müssen weil die Schule es auf keinen Fall alleine kann, weil wir können zum Beispiel kein Taschengeld an Kinder ausgeben [...]. (00:11:04)

Ad (2): Befragt nach den Chancen einer umfassenderen Verbraucherbildung, benennt Herr Peter das Vermeiden *„gravierender"*, *„lebensentscheidender"* Fehler. Er konkretisiert dies unter Bezugnahme auf die veränderten Systeme der Alterssicherung, die eine vermehrte private Altersvorsorge erfordern.

> P: Also Chancen vor allem bei älteren Schülern, ich sag mal ab Klasse 9, ehm ganz gravierende Fehler zu vermeiden, also durch ein Mehr an Bildung, was allerdings auch mehr Zeit im Unterrichtsalltag benötigen würde, ehm Fehler zu vermeiden die lebensentscheidend sind, also wenn wir heutzutage zum Beispiel von Altersvorsorge sprechen, die ja aufgrund des gewandelten Systems ehm ja eigentlich mit dem ersten Berufstag beginnen muss nahezu (-) ehm da brauchen wir viel mehr Bildung. (00:18:14)

Mit der Problematik der zunehmend notwendigen Eigenverantwortung im Rahmen der Altersvorsorge spricht Herr Peter eine Lebenskrise an, die über die reine Bewältigung des Alltags hinausgeht. Grundlage hierfür ist das Spannungsverhältnis des Lehramtsberufs zwischen Fachlehrer und Pädagoge. Die Rolle des Pädagogen dominiert die der Verbraucherbildung zugesprochene Funktion, Hilfestellungen für die Bewältigung des Alltags bereitzustellen. Ablesbar ist dies etwa an der Aussage, es sei eine *„Frage des Erziehungsstils"* der Eltern. Wenn die häusliche Erziehung scheitert, übernimmt Schule und damit auch der Lehrer zumindest teilweise die damit verbundenen Aufgaben, diffuse Beziehungsanteile werden für das Verhältnis von Lehrkraft und Schüler deutlich relevanter. Das potenzielle Scheitern bei der Altersvorsorge hingegen wird zunächst mit dem *„gewandelten System"* begründet. Die Systeme der sozialen Sicherung, zu denen auch jene der Absicherung im Alter gehören, sind ein klassisches Thema der sozialwissenschaftlichen Bildung insbesondere der höheren Klassen. Herr Peter rekurriert in diesem Zusammenhang eher auf fachspezifische Inhalte, die insgesamt für sein Tätigkeitskonzept von hoher Bedeutung sind (siehe Kapitel 6.2.1.1), als auf diffuse Aspekte der Erziehung und argumentiert daher aus der Rolle des Fachlehrers heraus.

Die Schüler bedürfen einer entsprechenden Auseinandersetzung auch, weil die zu vermittelnden Inhalte derart komplex sind, dass *„das wahrscheinlich auch viele Eltern intellektuell nicht leisten können, weil sie selber keine Ahnung davon haben"*. Die Rolle der Eltern im Kontext der Altersvorsorge wird ebenso wie zuvor als eine oftmals scheiternde beschrieben, hier jedoch aus anderen Gründen.

Ursächlich ist die fehlende Bildung und das fehlende diesbezügliche Wissen bzw. die Expertise. Die Vermittlung insbesondere komplexen Wissens ist auch aufgrund der zunehmenden Ausdifferenzierung der Gesellschaft eine der, wenn nicht sogar die zentrale Aufgabe von Schule (z.b. Cramer 2012: 17; Hofmann/Siebertz-Reckzeh 2017). Die Annahme fehlender Expertise seitens der Eltern kann daher vielmehr als Grundvoraussetzung und Legitimation für die Existenz von Schule betrachtet werden. In diesem Zusammenhang ist die Kritik an der *„intellektuellen Leistungsfähigkeit"* der Eltern viel weniger als Fundamentalkritik außerschulischer Erziehung aufzufassen als im oben geschilderten Zusammenhang der Alltagsbewältigung.

6.2.2 Das Schülerkonzept von Herrn Peter

Bei Herrn Peter dominiert während des gesamten Interviews die Frage nach den konsumbezogenen Handlungsmustern die Beschäftigung mit der Schülerschaft. Manifest lassen sich aber hieraus auch Rückschlüsse ziehen, die über das bloße Konsumieren der Lernenden hinausgehen und weiterführende Fragen der Lebensführung berücksichtigen. Das beobachtbare sowie vermutete Konsumverhalten der Schüler wird vergleichsweise differenziert wahrgenommen. Gleichwohl – dies zeigte sich bereits in der Frage nach der Notwendigkeit von Konsumbildung – wird zumindest einem Teil der Schülerschaft ein defizitäres Konsumhandeln bescheinigt. Die konkrete Differenzierung des Schülerkonsums erfolgt mithilfe der Kriterien Alter, Bildungsniveau und sozialstruktureller Status/finanzielle Ressourcen, wobei diese Trennung als eine rein analytische zu verstehen ist.

> I: Ehm, Sie haben grade schon vom Schüler als Konsumenten gesprochen, wie würden Sie insgesamt so das Schülerverhalten, oder wie nehmen Sie das wahr, das Schülerverhalten als Konsument? Also das kriegt man ja sowohl im Unterricht als auch darüber hinaus mit.

> P: <u>Sehr</u> unterschiedlich, also ich würd das von den, auch vom Alter der Schüler abhängig machen. (00:04:28)

In der oben stehenden Sequenz wird das Schülerverhalten wie bereits dargelegt als sehr unterschiedlich charakterisiert. Die von Herrn Peter geschilderte Abhängigkeit des Konsumierens vom Alter kann als Hinweis auf die angenommene Unreife der jüngeren Lernenden verstanden werden. Je älter die Schüler sind, desto mündiger ist ihr Konsumverhalten. Diese Annahme bestätigt sich im weiteren Verlauf des Interviews mehrfach, etwa indem die Fähigkeit der Schüler der Sekundarstufe II, mit Geld umzugehen und sich dieses einteilen zu können, auf deren *„Lebenserfahrung"* (00:10:17) zurückgeführt wird. Wenn Lebenserfahrung die Grundlage eines als mündig zu bezeichnenden Konsumhandelns ist, erfolgt auf diesem Weg nicht nur eine Differenzierung der Schülerschaft untereinander, sondern auch eine Differenzierung zwischen sich und den Lernenden vor allem der jüngeren Jahrgangsstufen. Die im Vergleich zu den Schülern umfangreichere Erfahrung Herrn Peters im Umgang mit Geld sowie Konsumerfahrung befähigen ihn dazu, insbesondere handlungsorientierte Angebote zur Konsumbildung bereitzustellen. Die für sein Bildungskonzept relevante Unterscheidung von „Wissen vs. Handeln" kann auf dieser Basis weiter ausdifferenziert werden. Während die Vermittlung konsumrelevanten Orientierungswissens auf theoretisch-fachlicher Expertise gründet, beruht die Vermittlung relevanter Handlungsmuster auf praktischer Erfahrung.

Die fehlende Kompetenz insbesondere der jüngeren Lernenden im Umgang mit Geld führt zwar zu einem Konsumverhalten, das als falsch gekennzeichnet wird. Gleichwohl erfolgt keine umfassende Abwertung der Lernenden, wie in der folgenden Aussage ersichtlich ist.

> P: das typische Beispiel ist eigentlich die Klassenfahrt, die bekommen nen Taschengeld von 30 Euro, […], ehm und wir haben Schüler die ihr Geld nicht einteilen können, die tatsächlich am ersten Rasthof die 30 Euro ausgeben, und dann eben auch die Dose Cola für 3 Euro 50 kaufen, und dann gibts schon Schüler, die das wirklich reflektieren können, und auch eben auch einmal ne Vorstellung von Preisen haben, viele Schüler haben keine Einkaufserfahrung einfach, also eh da sind die Schüler sehr unterschiedlich, und die, die sich das einteilen <u>können,</u> die sind schon relativ <u>weit</u> find ich, in Klasse 7 […]. (00:09:36)

Derjenige Schüler, der eine Vorstellung von Preisen hat und in der Lage ist, sein Geld einzuteilen, ist eine Positivschablone, weil er etwas kann, was nicht alterstypisch ist. Es geht nicht mehr ausschließlich um die Betonung des schlechten, sondern um die Aufwertung des guten Verhaltens. Damit erfolgt auch eine Anerkennung altersangemessenen Konsumverhaltens. Geld ausgeben zu wollen ist typisch für Lernende der Klassenstufe 7. Diese Anerkennung dehnt sich jedoch nicht auf zukünftige Konsumhandlungen aus. Die Fähigkeit, eigenverantwortlich über den individuellen Konsum zu entscheiden, wird durch die Zielstellung begrenzt, den richtigen Umgang mit Geld zu vermitteln (vgl. zum Fachkonzept und den damit verbundenen Zielen Kapitel 6.2.3). Prinzipiell erscheint eine Begrenzung der Anerkennung der Schüler als Subjekte ihrer (zukünftigen) Lebenspraxis legitim, da Bildung immer auch normativ gerahmt und damit nicht zweckfrei ist. Dennoch ist zu hinterfragen, ob die Zielsetzung eines angemessenen Umgangs mit Geld die konsumbezogene Freiheit der Lernenden derart eingrenzt, dass diese der Professionalisierungsaufgabe Anerkennung widerspricht. Dies ist insbesondere dann zu bejahen, wenn Bildung und Unterricht verhindern, dass Schüler „eigene, teils originelle und überraschende Anschlüsse an die Sache kreieren" (Hericks 2006: 122), wenn also das Ergebnis von Unterricht unabhängig von der Teilhabe der Schüler bereits feststeht. Mindestens in Teilen gilt dies auch für den Unterricht von Herrn Peter (vgl. Kapitel 6.2.3).

Kritisiert wird von Herrn Peter hinsichtlich des Umgangs mit Geld vor allem der Konsum von Statussymbolen, von denen insbesondere das Smartphone, genauer das zum Zeitpunkt des Interviews neueste Modell der Firma Apple, das iPhone 6, als Beispiel benannt wurde. Aus der nachfolgenden Sequenz wird die Einschätzung des schülerseitigen Konsumverhaltens ersichtlich.

> P: Ich nehm jetzt mal was schülertypisches, das iPhone 6 zum Beispiel, das kann man haben, muss man aber nicht, und wenn man sich eben als Person nur darüber ausmacht, dass man n iPhone 6 hat, dann (-) ehm ist das für mich kein (--) kein gebildeter Konsument, sondern das ist nur jemand, der auf irgendein Statussymbol aus ist, und wenn man das Geld über hat find ich, kann man sich n iPhone 6 kaufen, aber wenn ich das Geld nicht habe und vielleicht lieber Prioritäten in, ich sach jetzt mal meinen Nachhilfeunterricht stecken sollte, dann eh (-) hat man eben für mich die Priorität falsch gesetzt, wenn man unbedingt das iPhone 6 sich dann kauft. (00:03:59)

> P: Also ich bin jetzt selber Klassenlehrer in ner Klasse 7, ehm bei denen spielt das noch ne sehr große Rolle, auch dieses mithalten können mit anderen, ehm n Smartphone besitzen, das ist grad ganz groß bei denen, weil die jetzt da alle eben einstiegen bei den, mit den Smartphones und da wird schon öfter mal in den Pausen, was hast du, was hab ich und meins ist viel besser [...]. (00:04:35)

Zentraler Grund für den Kauf eines Smartphones ist dessen Distinktionsfunktion sowie die damit einhergehende Identitätsfunktion. Es geht darum, durch symbolischen Konsum „*mithalten*" zu können. Ein Smartphone zu „*besitzen*" – nicht etwa zu nutzen – ist vor allem deshalb wichtig, um Vergleichen mit den anderen Lernenden standhalten zu können. Herr peter differenziert auf diesem Wege Gebrauchs- und Tauschwert voneinander – eine Unterscheidung, die zumindest bei Statusgütern wie dem des Smartphones zu hinterfragen ist, basiert dessen Gebrauchswert doch gerade auf dem Tauschwert und der damit einhergehenden Integrationsfunktion des Konsumguts. Hier greift das Motto „Sein durch Haben". Es ist das Konsumgut Smartphone, genauer das iPhone, über das die eigene Persönlichkeit konstruiert wird. Das iPhone als schülertypisches Beispiel zu benennen, erscheint dabei vor allem deswegen irritierend, da sich dessen Preis jenseits des finanziellen Verfügungsrahmens eines Schülers bzw. Jugendlichen beläuft. Es muss in diesem Zusammenhang jedoch beachtet werden, dass andere klassische Statussymbole, etwa das Auto, für die angesprochene Gruppe nicht nur zunehmend unbedeutender werden. Hinzu kommt, dass das Smartphone ein Statussymbol ist, über das auch Minderjährige ohne rechtliche Einschränkungen (wie beim Auto) verfügen können. Es ist daher gerade der hohe Preis, der das iPhone derart attraktiv macht, dass es *das* schülertypische Statusgut ist und sich damit für den von Herrn Peter beschriebenen Konsumstil des „look at me" (Karmasin 2007: 251) eignet.

Der demonstrative Konsum solcher Güter, die auf den ersten Blick als Prestigeobjekte erkennbar sind, wird in der vorliegenden Sequenz deutlich kritisiert.

Kompetent zu konsumieren bedeutet, konsumabstinent sein zu können und bewusst auf Konsumgüter verzichten zu können, auch wenn diese unter den Peers als Must-Have gelten. Umgekehrt werden jene Schüler, die den konsumbezogenen Trends folgen, als ungebildet, fremdbestimmt und damit unmündig dargestellt. Das iPhone sei nichts weiter als *„irgendein Statussymbol"*. Die Klassifizierung als *„irgendein"* Produkt steht in Kontrast zur konkret benannten Marke. Dies erscheint jedoch nur auf den ersten Blick als widersprüchlich. Vielmehr erfolgt auf diesem Weg eine Abwertung des Markenkonsums als Markenwahn. Wenn *„man sich [...] als Person nur darüber ausmacht dass man n iPhone 6 hat"*, seine Identität mithin über Konsum (von Marken) konstruiert, widerspricht dies in den Augen Herrn Peters einer gelungenen Identitätsfindung. Die Fokussierung auf die materiale Konsumkultur wird durch ihn auf diesem Weg abgelehnt. Dies wird auch deutlich, indem er im vorliegenden Interviewausschnitt zwei konsumierbare Güter miteinander vergleicht: das materiale Gut iPhone mit dem immateriellen Gut Bildung in Form von Nachhilfeunterricht, wobei eine Prioritätenabstufung zugunsten der Bildung erfolgt.

Latent setzt sich dieser Vergleich auch mit der Rolle des Bildungsgrades der Schüler sowie der Rolle der Eltern auseinander. Nachhilfeunterricht ist vor allem für solche Schüler relevant, die über Leistungsdefizite verfügen. Implizit wird damit vor allem bildungsschwachen Schülern unterstellt, sich von der materialen Konsumkultur verführen zu lassen. Hinzu kommt, dass es in der Regel nicht die Lernenden selbst sind, die den Nachhilfeunterricht finanzieren, sondern die Eltern. Da zudem kaum zu erwarten ist, dass die Lernenden unproblematisch über die benötigte, hohe Summe für den Kauf des Telefons verfügen und einem solchen Kauf rechtliche Schranken etwa in Form des §110 BGB (Taschengeldparagraph) gesetzt sind, ist davon auszugehen, dass es eher die Eltern sind, die den Kauf eines solchen Telefons ermöglichen, z.B. indem Finanzierungs- und Handyverträge abgeschlossen werden. Damit verweist Herr Peter latent auch auf die Verantwortung der Eltern im Zusammenhang mit dem mangelhaften und ungebildeten Konsumverhalten der Lernenden bzw. auf die scheiternde häusliche Konsumentensozialisation.

Neben dem Alter und dem Bildungsstatus der Lernenden spielt auch die sozialstrukturelle Lage der Lernenden bzw. ihrer Familien sowie die darauf basierende Verfügbarkeit finanzieller Ressourcen für die Einschätzung des schülerseitigen Konsumverhaltens eine zentrale Rolle. Eine mangelhafte monetäre Praxis unterstellt Herr Peter vor allem jenen Schülern, die aus finanzschwächeren Elternhäusern kommen, wie beispielsweise bereits in der Passage zu den fehlenden Konsumerfahrungen im Alltag (Kapitel 6.2.1.4) ersichtlich wurde. Die Konsumpraxis der Lernenden wird umso defizitärer und damit ihr Bedarf an Konsumbildung

umso höher eingeschätzt, je geringer die finanziellen Ressourcen der Herkunftsfamilie sind. Dies wird auch in dieser Sequenz deutlich.

> I: Sie haben grade angesprochen, dass es bestimmte Schülergruppen gibt, für die das (-)
> eh besonders bedeutsam ist, ehm tatsächlich stellt man auch fest, wenn man sich diese
> Entscheidungen der Bildungspolitik anguckt, dass zwar auf den, als dass bei der ersten
> Aussage gefordert wird, Verbraucherbildung soll an allen allgemeinbildenden Schule
> gestärkt werden, dass aber auf den zweiten Blick gesagt wird, vorrangig ehm geht's
> jetzt erstmal darum, am Fach Hauswirtschaft zu arbeiten, und das irgendwie zu stärken,
> das ist dann wiederum natürlich n Bereich der vorrangig die Gesamtschulen betrifft, und
> auch die Hauptschulen, sofern die noch bestehen. Eehm (-) wie stehen Sie zu diesem
> Unterschied, der da aufgemacht wird zwischen Gymnasium und eh Gesamtschule, be-
> ziehungsweise ist das tatsächlich so unterschiedlich? #00:22:13-6#

> P: Ich weiß gar nicht, ob ich das so sehr beurteilen kann ehrlich gesagt, also (-) aus mei-
> ner eigenen Schulzeit, ich war an nem Gymnasium, würd ich sagen, also da war die
> Schülerklientel (-) nicht finanziell nicht auf schwache Füße gestellt, und das denk ich
> auch von den Elternhäusern, ehm mehr Feedback auch da was Richtung Bildung eh,
> was auch Richtung Konsumbildung angeht, auch schon allein aus dem Grund, dass oft
> höhere Ziele angestrebt werden, ich mein wenn ich mich jetzt auf Sozialwissenschaften
> beziehe, man sieht ja die Bildungskarrieren wie die von Elternhäusern bestimmt werden
> letztendlich, und nicht ohne Grund streben ja eben vor allem hochgebildete Eltern ähn-
> liche oder höhere Abschlüsse noch für ihre Kinder an, ehm um eben die auf noch besse-
> re finanzielle Beine zu stellen, denn Ziel ist ja häufig auch das Einkommen, oder es
> spielt ja bei dem Berufswunsch häufig auch schon mit ne Rolle, und da sind ja vor allem
> eben schwächere Bildungsschichten, die dann auch finanziell häufig ja benachteiligt
> sind, ehm ja weniger energisch, und deswegen denk ich, ist da die Not zumindest größer
> […]. (00:23:04)

Ursächlich für den erhöhten Bedarf an Konsumbildung sind nicht nur die den
Lernenden fehlenden Möglichkeiten, einen eigenständigen Umgang mit Geld zu
erlernen, weil ihnen weniger Mittel zur (freien) Verfügung stehen, sondern zusätzlich das geringere vermittelte (auch konsumbezogene) Wissen. Aus der oben
stehenden Aussage ergibt sich darüber hinaus aber auch eine von Herrn Peter
angenommene Korrelation von sozialstrukturellem Status und Bildungsniveau: je
höher der soziale Status, desto höher das zugesprochene Bildungsniveau. In
Abhängigkeit vom finanziellen sowie Bildungshintergrund der Eltern verschie-
ben sich damit auch die legitimen Bildungsinhalte. Mit steigender finanzieller
Not wird die Vermittlung von Erfahrungen und auf ihnen basierendem Hand-
lungswissen immer notwendiger, während die Relevanz von Orientierungswissen abnimmt. Bildungsziele und -inhalte in Abhängigkeit von der biografischen
Herkunft der Lernenden zu setzen, geht jedoch mit der Gefahr einher, kognitive
Ansprüche zu verwehren. Auch wenn (das wahrgenommene) Bildungsniveau
und sozialer Status statistisch nachweisbar in engem Zusammenhang stehen, ist
die dargelegte Annahme Herrn Peters daher kritisch zu betrachten, auch da die
Abhängigkeit des Bildungserfolgs vom familiären Hintergrund im deutschen

Bildungswesen zu systematischen Bildungsungleichheiten bzw. deren Verstetigung führt.

6.2.3 Das Fachkonzept von Herrn Peter: Konsumbezogene Deutungsmuster und ihr Einfluss auf die Konsumentenbildung

Die konsumbezogenen Deutungsmuster Herrn Peters stehen in enger Wechselwirkung zu sowohl dem Schülerkonzept als auch zu Aspekten des Tätigkeitskonzepts, so dass wenn möglich auf bereits aufgezeigte Gesichtspunkte des Konsumkonzepts verwiesen wird und diese vertieft werden. Die zentrale Kategorie, anhand derer diese Wechselwirkungen sichtbar werden, ist die des Geldes. Herr Peter differenziert legitime und illegitime Konsumhandlungen voneinander. Ob Konsumhandlungen als legitim anerkannt werden, hängt insbesondere von den zur Verfügung stehenden finanziellen Ressourcen der Konsumierenden ab. Aus der Sequenz „iPhone als Statussymbol" wird wie bereits dargelegt eine prinzipielle Ablehnung der materialen Konsumkultur ersichtlich. Übersteigertes Konsumverhalten in Form des symbolischen Konsums wird aber besonders explizit bei jenen Konsumenten abgelehnt, die ihn sich nicht leisten können. Wer „das Geld über hat, kann [...] sich n iPhone 6 kaufen". Bei begrenzten finanziellen Ressourcen hingegen sollte auf den Konsum teurer Statussymbole verzichtet werden.

Die umfassende Auseinandersetzung Herrn Peters mit dem Konsum von Statussymbolen zeigt, dass sein Konsumbegriff ein vergleichsweise umfassender ist. Konsum dient nicht nur der unmittelbaren Befriedigung (physiologischer) Bedürfnisse, sondern hat für ihn auch immer eine gesellschaftliche Funktion. Auf die Frage, was er mit Konsumbildung verbindet, antwortet Herr Peter wie oben beschrieben, dass Konsum für ihn „ein Stück weit losgeht bei Bedürfnissen". Darüber hinaus spielen für ihn aber auch solche Aspekte eine Rolle, die sich unter die gesellschaftliche Funktion von Konsum subsumieren lassen:

> P: „auch Umgang mit Konsum anderer, denn Konsum spielt ja eine immer größere Rolle in unserer Gesellschaft, und eben auch dieses Trends nachhängen oder bestimmte Dinge haben müssen, ehm auch eben Konsum zu widerstehen find ich spielt ne immer größere Rolle [...]" (#00:02:29-6#).

Was die gesellschaftliche Funktion des Konsums konkret umfasst, bleibt zumindest manifest unausgesprochen. Implizit erschließt sich aus der Aussage jedoch, dass die Positionsfunktion des Konsums angesprochen wird. Dies lässt sich mithilfe des fallinternen Kontextwissens bestätigen. Aus der gesellschaftlichen Funktion des Konsums heraus ergibt sich ein von Herrn Peter wahrgenommener Zwang zu konsumieren – bestimmte Dinge „müssen" Konsumenten einfach haben. Konsumhandeln wird von ihm damit kaum als selbstständiges Agieren

wahrgenommen, es erfolgt zwanghaft und fremdbestimmt. Ziel des konsumbildenden Unterrichts ist es daher, die Schüler zu befähigen, „*Konsum zu widerstehen*" (#00:02:29-6#). Die Verwendung des Begriffs „*widerstehen*" macht die für
Herrn Peter relevante Differenzierung von legitimem und illegitimem Konsum
sprachlich sichtbar. Widerstanden werden muss Versuchungen. Die Versuchung
ist ein biblischer Begriff. Sie beschreibt den Anreiz zu einem Handeln, das als
verboten gelten kann bzw. mindestens sozialen Normen widerspricht. Folgt man
dem Anreiz dennoch, zieht dies potenzielle Schuld- oder Reuegefühle nach sich.
Insofern erfolgt mit der oben stehenden Sequenz nicht nur eine Ausdifferenzierung dessen, was unter Konsum verstanden wird, sondern auch eine normative
Wertung: (Positionsbezogener) Konsum ist etwas schlechtes, das Schuldgefühle
auslösen kann bzw. sollte und damit etwas „Verbotenes" (Konsum als Droge).
Die kritische Auseinandersetzung Herrn Peters mit der material(istisch)en Konsumkultur und der Verortung der Lernenden innerhalb dieser zeigt sich auch an
nachfolgender Aussage:

> P: Also ehm grade in Klasse 6 und 7 ist man, viel zum Thema Geld, also da auch die
> Bedeutung von Geld, und da haben wir uns sehr viel mit dem Thema eben Wünsche und
> Bedürfnisse auseinandergesetzt, und dass es eben auch sehr unterschiedliche Dinge sein
> können, ehm und da steht eben auch sehr viel im Mittelpunkt, dass es viele Bedürfnisse
> auch gibt, die man gar nicht mit Geld befriedigen kann, zum Beispiel. Und dessen sich
> erst mal bewusst zu werden, also dass da ne Unterscheidung ist, ehm das kann man sehr
> gut mit persönlichen Erfahrungen der Kinder einbinden, denn ne intakte Familie zum
> Beispiel kann man sich nicht kaufen, oder Geschwister kann man sich nicht kaufen.
> (00:06:29)

Herr Peter betont hier, dass für sein Konsumkonzept immaterielle Werte – zum
Beispiel eine intakte Familie oder Bildungswohlstand – in einer Welt, die stark
durch materiellen Konsum geprägt ist, von zentraler Bedeutung sind. Persönliche
Lebensqualität wird so nicht mehr in Abhängigkeit zur Verfügbarkeit materieller
Güter definiert. Vereinfacht gesagt, lässt sich Lebensglück nicht kaufen. Dass es
notwendig ist, sich „*dessen erst mal bewusst zu werden, dass da ne Unterscheidung ist*", zeigt einerseits, dass Wünsche und Bedürfnisse gesellschaftlich stark
mit dem Streben nach materiellen Konsumgütern verknüpft sind – immaterielle
Bedürfnisse bleiben unerkannt bzw. fristen mehr oder minder ein Schattendasein.
Das Verhaftetsein im Materialismus ist in der vorliegenden Sequenz eher als
allgemeine Zeitdiagnose denn als ausschließliche Charakterisierung der Lernenden aufzufassen, schließlich verallgemeinert er die Notwendigkeit, sich der Unterscheidung der Bedürfnisse, die mit Geld befriedigt werden können und jener,
auf die das nicht zutrifft, bewusst zu werden. Gleichwohl betrifft diese Zeitdiagnose auch die Lernenden, an deren persönliche Erfahrungen im Unterricht ange-
schlossen werden soll.

Über die Zeitdiagnose hinaus betont Herr Peter mit der oben stehenden Aussage mindestens latent seine (konsumbezogene) Expertise. Dies geschieht zweifach. Einerseits erfolgt mit der Fokussierung auf immaterielle Werte eine subjektive Relevanzsetzung hinsichtlich des unterrichtlichen Umgangs mit dem Thema Geld, das im Unterricht der Klassenstufen 6 und 7 eine große Rolle spielt (*„viel zum Thema"*). Als mögliche Unterrichtsinhalte erwartbar wäre in diesem Zusammenhang zum Beispiel, dass die Lernenden zu einem sorgsamen Umgang mit Geld angehalten werden sollen und der Unterricht hinsichtlich des Konsumverhaltens Handlungsrelevanz entfaltet. Dies würde auch zum fallinternen Kontext passen. Stattdessen geht es ihm nicht (ausschließlich) um die Vermittlung von Handlungsmustern. Vielmehr spielt auch die Vermittlung von Werthaltungen eine Rolle, auch wenn diese sich wiederum in preissensitivem Konsumhandeln niederschlagen können[86]. Der Lehrplan wird auf diesem Weg über das Gewohnte hinweg kreativ ausgelegt. Andererseits kann die Thematisierung der Grenzen materieller Konsumkultur nur erfolgen, weil sich Herr Peter ihrer bewusst ist und sein Wissen an die Lernenden weitergeben kann. Er zeigt ihnen damit auf, dass bzw. wo Geld an seine Grenzen stößt.

Die Kategorie Geld spielt für Herrn Peter auch hinsichtlich der Gestaltung seines eigenen Konsums eine Rolle. Auf die Frage, entlang welcher Prinzipien er seinen eigenen Konsum charakterisiert, antwortet er:

> P: ja, da puh Stichwort Nachhaltigkeit spielt ne relativ große Rolle, allerdings nicht bedingungslos muss ich auch zugeben, ehm dann ja Wirtschaftlichkeit spielt zum Teil auch ne Rolle, muss man ganz klar sagen, und im Idealfall versuch ich Wirtschaftlichkeit und Nachhaltigkeit miteinander zu verbinden, ehm (--) aber es ist, ja was spielt bei meinem Konsum ne Rolle? Es' (-) schwierig zu sagen.(00:28:48)

Sowohl die Verzögerung zu Beginn der Sequenz (*„puh"*) als auch der Abschluss der oben stehenden Sequenz vermitteln das Gefühl von Unsicherheit hinsichtlich der Einschätzung des eigenen Konsumhandelns. Als erstes inhaltliches Schlagwort benennt er schließlich das Prinzip der Nachhaltigkeit, grenzt dies aber unmittelbar unter Verweis auf den Anspruch wirtschaftlich zu handeln ein. Im weiteren Verlauf des Gesprächs belegt er den Versuch, beide Prinzipien miteinander zu verbinden anhand zweier Beispiele: die Nutzung des Fahrrads anstelle eines Autos (*„ich fahr zum Beispiel nur Fahrrad, und kein Auto, wo ich mir sage (-) ja einmal spar ich n Haufen Geld, aber ist auch gut für die Umwelt"*) sowie den Verzicht auf den Konsum von Lebensmitteln aus biologischem Anbau bei

---

[86]   Die Marketingforschung spricht hier vom Konsummuster der Genügsamkeit („frugality"). Genügsame Verbraucher verzichten zwar nicht auf Konsumgüter im Allgemeinen bzw. gelten als Konsumgegner, sie verzichten aber auf überflüssige Güter mit dem Ziel der Steigerung der subjektiven Lebensqualität und Zufriedenheit (Gröppel-Klein/Germelmann 2004: 186).

aus seiner Sicht unverhältnismäßig hohen Kosten („*ja manchmal spielt auch einfach das Geld ne Rolle, logischerweise, also wenn die Biomango 5 Euro kostet kauf ich die auch nicht ((lacht), ehm das ist einfach auch so ne Sache, so ne Sache wo man dann eben auch abwiegen muss*"). Die gewählten Beispiele fokussieren entgegen der die Sequenz einleitenden Aussage aber nicht das Prinzip der Nachhaltigkeit, sondern vielmehr das der Wirtschaftlichkeit. Der Schutz der Umwelt erscheint etwa beim Radfahren als Zugabe zum eingesparten Geld. Nachhaltiges Handeln scheint, wenngleich es zuerst benannt wurde, nicht das dominierende Prinzip für Herrn Peters Konsumhandeln zu sein, sondern vielmehr eine unter mehreren Optionen, die „*allerdings nicht bedingungslos*", sondern vor allem dann gewählt wird, wenn sie günstig zu erreichen ist. Dies spiegelt sich auch in der Aussage wider, dass Geld „*logischerweise*" eine Rolle für die zu wählende Konsumoption spiele – Widersprüche gegen einen logischen Schluss erscheinen kaum möglich. Daher besteht, je teurer es ist, nachhaltig zu konsumieren, der Zwang darauf zu verzichten(„*abwiegen müssen*"). Dass das Prinzip der Nachhaltigkeit dennoch zuvorderst benannt wurde, ist mit der angenommenen sozialen Erwünschtheit nachhaltigen Konsumhandelns begründbar. Zudem schließt die Sequenz nicht aus, dass Herr Peter nachhaltiges Konsumieren prinzipiell befürwortet, ohne diese Einstellungen jedoch im konkreten Kaufverhalten bedingungslos umzusetzen (attitude-behaviour-gap).

Das gewählte Beispiel der Biomango erscheint darüber hinaus auch im Kontext des Ablehnens von Status- und Luxuskonsum relevant. Hierfür spielen zwei Gründe eine Rolle. Der genannte Preis erscheint auch im Vergleich zu anderen Lebensmitteln verhältnismäßig hoch. Ein kostspieliger, über das normale Maß der Lebenshaltung hinausgehender Konsum kann gerade deswegen als verschwenderisch interpretiert und abgelehnt werden. Zudem erscheint fraglich, ob tatsächlich eine Einbuße an Lebensqualität stattfindet, wenn auf den Kauf einer Biomango für fünf Euro verzichtet wird. Konsumverzicht wird so zur bewussten, logisch gewählten Konsumoption, an die auch die Lernenden herangeführt werden sollen.

Die Ziele, die Herr Peter im Rahmen der Konsumenten- und Verbraucherbildung erreichen will, lehnen sich an sein Verständnis des legitimen Konsums an. Da legitimer Konsum sich an den zur Verfügung stehenden finanziellen Ressourcen orientiert, soll der Unterricht im weitesten Sinne preissensitive Einstellungen und Verhaltensmuster ausbilden. Dies wird im Interview mehrfach deutlich, etwa im Rahmen der folgenden Sequenz:

I: Wie sieht der aus, der gebildete Konsument? (-) Wie ist der so?

P: Er kann verantwortlich mit Geld umgehen, im Rahmen seiner finanziellen Ressourcen die er hat (-) und er kann Prioritäten setzen (-) im im Umgang mit Geld, hm ja und er kann Unterschiede akzeptieren, die müssen vielleicht nicht immer, die kann man verändern wollen, aber erst mal muss man sie akzeptieren [...]. (00:03:14)

Prinzipiell kann sich die anzustrebende Verantwortungsübernahme im Umgang mit Geld auf die mit dem Geld zu kaufenden Produkte sowie auf das Geldausgeben an sich beziehen. Der fallinterne Kontext lässt auf die zweite Variante schließen. Verantwortung zu übernehmen heißt dann, im Rahmen seiner finanziellen Ressourcen zu verbleiben und nicht darüber hinauszugehen. Schuldenaufnahme bzw. Verschuldung lassen sich als Negativfolie definieren und kennzeichnen daher unverantwortliches Handeln. Auf diesem Weg findet eine Individualisierung von Verantwortung statt. Strukturelle Ursachen von Ver- und Überschuldung hingegen bleiben unberücksichtigt.

Die Basis des so definierten verantwortlichen Handelns ist Herrn Peter zufolge die Fähigkeit, Prioritäten zu setzen. Prioritäten setzen zu können heißt, Wichtiges von Unwichtigem unterscheiden zu können. Konsumoptionen müssen hierfür bewertet werden. Naheliegendstes Bewertungskriterium ist das der Wirtschaftlichkeit, das Herr Peter wie dargestellt auch an sein eigenes Konsumhandeln anlegt. Darüber hinaus kann die Differenzierung des Wichtigen vom Unwichtigen aber auch eine kritische Auseinandersetzung mit der Konsumvielfalt und dem die Massenkonsumkultur kennzeichnenden Materialismus beinhalten. Die Irrelevanz des Materiellen wird vor allem dann sichtbar, wenn die Lernenden erkennen, dass es „*viele Bedürfnisse [...] gibt, die man mit Geld gar nicht befriedigen kann*". Insofern umfasst Konsumerziehung auch Aspekte von Werteerziehung hin zur verstärkten Anerkennung immaterieller Werte. Diese wiederum kann und sollte sich niederschlagen in einer Akzeptanz unterschiedlicher Konsumstatus. Konsumgüter entfalten ihre Bedeutsamkeit in der modernen Gesellschaft wie in Kapitel 2 dargestellt gerade nicht nur über ihren Gebrauchs-, sondern darüber hinaus auch über ihren symbolischen Wert. Sie dienen der gesellschaftlichen Positionierung und Distinktion. Ist es das Ziel, auf den Konsum gerade solcher symbolischer Güter nicht nur zu verzichten, sondern die sich in unterschiedlichen Konsumoptionen spiegelnden sozialen Unterschiede darüber hinaus zu akzeptieren und in diesem Sinn als gegeben hinzunehmen, wird Konsumerziehung zur Sozialdisziplinierung. Dieses Interpretationsmuster findet sich auch in anderen Auszügen des Interviews mit Herrn Peter.

> P: aber ich denke, n Kind sollte es schon da auch mit wissen, dass da manche Sachen eben schwieriger sind, weil dann auch bei den Kindern auf Dauer das Verständnis für das Fehlen mancher Dinge einfach, ehm ja die können das ja viel eher verstehen einfach, das'. (00:14:38)

Eine solche Ausgestaltung von Konsumentenbildung widerspricht den Anforderungen einer auf Reflexionsfähigkeit ausgerichteten sozialwissenschaftlichen Bildung, die den Lernenden ein Gespür für die Veränderbarkeit des Wirtschafts-

und Sozialsystems vermitteln möchte und sich daher auch am Ziel der Utopiefä-
higkeit orientiert (Engartner/Kristanthan 2014: 172f.). Ihr geht es weniger um die
Vermittlung von Orientierungswissen, das für Herrn Peter wie dargestellt vor
allem im Unterricht der Sekundarstufe II seine Bedeutsamkeit entfaltet. Vielmehr
sollen adäquate Einstellungen – zum Beispiel die Akzeptanz bestehender Unterschiede – vermittelt werden, die Handlungsrelevanz – etwa in Form von Sparsamkeit – entfalten. Der Bildungsstatus eines Konsumenten erschließt sich dann
nicht über sein (konsumbezogenes) Wissen, sondern lässt sich vielmehr anhand
seines Handelns erfassen.

7. Deutungsmuster zu Konsum und Bildung im Spiegel sozialwissenschaftlicher Professionalität

Im nachfolgenden Kapitel werden die rekonstruierten Deutungsmuster der befragten Lehrkräfte zu den Themen Konsum und Konsumgesellschaft, deren Thematisierung in unterrichtlichen und außerunterrichtlichen schulischen Lehr-Lern-Arrangements sowie zur Selbst- und Fremdwahrnehmung dargestellt. Im Fokus steht damit vor allem, wie sich die Lehrkräfte selber sowohl in ihrer beruflichen Rolle als auch als Konsumenten positionieren, wie sie sich von anderen Akteuren wahrgenommen fühlen, wie sie den individuellen (insbesondere schülerbezogenen) und gesellschaftlichen Umgang mit Konsum und die sich daraus ergebenden Probleme bewerten und wie sie die Rolle der Verbraucher- und Konsumentenbildung (und damit auch ihre eigene Rolle) bei der Lösung dieser Probleme einschätzen. Die vorgeschlagene Strukturierung ist dabei als eine analytische zu verstehen. Dies impliziert, dass zwischen den Deutungsmustern immer wieder Verknüpfungen sichtbar werden. Die Struktur der Darstellung weicht in geringem Maße von den im vorherigen Kapitel präsentierten Fallstudien ab – auch weil insbesondere hinsichtlich der Frage nach Professionalität im Lehrerberuf fachspezifische Deutungsmuster fokussiert werden. Für die Deutungsmuster kennzeichnend ist ihr wiederkehrender Charakter, das heißt die nachfolgend beschriebenen Interpretationen und Sinngebungen traten in den Interviews und Gruppendiskussionen wiederholt auf. Gleichwohl bedeutet dies nicht, dass im Wissensvorrat der befragten Lehrkräfte ausschließlich widerspruchsfreie Deutungsmuster enthalten wären. Vielmehr ist von einer jeweils situationsadäquaten Auswahl aus dem Repertoire der vorhandenen Sinnschemata auszugehen (Alemann 2015: 159).

7.1 Konsum, Konsumkultur und Konsumenten

7.1.1 Ambivalenzen der modernen Konsumgesellschaft

Die moderne Konsumgesellschaft, die mit ihr einhergehenden Ambivalenzen und die Positionierung sowohl der Lernenden als auch sich selbst innerhalb dieser Gesellschaft markieren für viele der befragten Lehrkräfte den Ausgangspunkt der schulischen Auseinandersetzung mit Konsum. Daher stehen die diesbezüglichen Deutungsmuster am Beginn des die empirischen Ergebnisse zusammenfassenden Kapitels.

Prinzipiell lässt sich feststellen, dass die Konsumgesellschaft für die interviewten Lehrkräfte als – wenn durchaus auch zwiespältig zu bewertende – geltende Tatsache wahrgenommen wird: Konsum und Konsumieren werden als zentrale Bestandteile der modernen Gesellschaft verstanden, denen man sich jedoch nicht

© Springer Fachmedien Wiesbaden GmbH, ein Teil von Springer Nature 2019
F. Wittau, *Verbraucherbildung als Alltagshilfe*,
https://doi.org/10.1007/978-3-658-27969-1_7

zwanghaft unterwerfen sollte. Vielmehr geht es darum, die mit dieser Aufwertung des Konsums im alltäglichen Leben einhergehenden Ambivalenzen als
solche zu erkennen und mit ihnen umzugehen, was sich, wie später zu zeigen
sein wird, auch in den Zielen der Verbraucher- und Konsum(enten)bildung wi-
derspiegelt. Deutlich wird die zentrale Rolle des Konsums etwa, wenn betont
wird, dass *„eigentlich keiner wirklich ne Systemumkehr haben möchte"* (L: 64)
oder Konsum als *„Ersatzreligion"* (N: 37) charakterisiert wird, der man sich
insbesondere in Großstädten mit ihren vielfältigen Konsumoptionen kaum entziehen kann (ebd.: 45). Wenn Konsum zur Religion wird, erfolgen Sinnfindung
und Welterklärung nicht mehr über die Existenz einer oder mehrerer Gottheiten,
sondern vielmehr durch die Orientierung an den Konsumoptionen der modernen
Gesellschaften. Konsum wird dann zum obersten Lebensprinzip, an dem der
Mensch sein Denken und Handeln orientiert.

Als dominantes Deutungsmuster und damit einer der zentralsten Kritikpunkte an
der modernen Konsumgesellschaft kann auch aufgrund der damit verbundenen
Auswirkungen auf das Leben der Kinder und Jugendlichen der ihr inhärente
Materialismus bzw. Konsumismus herausgearbeitet werden. Konsumismus kann
als ein warenzentrierter Lebensstil betrachtet werden (Bierhoff 2016: 7), der auf
dem Wunsch aufbaut, nicht nur zu überleben, sondern gut bzw. besser zu leben
(ebd.: 5). Hiermit einher geht eine deutliche Diskussion über den damit verbundenen Wertewandel. Die vier folgenden Aspekte entfalten dabei besondere Bedeutsamkeit:

*Der Aspekt der „Beschleunigung" (L: 34) sowie der damit einhergehenden Ver-
schwendung*: die industriekapitalistische Konsumgesellschaft beruht „auf den
Prinzipien des beständigen Verbrauchs, der Entwertung und Ersetzung der Güter" (Keller 2009: 24; vgl. dazu auch Rosa 2005: 203f., Fn. 28). Der Wunsch,
immer mehr und immer neu zu konsumieren führt zu einem erheblichen Ressourcenverbrauch, der – so die konsumkritische Lesart – als vermeidbar gilt, da
ein Großteil der konsumierten Güter nicht wirklich benötigt würde. Die steigende Bedeutung des Konsums erscheint dabei als notwendige Folge bzw. als Kor-
relat des zunehmenden Produktionswachstums, von dem sich auch die Schüler
nicht befreien können, wie in den folgenden Sequenzen sichtbar wird.

L: Ja man lebt ja auch immer noch in diesem größer, schneller, weiter, mehr. Das ist ja, wenn das Bruttoinlandsprodukt in Deutschland mal ein Jahr nur gering steigt, um ein, zwei Prozent, da hat man ja schon Angst, ja. […] Das ist der kulturelle Film, in dem wir immer alle noch maximal sind und an dem keiner ausbrechen kann, weil dann macht er sich zum Außenseiter. Nächste Tag muss mehr, weiter und schneller sein als heute. (66)

G2: […] welche alternativen ökologischen Adressen es gibt, um sich auch Kleidung zu besorgen, die besser is, sich das vielleicht seltener im Jahr, dafür aber nicht so oft zum wegwerfen, eh zu holen. (117)

S: Ich finde auch, wenn man sieht, was man im Laufe seines Lebens einfach an Lebensmitteln oder anderen Sachen wegschmeißt, das ist manchmal schon ein bisschen erschreckend. (34)

G2: […] wo man so auch die Frage stellt, wie weit wollen wir eigentlich? Müssen wir immer mehr haben, immer mehr? Also die Frage des Wachstums.[…] Also nicht nur mit eh, es sich schön machen, sondern auch, haben wollen. Also die Frage haben, ist das immer so sinnvoll, um glücklich zu sein? (204)

Explizite Bezüge zu den Lebenswelten der Jugendlichen, wie etwa in der nachfolgenden Sequenz ersichtlich, zeigen, dass nicht nur eine manifeste Kritik an den Entwicklungen einer Gesellschaft, in der Konsum eine immer zentralere Rolle spielt, vorliegt. Vielmehr wird hier mindestens latent auch ein Wandel der Lebensphase Kindheit (und Jugend) beschrieben, die nicht mehr entschleunigt und von den Zwängen der Erwachsenengesellschaft befreit ist, sondern ihnen unterliegt. *„Der Druck nimmt auch auf Seiten auf die Jugendlichen ja auch zu"* (G1: 222). Die Kinder und Jugendlichen werden damit zum Spiegel der Konsumgesellschaft:

G1: Das ist natürlich interessant, wenn man mal im neunten Schuljahr fragt, das wievielte Handy hast du denn? Dann gibt es da keinen, der noch im Besitz des ersten Handys ist. (240)

Der Aspekt der konsumbezogenen Identitätssuche: Mittels Konsum erfolgt der Versuch, sich von anderen abzugrenzen bzw. seine Zugehörigkeit zu Gruppen auszudrücken. Dies wird deutlich, wenn etwa von einem *„Modediktat innerhalb der Altersgruppe"* (T: 117) gesprochen wird oder das Smartphone als ein Statussymbol (J: 10) betrachtet wird, das letztlich auch und vor allem genutzt wird, um sich (fälschlicherweise) selbst zu definieren (J: 88). Eine ähnliche Wahrnehmung zeigt die folgende Sequenz. Das Smartphone ist ein

„signifikantes Beispiel, eh für Konsumverhalten ehm in […] unserer Gesellschaft, dass bestimmte Konsumgüter angeschafft werden, weil die eben der Selbstdarstellung und der Selbstbehauptung innerhalb einer Hierarchie dienen" (G2: 133-135).

Es geht mithin um „Sein durch haben", notfalls auch über das Mittel der Verschuldung: *„Man lebt eh jetzt, und man gibt das Geld jetzt aus, teilweise sogar*

Geld, das man noch nicht hat" (G: 18, ähnlich: J: 6). An diesen Kritikpunkt schließt sich mindestens latent eine explizite Wertediskussion an, die bereits in der Fallstudie von Herrn Peter sichtbar wurde: Die Rolle materieller und immaterieller Werte für die Definition der eigenen Persönlichkeit.

> G2: Muss man eigentlich durch materielle Dinge immer weiter gehen, oder wie kann man sich auch entwickeln? [...] Wo sind meine Werte? (204).

Dass die hier kritisierten Wirkungsmechanismen der Konsumgesellschaft tatsächlich greifen und sich auch die befragten Lehrkräfte nicht von ihnen befreien können, zeigt eine Sequenz zum Thema des Konsums von Kleidung. Die prinzipielle Annahme, bei Kleidung erfolge keine rationale Kaufentscheidung, wird konkretisiert, indem Kleidung vor allem für Gymnasialschüler als Statussymbol (= Markenkleidung) eingestuft wird:

> N: Bei Kleidung fällt es, ja fällt es mir hier an der Schule nicht so stark auf, ich glaub, das ist an Gymnasien stärker.
>
> I: Woran könnte das liegen?
>
> N: An mehr verfügbarem Einkommen der Familie, ganz einfach.
>
> I: Ist das wirklich so ne Differenz?
>
> N: Ja, doch, ich glaube man kann eh schon an der Kleidung eh gewisse Unterschiede feststellen, ja. (16-20)

Konsumgüter sind in der vorliegenden Sequenz ein Mittel der Abgrenzung und (sozialstrukturellen) Differenzierung. Sichtbare Kriterien der materiellen Güter – im vorliegenden Fall bestimmte Kleidung – signalisiert Zugehörigkeiten zu bestimmten gesellschaftlichen Gruppen und Schichten. Durch höherpreisige Konsumgüter wie etwa Markenkleidung lassen sich Zugehörigkeiten zu den wohlhabenderen Schichten der Gesellschaft ausdrücken. Konsum erfolgt dann aus demonstrativen Zwecken (= conspicious consumtion bei Thorstein Veblen, Scheve 2017). Im Gegensatz zu den weiteren dargestellten Sequenzen wird in der hier vorliegenden jedoch nicht mehr ausschließlich die vermutete Motivlage der (jugendlichen) Konsumenten dargestellt. Es zeigt sich vielmehr, dass die hinter diesen Motiven stehenden Wirkungsmechanismen tatsächlich zur Geltung kommen. Der Interviewpartner folgt mit seiner Aussage der (wie sich aus dem weiteren Kontext des Interviews erschließen lässt von ihm abgelehnten) Status- und Steigerungslogik der modernen Konsumgesellschaft bzw. sieht sie zumindest unhinterfragt als geltend an.

Der Aspekt der Verführung und Verführbarkeit der Konsumenten[87], welcher enge Bezüge zu den bereits benannten Kritikpunkten aufweist. Der Wunsch nach Zugehörigkeit zu bestimmten Gruppen und der damit einhergehende Vergleich mit anderen anhand der verfügbaren Konsumgüter treiben die Steigerungslogik der Konsumgesellschaft an und können damit als Ursache der beklagten Beschleunigung verstanden werden. Durch die Anwendung bestimmter, oftmals durch die Interviewpartner aber nicht explizit benannter Strategien werden die Konsumenten als durch Produzenten und Verkäufer beeinflussbar dargestellt (so etwa G1: 20, G2: 38, L: 30, A: 39, R: 6, S: 12, S: 16).

> J: Eh, und zwar es wird uns ja etwas suggeriert, das musst du haben ne, man sieht das jeden Tag in den Medien, man sieht das bei eh den Nachbarn, das wirkt auf den Schüler unheimlich ne, also Werbung ist das eine, was verspricht Werbung? [...] Und ich sag jetzt mal, wenn keiner n Smartphone hätte, dann hätten die Schüler nicht diesen Druck, aber es hat jeder eins, das ist definitiv so, daher kommt das auch, dieses Bedürfnis, ich möchte das haben, haben Sie auch. Das ist das doch einfach, man sieht das in der Werbung und da kann man sich doch nicht von freimachen. (16)

Der Geltungshorizont der beschriebenen Problematik wird in der vorliegenden Sequenz, auch und insbesondere durch die Ansprache der Interviewerin, als ein prinzipieller beschrieben. Es sind nicht nur Kinder und Jugendliche, die den Mechanismen der Verführung unterliegen. Eine ähnliche Einschätzung zeigt sich, wenn davon ausgegangen wird, dass die angewendeten *„psychologischen Tricks, dass die trotzdem bei jedem verfangen"* (D: 28).

Der vierte Aspekt ist schließlich *die beklagte fehlende Nachhaltigkeit des Konsums*, die zwar in einem engen Zusammenhang mit der Materialismus- bzw. Konsumismuskritik steht, gleichwohl als fallübergreifendes Deutungsmuster weniger dominant ist als die zuvor genannten[88]. Beispielhaft wird von einem Interviewpartner geäußert, der unbedingte Wunsch zu konsumieren *„scheint viel höherrangiger zu sein als jede Art von Bewusstsein im Zusammenhang mit (-)*

---

[87] Dass eine prinzipielle Kritik an der Verführungslogik der Konsumgesellschaft erhoben wird, erschließt sich in den meisten Interviews latent aus den von den Lehrkräften benannten Zielen der Verbraucher- und Konsumentenbildung. Wenn die Schüler etwa lernen sollen, sich kritisch mit den Beeinflussungen ihres Konsumverhaltens auseinanderzusetzen, bedeutet dies im Umkehrschluss, dass hier ein potenzielles Problem erkannt wird. Dies gilt insbesondere dann, wenn dieser Verführungslogik „jeder" unterliegen kann.

[88] Ursächlich hierfür ist in meinen Augen die Frage danach, was unter angemessenem Konsum verstanden wird. Hierfür kommen, wie später zu zeigen sein wird, verschiedene Deutungsmuster infrage. Neben einem nachhaltigeren Konsum ist für die befragten Lehrkräfte auch das Deutungsmuster des rationalen Konsums von großer Bedeutung. Beide Konsumstrategien haben aber eine kritische Auseinandersetzung mit Konsumismus und Materialismus zur Folge, wenn auch unter anderen Vorzeichen.

Nachhaltigkeit" (G: 18). Als nachhaltig gilt Konsum dann, wenn Produktionsbedingungen als umwelt- und sozialverträglich eingestuft werden können. Das fehlende Umweltbewusstsein im Konsumverhalten wurde zum Beispiel in den Sequenzen zum Fleischkonsum bei Frau Karl sichtbar (siehe Kapitel 6.1.2.2, P: 56), zeigt sich aber auch in der kritischen Betrachtung von Mobilitätsverhalten (K: 53). Der Gesichtspunkt fehlender sozialer Nachhaltigkeit wird als Folge der Globalisierung des Konsums betrachtet. Insofern ist die Kritik an nicht-nachhaltigem Konsum in zahlreichen Fällen auch als Globalisierungskritik zu betrachten. Der Mangel an intragenerationaler Gerechtigkeit wird dabei sowohl auf systemische Defizite als auch auf das fehlerhafte Verhalten der Konsumenten zurückgeführt, wie sich in den folgenden Sequenzen zeigt:

> A: Warum fressen unsere Hühner den Regenwald auf? Armut bei der Landbevölkerung in Nordbrasilien, wo der Regenwald abgeholzt wird für das Soja, das Soja wird nach Europa transportiert für die Massentierhaltung. (55)

> S: Gerade so im Bereich Entwicklungshilfe, Entwicklungspolitik, da gibt es ja auch ganz ganz viele äh Aspekte [...] wenn man sich einfach überlegt ,dass/dass zum Beispiel die deutschen Gebrauchtwagen, die hier einfach nicht mehr für den Markt vorgesehen sind, die werden einfach alle ähm genommen und werden nach Afrika verschippert und das ist ja noch nicht mal so, dass es niemand mitkriegt sondern das wird ja ganz ganz offen kommuniziert. Die Autohäuser sagen ja heutzutage schon, das Auto ist zu alt und ich kann es hier nicht mehr verkaufen, aber ich nehme es und dann wird es da und da hin gebracht. Und da muss man sich ja auch schon irgendwie fragen, passt das zusammen, möchte man das so und was hat das für entwicklungshemmende Funktionen. [...] Was die Wirtschaft oder was wir als Verbraucher da machen, ist teilweise ganz kontraproduktiv glaube ich einfach. (68)

7.1.2 Selbstwahrnehmung und Selbstpositionierung: Die Lehrkräfte als Verbraucher

In den Leitfaden für die Interviews wurde bewusst ein Themenblock integriert, der das persönliche Konsumverhalten der Lehrkräfte in den Mittelpunkt stellt. Hierdurch lassen sich zunächst Selbstpositionierungen in der Rolle des Konsumenten erfassen. Unter Positionierung allgemein werden solche diskursiven Praktiken verstanden, mittels derer sich Akteure in Sprachhandlungen als Person definieren. Damit nimmt der Sprecher in einer Interaktion immer auch eine bestimmte Position im sozialen Raum für sich in Anspruch und zeigt, wie er gesehen werden möchte bzw. sich selbst positioniert (Lucius-Höhne/Deppermann 2004: 168). Selbstpositionierungen beinhalten oftmals aber auch explizite oder implizite Fremdpositionierungen der im Gespräch relevanten Interaktions-partner[89], beide sind miteinander verwoben:

> „Indem ich mich selbst beschreibend oder handelnd positioniere, weise ich mir, ebenso aber auch den anderen in Relation zu meiner eigenen Position, die ich ihm gegenüber beanspruche, eine Identität zu. [...] Ebenso bestimme ich mit der Art und Weise, wie ich andere charakterisiere oder behandele, meine eigene Position." (ebd.: 196)

Auf Basis der ermittelten Selbstpositionierungen lässt sich weiterführend erfassen, welche Rolle das persönliche Konsumverhalten im Rahmen der Verbraucherbildung entfaltet. Dies ist aus professionalisierungstheoretischen Gesichtspunkten gleich mehrfach als besonders relevant zu betrachten. Erstens lassen sich hieraus Hinweise auf die im Lehrerhandeln wirksamen Wissensformen (Alltagswissen und Alltagsorientierungen vs. Professionswissen, zur Definition siehe Kapitel 2.1.1) erschließen. Zweitens eröffnen sich auf Basis der Selbstpositionierung Optionen zur Legitimation der eigenen Professionalität. Als instruktives Beispiel hierfür kann die in Kapitel 6.1 dargestellte Fallstudie von Frau Karl herangezogen werden. Drittens schließlich materialisiert sich darauf aufbauend die für das strukturtheoretische Professionsmodell zentrale Antinomie Rollenspezifik vs. Diffusität des Lehrerhandelns in der Verbraucher- bzw. Konsumbildung, sofern diese sich an der konsumbezogenen Handlungspraxis der Lehrkräfte orientiert.

Die Selbstpositionierung der Lehrkräfte in ihrer Rolle als Konsumenten erfolgt auf zwei Wegen. Auf der einen Seite wird die eigene Handlungspraxis bzw. das eigene Konsum- und Kaufverhalten explizit dargestellt. Auf der anderen Seite erfolgt ein Vergleich mit dem wahr- bzw. angenommenen Konsumverhalten anderer bzw. insbesondere der Lernenden. Die Selbstpositionierung erfolgt so in Abgrenzung zu anderen, es zeigt sich die eben angesprochene enge Verwobenheit von Selbst- und Fremdpositionierung.

Das Spektrum des dargestellten Konsumhandelns der Lehrkräfte orientiert sich in großen Teilen an den beiden Idealtypen des rationalen Konsums sowie des bewussten Konsums. Bewusster Konsum ist in großen Teilen nachhaltiger Konsum, kann jedoch auch weiter gefasst verstanden werden. Bewusstsein manifestiert sich dann nicht zwingend in konkreten Konsumhandlungen, sondern bereits in der kritisch-reflexiven Auseinandersetzung mit dem eigenen Konsum. Beide Formen werden ergänzt durch ein Handlungsmuster, das als „genügsam konsu-

---

[89] Als relevante Interaktionspartner gelten dabei nicht nur direkt anwesende Interaktionspartner bzw. Gesprächspartner, etwa der Interviewer oder weitere Teilnehmer einer Gruppendiskussion. Vielmehr entwickeln auch Interaktionspartner innerhalb der erzählten Geschichten Relevanz (Lucius-Höhne/Deppe 2004: 202f.).

mieren" überschrieben werden kann und bereits in der Fallstudie von Frau Karl sichtbar wurde. Die Einordnung des genügsamen Konsums in das Spektrum der Verbraucherleitbilder ist nicht immer eindeutig, da sowohl angestrebte Rationalität als auch Nachhaltigkeit als Ursache eines auf Genügsamkeit ausgerichteten Konsums betrachtet werden können.

Die Orientierung eigenen Konsumverhaltens am Kriterium der Rationalität wird in der folgenden Sequenz besonders instruktiv sichtbar:

> J: Das ist, ich sag's Ihnen jetzt ganz ehrlich, wenn wir jetzt mal daran denken, wir haben jetzt Werbung eh für eh Kaffee oder so, und es wird suggeriert, der Melitta Kaffee und dieser schöne Italiener dabei und so weiter, und ich bin im Geschäft, ich hab diesen Melitta Kaffee immer im Hintergrund, so und jetzt gucke ich, jetzt ist aber ne andere Firma, die hat jetzt n Aktionsangebot da muss ich an sich sagen, ich kaufe die in der Werbung für weniger Geld, das schmeckt auch. Ich mach natürlich anders, ich persönlich kaufe anders ein, hab ich schon jahrelang gemacht. Also mein Kaffee, den ich gern mag, wenn der in der Werbung ist, ich mag mir auch 6 Packungen kaufen, also 3,99 ist das wirklich und sonst kostet der fast 6,99 zwischen 6,50 und 6. Das, so kann der Konsument auch reagieren, oder Waschpulver: ich weiß mein Waschpulver gibts zur Zeit in der (unv.) günstig, 80 Waschungen, 17 Euro runterrechnen, was kostet eine Waschladung, eh 17 Cent sind ganz billig, also kaufe ich mir dann mein Waschpulver, ich hab manchmal 3 Pakete stehen (-) auch <u>da</u> kann man Kunden zu erziehen, wirklich zu gucken, ist das jetzt billig, was ich haben möchte, lohnt sich das? (26)

Die Interviewpartnerin beschreibt hier ein in drei Phasen sequenziertes Konsumverhalten: Zunächst müssen Konsumpräferenzen eruiert werden (Was brauche ich? Was möchte ich haben?), dann werden Marktpreise beobachtet. Schließlich wird dann gekauft, wenn die präferierten Güter zu einem angemessenen Preis angeboten werden. Dieses Konsumverhalten kann in mehrfacher Hinsicht als ein rationales interpretiert werden. Erstens entscheidet sie als Konsumentin selbstbestimmt über ihr Konsumverhalten und lässt sich nicht durch produzentenseitige verkaufsfördernde Maßnahmen wie etwa Werbung beeinflussen. Zweitens stellt sie sich als gut informierte Konsumentin dar, die eine vergleichsweise umfassende Übersicht über die am Markt angebotenen Güter samt ihrer Preise verfügt. Dies gilt insbesondere, wenn die in Kapitel 4 gesetzte Prämisse vollständiger Information durch jene beschränkter Information ersetzt wird, ohne dass damit die Rationalität des Handelns infrage gestellt würde. Durch das beschriebene Konsumhandeln werden Suchkosten, die mit der Entwicklung immer neuer Konsumstrategien entstehen würden, minimiert. Auf dieser Basis kann sie drittens solche Kaufhandlungen ausführen, die sich durch ein sehr gutes Kosten-Nutzen-Verhältnis auszeichnen. So kann sie beispielsweise beim Kaffee bei gleichem Nutzen (es wird immer derselbe Kaffee getrunken, der Kaffeegenuss ist der erzielte Nutzen) durch den Einkauf zum Werbepreis mehr als 30% der anfallenden Kosten sparen.

Auch in folgenden weiteren Interviewsequenzen wird die Orientierung des eigenen Konsumhandelns am Kriterium der Rationalität bzw. Souveränität deutlich:

> R: Also ich bin da ehm wirklich eher derjenige, der auf, ja auf Eigennutz handelt. Das ist moralisch jetzt nicht so in Ordnung. (20)

> D: Ich bin erzogen worden, oder wo' und ich bin nicht verbrauchermäßig erzogen worden, sondern ich bin durch das Vorbild meines Elternhauses erzogen worden, und halte mich wahrscheinlich für nen ziemlich sparsamen und kniepigen eh, und schon gar nicht ehm, hier trendorientierten [...]. (56)

> A: Aber ich muss auch sehen, dass ich eh ja dieses Thema wie Auskommen mit dem Einkommen das ist natürlich klar, das eh hab ich im Kopf. [...] Da ist schon ne gewisse Rationalität vorhanden und auch ne Präferenzordnung bei mir. (45)

> K: ehm für mich persönlich ((stöhnt)) (-) ja manchmal spielt auch einfach das Geld ne Rolle, logischerweise, also wenn die Biomango 5 Euro kostet, kauf ich die auch nicht ((lacht)). (53)

Insbesondere die letzten beiden Sequenzen betonen die Notwendigkeit, konsumbezogene Entscheidungen im Rahmen gegebener Möglichkeiten zu fällen. Hierzu zählen insbesondere die Spielräume der Budgetrestriktion (welche finanziellen Mittel stehen mir zur Verfügung?), denen individuelle Präferenzen gegenüberstehen. Es geht um eine Ordnung der Wünsche im Rahmen der verfügbaren Möglichkeiten. Indem bestimmte Konsumoptionen ausgeschlossen werden, weil sie als nicht finanzierbar betrachtet werden, wird das eigene Handeln damit nicht nur als sparsam, sondern eben auch als rational gerahmt. Eine solche Charakterisierung kann insbesondere im mittleren Auszug angenommen werden, in welchem das eigene Handeln sogar mit Begrifflichkeiten der neoklassischen Konsumtheorie (hier Präferenzordnung) beschrieben wird.

Neben dem rationalen Konsum ergibt die Datenauswertung als konkurrierendes Deutungsmuster jenes des bewussten Konsums. Als bewusst lässt sich Konsumverhalten zunächst dann einordnen, wenn es sich an Kriterien der Nachhaltigkeit orientiert bzw. umwelt- und sozialverträglich erfolgt. Mehrfach deutlich wurde die Relevanz dieses Konzepts etwa in den Interviews mit Frau Karl und Herrn Peter[90]. Folgende weitere Auszüge aus dem Sampling lassen sich dem Handlungsmuster „bewusst konsumieren = nachhaltig konsumieren" zuordnen:

> G: Ehm, da wird ehm natürlich überlegt welches Produkt woher kommt, und das wird an Beispielen deutlich gemacht, welche immense ehm Strecken teilweise zurückgelegt werden, damit man zum Beispiel im Winter Erdbeeren hier eh im Supermarkt kaufen kann. Also das ist natürlich, ich bin so erzogen. Ich versuche ehm, ich versuche darauf

---

[90] Gleichwohl soll an dieser Stelle daran erinnert werden, dass insbesondere das Interview mit Herrn Peter eine gewisse Ambivalenz des Konsumverhaltens eröffnet hat: nachhaltiges Handeln konnte für ihn vor allem dann als relevant rekonstruiert werden, wenn es zum Umsetzen des Prinzips der Rationalität beiträgt.

zu achten, das gelingt mir deshalb ganz gut, weil ich n ((lachend) überschaubaren Bereich habe), im Bereich der Ernährung, eh da geht ganz gut. (68)

S: also ich kauf jetzt selbst auch nicht nicht übermäßig Bio, ne das ist so, habe ich auch gar nicht so den Anspruch drauf. Ich probiere eigentlich immer eher so zu kaufen, dass man ein bisschen regionaler das Ganze hält […]. Ich meine ich brauche nicht Bio-Äpfel kaufen, die in irgendwo in Übersee produziert werden und dann hier hergebracht werden, das bringt ja nichts. Ja aber ich habe sie dann trotzdem im Supermarkt liegen und hab sie als Bio deklariert was ja auch (..) offiziell ok ist, ähm aber dadurch ist meine Kaufentscheidung ja nicht unbedingt besser. Ich könnt ja dann auch einfach Äpfel von aus der Region kaufen, die nicht Bio sind, die dann einfach nicht diesen langen Weg hinter sich gebracht haben. (86)

N: Also, puh es ist ich sag, wie gesagt es ist nicht so dass die jüngere Generation weniger Bewusstsein hat als (-) unse=unsere, die sehr viel natürlich groß geworden ist mit Ökologie und den Krisenkonzepten und wie man da raus kommt und, als ich 20 war, bin ich bei den Grünen eingetreten, war sozusagen Gründungsmitglied. (57)

Vor allem in der letzten vorliegenden Sequenz zeigt sich, dass bewusstes Verhalten nicht nur als Konsumoption, sondern vielmehr als generelle Einstellung verstanden werden kann. Eine ähnliche Interpretation ergibt sich aus der nachfolgenden Sequenz, die sich selbstkritisch mit dem eigenen Handeln (auch in der Rolle des Konsumenten) beschäftigt.

T: Und es geht ja eh um Verantwortung, ja, wer trägt Schuld und wer trägt wie viel Schuld, und ehm […] ich glaube (-) in dreißig Jahren steht mal mein Enkelkind vor mir und beschimpft mich, weil es keine Luft mehr, nicht mehr ausreichend Luft zum Atmen hat, ehm weil alles verschmutzt ist, verpestet, keine natürlichen Lebensmittel vorhanden sind, und dann dann werd ich gefragt, so Oma, was hastn gemacht damals? Du hast das doch gewusst. Und dann muss ich sagen, ich hab nichts gemacht, oder viel zu wenig. (56)

Es zeigt sich eine Auseinandersetzung mit den Optionen, aber auch Grenzen des eigenen Verhaltens, die wenngleich das eigene Handeln als nicht nachhaltig (genug) bestimmt wird, zumindest latent auf eine Selbstpositionierung als krisenbewusst schließen lässt (ähnlich auch in G2: 45-51, S: 36).

Neben den bereits beschriebenen Handlungsmustern zeigt die Auswertung der Daten als drittes, korrespondierendes Deutungsmuster jenes des genügsamen bzw. teilweise sogar asketischen Konsums.

S: nicht im im Überfluss zu konsumieren, das finde ich irgendwie immer ganz wichtig. (34)

G: Weil ich das Gefühl habe alles zu haben. Ehm, ich m=mache das immer fest wenn ich irgendwann mal Geburtstag hab und Weihnachten oder sowas, und jemand mich fragt, was möchtest du eigentlich haben und ich sage ((lachend) mir fällt nichts ein. […] was ich nicht mache, ist etwas zu doppeln, doppelt zu kaufen. (68)

N: Ich machs an meiner Biografie fest, dass ich eben ehm eigentlich nie eh jemand gewesen bin der jetzt irgendwie viele Dinge haben muss, bis heute (63).

A: Die jüngeren Kinder wollten gerne in den Zoo. Dann schluck ich auch erstmal, was ich dann insgesamt dafür bezahlen muss. Aber ich weiß natürlich auch, ok, das kann ich jetzt einmal machen, und dann wird's erstmal ein, zwei Wochenenden wird dann ja erstmal auch nichts sein. (45)

Wie bereits erwähnt, steht der genügsame Konsum in engem Zusammenhang mit beiden zuvor genannten Konsummustern. Die ersten drei Sequenzen lassen sich dabei eher einem als nachhaltig einzustufenden Konsumhandeln zuordnen. Genügsamkeit äußert sich in Verzicht und damit einer bewussten Abkehr von Verschwendung, was in weiten Teilen dem suffizienten Verhalten im Rahmen der Nachhaltigkeitsdebatte entspricht. Das im vierten Interviewauszug geschilderte genügsame Verhalten entspricht trotz dem ebenfalls ersichtlichen Verzichtsmoment eher dem rationalen Konsum, da vor allem die begrenzten finanziellen Spielräume (= Budgetrestriktion) ursächlich für die Genügsamkeit sind. Im Vergleich zu den ersten drei Sequenzen, in denen die Genügsamkeit als freiwillig gewählt dargestellt wird, erscheint sie hier eher als erzwungen bzw. unfreiwillig.

Die Entwicklung des Selbstbildes in der Rolle des Konsumenten baut neben der Beschreibung des eigenen Konsumhandelns vor allem auf dem Vergleich bzw. der Abgrenzung zum Konsumhandeln anderer auf. Als relevante Bezugsgruppen werden in den vorliegenden Daten immer wieder vor allem die Lernenden, aber auch deren Elternhäuser herangezogen. Aus den unternommenen Vergleichen ergibt sich ein selbstbezüglicher Anteil, der „aus dem Anspruch [resultiert], den ich dadurch erhebe, dass ich ihnen [den Anderen, FW] einen sozialen Ort zuweise" (Lucius-Höhne/Deppermann 2004: 196). Wenn in den vorliegenden Interviews also beispielsweise das Verhalten anderer Konsumenten kritisiert wird, positioniert sich der Sprecher damit als jemand, der den Anspruch erheben kann, zu kritisieren.

Die unternommenen Vergleiche münden in einer deutlichen Mehrheit der Interviews in Deutungsmustern, die sich unter der Kategorie der „Überlegenheit" zusammenfassen lassen. Ursächlich dafür ist die binäre Kodierung des Konsumhandelns im Allgemeinen: es gibt richtiges und falsches bzw. angemessenes und unangemessenes Konsumverhalten. Im Sinne von Lucius-Höhne und Deppermann erfolgt alleine durch den Anspruch, angemessenes und unangemessenem Konsumhandeln beurteilen zu können, jene Selbstpositionierung der Überlegenheit, die sich in die nachfolgend dargestellten drei Dimensionen mit enger Wechselwirkung zueinander ausdifferenzieren lässt.

Generationale Überlegenheit bzw. abgeschwächt generationale Differenzen: Die Überlegenheit des eigenen Handelns ist vor allem altersbasiert. Der Lehrende als im Vergleich zu den Lernenden ältere in der Lehrer-Schüler-Beziehung ist damit der Überlegenere. Mit zunehmendem Alter, so die sich spiegelnde Annahme, eröffnen sich erstens durch die erhöhten zur Verfügung stehenden finanziellen Mittel umfangreichere Konsummöglichkeiten, was wiederum den Zwang zur Auseinandersetzung mit diesen Möglichkeiten erhöht:

> G: Ich vermute eher dass das dann später ein, eine Entwicklung gibt, <u>wenn</u> man (-) eh selbst Geld verdient und eigenverantwortlich dieses ausgeben muss, oder darüber verfügen muss, und irgendwann ja auch n <u>Kreditrahmen</u> erschöpft ist und man da vielleicht an Grenzen geführt wird. (88)

> G2: Sehr sehr viele von denen finanzieren schon den Besuch der Oberstufe oder ihre Interessen in der Oberstufe durch eigene Arbeit. [...] Das <u>schärft</u> glaub ich bei den allermeisten auch den Blick d/eh drauf, was kann ich mir eigentlich <u>leisten</u>, Wo und wofür will ichs vielleicht. (158-167)

> G2: wie viel man tun muss, um dieses schnell ausgegebene Geld wieder reinzuholen (168)

Zweitens muss eine zunehmende Verantwortung für das eigene Leben bzw. eine Familie übernommen werden. Generationale Überlegenheit zeigt sich in diesem Deutungsmuster insbesondere immer dann, wenn im interviewinternen Kontext die eigene Rolle als Vater oder Mutter betont wird.

> J: Und wenn einer vielleicht gebaut hat oder mehrere Kinder hat, ich sag Ihnen was, und dann müssen jetzt mal 2 Kinder weg zu ner Klassenfahrt, die könnten dann nur sagen, dann canceln wir unseren Jahresurlaub, dann fahren wir dieses Jahr nicht in den Urlaub, es <u>ist</u> so, ich meine ich hab schon gebaut, ich weiß wie das ist, wenn man baut. (74)

> L: Das ist auch ne Sache von Familie und von Verantwortung, dass man dann einfach sehr viel kritischer mit sich umgeht, wenn eben nicht nur für <u>sich</u> sorgt, sondern auch für die anderen, dass man dann sagt, kauf ich mir das eben mal nicht. (24)

Drittens schließlich wird die kognitive Entwicklung als altersabhängig beschrieben. Eine reflexive Einsicht in das eigene Konsumverhalten kann daher erst mit zunehmendem Alter erfolgen. Diese Lesart zeigt sich beispielsweise immer dann, wenn Themen als für Unterstufenschüler irrelevant bzw. erst in der Oberstufe relevant gekennzeichnet werden (T: 4; N: 34; A: 5, 47, 61; K: 16).

Darüber hinaus spielen generationale Differenzen immer dann eine Rolle, wenn Vergleiche zwischen früher und heute gezogen werden, sichtbar etwa an folgender Sequenz: *„Früher waren das, ja haben wir über eine Kugel Eis geredet"* (L: 34). Die verfügbare Geldmenge unter Kindern und Jugendlichen sowie die Wertigkeit der von ihnen konsumierten Produkte steigt an, es erfolgt eine Erziehung zum beklagten Materialismus, dem sich frühere Generationen durch die ihnen

gesetzten Rahmenbedingungen deutlich einfacher entziehen konnten. Gleichwohl oder vielleicht gerade deshalb erfolgte in früheren Generationen aber auch
eine bewusstere, proaktivere Auseinandersetzung mit den Grenzen der Konsumgesellschaft:

> N: als ich 20 war, eh kam das Buch über eh überhaupt die ökologische Krise auf den
> Markt, das war der (unv.), eh da war das Thema auf einmal da, schlug ein wie ne Bom-
> be und ehm das war ja sozusagen, wenn man so will, die erste Auseinandersetzung da-
> mit, dass dieser Planet sich Problemen ausgesetzt sieht die, früher oder später zum Kol-
> laps führen. (49, ähnlich T: 6)

In der Fortführung dieser Sequenz, in der sich der Interviewpartner als nachhaltig
denkender Konsument charakterisiert, wird die Irrelevanz des Konzepts der
Nachhaltigkeit für seine Lernenden betont. Der vorliegende Auszug ist durch
eine starke metaphorische Dichte gekennzeichnet, die Erzählung schildert die
eigene, persönliche Betroffenheit. Ein Ereignis, das einschlägt wie eine Bombe,
ist einerseits etwas besonders beeindruckendes, Aufsehen erregendes, ist damit
andererseits aber auch in der Lage, subjektive Betroffenheit hervorzurufen. Die
(ökologische) Krise wird als etwas Neues, als Besonderheit für die Generation
des Lehrers gerahmt und steht damit in Differenz zur heutigen Generation. Die
Krise, insbesondere die ökologische Krise ist für sie Normalität. Das Reden über
nachhaltiges Handeln, über die Grenzen dessen, was die Erde und ihre Bewohner
vertragen, über Gerechtigkeiten etc. erfolgt derart inflationär, dass mit den dazugehörigen kognitiven Konzepten niemand mehr wirklich erreicht werden kann
(im Gegensatz zur eigenen Generation). Unter Berücksichtigung der zentralen
Bedeutsamkeit des Konzepts der Krise in der strukturtheoretischen Professionalisierungstheorie lassen sich hieraus auch Rückschlüsse für die Frage nach erfolgreicher Konsumbildung ziehen, wie später in den Deutungsmustern zur Konsumbildung zu zeigen sein wird.

Moralische Überlegenheit: Die Interviewpartner positionieren sich als normative
Referenz, die die „richtigen" moralischen Kriterien hinsichtlich des Konsumverhaltens verinnerlicht hat bzw. diese beim eigenen Konsum mindestens mitdenkt.
Als zentralstes Kriterium wird die Ablehnung des Materialismus bzw. Konsumismus im Konsumhandeln anderer herangezogen. Eine besondere Bezugnahme
erfolgt dabei zunächst auf Nachhaltigkeit als Richtlinie eines angemessenen
Verhaltens. Das Paradebeispiel hierfür ist das Ablehnen des Einkaufs bei Mode-
ketten wie KIK oder Primark, das als „*erklärungsbedürftig*", da „*ja nicht so
politisch korrekt*" eingeordnet wird (G1: 25). Dass Nachhaltigkeit des eigenen
Handelns als Ausgangspunkt moralischer Überlegenheit dient, zeigt sich auch,
wenn andere als „*Umweltschweine*" (N: 75) charakterisiert werden und damit

eine Abgrenzung zum eigenen Handeln eröffnet wird, das als umweltbewusst gerahmt wird:

> N: Ich habe letzte Woche mit meiner Klasse und den Eltern eh gegrillt da vorne im In-
> nenhof, da vorne letzten Donnerstag, und eh dann hab ich die Teller und das Besteck
> aus der Mensa bekommen, ne also wir haben nich Pappteller gekauft und Pappbesteck
> und nen riesen Mülltüte da vollgeknallt, eh sondern das kann man in die Spülmaschine
> tun und wiederverwenden, insofern es beginnt immer im Kleinen, und sowas muss man
> auch vorleben. (75)

Auch die oben stehende Sequenz zur ökologischen Krise kann neben der Lesart generationaler Überlegenheit in die der moralischen Überlegenheit eingeordnet werden, da mit ihr eine Wertedebatte über ethisch korrektes, da nachhaltiges Konsumverhalten eröffnet wird.

Moralische Überlegenheit kann, muss sich aber nicht zwingend im eigenen Konsumverhalten niederschlagen. Dies gilt insbesondere dann, wenn strukturelle Grenzen, etwa die Informationsasymmetrie zwischen Produzenten und Konsumenten einem angemessenen Konsumhandeln entgegenstehen (T: 100; S: 42; G1: 48-55; G2: 174-181). Gleichwohl kann in diesem Fall von moralischer Überlegenheit ausgegangen werden, eben weil insbesondere im Gegensatz zu den Lernenden eine prinzipielle Auseinandersetzung mit den Grenzen der Konsumgesellschaft und damit eine Reflexivität im Konsumhandeln vorliegt.

Die Wahrnehmung moralischer Überlegenheit baut neben der Selbstpositionierung als nachhaltig handelnder oder zumindest nachhaltig denkender Konsument auch auf der Ablehnung der Identitätsgestaltung auf Basis vorrangig materieller Güter auf, insbesondere wenn diese mit Mechanismen der Exklusion aus sozialen Gruppen wie Mobbing einhergeht (G2: 135). Die wahrgenommene hohe Bedeutsamkeit des Materiellen lässt sich im Sinne der normativen Kraft des Faktischen auf dessen permanente Verfügbarkeit zurückführen (L: 40), die einem der Interviewpartner zufolge zu einer Situation „*übersättigter Zufriedenheit*" (G: 22) führt. Dies löst eine fehlende Wertschätzung des Materiellen aus, was nur auf den ersten Blick als widersprüchlich erscheint, können bzw. werden materielle Güter doch fortlaufend ersetzt wenn sie etwa verlorengegangen sind oder nicht mehr den neuesten Trends entsprechen (L: 40). Deutlich wird dies zum Beispiel an der folgenden Sequenz:

> G1: seit Jahren gibt es seit Jahren gibt es kein ich glaube auf jeden Fall an dieser Schule,
> aber ich vermute mal in vielen Schulen, seit Jahren gibt es kein Fundbüro mehr,kein
> funktionierendes, weil […] wegen der Textilien, die werden einfach geschlossen wor-
> den, weil es nicht abgeholt wird man kann es gleich in Müll schmeißen. (251-253)

Zur hier ersichtlichen fehlenden Wertschätzung materieller Werte kommt diejenige immaterieller Werte hinzu. Dies wurde bereits in der Fallstudie von Herrn Peter herausgearbeitet (siehe Kapitel 6.2.2), zeigt sich aber auch, wenn betont wird, dass es inzwischen „selbstverständlich" ist, dass 17-18-Jährige ein eigenes Auto haben (L: 40), Jugendliche aber zeitgleich Mobilität nicht wertschätzen können.

Milieubezogene Überlegenheit: Die milieubezogene Überlegenheit steht in engem Zusammenhang zur moralischen Überlegenheit. Soziale Milieus sind gesellschaftliche Gruppen, die sich durch ähnliche Werthaltungen, Einstellungen, Prinzipien der Lebensgestaltung bzw. Lebensstile und Beziehungen zu anderen auszeichnen und sich darüber von anderen Milieus abgrenzen (Hradil 2006: 4). Insofern spielt auch bei der milieubezogenen Überlegenheit die Verinnerlichung als moralisch richtig anerkannter Konsumprinzipien eine zentrale Rolle. Allerdings hängt die Verfügbarkeit dieser Prinzipien von der sozialen Herkunft ab. Die milieubezogene Überlegenheit wird in den Daten zum Beispiel immer dann sichtbar, wenn von typischer Schülerklientel sowie deren Elternhäusern gesprochen wird (neben folgendem Auszug etwa auch in G: 6, L: 28):

> G1: das passt zu unserer Schülerinnen- und Schülerschaft. Wir haben keine gymnasiale Schülerschaft, sondern wir sind hier ne Gesamtschule mit einem ziemlich gemischten Publikum, wo natürlich die Fragen/ also wenn wir so was nicht thematisieren wie nachhaltiges Handeln in der Wirtschaft, eehm dann wird das zuhause nicht thematisiert, eehm und die verlassen dann die Schule, ohne sich mit Fragen beschäftigt zu haben, warum ist das alles bei KIK so billig und so weiter und so fort. (28)

Die fehlende Thematisierung von nachhaltigem bzw. nicht-nachhaltigem Handeln, den entsprechenden Ursachen und Folgen bzw. das diesbezügliche fehlende vorbildhafte (Konsum)Handeln der Eltern erfolgt dominant im Großteil der vorliegenden Interviews entlang der Differenz gymnasialer Schüler/nicht gymnasialer Schüler. Latent wird der Gymnasialschüler als Angehöriger des bildungsbürgerlichen Milieus konstruiert, die Konstruktion des Gesamtschülers hingegen erfolgt als dessen Negativdefinition. Er stammt eben gerade nicht aus bildungsbürgerlich-akademischen Verhältnissen, in denen scheinbar andere Wertesysteme gelten und vermittelt werden (so z.B. G: 82; N: 24; R: 28, 32, 34; S: 30, 64, 78; P: 36). Indem sich die Lehrenden entweder explizit-ausgesprochen (N: *„[...] als ich zur Schule gegangen bin, aufm Gymnasium"* (6)) oder implizit-unausgesprochen (das Lehramt als akademischer Beruf, das den Besuch der Oberstufe voraussetzt) auf die eigene Bildungskarriere beziehen, positionieren sie sich selbst im bildungsbürgerlich-akademischen Milieu. Auf diesem Weg erfolgt eine Distanzierung von der Schülerschaft bzw. ihren Herkunftsmilieus, die umso sichtbarer wird, wenn diese nicht nur negativ als nicht bildungsbürgerlich-akademisch, sondern als prekär-hedonistisch dargestellt werden:

D: ich beobachte ja auch, dass die Eltern sich dann auch über diese Sachen definieren, und warum sollen sich dann die Kinder anders verhalten? (53)

G2: […] ich sehs wirklich so dass sehr viel sozial Schwächere auch wirklich ehm sehr viele Ausgaben dann da rein [= Smartphone, FW] stecken. (132) (ähnlich: N: 24, A: 27)

Aus der sichtbaren Distanzierung wird insbesondere immer dann Überlegenheit, wenn sie im Modus der Skandalisierung präsentiert wird, wie etwa in der vorliegenden Sequenz:

J: Und eh, da hab ich auch gedacht, das kann ja auch nicht sein ne. (-) Das haben wir hier jetzt aber nicht, ich hab das auch nicht in meiner Klasse sowas ne, aber überlegen Sie sich das mal ne, damit am im Endeffekt wahrscheinlich n riesigen Fernseher zuhause, eh eh und das neuste Smartphone, was wir beiden gar nicht haben, und n Auto, das wir beiden uns gar nicht kaufen würden. (84)

Milieubezogene Überlegenheit wird von einem Großteil der befragten Lehrkräfte wie aus den dargelegten Sequenzen ersichtlich, vor allem am Statuskonsum nachgewiesen. Neben diesem spielen aber auch immer wieder Aspekte der Ernährung eine zentrale Rolle. Dies wurde beispielsweise im Interview von Frau Karl deutlich, die sich mindestens latent als alternativ und damit dem sozial-ökologischen Milieu in Abgrenzung zu den prekär-hedonistischen Herkunftsmilieus der Lernenden zuordnete (P: 113-115), spielt aber auch in zahlreichen anderen Interviews eine bedeutsame Rolle (z.B. G: 82; O: 71; L: 10; G1: 64).

Neben den Deutungsmustern der Überlegenheit wird bei etwa der Hälfte der Interviews auch Selbstkritik an den eigenen Konsumgewohnheiten sichtbar, wenngleich diese einen deutlich geringeren Stellenwert einnimmt. Selbstkritik und Überlegenheit stehen dabei meist nicht in einem Konkurrenzverhältnis zueinander, sondern werden oftmals als zwei Seiten einer Medaille betrachtet. So werden zwar die Schattenseiten des eigenen Konsums betont (in der Regel fehlende Nachhaltigkeit, aber auch Beeinflussbarkeit des eigenen Handelns bzw. Kauflust). Ursächlich hierfür ist aber weniger das eigene Versagen, sondern, wie bereits weiter oben dargestellt, strukturelle Grenzen (z.B. fehlende Optionen der Einflussnahme auf die Produzenten oder Informationsasymmetrien, z.B. T: 13, S: 36, G2: 174-181). Fehlerhaftes Handeln ist damit nicht nur schwer zu umgehen, sondern beschränkt sich auch auf Ausnahmesituationen (so auch im Falle der Kauflust, der man durch die zunehmend zu übernehmende Verantwortung für das eigene Leben eben doch irgendwann begegnet bzw. begegnen muss).

7.1.3 Fremdpositionierungen: Die Charakterisierung Anderer als Konsumenten

In den Darstellungen zur Selbstwahrnehmung und Selbstpositionierung als Konsumenten wurde bereits herausgestellt, dass diese zu einem großen Teil immer auch auf der Distanzierung und Abgrenzung von anderen Konsumenten beruht. Relevante Andere sind dabei vor allem die Lernenden (insbesondere im Rahmen generationaler Distanzierung, aber auch im Bereich der moralischen Distanzierung und damit einhergehender Überlegenheit) und deren Eltern bzw. Herkunftsmilieus (vor allem ersichtlich im Bereich milieubezogener, aber auch moralischer Distanzierung und der darauf basierenden Überlegenheit). Da die Fremdpositionierung der Lernenden in der Rolle der Konsumenten von entscheidender Bedeutung für sowohl die Zielsetzungen als auch die didaktisch-methodische Gestaltung konsumbildender Lernprozesse ist, hat sie im Leitfaden eine zentrale Rolle inne und wird von allen Befragten aufgegriffen. Da Selbst- und Fremdpositionierung wechselseitig aufeinander aufbauen und die Selbstpositionierung wie dargestellt zu großen Teilen im Modus der Überlegenheit erfolgt, korrespondiert die Fremdpositionierung oft, aber nicht ausschließlich mit einer Abwertung des schülerseitigen Konsumhandelns. Neben der kritischen Betrachtung werden immer wieder auch gelingende Facetten des Konsumhandelns der Lernenden hervorgehoben. Die Fremdpositionierung baut in weiten Teilen auf der kritischen Auseinandersetzung mit der Konsumgesellschaft auf, geht aber auch über sie hinaus. Folgende Gesichtspunkte wurden angesprochen:

(1) Fehlende Reflexionsfähigkeit, oftmals aufbauend auf mangelndem Wissen und damit einhergehend Konsuminkompetenz

(2) Materialismus, Statusorientierung und ihre Rolle für die Entwicklung der eigenen Identität sowie damit einhergehend die (unhinterfragte) Orientierung an Trends und Moden

(3) Fehlende Fähigkeit, mit Geld umzugehen

(4) Verführbarkeit, Beeinflussbarkeit und Verletzlichkeit

(5) Undankbarkeit und fehlende Wertschätzung sowohl in materieller als auch immaterieller Hinsicht

Zu (1)
Reflektiert zu konsumieren bedeutet gängigerweise die Orientierung des Konsumhandelns an sozial- und umweltethischen Standards. Reflektierter Konsum steht in diesem Sinne synonym zum nachhaltigen Konsum. Hier wird für ein umfassenderes Verständnis von Reflexivität plädiert, das sich auch aus der Empirie der vorliegenden Daten ableiten lässt. Unter Reflexivität wird dann die Fähigkeit verstanden, das eigene Denken und Handeln zum Gegenstand des Nachdenkens zu machen. Sie impliziert, die Standortgebundenheit des eigenen Denkens und vor allem Handelns und die darin eingeschlossenen Einflüsse auf dieses ebenso wie dessen Folgen zu erkennen und gegebenenfalls Selbstkritik zu

üben (Moldaschl 2010: 4-9). Dies wiederum kann, muss sich aber nicht in einem Konsum, der sich an Nachhaltigkeitskriterien orientiert, münden. Wenn den Lernenden nun mangelnde Reflexivität vorgeworfen wird, wie etwa in der nachfolgend dargestellten Sequenz ersichtlich, heißt das vor allem, sie sind nicht in der Lage, das eigene Konsumverhalten kritisch zu hinterfragen (ähnlich pauschal auch R: 36; S: 28; G2: 190).

> L: Oh. (-) ob (-) ich glaube das is ne (-), da müssen wir Kinder schon auf nen Sockel heben, wenn man das von Kindern zu verlangen dass sie ihr eigenes Handeln. Ich wär ja schon froh, würden sie im Straßenverkehr machen und das würden sie beim Essen machen oder so. Jetzt von ihnen zu verlangen, dass sie. Klar verlange ich von meinen Schülern in der Oberstufe, dass sie da irgendwie klar kommen, logisch. Aber in der Sekundarstufe I, wenn man da dran denkt von einem 12- oder 13-Jährigen zu verlangen, jetzt reflektier mal alles, was du da tust, das/das kann man nicht machen. (24)

Fehlende Reflexivität zeichnet sich in der vorliegenden Sequenz als ein prinzipielles Problem aus, das nicht nur den Konsumbereich, sondern vielfältige andere Bereiche des Alltags berührt. Indem hier nicht von Schülern, sondern Kindern gesprochen wird, zeigt sich zudem, dass mangelnde Reflexivität vor allem auf das Alter bzw. die Differenz zwischen Kindheit und Erwachsensein zurückgeführt wird.

Mangelnde Reflexivität äußert sich darüber hinaus in einer unhinterfragten Beeinflussbarkeit des eigenen Handelns etwa durch Werbeversprechen, aber auch Freunde bzw. den Wunsch nach Zugehörigkeit[91]. Diese wiederum kann als ein Hinweis auf ein Kaufverhalten gesehen werden, das eher durch Emotionalität als Rationalität bestimmt ist:

> D: JA, das ist einfach so, man trifft Freunde, und das ist schön, und das will ich so, […], das ist historisch gewachsen, das glaub ich ist auch ganz wichtig, dass man das ehm mit in Rechnung stellt eh, und (-) es gibt dann keine weitere Begründung, auch keine Entschuldigung, soll ja auch nicht, sondern das gehört einfach zum Alltag dazu. (47)

Konsum orientiert sich an der Gegenwart, der Spaß im Hier und Jetzt unabhängig von den möglichen Folgen steht im Mittelpunkt. Das geschilderte Schülerverhalten wird zum negativen Gegenhorizont nicht nur des eigenen Handelns, sondern vor allem der Verbraucherbildung und ihrem Ziel des rationalen Konsumhandelns deklariert (ähnlich auch T: 28; O: 12; L: 10; A: 5). Die nicht berücksichtigten Folgen äußern sich etwa im Besitz solcher Konsumgüter, die eigentlich in die „*Mülltonne*" gehören (L: 10).

Daneben wird am Handeln der Schüler in der Rolle des Konsumenten aber auch die fehlende Nachhaltigkeit hervorgehoben. Konsumentscheidungen würden

---

[91]   Eine genauere Darstellung erfolgt unter Punkt d) Verführbarkeit, Verletzlichkeit und Beeinflussung.

vorrangig auf Ebene der Kosten getroffen, ohne die damit einhergehenden Folgen für andere oder die Umwelt zu berücksichtigen:

> R: dass ihnen dieser moralische Aspekt anscheinend nicht so wichtig ist als der Aspekt, günstig Klamotten zu kaufen. weil sie ja darüber Bescheid wussten. (14, ähnlich: G1: 22-24; G2: 69; T: 6; A: 45)

Eine diesbezügliche besondere metaphorische Dichte zeigt sich, wenn das geschilderte Konsumverhalten als „*völlig verrückt*" gelabelt wird (G1: „*auf Klassenfahrt, da waren sie alle völlig verrückt bei Primark einzukaufen*" (25)) und damit nicht nachvollziehbar erscheint. Einkaufen bei Händlern wie Primark, aber auch KIK ist ein negativer Gegenhorizont, von dem man sich abgrenzen möchte (siehe dazu auch G1: 181).

Neben der kritischen Einschätzung des Handelns als unreflektiert werden immer wieder die wahrgenommenen Kompetenzen der Lernenden hervorgehoben:

> D: mh also sie benennen im Grunde genommen so das ganze Repertoire von Tricks, angefangen bei der sich selbst öffnenden Eingangstür, über den großen mhm, mhm Einkaufwagen bis hin zur Quengelzone an Kassen, das haben die alles drauf, das haben die augenscheinlich auch schon seit der Grundschule drauf (-), so kommt mir das jedenfalls im siebten Schuljahr locker rüber. (20, ähnlich auch 14, 28)

> N: ja ganz konkret eh, wenn ein Schüler oder Schülerin sagt ehm, ich eh hab mir das und das gekauft und das hab ich mir lange überlegt und da hab ich Preise verglichen und da hab ich nicht gleich an der erstbesten Adresse gekauft, und hab mich auch informiert und so weiter. (10, ähnlich auch 36)

> G1: die machen ihre Erfahrungen im Internet/im Internethandel, die wissen, wann Preise steigen, wanns wieder fällt, wann ein Computerspiel relativ teuer ist, wann damit zu rechnen ist, dass das Handy ehm billiger wird und so weiter. Die kennen sich auch mit Handyverträgen aus. (167, ähnlich 195)

Diese Darstellung kann, muss aber nicht zwingend als konkurrierendes Deutungsmuster zur fehlenden Reflexivität aufgefasst werden. Vielmehr zeigt sich oftmals eine gewisse Abstufung der vorhandenen Kompetenzen unter die nicht vorhandenen, aber bedeutsameren, wie in der folgenden Sequenz ersichtlich wird:

> L: aber da wissen Schüler im Grunde genommen ehm schon sehr sehr gut Bescheid, wenn es um bestimmte Produkte geht, was die kosten, das wissen sie sehr genau. Und auf anderen sind sie komplett blank, da wissen sie gar nicht was sie kosten. Also was zum Beispiel Cola kostet und was n Eis kostet das wissen die inner Regel, aber was ne Zugfahrt kostet oder was Mobilität wert ist, das wissen sie gar nicht (6).

Eine solche Abstufung wird etwa auch sichtbar, wenn das vorhandene Wissen als „*ungeordnet und unzusammenhängend*" (G2: 107) charakterisiert wird oder wenn betont wird, die Schüler wüssten zwar, welche Marken aktuell zu konsumieren seien, nicht aber, wie der Preis bestimmter Produkte (etwa die KIK-Jeans oder industriell gefertigte Lebensmittel) zustande komme[92]. Im zweiten Fall wird wichtiges von unwichtigem Wissen differenziert (etwa G1: 195), was wiederum auf die subjektiv wahrgenommene Notwendigkeit der Verbraucherbildung im Rahmen institutionalisierter Bildungsprozesse verweist.

Als ursächlich für die fehlende Reflexionsfähigkeit werden vor allem fehlendes oder fehlerhaftes Alltagswissen (etwa J: 6; O: 112), eine eng damit zusammenhängende Naivität (siehe Sequenzbeispiele unten) sowie ein bewusstes Desinteresse (etwa: G1: 92; N: 45, 49; S: 30) eingeschätzt. Insbesondere wenn fehlendes Wissen auf die Naivität der Lernenden zurückgeführt wird, zeigt sich in der Beschreibung der Lernenden sowie ihrer Handlungs- und Denkweisen erneut der Modus der Überlegenheit (der Lehrkraft über den Schüler). Sichtbar ist dies etwa in den folgenden drei Sequenzen:

> G2: grade diese (Am: mhm) wunderbaren <u>Rechnungen</u>, eh so n eh so n iPhone oder was auch immer kost 700 eh Euro und irgendeinen Deppen ((lachend) gibt es, eh wenn ich das so sagen darf), gibt garantiert, der dann sagt, wieso ich zahl nur ((lachend) einen Euro dafür), und eh (lacht) dann is man dabei (X: (mehrere lachen)). (146-149)

> G: ich merkte, dass einmal n großes Wissensdefizit besteht, weil viele tat' eh, du wirst jetzt lachen, tatsächlich denken, Fischstäbchen schwimmen so ((lachend) im Meer herum, und werden dann) da von, von Käpt'n Iglo gefangen. (34)

> J: ich könnte Ihnen jetzt ganz lustiges erzählen, in 10 der erste eigene Haushalt. Du hast als Student, oder sagen wir mal zwischen 700 und 800 Euro zur Verfügung, wie setzen wir das Geld ein? Ja erst mal ne ordentliche Wohnung, also 1 oder können auch 2 Zimmer sein. Denk doch, wie viel braucht man denn in der Woche so zum Überleben? 20 Euro ((lacht)). (6)

Zu (2)

Der im Konsum der Lernenden wahrgenommene Materialismus und der eng darauf aufbauende Wunsch nach Statuskonsum bzw. die Darstellung eigener Identität über das Mittel des Konsums sind als Spiegelung der kritischen Auseinandersetzung mit den Ambivalenzen der modernen Konsumgesellschaft, hier insbesondere des Aspekts der konsumbezogenen Identitätssuche, zu verstehen. Gleichwohl muss an dieser Stelle betont werden, dass die Identitätsfunktion des Konsums von einem Teil der Lehrkräfte prinzipiell anerkannt wird. Mittels Konsum kann aus Sicht der Befragten etwa die eigene Persönlichkeit zum Ausdruck gebracht werden (A: 49), er dient der *„Selbstfindung"* (G2: 12), aber auch der *„Abgrenzung"* von anderen (G1: 214-216). Konsum und auch die *„Lust auf Kon-*

---

[92]　Diese Vergleiche ergeben sich oftmals aus dem interviewinternen Kontext und lassen sich nicht immer unmittelbar aus den zitierten Sequenzen erfassen.

sum" (D: 10, ähnlich A: 39) werden dieser Lesart folgend nicht prinzipiell abgelehnt. Vielmehr sind es die Auswüchse des Konsumismus und Materialismus im Leben der Lernenden, die zumindest infrage gestellt werden.

Als ursächlich benannt hierfür wird insbesondere der Wunsch, mit der eigenen Peergroup, die bisweilen als *„übermächtig"* (G: 86) wahrgenommen wird, mithalten zu können (G: 84; J: 16; T: 4; L: 34; S: 10). Dieser führt bisweilen sogar zu *„einem gewissen Leidensdruck"* (T: 111), dem erst mit zunehmendem Alter und einem wachsenden *„Selbstbewusstsein"* entgegengetreten werden kann (T: 107). Die Orientierung und Ausrichtung des eigenen Konsumhandelns an dem anderer führt in der Wahrnehmung insbesondere eines Interviewpartners dazu, dass die Lernenden ihre schulische Bildung vernachlässigen:

> Dm: wenn eh sie das für eh erforderlich (Am: nein) halten, Geld zu verdienen neben der Schule, ehm um sich das leisten zu können, was eh andere Jugendliche sich leisten können, weil die f/ eh finanziell besser gestellt sind, eh dann halte ich sie mit meinem ((schmunzelnd)) wertvollen Unterricht nicht davon ab). (G2: 169-171)

Das Kritisieren des schülerseitigen Konsumverhaltens erfolgt insbesondere in dieser Sequenz latent. Manifest wird die Entscheidungsfreiheit der Lernenden betont. Die getroffenen Entscheidungen gehen aber immer mit einer Fokussetzung einher: Entweder erfolgt eine Konzentration auf Unterricht bzw. schulische Bildung oder auf das Geldverdienen, wobei letzteres vor allem dem Statuskonsum und dem Wunsch, in der Konsumgesellschaft mitzuhalten, dient. Es geht um eine Abwägung materieller und immaterieller Werte, die bereits bei Herrn Peter am Beispiel der Bildung zu finden ist (siehe Kapitel 6.2.2), wobei bei zumindest einigen Lernenden die materielle Seite gewinnt. Die Orientierung der Lernenden am Konsum anderer wird so (im Modus des Sarkasmus) latent abgelehnt.

Zentrales Konsumgut, auf das in nahezu allen Interviews immer wieder referiert wird, ist das Handy bzw. genauer Smartphone. Die Notwendigkeit des Besitzes als Voraussetzung zur Teilhabe bzw. Zugehörigkeit hat dabei eine doppelte Relevanz, da Teilhabe eben auch durch die kommunikative Nutzung und nicht ausschließlich über den Besitz des Smartphones gewährleistet wird (vgl. ähnlich E 8: 15). Ginge es jedoch ausschließlich um die Nutzung kommunikativer Dienste wie etwa WhatsApp, wäre die Marke des Telefons irrelevant. Dies ist aber zumindest in den Augen der Lehrkräfte nicht oder nur bedingt der Fall. Das Smartphone dient immer auch der Distinktionsfunktion, weswegen die Marke (hier insbesondere iPhone von Apple) bzw. zumindest die Aktualität des genutzten Modells von entscheidender Bedeutung sind (J: 10; T: 4; N: 10; P: 22; K: 14; G2: 124). Ein starkes *„Markenbewusstsein"* (T: 102, 106) attestieren die Lehrkräfte den Lernenden aber auch im Bereich anderer Konsumgüter, insbesondere der Bekleidung (G: 84; J: 10; O: 100; D: 53; S: 10; G1: 201; G2: 135), was nicht zuletzt auf die Gefahr zurückgeführt wird, *„nicht die richtigen Klamotten (zu* *tragen, FW) und gemobbt werden in der Klasse.*" (G2: 135) Lediglich ein Interviewpartner äußert als konkurrierendes Deutungsmuster die abnehmende Bedeutung von Marken:

> R: Ich hätte es schlimmer erwartet. Schlimmer erwartet, dass Marken wichtiger sind, stärker erwartet, dass auch Ausgrenzung über Marken stattfindet. Das habe ich hier ja eher selten erlebt. So eine gewisse Konsumgrundausstattung wird/haben alle Schüler und selbst diejenigen, die wirklich wo ich weiß, dass sie finanziell sehr schwach ausgestattet sind, da reicht es immer noch ähhh für nen Handy mit Touchscreen, also das hat jedes Kind mittlerweile mhm, aber darüber hinaus habe ich selten erlebt, dass ja bestimmte Marken sehr wichtig sind und dass das groß thematisiert wird und dass andere ausgegrenzt werden, weil sie bestimmte Schuhe nicht haben oder ähnliches. (58)

Die Marken- und Statusorientierung der Lernenden wird in der vorliegenden Sequenz als mäßig eingeschätzt, insbesondere Aspekte wie Mobbing oder Zugehörigkeit (vorrangig) über Konsum werden als vergleichsweise gering eingeschätzt. Gleichwohl gibt es eine *„Grundausstattung"*, deren Verfügbarkeit vom Interviewee aber latent als legitim anerkannt wird. Die Einschätzung der Legitimität des geschilderten Konsumverhaltens ergibt sich insbesondere aus dem Vergleich der Aussage mit den anderen vorliegenden Interviews. Es findet erstens keine schichtspezifische Differenzierung oder Vorverurteilung statt (etwa iPhone trotz Grundsicherung), zweitens wird Bezug auf die eigenen Erwartungen bzw. Vorurteile genommen, welche sich als falsch herausgestellt haben.

Das dominante Deutungsmuster der Bedeutsamkeit von Marken für das Konsumhandeln der Lernenden kann als Teilaspekt einer als materialistisch bzw. konsumistisch verstandenen Lebenseinstellung der Lernenden interpretiert werden. Materialismus wird in der vorliegenden Arbeit als eine auf Besitz bedachte Einstellung dem Leben gegenüber betrachtet, Konsumismus als eine Haltung, die das immerwährende Bedürfnis nach neuen Konsumgütern zu befriedigen versucht. Beiden gemeinsam ist die hohe Relevanz von Konsumgütern für die Wahrnehmung eines erfüllten Lebens: es geht um Sein durch Haben. Eine solche Lebenshaltung bzw. Lebenseinstellung wird den Lernenden etwa unterstellt, wenn ihnen eine *„Konsumorientierung"* (T: 6) bzw. Orientierung an *„materiellen Dingen"* (G2: 204) attestiert wird (ähnlich auch A: 9). Damit einhergehend steigen auch die Beträge, die Kinder und vor allem Jugendliche in Konsum investieren, im Vergleich zu früheren Generationen deutlich an:

> L: Früher waren das ja, haben wir über eine Kugel Eis geredet. Oder wir haben über vielleicht n Paar Schuhe, n Paar (unv.) geredet. Das sieht ja heute, das sind ja dauernde Kosten die über zwei Jahre im Grunde genommen immer auflaufen. Also der Umsatz, der dort von Jugendlichen und so gemacht wird, ist ja exorbitant gestiegen. Und der einzelne Posten, der dazu kommt, ist auch in seiner Wertigkeit viel höher. N Handy. Da hätte man früher n Fernseher aufm Rücken tragen müssen, um den gleichen Wert zu haben. Heute hat das jeder in seiner Tasche und kauft sich tatsächlich maximal alle zwei

Jahre was Neues. Also da werden riesige Summen umgesetzt mit (unv.,) überhaupt keiner Beziehung dazu, was das Ding wert ist. (34)

Zu (3)

Das Deutungsmuster der fehlenden Kompetenzen im Umgang mit Geld baut
zumindest zu großen Teilen auf einer starken Konsumorientierung auf. Insbesondere wenn Konsumieren zum „Selbstzweck" wird, ist von einer fehlenden
Rationalität im Konsumhandeln auszugehen. Letztere kann wiederum als zentrale Voraussetzung eines Konsumverhaltens, das sich durch einen bewussten Umgang mit den zur Verfügung stehenden Mitteln auszeichnet, verstanden werden.
Den Lernenden wird hier ein oftmals mangelhaftes Handeln unterstellt, wobei
die beschriebenen Defizite nicht nur als Problem der eigenen Schülerschaft,
sondern vielmehr als ein gesamtgesellschaftliches beschrieben werden (L: 30;
G2: 240). Die negative Bewertung der handlungsleitenden Konsummuster der
Lernenden lässt sich zunächst unmittelbar aus den beschriebenen Konsumhandlungen ableiten, etwa wenn erspartes Geld „verballert" (D: 43) bzw. Taschengeld in einer hohen Frequenz bzw. Geschwindigkeit (zum Beispiel auf Klassenfahrten) ausgegeben wird (O: 56; N: 24; A: 45) oder vergleichsweise hohe
Summen für Kleidung ausgegeben werden:

A: [...] die haben sich in Berlin Kappen gekauft und die kosteten über 50 Euro, ja, also
solche von diesen US-amerikanischen Baseballmannschaften oder Basketballmann-
schaften oder so, ne. Zum Teil über 50 Euro haben die gekostet, so diese ganz angesag-
ten. Und da habe ich schon was zu gesagt, so viel Geld für so n bisschen Stoff, das kann
ich nicht nachvollziehen. (49, ähnlich G1: 197, J: 10)

Darüber hinaus werden Äußerungen von Lernenden zum Ausgangspunkt einer
defizitären Kompetenzeinschätzung genommen. Beispielsweise kann hier auf die
Sequenz „iPhone für einen Euro" (G2: 146-149) verwiesen werden.
Die fehlenden Kompetenzen der Schüler im Umgang mit Geld lassen sich zudem
auch mittelbar aus den im Rahmen der Verbraucherbildung unterrichteten Inhalten bzw. den ihr zugrunde liegenden Zielen erschließen. Wie später noch genauer
darzustellen sein wird, ist das Ziel „Auskommen mit dem Einkommen" von
hoher Bedeutung für die Gestaltung verbraucherbildender Lernprozesse. Thematisiert werden hier von den Lehrkräften sowohl der prospektive Umgang mit
Geld in späteren Lebensphasen als auch der eher der Lebensphase Kindheit und
Jugend zuzuordnende Umgang mit Taschengeld, der wie weiter oben beschrieben ja als zumindest teilweise defizitär eingestuft wurde. Der Taschengeldparagraph als mögliches Thema des Unterrichts (K: 18; G2: 14) wird vor allem dann
relevant, wenn Kinder so viel Geld ausgeben, dass es nicht mehr automatisch
ihrem erwartbaren Taschengeld entspricht, sie also zeigen, dass sie mit Geld
nicht oder nur sehr bedingt umgehen können. Bestünde die Annahme, die Ler-

nenden könnten auch ohne eine entsprechende Thematisierung solide haushalten bzw. würden über die entsprechenden Kompetenzen verfügen, wäre das Lernziel sowie die damit einhergehenden Inhalte obsolet oder es würde ihnen ein deutlich geringerer Stellenwert im Rahmen der Verbraucherbildung zugesprochen. Gleichwohl muss auch hier hervorgehoben werden, dass als konkurrierendes Deutungsmuster zumindest einem Teil der Lernenden ein vergleichsweise souveräner Umgang mit Geld bescheinigt wird. Die fehlende Fähigkeit mit Geld umzugehen ist damit nicht als Pauschalurteil aufzufassen. Die angesprochene Souveränität zeigt sich etwa, wenn betont wird, dass es auch diejenigen Schüler gibt, die sich über Rücklagen etwa in Form von Bausparverträgen informieren (N: 36) oder *„Kaufentscheidungen nicht leichtfertig"* treffen (N: 6). Dies ist immer auch dann anzunehmen, wenn gearbeitet wird, um Hobbys oder Interessen zu finanzieren (L: 12; K: 16).

Zu (4)

Die Annahme, Schüler seien in ihrer Rolle als Konsumenten verführ- bzw. beeinflussbar, korrespondiert mit dem Leitbild des verletzlichen Konsumenten und ist einer der Kernausgangspunkte der Verbraucherbildung nicht nur im Allgemeinen, sondern auch in den erhobenen empirischen Daten. Zentrale Momente der Beeinflussbarkeit sowie der damit einhergehenden Verletzlichkeit wurden bereits in den drei vorherigen Abschnitten sichtbar. Insbesondere die Orientierung an konkreten oder verallgemeinerten Anderen und gesellschaftlichen Trends sowie der damit einhergehende Konsumdruck (so etwa L: 34, 36) führen zu einer prinzipiellen Gefahr der Ver- und Überschuldung und damit Verletzlichkeit. Darauf aufbauend erfolgt eine Konstruktion der Schülerschaft als vergleichsweise passiv. Es erfolgt (zumindest von selbst) keine aktive Auseinandersetzung mit den Beeinflussungsversuchen der Konsumgesellschaft, so dass diese vergleichsweise ungehindert wirken können. Gesteigert wird diese Darstellung in der folgenden Aussage eines Interviewpartners:

> S: die Schüler finden es glaube ich auch nicht schön, dass man so/so beeinflusst werden kann, aber sie nehmen es dann einfach hin. (20)

Beschrieben wird ein Verhalten, das als „sich abfinden mit der Konsumgesellschaft" zusammengefasst werden kann. Das bereits zuvor (Abschnitt (1)) beschriebene Deutungsmuster des Desinteresses wird damit erneut aufgegriffen. Darauf aufbauend entsteht erst die Chance, in *„Verbraucherfallen zu tappen"* (N: 8, 12), die Chance der Manipulation des schülerseitigen Kaufverhaltens durch die Produzenten:

> Am: Dass das Konsumverhalten von Schülern genauso ist, wie die Konsumwirtschaft sich das eh vorgestellt hat und geplant hat, ist selbstverständlich. (G2: 83, 85, ähnlich auch R: 6)

Den im Rahmen der Manipulation eingesetzten Mitteln wird eine für das Konsumverhalten der Lernenden gewisse Wirkmächtigkeit unterstellt:

> A: [...] den Schülerinnen und Schülern bewusst zu machen und ehm eben verstehbar zu machen, wie ihre ihre/ eh ihr Konsum/Konsumverhalten im Prinzip auch durch Werbung gesteuert wird. Die sind ja sehr empfänglich auch für oder gerade zielgruppenspezifische Werbung, das ist ja auch, hört man auch oft im Unterricht so von/von den Schülern, dass sie irgendwelche Werbesprüche wiedergeben, ne? (5, ähnlich T: 11; L: 14; S: 18; G2: 101-103).

Hier erfolgt ein Kurzschluss, der den Erkenntnissen der Konsumentensozialisationsforschung widerspricht. Nur weil die Lernenden Werbejingles wiedergeben können, lassen sie sich nicht automatisch von den Versprechungen der Werbung verführen. Vielmehr besteht ein sowohl informatives als auch ästhetisches Interesse an Werbung, welches hier jedoch negiert oder mindestens nicht in Betracht gezogen wird.

zu (5)
Auch die fehlende Wertschätzung von bzw. die wahrgenommene Undankbarkeit für Konsumgüter steht in wechselseitigem Zusammenhang mit den anderen dargestellten Charakteristika des schülerseitigen Konsumverhaltens bzw. den hierfür relevanten Denkmuster. Die permanente Verfügbarkeit von Konsumgütern wird zur Selbstverständlichkeit, die nicht hinterfragt zu werden braucht (etwa G: 18). Deutlich sichtbar wird dies zum Beispiel am *„Umgang mit irgendwelchen ähm, ja Wertsachen, Umgang mit eigenen Materialien"* (R: 12; ähnlich auch Sequenz „Fundbüro, G1: 251-253). Die implizite Schlussfolgerung für die beschriebenen Sequenzen lautet: Wenn Konsumgüter durch eine vergleichsweise hohe verfügbare Summe an Geld in regelmäßigen Abständen ersetzt werden und ein solches Konsumverhalten als normal bewertet wird, führt dies im Umkehrschluss auch zu einer von vornherein angenommenen geringeren Nutzungsdauer und einem damit einhergehenden weniger wertschätzenden Umgang mit den Konsumgütern.

Ursächlich für diese fehlende Wertschätzung ist eine kaum ausgeprägte Beziehung zum Geld insgesamt, die wiederum vor allem auf die Virtualität von Geld zurückzuführen ist:

> L: Und zwar liegt es natürlich auch daran, dass [...] die wahren Kosten ja nicht mehr sichtbar sind. Geld ist ja im Grunde genommen auch wenn die Eltern zahlen oder tanken fahren nicht immer im Spiel und man kann das also nicht mehr unmittelbar 1:1 sehen, dass man vorher n volles Portemonnaie hatte und nachher n leeres. (4; ähnlich J: 6)

Darauf aufbauend fehlt es an einem Bewusstsein dafür, *„wie viel man dafür tun muss, um dieses schnell ausgegebene Geld erst wieder reinzuholen"* (G2: 168). Hier werden deutliche Parallelen zur fehlenden Fähigkeit, mit Geld umzugehen, sichtbar. Zu einer Verschärfung der beschriebenen Situation trägt nicht zuletzt die Unterstützung des beschriebenen Kaufverhaltens durch die Familie bei:

> O: das klappt schon irgendwie, und wenn ich dann wieder Oma, Opa oder so anpumpe, von irgen'irgendwoher kommt das Geld. Also diese Beziehung zum Geld ist, wird immer weniger, zumindest bei unserer Schülerklientel. (12)

Insbesondere in der letzten Sequenz wird deutlich, dass das oftmals als defizitär beschriebene Konsumverhalten der Lernenden zu großen Teilen auf die Konsumsozialisation durch das Elternhaus bzw. die Familie zurückgeführt wird (ebenso: G: 82; T: 121; O: 75; N: 6, 10; L: 18; S: 30). Neben der Fremdpositionierung der Lernenden spielt daher auch die Fremdpositionierung der Eltern bzw. Herkunftsmilieus der Lernenden eine entscheidende Rolle für die Frage nach der Notwendigkeit bzw. Rolle institutionalisierter Konsumbildungsprozesse. Den Eltern wird für die Frage nach einer gelingenden Konsumentensozialisation dem Anspruch nach eine entscheidende Rolle zugeschrieben. Ihr Konsumverhalten hat Vorbildcharakter für das der Lernenden und ihnen obliegt es – neben der Schule –, konsumbezogenes Wissen im weitesten Sinne zu vermitteln. Zwischen Anspruch und Wirklichkeit existiert jedoch oftmals eine Kluft, die im Rahmen verantwortungsbewusster Verbraucherbildung letztlich durch die Schule aufzufangen ist:

> R: Ich hab so die Erfahrung gemacht, dass viele Bildungsaufgaben aus dem Elternhaus an uns übertragen werden, dass das, was zu Hause an an ja, im Elternhaus vermittelt wird an Konsumentenbildung, dass das kaum noch stattfindet. (26; ähnlich N:6; L: 2; G2: 213)

Die hier aufscheinende negativ bewertete Rolle der Eltern wird in lediglich einem Interview auch auf immanente Grenzen der Elternrolle zurückgeführt, wenn betont wird, dass ein immerwährendes vorbildhaftes Handeln kaum möglich erscheint.

> S: von daher ist es glaube ich sehr sehr schwierig auch für für Eltern, da irgendwie groß stark drauf Einfluss zu nehmen. Wenn ich jetzt so überlege, wenn meine Tochter, ist sehr sehr jung jetzt noch, aber wenn ich irgendwann mich mal hinstellen würde und ihr sagen würde, ja aber man sollte nur die und die Sachen kaufen und das und das kaufen, dann müsste ich das als Elternteil ja natürlich auch umsetzen und ich glaube, an der Stelle ist es dann auch schon wieder sehr sehr schwierig, weil dann würde irgendwann die Frage kommen: Papa warum kaufst du jetzt das? Du hast doch gesagt, das und das doch das sollte man doch nicht kaufen. (42)

Schule bzw. die Lehrkraft haben darauf aufbauend eine andere Funktion bzw. Rolle als die Eltern. Diese sind eher ein emotional-affektives Vorbild, es gilt die Annahme, dass Kinder sich an dem Handeln ihrer Eltern orientieren. Da der Lehrer zumindest in seinem Handeln nicht immer sichtbar ist (was sich auch im interviewinternen Kontext zeigt), sondern auf ausgewählte Beispiele des Konsumhandelns zurückgreifen kann und damit eben auch weniger angreifbar ist, kann er verstärkt zum Nachdenken erziehen, ohne sich selbst infrage stellen zu lassen, wenn die beschriebenen Maximen des konsumbezogenen Handelns nicht umgesetzt werden.

Deutlich häufiger überwiegt aber das Deutungsmuster einer defizitären elterlichen Erziehung hin zu Konsumismus und materialistischem Statuskonsum unabhängig von den verfügbaren Mitteln, wie in den folgenden Sequenzen ersichtlich wird:

> A: es gibt also bei Elternhäusern, wo man auch weiß, dass da wirklich nicht viel Geld vorhanden ist, wo auch das Sozialamt die die ehm Klassenfahrten zum Beispiel bezahlt, da gibt's n Konsumverhalten, dass da also McDonalds sehr wichtig ist, dass da auf jeden Fall auch das Smartphone n gutes ist, dass eh also eigentlich über die Verhältnisse gelebt wird (27)

> J: ich hab nun so ne Bekannte, die eh macht Betreuung in der Grundschule. (I: Mhm) Und die hat jetzt gesagt, es gibt welche, die kriegen also Hartz 4, fahren aber n großes Auto, das neuste Smartphone und ja die Kinder sind dann dafür <u>ganz</u> schlecht gekleidet und haben kaum was zu essen mit, (--) aber der Vater befriedigt seinen Kon', also steht nach außen hin dementsprechend da. (82)

Die geschilderten Eltern übernehmen die ihnen eigentlich obliegende Erziehungsverantwortung nicht: Konsumbezogenes Erziehungsziel muss es sein, einen verantwortungsvollen Umgang mit Geld zu gewährleisten. Verantwortungsvoll ist der Umgang dann, wenn nicht mehr ausgegeben wird als eingenommen wird. Wenn außer den Mitteln zur Grundsicherung keine nennenswerten Einnahmen vorhanden sind, besteht ein verantwortungsvolles Konsumverhalten vor allem darin, möglichst genügsam zu sein (da man sich ja faktisch kaum etwas Anspruchsvolles leisten kann). Diese Verantwortung wird im doppelten Maß nicht wahrgenommen: Erstens prägen fehlerhafte Handlungen und Haltungen die Vorbildrolle der Eltern, zweitens mangelt es oftmals an einer intentionalen Auseinandersetzung mit dem vorgelebten Konsumhandeln (N: 26), die kennzeichnend für eine an einer bestimmten Persönlichkeitsvorstellung ausgerichteten Konsumerziehung wäre. Insofern findet den defizitären Beschreibungen zufolge in den Elternhäuser weniger eine intentionale Konsumerziehung als vielmehr eine latente Konsumentensozialisation hin zu Konsumismus, Marken- und Statusorientierung im Konsumhandeln der Lernenden statt (G: 61; D: 53; L: 26; G1: 264).

Das Konsumverhalten der Eltern auch und insbesondere den Kindern gegenüber kann daher auch als misslungene Wahrnehmung der elterlichen Fürsorgepflichten[93] interpretiert werden.

> „Die […] elterlichen Erziehungs- und Fürsorgepflichten umfassen eine Reihe von unterschiedlichen Pflichten, die unterschiedliche Haltungen und Handlungen gebieten: so die emotionale, liebende Zuwendung und Ernährung, die Anteilnahme und das Besorgtsein um die Entwicklung des Kindes, die Bereitstellung der unterschiedlichen Güter, die Kinder für ihre Entwicklung brauchen, die Sicherung und den Schutz der sich entwickelnden Persönlichkeit des Kindes, die Förderung seines Wohls und seiner Interessen, und schließlich auch - als Erziehung im engeren Sinne - die Vermittlung von moralischen, kulturellen und ideellen Werten und die Forderung seiner Mündigkeit." (Lohmann 1999: 187)

Auf die hier von Lohmann beschriebenen im Rahmen der elterlichen Fürsorge gebotenen Haltungen und Handlungen wird in den vorliegenden Interviews im Zusammenhang mit der Darstellung des elterlichen, aber auch kindlichen Konsumverhaltens immer wieder mindestens latent eingegangen. Dies wird etwa an der oben stehenden Sequenz zum materialistischen Konsumverhalten prekärer Milieus sichtbar, wenn es den Kindern zugunsten des Statuskonsums der Eltern sogar an der Sicherung physiologischer Grundbedürfnisse mangelt. Gerade unter Bezugnahme auf das Ernährungsverhalten der Lernenden wird die fehlende Fürsorge auch in anderen Interviews hervorgehoben. So gibt es beispielsweise Covenience-Essen statt frisch zubereiteter Nahrung (so etwa G: 12; J: 28; O: 73; A: 27; P: 87, G1: 64), Mahlzeiten werden nicht mehr gemeinsam zubereitet oder zu sich genommen (O: 6) oder fallen gänzlich aus. Als Paradebeispiel dient hierbei das Frühstück. Im Frühstück – so scheint es – kristallisiert sich die elterliche Fürsorge in besonderem Maße (so etwa in G: 6-8; P: 10; G1: 81).

Gleichwohl wird in zahlreichen Interviews hervorgehoben, dass immer auch solche Schüler bzw. Elternhäuser existieren, in denen Fürsorge- und Erziehungsverpflichtungen verantwortungsbewusst wahrgenommen werden. Dies widerspricht aber zumindest dann nicht der prinzipiellen Abwertung elterlichen Konsumverhaltens bzw. der schülerseitigen Konsumentensozialisation, wenn es als viel gerühmte Ausnahme von der Regel beschworen wird, wie etwa in der folgenden Sequenz ersichtlich:

> G: „[…] ich hab eine Schülerin getroffen in der 9, nur um' also die Tatsache, dass ich das weiß oder so deutlich bemerkte, macht schon deutlich, das ist ne Ausnahmesituation, die (-) während am Ende, am Ende einer Vertretungsstunde ein Müsli aß." (82)

---

[93]   Fürsorge ist der im Vergleich zur Erziehung allgemeinere Begriff. Erziehung erfolgt intentional und folgt oftmals vor allem kognitiven Momenten: „Von Erziehung sprechen wir, wenn die Fürsorge auf eine bestimmte Persönlichkeitsvorstellung gerichtet ist, wenn […] eine bestimmte Konzeption, wie es sein soll, dabei angestrebt wird." (Lohmann 1999: 187)

Das beschriebene Konsumverhalten der Eltern dient jedoch nicht nur deren Fremdpositionierung, sondern auch der Selbstpositionierung der interviewten Lehrkräfte, wenn diese auf ihre eigene Rolle als Vater oder Mutter bzw. ihre eigene Kindheit rekurrieren und damit Beispiele gelungener Konsumentensozialisation in Abgrenzung zu den Herkunftsmilieus der Lernenden vorlegen. Der oben bereits beschriebene Modus der milieubezogenen Überlegenheit spiegelt sich, wenn die Eltern bzw. Herkunftsfamilien der Lernenden den konsumorientierten prekären bzw. hedonistischen Milieus der Unterschicht in Abgrenzung zur eigenen Verortung vor allem in der gesellschaftlichen Mitte (hier insbesondere sozial-ökologische Milieus, aber auch Milieus der bürgerlichen Mitte) zugeordnet werden (Sinus 2017: 16).

> D: Aber ich wollte noch auf diesen Bereich mit dem Taschengeld noch mal kommen ne, ehm (-) und kritisch beleuchten, wie wir da rangegangen sind bei uns zuhause, also wir haben n klassisches Einzelkind und erleben jetzt im Grunde genommen, dass er sich och (-) ich will nicht sagen über Marken, also wir reden jetzt über nen 25-Jährigen, also mh nicht über Markenklamotten definiert, aber er hat da seinen Weg gefunden, und wir haben auch immer bewusst gegengesteuert. (56, ähnlich: J: 61; G1: 260)

> Bw: Ja ich denke mal, das liegt dann auch wieder am Elternhaus. Ne ich meine das ist ja angenehm. Ich glaube früher wir haben nicht alles gekriegt, jetzt meine Generation. Ich bin Jahrgang 70, wir haben nicht alles sofort gekriegt, wir haben darauf gespart, es wurde gewartet und wir haben nicht so viel bekommen. Ehm das, was wir bekommen haben, das hat man dann auch länger bespielt. Gleichzeitig hab ich auch auf jeden Fall noch viel mehr mit meinen Eltern Kontakt gehabt und mit ihnen gespielt. (G1: 227)

Die im vorliegenden Kapitel dargestellten Deutungsmuster zu Konsumgesellschaft und Konsumkultur sowie insbesondere zur Selbst- und Fremdpositionierung in der Rolle des Konsumenten entfalten für die Frage nach der Rolle, den die Konsum- bzw. Verbraucherbildung im Rahmen institutionalisierter Bildungsprozesse einnehmen soll, zentrale Bedeutung. Wenn die generelle Entwicklung der Konsumgesellschaft sowie darauf aufbauend das zu erwartende Konsumverhalten der Lernenden als krisenhaft dargestellt werden und (aus theoretischer Perspektive) die Vorbereitung auf prospektive Lebenskrisen zentrale Aufgabe professionellen Lehrerhandelns ist, manifestiert sich die Professionalität in der Gestaltung konsumbezogener Bildungsprozesse. Dies gilt insbesondere dann, wenn der krisenhafte Charakter der Entwicklungen der Konsumgesellschaft (beispielhaft in N: 49; T: 6 insbesondere die ökologische Krise) als solcher den Lernenden aufgrund der für sie geltenden Normalität der Krise verborgen bleibt. Eine weitere Ausdifferenzierung konsumbildungsbezogener Deutungsmuster erfolgt im nächsten Kapitel.

7.2 Konsumbildungsbezogene Deutungsmuster

Aufbauend auf den in Kapitel 7.1 dargestellten, durch die Lehrkräfte wahrgenommenen Ambivalenzen der Konsumgesellschaft sowie des Konsumhandelns der Lernenden und ihrer Herkunftsmilieus insbesondere in Abgrenzung zum eigenen Konsum lassen sich aus den Interviews Deutungsmuster zu den Optionen, aber auch Grenzen des individuellen Einflusses auf die Konsumgesellschaft rekonstruieren. Diese lassen sich unter dem Stichwort „angemessen konsumieren" skizzieren. Konsumhandeln wird dabei binär codiert: es gibt richtiges und falsches Handeln in der Rolle als Konsument. Diese Handlungsweisen bilden den Ausgangspunkt für die Frage nach den Zielen der Konsum- bzw. Verbraucherbildung, die den zentralen Gesichtspunkt des nachfolgenden Kapitels darstellen. Darüber hinaus werden Deutungsmuster zu den Chancen und Grenzen der Verbraucherbildung sowie ihrer Rolle im Vergleich zu anderen schulischen Aufgabenfeldern ausgearbeitet. In allen Teilkapiteln werden dabei immer wieder Deutungsmuster zur eigenen Rolle innerhalb der Verbraucherbildung sichtbar.

7.2.1 Ziele der Konsum- und Verbraucherbildung

Die von den Lehrkräften benannten Ziele der Verbraucherbildung lassen sich trotz unterschiedlicher inhaltlicher Ausrichtung unter dem Begriffsdach der Mündigkeit zusammenfassen. Es werden dabei zwei konkurrierende Deutungsmuster sichtbar: der souveräne, da rational konsumierende Verbraucher auf der einen und der nachhaltig agierende Konsument auf der anderen Seite. Die Auswertung der empirischen Ergebnisse zeigt damit, dass sowohl die Orientierung am mündigen Konsumhandeln als auch deren Konkretion in Form der benannten Leitbilder nicht nur in der theoretischen Debatte bzw. in den untersuchten bildungspolitischen Konzeptionen, sondern auch in der unterrichtlichen Realität Geltung erlangen.

Das Ziel des rationalen bzw. souveränen Konsumenten baut auf der Maxime auf, der Konsument wähle aus den gegebenen Optionen am Konsumgütermarkt diejenige, die mit dem größtmöglichen Nutzen verbunden sei. Dabei gilt die Annahme der Budgetrestriktion, so dass der Konsument sich immer nur das Güterbündel kauft, was er sich auch leisten kann. Ergänzend können jedoch durch einen rationalen Konsumenten intertemporale Entscheidungen getroffen werden, die das aktuelle und/oder zukünftige Konsumverhalten beeinflussen: so wird durch die Aufnahme von Krediten zwar das aktuell verfügbare Einkommen erhöht, das zukünftige Konsumverhalten jedoch beschränkt. Umgekehrt geht die Entscheidung zu sparen mit der Erhöhung des zukünftigen Konsumbudgets einher. Die jeweils getroffene konkrete Konsumentscheidung erfolgt dabei unter der

Zielstellung bestmöglicher Information[94]. Diese Merkmale des rationalen Konsums spiegeln sich zu großen Teilen in der von einem Teil der Lehrkräfte vertretenen Annahme wider, die Lernenden seien zu rationalen Konsumenten zu erziehen. Sichtbar wird dies etwa an der folgenden Schilderung eines eigenen Unterrichtsbeispiels:

> A: wir klassifizieren auch jetzt schon in fünf, das klappt sogar ganz gut, also ehm die Grundbedürfnisse, die eh Konsum- und ehm Luxusbedürfnisse, kulturelle Bedürfnisse, soziale Bedürfnisse (5).

Die Klassifikation von Bedürfnissen geht mit einer Stufung selbiger und damit mit der Frage danach einher, welche Konsumwünsche tatsächlich als relevant gelten bzw. einen vertretbaren Nutzen entfalten. Als wie relevant eine solche Klassifikation eingeschätzt wird, wird vor allem dann sichtbar, wenn sie mit dem geschilderten, irrationalen Kaufverhalten der Lernenden abgeglichen wird. Konsumbezogene Bildungsprozesse sollen die Lernenden daher zu einer Reflexion darüber anregen, was sie wirklich benötigen. Dies gilt insbesondere dann, wenn das verfügbare Einkommen ein vergleichsweise geringes ist. Dies ist in den betreffenden Interviews zunächst in der Phase von Kindheit und Jugend der Fall, wenn ein begrenztes monatliches Taschengeld zur Verfügung steht, diesem aber vielfältige Konsumwünsche entgegenstehen (T: 2; D: 12; A: 11). Darüber hinaus wird ein begrenztes Einkommen auch für die Situation der beruflichen Ausbildung bzw. des Studiums angenommen, auf die durch Verbraucherbildung vorzubereiten sei (J: 6-8; O: 14; N: 28; A: 5; R: 46). Es geht dann um ein „Auskommen mit dem Einkommen" (J: 6; A: 5). So soll *„im Grunde genommen ehm n Verständnis und n Gefühl auch dafür [geschaffen werden], dass man langfristig nicht mehr ausgeben kann als man hat"* (L: 2). Der Überblick über Einnahmen und Ausgaben soll gewahrt bleiben. Zur Erreichung des Ziels werden den Lernenden entsprechende Mittel, etwa die Führung eines Haushaltsbuchs (J: 6), vorgeschlagen. Die in der mikroökonomischen Konsumtheorie angedachte Möglichkeit, intertemporäre Konsumentscheidungen treffen zu können, indem ein Kredit aufgenommen wird, wird nicht zuletzt aufgrund der den Lernenden zugeschriebenen fehlenden Fähigkeit mit Geld umzugehen, weitestgehend negativ betrachtet. Die Aufnahme eines Kredites geht mit der potenziellen Gefahr, in die „Schuldenfalle" zu geraten, einher (A: 29). Als alternative Handlungsweise wird stattdessen von einigen Befragten ein gegenwärtiger Konsumverzicht zugunsten eines sparsamen Verhaltens angemahnt:

---

[94] Prinzipiell zielt das aus der Mikroökonomie abgeleitete Leitbild des rationalen Konsumenten auf vollständige Information. Diese Annahme ist durch bestehende Informationsasymmetrien jedoch insofern selber als irrational zu bezeichnen, als dass durch die Informationsbeschaffung Suchkosten entstehen, die das Kosten-Nutzen-Verhältnis negativ beeinflussen.

J: wenn ich was auf Pump kaufe, (-) aber was passiert wenn sich meine Lebenssituation ändert, wo ich keinen Einfluss drauf habe, werde ich krank, länger als 6 Wochen, verändert sich mein Einkommen. Verliere ich meinen Arbeitsplatz, verliert meine Frau den Arbeitsplatz und ich habe weiterhin Verpflichtungen, das ganz deutlich zu machen (-) eh, dass vielleicht n anderer Weg besser ist, dass man das erstmal anspart und das sich dann kauft, oder dass ich Geld liegen habe, son Puffer, wenn die Waschmaschine kaputt geht, dann hab ich Geld liegen, und nicht: oh die Waschmaschine geht nicht, aber die Wäscheberge sind da, eh was mach ich jetzt, ich muss eine kaufen, die würde dann (-) ich sag jetzt mal wieder auf Pump gekauft werden. (6, ähnlich J: 10; A: 11; G2: 132)

Der Modus des sparsamen Umgangs mit begrenzten Ressourcen kann gerade aufgrund der potenziellen Gefahr der Verschuldung analog zur Fallanalyse von Herrn Peter nicht nur als Vorbereitung auf durch die Lehrkräfte erwartete zukünftige Lebenssituationen, sondern noch mehr als Form der Vorbereitung auf bzw. Prävention von potenziellen Lebenskrisen aufgefasst werden. Konsumerziehung wird so zum Mittel von (Sozial)Disziplinierung im weitesten Sinne. Der Begriff der Sozialdisziplinierung geht auf den Historiker Gerhard Oestreich zurück und meint nach ihm den disziplinierenden Durchgriff des Staates auf die Bürger mit dem Ziel einer geistig-moralischen Neuorientierung. Durch den Erlass strenger Regeln und Vorschriften, die eben auch die Bildungsinstitution Schule erfasst haben, sollten „Disziplin und Unterordnung, sittliche Mäßigung und Bereitschaft zu aktivem Handeln im Dienst der Gemeinschaft" zur Verhaltensregel werden (Kluchert 2012: 207).

Hier zeigen sich Berührungspunkte zu den Foucault'schen Konzeptionen von Disziplinierung und Subjektivität, die mit den Vorstellungen des autonomen Subjekts und damit eben auch und gerade eines Bildungsverständnisses unter der Maxime der Freiheit brechen. Subjekte werden durch Machtverhältnisse, die sich auch und gerade in Bildungsprozessen reaktualisieren, geformt, formen diese aber zeitgleich auch. Diese Machtausübung verläuft jedoch nicht linear von oben (der Obrigkeit) nach unten (die Masse bzw. die Bürger) wie bei Oestreich, sondern über anonyme Machttechnologien. Die damit einhergehende Disziplinierung erfolgt nicht mehr über die Mechanismen des Drohens, Strafens und Sanktionierens, sondern über jene Techniken, die Foucault unter dem Konzept der Gouvernementalität zusammenfasst (Pongratz 2004: 247f.). Foucaults Untersuchungen zur Gouvernementalität suchen nach einer Verbindung von Regierungstechniken und Regierungslogiken. Der Begriff des Regierens geht dabei über ein klassisches politisches Verständnis der Lenkung des Staates hinaus. „Aus diesem Grund bestimmt Foucault Regierung als Führung, genauer gesagt als ‚Führung der Führungen', die ein Kontinuum umfasst, das von der ‚Regierung des Selbst' bis zur ‚Regierung der anderen' reicht." (Lemke 2002: 46). Insbesondere die Regierung des Selbst mittels Selbsttechnologien wird dabei von immer größerer Bedeutung. Selbstbestimmung und Eigenverantwortung werden zu Mitteln, mit deren Hilfe Regierungsziele erreicht werden können. Sichtbar wird dies Pongratz zufolge etwa an der Umstrukturierung des Wohlfahrtsstaates in Richtung Aktivierung, die mit einer Verlagerung von Verantwortlichkeit weg von staatlichen Instanzen hin zu umsichtigen und rationalen Individuen einhergeht (Pongratz 2004: 250). Erziehungseinrichtungen wie zum Beispiel Schulen nehmen im Rahmen dieser Verlagerung eine entscheidende Rolle ein, da sie als Mittler hin zu mehr Selbstbestimmung und Eigenverantwortung verstanden werden können. Dies gelingt ihnen einerseits über Organisationsstrukturen, andererseits aber auch und nicht zuletzt über die Auswahl der zu vermittelnden Wissensinhalte. Macht ist nicht losgelöst von Wissen zu betrachten, beide sind insofern als miteinander verbunden zu verstehen, als dass über Wissen gesellschaftliche Wahrheiten hervorgebracht werden (Riefling 2011: 13). Individuen werden an der Wahrheit und den mit ihr einhergehenden Normen gemessen, ein Prozess der Normalisierung der Gesellschaft wird gefördert (ebd. 16). Foucault bezieht Normalisierung vorrangig auf Produktivität und die effektive Nutzung und Nutzbarmachung von Arbeitskraft, die wie von Pongratz nachgewiesen enge Bezüge zur Veränderung des Wohlfahrtsstaates aufweist (2004: 254f.). Aber auch im Rahmen der Konsum- und Verbraucherbildung sind jene Mechanismen sichtbar, wie sich nicht zuletzt aus den vorliegenden empirischen Daten ableiten lässt. Als normal gilt dann eine ebenfalls als rational zu charakterisierende Handlungsorientierung, die sich auf einen (eigen)verantwortungsbewussten Umgang mit Geld bezieht. Wenn die mangelnde Auseinandersetzung mit finanziellen Chancen und Risiken als Ausgangspunkt individueller Verschuldung bzw. unzureichender Vorsorge verstanden werden kann und als solche von den Individuen auch akzeptiert wird, kann sie eine zunehmende Reduktion sozialstaatlicher Leistungen legitimieren. Dies gilt dann im Übrigen nicht nur für die Lernenden, denen jene Verhaltensmaxime zu vermitteln sind, sondern auch für die Lehrkräfte. Die von ihnen benannten Lernziele und Kompetenzen, an denen sich Unterricht zu orientieren hat, entsprechen dann nur noch auf den ersten Blick ausschließlich den persönlich als wertvoll anerkannten Normen. Vielmehr wird bei näherer Betrachtung sichtbar, dass diese Normen und die mit ihnen verbundenen Verhaltenskodizes von den Lehrkräften inkorporiert wurden[95]. Evident wird dies etwa in der folgenden Sequenz:

> J: Eh zum Beispiel eh ne, ja was die Schüler zum Beispiel sehen, wenn ich Hauswirtschaft unterrichte ne, wir' mache ich Ihnen mal deutlich. Angenommen wir backen nen Kuchen, ich müsste Eier einkaufen, dann sagen die Kinder zu mir: Frau X sie haben jetzt Freilandhaltung, eh nicht Freilandhaltung, ehm Bodenhaltung, das sind die billigsten Eier, ehm an sich wärs doch sinnvoll jetzt eh (Bio) zu unterstützen. Oh hab ich ge-

---

[95] Als Mittel zur Inkorporierung dienen dabei unter anderem auch Lehrpläne und Bildungskonzeptionen, aus denen die Lehr-Lernziele abgeleitet werden.

sagt, das ist zum Beispiel ne, ich hab gesagt, das Problem ist nur, ich habe 7 Euro von euch im Halbjahr, von jedem Schüler 7 Euro, wir haben 20 Schüler in der Gruppe und davon müssen wir n halbes Jahr kochen, 2 mal Praxis einmal Theorie, im Schnitt sind das mindestens 13 Veranstaltungen. Überlegen Sie sich mal, wie viel ich ausgeben kann, und dann sag ich den Schülern: Im Prinzip habt ihr Recht, ich würd auch gern Bioeier kaufen, aber der Etat gibt das nicht her. Ich kann das nicht, weil ich ja mein Budget managen muss irgendwie. (36)

Wie deutlich das Verständnis des „Normalen" dabei auf die Wertvorstellungen der bürgerlichen Mitte in Abgrenzung zu prekären bzw. hedonistischen Milieus rekurriert, ist anhand folgender Aussage zur unterrichteten Schülerschaft zu erkennen:

N: Ja, wie setzt sie [die Schülerschaft, FW] sich zusammen? Wir haben n hohen eh Migrantenanteil, also Familien mit Migrationshintergrund, also ich sag mal n großen Block ehm deutsch russische Einwanderer, so zweite dritte Generation, eh deutsch türkische Familien, also das ist schon, sagen wir mal, n Anteil, der so beide Gruppen zusammengerechnet über n Drittel is. Ehm, dann haben wir natürlich auch so die typisch deutschen Familien, ehm zum Teil aber auch ausm ländlichen Raum hier, also X-Stadt is ja keine Großstadt, da kann man sagen, is die Welt auch im Großen (und Ganzen) in Ordnung. Ehm, also die leben halt in reinen Einfamilienhäusern, ehm sind auch berufstätig und is alles ganz normal. Ehm und (-) dann haben wir sicherlich auch einen Anteil, den ich nicht beziffern kann, weil das müsste man ja im Grunde dann mit Zahlen ja auch belegen können, wir machen jetzt keine Sozialstatistik hier über unsere Schüler. Ehm, wir haben aber auch n Anteil, sichtbaren Anteil aus Problemfamilien ne, also wo auch Geld sicherlich immer n Thema is, eh also vor allem Geldmangel, ehm man sieht es auch bei Klassenfahrten, dass dann eben die Überweisung von der Arbeitsagentur kommt, ehm (-) an Teilhabepaketen, die manche haben, also wir haben auch eh schwierige Familienverhältnisse. (22)

In der vorliegenden Sequenz erfolgt eine Normalitätskonstruktion, die sich an der sozialen und normativen Mitte der Gesellschaft orientiert[96]. Dies erscheint vor allem deswegen interessant, da eine weitestgehende Selbstpositionierung der Lehrkräfte zu den Milieus der gesellschaftlichen Mitte erfolgte. Normalität erhält so die Bedeutung eines Orientierungsrahmens, mithilfe dessen vom eigenen Verhalten abweichendes Verhalten erfasst, bewertet und bearbeitet werden kann. Wenn die Krise nun als Gegenpol zur Normalität zu verstehen ist und es das Ziel professionellen Lehrerhandelns ist, auf prospektive Lebenskrisen in der Art vorzubereiten, dass diese vermieden oder zumindest handhabbar werden und damit

---

[96] Als normal kann prinzipiell sowohl das- bzw. derjenige gelten, der der gesellschaftlichen Mehrheit entspricht. Eine solche Vorstellung von Normalität konstituiert sich etwa in der Abgrenzung von „behindert" zu „nicht-behindert". Die Nicht-Behinderung ist dann das gesellschaftlich Normale, weil die Mehrheit der Mitglieder einer Gesellschaft nicht behindert ist. Dem hier vorliegenden quantitativen Verständnis von normal steht ein qualitatives gegenüber, in dem sich das Normale an gesellschaftlich geltenden Normen orientiert und damit oftmals der binären Logik von „richtig" und „falsch" bzw. „positiv" und „negativ" folgt (weiterführend Schmidt 2017).

Normalität hergestellt wird, wird Normalität im Sinne des normativ Richtigen bzw. Falschen zum sowohl Ausgangs- als auch Referenzpunkt des pädagogischen Handelns. ‚Normales Verhalten' wird zum Ziel und als Richtmarke für Veränderungsprozesse gesetzt, ‚Normalität' wird zum Bezugspunkt für Bewertungsmaßstäbe. Dabei gilt, dass je mehr sich am erwarteten Normalverhalten orientiert wird, desto mehr die Defizitperspektive auf den Lernenden dominiert. Wenn beispielhaft sichtbar an der oben stehenden Sequenz das Deutungsmuster des rationalen Konsumenten der Ausgangspunkt für Normalität ist, bedeutet normal zu handeln dann, bestmöglich zu haushalten, so dass Geldmangel nicht zum Problem wird (ähnlich zu den oben stehenden Sequenzen auch L: 8).

Konkurrierend zum Deutungsmuster des rational agierenden Konsumenten wird als Ziel der Konsum- und Verbraucherbildung der verantwortliche, da nachhaltige Konsument benannt, der die sozialen und umweltbezogenen Folgen seines Handelns berücksichtigt. Es zeigen sich vor allem dann Überschneidungen zum Deutungsmuster der Rationalität, wenn Verzicht bzw. Suffizienz als Handlungsoption hin zu mehr Nachhaltigkeit ausgewiesen werden, wenngleich aus jeweils anderen Motiven. Auf den Zusammenhang von Konsumhandeln und der Übernahme von Verantwortung nicht nur (aber auch) für das eigene Wohlergehen, sondern auch das anderer Mitglieder der (Welt)Gesellschaft, wird insbesondere bei der Auflistung relevanter Inhalte der Verbraucherbildung immer wieder verwiesen, wie etwa die folgenden Sequenzen belegen:

> S: wir machen im Moment auch viel zu Konsum und Verantwortung (10)

> D: was ist bewusst? (-) Ja sich im Grunde genommen, bei jeder Form des Konsums (-) klarzumachen, was konsumiere ich, […] dass man einfach mal guckt, ja unter welchen Bedingungen wird produziert […]. (70, ähnlich, G1:20)

Im Anschluss an insbesondere die zweite der beiden zuvor genannten Sequenzen werden als thematische Bezugspunkte verantwortlichen Verbraucherhandelns in den vorliegenden empirischen Daten wiederholt die Globalisierung bzw. die globalisierten Produktionsverhältnisse benannt. Die Auseinandersetzung mit Produktionsbedingungen, wie in der Beispielsequenz eingefordert, führt zu einer *„Hinterfragung, wo wird das hergestellt, wie wird das hergestellt"* (S: 34). Konkretisiert erfolgt die Auseinandersetzung in den von den Lehrkräften beschriebenen Unterrichtsbeispielen in der Regel am Beispiel des Bekleidungskonsums (so etwa: N: 45; A: 53; R: 14; S: 36; G1: 25; G2: 59), was angesichts der angenommenen (und auch empirisch belegbaren) Relevanz dieses Konsumfeldes für den Jugendkonsum nachvollziehbar erscheint, da so Bezüge zur Lebenswelt der Schüler eröffnet werden.

Die Notwendigkeit zum nachhaltigen Handeln und damit auch dessen Thematisierung im Unterricht wird ebenso wie die Themen in Zusammenhang zum souverän-rationalen Konsumhandeln auch aufgrund prospektiver Lebenskrisen – insbesondere der Krise der natürlichen Umwelt – hervorgehoben (N: 47). Im Vergleich beider Deutungsmuster zeigt sich jedoch, dass das Ziel des auf diesem Thema aufbauenden Unterrichts insbesondere im Vergleich zum am Leitbild des souveränen Konsumenten orientierten Unterrichts weniger in der Vermittlung konkreter Handlungskompetenzen zu liegen scheint, sieht man vom schonenden Umgang mit Ressourcen durch Müllvermeidung oder Recycling ab (exemplarisch für die Grenzen einer zu vermittelnden Handlungsorientierung: G1: 28). Vielmehr besteht der Schwerpunkt in der Vermittlung bestimmter Haltungen bzw. Einsichten. Ursächlich hierfür kann nicht zuletzt die im Rahmen der Fremdpositionierung aufgezeigte fehlende Zuschreibung der Bedeutsamkeit nachaltigkeitsrelevanter Wertmuster in den bzw. für die Lebenswelten der Lernenden eingeschätzt werden. Die Vermittlung nachhaltigkeitsrelevanter Einstellungen kann dann als konsekutive Voraussetzung für die Etablierung etwaiger Handlungsmuster interpretiert werden, auch wenn Nachhaltigkeitsbewusstsein nicht zwingend in Nachhaltigkeitshandeln übersetzt werden muss. Diese auf gesamtgesellschaftlicher Ebene nachgewiesene Attitude-Behaviour-Gap kommt auch im Konsumhandeln der Lernenden zum Tragen (G1: *„Sie haben es natürlich trotzdem gemacht"*, 25). Gleichwohl ist die Vermittlung einer Haltung als optimistische Einschätzung der Veränderbarkeit bzw. des Wandels der für die Lernenden geltenden Wertmuster zu verstehen. Durch das Erkennen eigener *„Anteile [...] an der Entwicklung, wie sie vonstatten geht"* (G2: 27) können die Grundlagen dafür geschaffen werden, dass die Schüler lernen

> „sich als politisch verantwortlicher Mensch zu verhalten (-), also dass man eh Politik, Verbraucherpolitik, Wirtschaftspolitik, Politik insgesamt ehm nicht als etwas (-) von da oben betrachtet, sondern ehm dass man irgendwann drauf kommt, dass man selber als Verbraucher, Konsument eh, Bürger dieses Landes Dinge beeinflussen kann und sollte." (T: 52)

Hier wird als Maximalziel das hybride Konstrukt des consumer citizen sichtbar, der mittels Konsum politisch partizipiert und so Anteil an der Entwicklung der Gesellschaft nimmt (ähnlich S: 16; G2: 35, 198).

Zu Beginn des vorliegenden Kapitels wurde bereits betont, dass neben der konkreten inhaltlichen Ausdifferenzierung der konsumbildungsbezogenen Ziele der Begriff der Mündigkeit in den vorliegenden Daten von nicht nur wiederkehrender, sondern auch entscheidender Bedeutsamkeit ist. Das Lernziel „mündiger Konsument" wird wiederholt als Antwort entweder auf die Ausgangsfrage nach der subjektiven Bedeutung von Konsum- und Verbraucherbildung oder nach deren Zielen benannt (so etwa D: 10; L: 2; A: 37-39; R: 4; S: 42; G2: 12). Eng geknüpft an Mündigkeit als Leitdimension der Verbraucherbildung ist hierbei auch das Konzept des Bewusstseins (N. 49; G2: 12), das in der theoretischen Diskussion um Konsummotive vor allem im Zusammenhang mit nachhaltigem Konsum verwendet wird. Beiden gemein ist in den vorliegenden Interviews, dass diese gerade nicht nur inhaltlich ausgefüllt, sondern ebenso wie in der theoretischen Debatte (siehe Kapitel 4.1.2) immer auch formal als bestimmte Art und Weise zu denken bzw. handeln verwendet werden. Insofern verwundert eine Zuordnung der Aspekte Mündigkeit und Bewusstsein sowohl zum inhaltlichen Ziel des rationalen als auch des verantwortungsbewussten Konsumenten nicht. Mündigkeit und Bewusstsein äußern sich dabei vor allem in einer gewissen Kritikfähigkeit bzw. kritisch-reflexiven Haltung zu den Phänomenen der Lebenswelt, zu denen auch das eigene Konsumverhalten zählt. Der Schüler soll so zum *„Nachdenken"*(L: 58), zur Berücksichtigung verschiedener Perspektiven erzogen werden (R: 52), auf deren Basis dann Konsumentscheidungen getroffen werden. Wie bereits dargestellt zielt die so etablierte Kritikfähigkeit der Schüler in der Regel auf die Umsetzung eines bestimmten Typus von Konsumhandlungen (rational-souverän vs. nachhaltig). In lediglich einem Interview, das damit in Konkurrenz zu den anderen Daten steht, wird jedoch die prinzipielle Gleichberechtigung aller zu wählenden Konsumperspektiven betont, solange das gefällte Urteil sowie die darauf basierende Handlung kriterienorientiert erfolgen bzw. mindestens verschiedene Perspektiven abgewogen werden. Sich beispielsweise bewusst gegen eine Orientierung des eigenen Konsumverhaltens an ethisch-moralischen Gesichtspunkten zu entscheiden, wird so als *„auch ne gewisse Form von eigener Entscheidung"* (R: 12) legitimiert. Die hier vorzufindende Entkopplung von Mündigkeit und deren inhaltlicher Ausgestaltung hat nicht zuletzt entlastende Konsequenzen für die Lehrkraft selbst. Ihre Aufgabe besteht nicht darin, konkrete Einstellungs- und Wertmuster oder Handlungsweisen zur Prävention prospektiver Lebenskrisen zu vermitteln, sondern *„den Schülern deutlich zu machen, wo es bei einem guten Urteil drauf ankommt"* (R: 54). Die Schüler werden so *„immer wieder gezwungen, ihre/ ganz viele Bereiche ihrer Lebensumwelt ehm kritisch zu betrachten"* (ebd.). Wenn sich durch den Unterricht bestimmte Einstellungen entwickeln oder ein weiterführendes Interesse an den behandelten Themen ausgebildet wird, ist dies als Maximalziel zu betrachten.

> Wer da zugreift, greift zu. Und wer nicht, der der nimmt wenigstens hartes Faktenwissen mit (R: 90).

Im eben beschriebenen Fall wurden bereits unterschiedliche Zielmodi der Verbraucherbildung sichtbar. Es erfolgte eine Stufung von der bloßen Wissensvermittlung über die Vermittlung bestimmter Einsichten und darauf basierend Wertmuster hin zu einer Vermittlung von Handlungskompetenzen, die sich in der Umsetzung konkreter Handlungsmuster manifestieren. Eine ähnliche Stufung, die hier unter der Kategorie „Wissen vs. Handeln" zusammengefasst wird, ist auch in allen anderen Interviews sichtbar. Unabhängig von der Frage, ob das Ziel der Verbraucherbildung die Vermittlung von Wissen bzw. Einsichten in die Konsumgesellschaft, die Vermittlung bestimmter Wertmuster oder konkreter Handlungskompetenzen ist, ist die Abgrenzung von der Erkenntnis zu bloßer Verhaltensänderung ein bedeutsames Deutungsmuster der schulischen Konsum- und Verbraucherbildung. Erkenntnistheoretisch ist Erkenntnis dabei sowohl als Prozess als auch als Ergebnis zu verstehen und meint eine über das bloße Kennen hinausgehende Einsicht in für den konkreten Fall konsumbezogene Phänomene der Lebenswelt. Konträr zu den vorliegenden empirischen Daten ist Wissen der eigentlich umfassendere Begriff, der auf konkreten Erkenntnissen aufbaut und diese in einen internen Zusammenhang stellt (Gabriel 2013: 7). Im allgemeinen Sprachgebrauch wird jedoch Erkenntnis als der oftmals höherrangige Begriff genutzt. Erkenntnis ist dann ein Zugewinn an Wissen, Wissen wiederum die Voraussetzung für Erkenntnis. Diese allgemeinsprachliche Bedeutung spiegelt sich auch in den vorliegenden Interviewdaten wider, so dass ihr gefolgt wird. Sie zeigt sich etwa, wenn betont wird, dass ein Überblick über den Markt und ein grundlegendes Wissen zu den Konsumgütern, *„zum Beispiel wo ist das Produkt hergestellt, wie ist so was hergestellt"* (S: 8), Basis des Hinterfragens eigener Konsumentscheidungen sei (ähnlich N: G2: 27). Eine solche erkenntnisbasierte Auseinandersetzung mit dem eigenen Konsumhandeln steht im Gegensatz zu einer bloßen Verhaltensänderung, die zwar antrainiert sein kann, aber eben nicht verstanden wird. Ziel ist es, das eigene Konsumhandeln als sinnhaft zu erfahren. Analog zu soziologischen Definitionen grenzt sich das Handeln vom Verhalten ab, indem es als subjektiv sinnhaft definiert wird. Die Relevanz der sinnbasierten Auseinandersetzung mit Konsum für die Lehrkräfte wird beispielsweise unter dem Verweis, Ziel des Unterrichts sei nicht die Herausbildung eines reflexhaften Verhaltens (A: 11, ähnlich G2: 29), sichtbar. Das Zurückweisen bloßer Verhaltensänderung ohne tiefergreifende Einsicht erscheint insbesondere aus theoretischer Sicht nicht zuletzt aufgrund der Betonung von Mündigkeit als zentralem Ziel der Verbraucherbildung als schlüssig und nachvollziehbar.

Gleichwohl muss betont werden, dass das dargestellte Lernziel der Erkenntnis nicht der Ablehnung des schülerseitigen Konsumhandelns durch die Lehrenden sowie einer damit einhergehenden Etablierung anderer Konsummuster oder konsumbezogener Einstellungen als Ziel widerspricht. Dies zeigt sich beispielsweise wiederholt in den Aussagen, die sich thematisch mit dem Umgang mit dem eigenen Geld auseinandersetzen und oben unter dem Begriff der Sozialdisziplinierung zusammengefasst wurden. Der Begriff der Konsumbildung, der stärker auf die eigenaktiv-gestaltende Rolle der Lernenden fokussiert, erscheint in diesem Zusammenhang unangemessen. Viel eher müsste von einer Konsum- bzw. Verbrauchererziehung gesprochen werden, was in den vorliegenden Daten auch wiederholt der Fall ist (z.B. G: 27; D: 10, 28; L: 2; G2: 210). Erziehung im Allgemeinen ist der Bildung zwar vorgängig, schließt aber immer auch die Option der Unterordnung ein. Gemeinsam ist beiden, dass sie den Menschen auf das Leben in der Gesellschaft vorbereiten wollen. Der zentrale Unterschied besteht jedoch darin, dass Bildung deutlich eher auf Selbsttätigkeit und Selbstreflexion ausgelegt ist.

> „Damit wird eine fundamentale Differenz zwischen Erziehung und Bildung konstitutiv: der vorrationale Charakter der Erziehung zielt auf Anpassung, Beherrschung und Vereinnahmung, der rationale Charakter der Bildung zielt dagegen auf Distanz, Befreiung und reflexive Differenz." (Baecker: 203).

Baecker differenziert Bildung und Erziehung überdies anhand folgender weiterer Aspekte (ebd.: 203f.):

- Erziehung geht von anthropologischer Erziehungsbedürftigkeit aus, für Bildung hingegen ist diese kein zentraler Aspekt. Ihr geht es vielmehr darum, zentrale menschliche Fähigkeiten und das dazugehörige Wissen zum Zwecke der Aneignung zu vermitteln, um Selbstentfaltungsoptionen zu gewährleisten. Ihr Ziel ist das Offerieren von Möglichkeiten.

- Im Rahmen von Erziehung werden solche Kenntnisse, Fertigkeiten und Fähigkeiten (=Kompetenzen) vermittelt, die vor allem für ein angepasstes Leben in gesellschaftlichen Kontexten benötigt werden. Bildung umfasst darüber hinaus die Reflexion eigener Entwicklung im Verhältnis von Individuum und Gesellschaft. Dies impliziert immer auch die Option der Gestaltung von Gesellschaft durch das Individuum. Soziologisch gesprochen wird hier Strukturation sichtbar. Wenngleich die Individuen in ihrem Handeln durch gesellschaftliche Strukturen geprägt werden, prägen sie durch ihr Handeln immer auch diese Strukturen, es eröffnen sich Optionen der Gestaltung.

- Im Erziehungsverhältnis bestimmen die Intentionen des Erziehers, nicht die des Zöglings, den Sinn des Handelns. Der Zögling wird zum erziehbaren Objekt. Ein solches Subjekt-Objekt-Verhältnis existiert zwar auch im Rahmen von Bildungsprozessen, wird aber mindestens teilweise zugunsten von Subjekt-Subjekt-Verhältnissen aufgelöst. „Der im Erziehungsprozeß (sic!) zu Erziehende wird im Bildungsprozeß (sic!) zu einem ‚Sich-Bildenden'" (ebd. 204), der sich selbstreflexiv, freiwillig und eigenaktiv mit dem Bildungsgegenstand auseinandersetzt.

Erziehungsverhältnisse haben damit immer auch paternalistische Momente inne, die beispielhaft bereits in der Fallstudie von Frau Karl aufgezeigt wurden. Auch in den anderen Interviews zeigt sich ein solcher (mittelschichts)paternalistisch-appellativer Modus immer wieder, wie etwa die folgenden Sequenzen belegen:

> A: […] klar war, ich will auch dahin, dass man also Entscheidungen treffen muss, dass man eh also auch mit dem Geld haushalten muss. (9)

> T: Und es geht ja eh um Verantwortung ja, wer trägt Schuld und wer trägt wie viel Schuld, und ehm (-) da haben wir sehr intensive Gespräche gehabt, ganz interessante Äußerungen und ehm (-) ja auch häufig überlegt, ja ist dieses Volk als Ganzes zu verurteilen? Kann man einzelne rausziehen und sagen, hey ihr wart an den Hebeln, ihr seid Schuld? Ja was kann man eigentlich machen? Und ich sag ihnen dann immer so am Ende der Einheit, wisst ihr was, ich glaube (-) in dreißig Jahren steht mal mein Enkelkind vor mir und beschimpft mich, weil es keine Luft mehr, nicht mehr ausreichend Luft zum Atmen hat, ehm weil alles verschmutzt ist, verpestet, keine natürlichen Lebensmittel vorhanden sind, und dann dann werd ich gefragt: So, Oma was hast 'n gemacht damals? Du hast das doch gewusst. Und dann muss ich sagen, ich hab nichts gemacht, oder viel zu wenig. (56)

In der ersten der beiden dargestellten Sequenzen ist es der beschriebene Zwang zum Haushalten gepaart mit der Notwendigkeit Entscheidungen zu treffen, die sich interviewintern als Entscheidungen zugunsten von Konsumverzicht erweisen, der paternalistische Momente eröffnet. In der zweiten Sequenz arbeitet die Lehrkraft vor allem mit moralischen Argumenten. Diese können einerseits als Option verstanden werden, die Lernenden zu emotionalisieren und auf diesem Weg Betroffenheit für das Thema herzustellen und so eine selbstreflexive Auseinandersetzung anzustoßen – insbesondere indem die Lehrkraft ihre eigene Mitschuld an der ökologischen Krise hervorhebt. Andererseits prägt gerade diese Auseinandersetzung den Sinn der geschilderten pädagogischen Situation, der nicht zuletzt darin besteht, dass die Lernenden auf ihr eigenes schuldhaftes Handeln verwiesen werden. Dies zeigt sich auch hier vor allem bei der Berücksichtigung des internen Kontextes der Daten, in dessen Rahmen sich die Interviewpartnerin als Mitglied einer Generation positioniert, die vor allem im Umgang mit der ökologischen Krise ein deutlich größeres Engagement zeigt als die Gruppe der Lernenden. Insofern spiegelt sich in der vorliegenden Sequenz mindestens teilweise die Annahme der Erziehungsbedürftigkeit der Lernenden. In beiden Sequenzen zeigt sich eine lehrerseitige Steuerung des Erkenntnisprozesses. Diese wird auch dann als intendierter Ausgangspunkt des Lehrerhandelns sichtbar, wenn als Ziel erfolgreicher Unterrichtspraxis ein „Umdenken" (O: 16), „Aha-Erlebnisse" (O: 114; E 11: 53), „Erleuchtung" (G: 18), ein „Erwachen" (J: 6) oder „da hat's dann bei einigen durchaus Klick gemacht" (N: 36) benannt wird.

Noch deutlicher wird der Paternalismus, wenn betont wird, dass erzieherische Maßnahmen alleine keine Veränderung des Konsumverhaltens ermöglichen werden und aus diesem Grund (sowohl im Hinblick auf schulische als auch gesellschaftliche Strukturen) solche Maßnahmen ergriffen werden müssten, die das Konsumhandeln der Lernenden faktisch begrenzen:

> G: Ehm, der wurd' dann abgeschafft, dann gab's einen massiven Kampf hier in der Schule, eh mit der Mensa, mit dem Angebot der Mensa, weil wir alles, was mit Süßigkeiten und süßen Getränken und ähnlichem zu tun hatte, eh herausnehmen ließen aus dem Programm und eh sehr auf gesunde Ernährung achteten, massiv, die Kinder haben mitgemacht, weil sie ja naja ehm das Essen wollten, mussten (letztlich) was angeboten wurde. Man kann ja da' darüber sehr gut steuern [...]. (80) (ähnlich G1: 102)

Die gerade dargestellte, wiederholt aufscheinende Form der Gestaltung von Konsum- und Verbraucherbildung steht in erheblichem Gegensatz zum ebenfalls immer wieder betonten Deutungsmuster, im Rahmen der Konsum- und Verbraucherbildung nicht zu moralisieren, zu bevormunden oder zu belehren (etwa: T: 13; A: 9, 49; S: 68; G1: 40; G2: 83, 111). Hierin zeigt sich beispielhaft das Nebeneinander konkurrierender Deutungsmuster bei einzelnen Individuen, das sich vor allem auf die Differenz von Bewusstsein und Handeln (im konkreten Fall unterrichtliche Handlungspraxis) zurückführen lässt. Obwohl ein Bewusstsein für die Grenzen von Indoktrination und Überwältigung auch als Professionsethos vorliegt, manifestieren sich eben jene Überwältigung, Belehrung und Moralisierung immer wieder in der beschriebenen Unterrichtpraxis. Auflösen lässt sich dieser Widerspruch vor allem dann, wenn die Fremdpositionierungen der unterrichteten Schülerschaft, aber auch ihrer Elternhäuser berücksichtigt werden. Wenn Erziehungsverantwortung in den Elternhäusern nicht wahrgenommen wird, obliegt es der Institution Schule, diese Versäumnisse zu substituieren und damit das bisher negativ eingeschätzte schülerseitige Konsumhandeln aufzuwerten bzw. als angemessen betrachtete Handlungsmuster zu etablieren. Konsum- und Verbraucherbildung erhält dann den Status der aktuellen, vor allem aber prospektiven Alltagshilfe. Dies zeigt sich zum Beispiel in den beiden in Kapitel 6 dargelegten Fallstudien, aber auch in der folgenden Sequenz (ähnlich auch: G: 10; O: 14-16; D: 12; A: 49; G2: 64)

> J: [...] so kann der Konsument auch reagieren, oder Waschpulver. Ich weiß, mein Waschpulver gibt's zur Zeit in der (unv.) günstig, 80 Waschungen, 17 Euro runterrechnen, was kostet eine Waschladung, eh 17 Cent sind ganz billig, also kaufe ich mir dann mein Waschpulver. Ich hab manchmal 3 Pakete stehen (-). Auch da kann man Kunden zu erziehen, wirklich zu gucken, ist das jetzt billig, was ich haben möchte, lohnt sich das.
>
> I: Mhm.

J: Oder auch zum Beispiel beim Einkauf ehm, das geht jetzt son bisschen in ne andere Richtung, ehm wie kauf ich zum Beispiel ein, welche Produkte. Kaufe ich frische Produkte ein, vergleiche ich mal mit fertigen Produkten, eh wo liegt der Unterschied, kann ich mir auch frische Produkte, können sie sich, ich kann Ihnen sagen, eh im Winter wenn Gemüse teuer ist: Kaufen Sie sich Möhren, sie sind billig, und wenn sie noch Bio haben wollen, können Se auch, die kosten nicht mehr, als wenn sie sich ne Dose Möhren kaufen (-) und von der Qualität was ganz anderes (-). Ist jetzt n bisschen weit weg ((lacht)) [...]

I: ((lacht))

J: Ja und dann freu ich mich, weil ich sage ja, es ist jetzt ne Ecke günstiger oder auch man kann, dann sage ich mir, das hab ich dieses Mal gespart (-) und da versuch ich auch den Schüler hinzuziehen, dass man sich zum Beispiel hinsetzt zuhause, auch mal in den Werbeprospekt guckt und sacht also das und das kann ich da kriegen [...]. (26-32)

In der vorliegenden Sequenz zeigt sich eine Spezifität schulischer Verbraucherbildung, die als zusätzlicher Erklärungsansatz für die gleichzeitige Ablehnung von Moralisierung einerseits und ihrer Einbindung in Unterrichtspraxis andererseits herangezogen werden kann: die Orientierung an der eigenen Lebenserfahrung. Insbesondere jene Aspekte der Verbraucherbildung, die einen starken Bezug zur alltäglichen Lebensführung aufweisen, bauen immer wieder auch auf Alltags- oder Common-Sense-Wissen auf (siehe hierfür Kapitel 7.1.2). Jenes Alltagswissen ist aber immer auch ein Einfallstor nicht nur für die Einbindung milieuspezifischen Wissens in den Unterricht, sondern darüber hinaus für Praktiken der sozialen Differenzierung, Distanzierung und Distinktion in und durch Unterricht.

7.2.2 Chancen und Grenzen der Verbraucherbildung

Die Besonderheit der Konsum- und Verbraucherbildung, solche Themen zu fokussieren, die lebensweltlich alltägliche Bedeutsamkeit entfalten, wird auch von den Lehrkräften in den Interviews wiederholt aufgegriffen. Sie wird als Chance und Grenze zugleich interpretiert. Die eröffneten Chancen können unter dem Deutungsmuster „konkret lebensweltorientiert statt kopflastig" zusammengefasst werden. Hieraus ergibt sich ein doppelter Vorteil für die Gestaltung von Bildungsprozessen. Die Thematisierung solcher Inhalte, die *„aus der Lebenswirklichkeit der Schüler"* kommen (R: 10) und so Praxisbezüge aufweisen (so etwa J: 92; O: 14; D: 10, 88; N: 34, 47; L: 58; A: 39, 85; R: 34; S: 22,38; G1: 158), knüpfen einerseits an den konkreten Erfahrungen der Lernenden an. Auf dieser Grundlage kann von einer erhöhten Bedeutsamkeit des Unterrichts für die Schüler und somit einem erhöhten Interesse an ihm ausgegangen werden. Andererseits lassen sich vor allem durch die Praxisbezüge solche Kenntnisse, Fertigkeiten und Fähigkeiten vermitteln, die die Lernenden in ihrer Lebenswelt einsetzen können bzw. mit denen sie diese auch verändern können. Verbraucherbildung nimmt damit eine Mittlerfunktion zwischen Schule und Lebenswelt ein. Als negativer Gegenhorizont hierzu dienen insbesondere für die Sekundarstufe I solche Lern- und Bildungsprozesse, die als verkopft oder zu abstrakt gekennzeichnet werden (etwa: G: 42; T: 70; N: 34; R: 44). Eng anknüpfend an diese Einschätzungen lässt sich die Frage nach der Bedeutung von Bildung bzw. dem Bildungskonzept der Lehrkräfte im Allgemeinen stellen. Die rekonstruktive Auseinandersetzung mit den Daten macht wiederholt ein Bildungskonzept sichtbar, das starke funktionalistische Züge trägt. In der Regel setzt die Annahme eines Funktionalismus von Bildung (Allmendinger et al. 2018: 51) vorrangig am Arbeitsmarkt an – eine Sichtweise, die auch in den vorliegenden Interviews mit Bezugnahme auf die Qualifikationsfunktion von Schule immer wieder vor allem von den Lehrkräften, die Arbeitslehre/Wirtschaft unterrichten, eröffnet wird:

> D: Bildung ist aber auch natürlich Vorbereitung auf die Anforderungen der Gesellschaft und der Wirtschaft. (89)

> N: [...] wir seit vielen Jahren in Sachen Berufsberatung, was übrigens auch n schwerer, schwerer Anteil is im Fach AW, ehm uns da sehr viel Mühe geben, unsere Schüler zu beraten und in die richtigen Bahnen zu lenken, und Praktikas zu organisieren und eh und so weiter und so fort. (71)

> R: Bildung soll befähigen, im späteren Beruf tätig zu sein, also Fachwissen für bestimmte Berufsfelder vermitteln. (52)

Da in funktionalistischer Sichtweise eine klare Beziehung zwischen Bildung und Erwerbsarbeit besteht, erfolgt die Zuordnung zu unterschiedlichen gesellschaftlichen Positionen, die nicht zuletzt auf dem beruflichen Status basieren, auf Basis der im Rahmen von Bildung erworbenen Fähigkeiten, Fertigkeiten und Kenntnisse. Es herrscht ein meritokratisches Verständnis einer Leistungsgesellschaft vor, die Elternhaus und Bildung voneinander entkoppelt (ebd.). Dies spielt im Rahmen der Selbstvergewisserung eigener Professionalität insofern eine Rolle, als dass den Lernenden Bildungsangebote bereitgestellt werden, die sie nutzen müssen, auch wenn sie damit gegebenenfalls Opfer etwa in Form von Freizeitverzicht auf sich nehmen müssen. Scheitern sie, ist dies weniger auf die fehlende eigene Professionalität zurückzuführen, sondern vielmehr auf den fehlenden Leistungswillen der Lernenden. Kann die Schule auf Basis dessen ihrer Qualifikationsfunktion im Hinblick auf den Arbeitsmarkt aber nicht gerecht werden, kann sie zumindest eine anderweitig definierte Qualifikationsfunktion wahrnehmen: *„Dann soll Bildung auch befähigen [...] Alltagswissen zu vermitteln."* (R: 52). Die kompetente Handhabung des Alltags jenseits des Berufslebens ist als Modifikation klassischer funktionalistischer Bildung vor allem für jene Schüler zu verstehen, *„die wahrscheinlich alle gar nicht in steuerpflichtigen Verhältnissen"* arbeiten werden (L: 74, siehe dazu auch die Fallstudie „Frau Karl", insbesondere Kapitel 6.1.2). Die Vorstellung eines meritokratischen Bildungssystems wird aber spätestens dann ad absurdum geführt, wenn eine herkunftsbasierte, damit einhergehend oftmals auch schulformbezogene Differenzierung der Schülerschaft zum Ausgangspunkt der scheiternden gesellschaftlichen Etablierung gemacht wird (etwa G1: 60) . Hieraus ergibt sich die Gefahr, dass die enge Verknüpfung von Elternhaus und Schule zur Reproduktion gesellschaftlicher Verhältnisse führt, eine Annahme, die spätestens seit PISA nicht mehr nur noch bildungssoziologisch, sondern auch auf breiterer gesellschaftlicher Ebene diskutiert wurde und wird. Dies ist, wie die obige Auseinandersetzung mit den Begriffskonzepten Bildung und Erziehung belegt, nicht nur für die sozialstrukturelle Differenzierung etwa entlang von beruflichen Positionen von entscheidender Bedeutung, sondern auch für die darüber hinausgehende Frage nach der prinzipiellen Gestaltung von Gesellschaft.

Die damit aufgezeigte, in den Daten latent aufscheinende Grenze der Verbraucherbildung wird flankiert von manifest betonten Grenzen, welche sich vorrangig auf die tatsächliche Anwendung des vermittelten Praxiswissens beziehen. Zunächst wird insbesondere von drei Befragten auf den oftmals appellativen Charakter von Bildung verwiesen, der gleich zweifach zum Scheitern von Bildungsprozessen beitragen kann. Erstens, wenn der appellative Charakter mit einem „*erhobenen Zeigefinger*" einhergeht (D: 43; ähnlich N: 49; G1: 47) und Unterricht darin mündet, „*dass man dann eher [...] das Gegenteil bewirkt*" (N: 49). Zweitens wird darüber hinaus von einem Befragten der begrenzte Handlungs- und Wirkungsrahmen von schulischen Bildungsprozessen allgemein unter besonderer Berücksichtigung der Verbraucherbildung hervorgehoben:

> G: Eh, wir kratzen hier in der Schule immer nur an der Oberfläche und versuchen eh, versuchen etwas zu vermitteln, aber sind recht hilflos und wenig effizient in unserem Gebaren. Ehm (-) der der Mensch, der Bürger eh, in meiner Person wünscht sich eh sehr viel effizientere Möglichkeiten, die bis in Elternhäuser hineingehen und da vielleicht sogar n bisschen restriktiver sind eh als nur über/mit reinem appellativen Charakter. Ehm, der der Lehrer ist natürlich in der Pflicht, bestimmte Dinge zu vermitteln und ehm ja versucht Schüler zu erreichen, wohlwissend, dass ihm das nicht gelingt. Weil wir ja auch reale Realität im eigentlichen Sinne erfahren. [...] Ich wünsch mir natürlich, dass das, was wir hier machen, das, was ehm im gemeinsamen Umgang erarbeitet wird, ehm Folgen hat, (-) stelle aber fest, dass ich eh gar keine Möglichkeit habe, nein fast keine Möglichkeit habe, irgendeine Art von, von Einfluss zu nehmen in eh bestimmten Altersstufen, Altersgruppen. Möglicherweise sind doch irgendwelche, welche eh Dispositionen eh geschehen durch den Unterricht, aber eh die sind so, so wenig feststellbar und so marginal im im unmittelbaren Auswirken eh [...]. (4-6)

Hier wird eine subjektive Realitätswahrnehmung deutlich, die das Scheitern eigener Ansprüche auf systemische Grenzen zurückführt. Die Einflussmöglichkeiten in der Rolle des Lehrers sind zu gering, da fast keine Möglichkeiten existieren, die das Lehrerhandeln folgenreich im Sinne von veränderten Handlungsmustern machen. Durch die in der Sequenz vorliegende Autokorrektur von „*gar keine*" auf „*fast keine*" Möglichkeit der Einflussnahme folgt gleichwohl eine Legitimierung sowohl des Berufsstandes Lehrer als auch der eigenen Professionalität. Bildung scheitert nicht prinzipiell, es eröffnen sich immer wieder wenigstens kleine Optionen der Einflussnahme auf die Lernenden.

Wenngleich die hier dargestellte Aussage eine deutlich drastischere Auseinandersetzung mit der Wirksamkeit des Lehrerberufs beinhaltet als in den anderen vorliegenden Interviews und auch aus diesem Grund aus dem Sample hervorsticht, zeigen sich doch auch Überschneidungen vor allem darin, dass Schule und Realität trotz Lebensweltorientierung voneinander zu unterscheiden sind. Schule ist, auch wenn sie Bezug darauf nimmt, gerade nicht das wahre und oftmals komplizierte Leben, wie G betont, „*keine Realität im eigentlichen Sinne*". Ob die Lernenden also beispielsweise, selbst wenn der konsum- und verbraucherbildende Unterricht Betroffenheit und Interesse auslösen, ihr Konsumverhalten tatsächlich überdenken bzw. gegebenenfalls sogar verändern, wird daher immer wieder mindestens infrage gestellt (etwa L: 4, 30; A: 47; R: 12; S: 78; G1: 64). Zurückgeführt wird das zunächst auf die Mechanismen und Ambivalenzen der Konsumgesellschaft (Konsumgesellschaft als „*Starkstromfeld*", L: 30), mit denen sich auch die Lehrkräfte selbst auseinanderzusetzen haben. Beispielsweise sei hier auf Informationsasymmetrien zwischen Produzent/Verkäufer und Konsument verwiesen (T: 95; E 10: 34; G2: 181). Des Weiteren erscheint der Einfluss von Schule und insbesondere schulischer Verbraucherbildung, die in nur sehr geringem Stundenumfang stattfindet, vor allem im Vergleich zum Einfluss der Herkunftsfamilie und der Peers auf die Konsumentensozialisation vergleichsweise gering (T: 2, 86; O: 6; D: 53, 62; N: 6, 26; G1: 79, 102; G2: 213, siehe auch Kapitel 7.1.3).

Gleichwohl führen die Grenzen, die durch das „wahre Leben" gesetzt werden, nicht zu einer Ablehnung der Verbraucherbildung oder einer generellen Negierung ihrer Bedeutsamkeit. Vielmehr wird der Wunsch, trotz der ausgewiesenen Probleme etwas bewegen zu wollen, immer wieder hervorgehoben, etwa wenn betont wird: „*natürlich man probiert schon immer viel zu machen*" (S: 50). Hier zeigt sich ein Deutungsmuster, das bereits in der Fallstudie von Frau Karl, aber auch in der oben stehenden Sequenz zu den Grenzen appellativer Bildung sichtbar wurde und als „Durch Kleinigkeiten etwas erreichen" zusammengefasst werden kann. Auch wenn die Schule das konkrete Handeln nicht zu ändern vermag oder die Lernenden im Anschluss an verbraucherbildende unterrichtliche und außerunterrichtliche Lernprozesse ihre Einstellungen maximal marginal verändern, können ihnen immerhin „*Denkanstöße*" (T: 61; G1: 30) oder Einblicke in andere Perspektiven (R: 12; S: 32, ähnlich: A: 39) gegeben werden.

N: Ich denke, vieles beginnt ja im Kleinen. [...] Es sind oft die kleinen Dinge, und es
sind nicht die großen Konzepte wie „Seid nachhaltig" ne, sondern es beginnt im Kleinen
und ehm (-) das muss ich dann natürlich in größere Dimen', es wird dann immer größer,
aber es beginnt immer unten im Kleinen. (75; ähnlich: O: 4)

Im Rahmen des Deutungsmusters „Durch Kleinigkeiten etwas erreichen" findet
letztlich nicht nur eine Auseinandersetzung mit der Reichweite des eigenen Handelns, sondern auch mit dessen institutionellen und strukturellen Grenzen statt,
wie nachfolgend gezeigt werden kann:

G1E: Wobei man eins natürlich sagen kann, was man von Schule nich' verlangen kann
is', dass Schule Dinge und Entwicklungen, die innerhalb der Gesellschaft sehr stark
wirken, korrigiert. Dass Schule es versucht: ja, dass Schule Alternativen und Hilfen anbietet: ja, aber dass eh es zum Beispiel nich' ausreicht, wenn ein eh Landtag beschließt,
eh das eh (-) Verhalten, das Konsumverhalten in unserer Bevölkerung is also subopti-
mal, [das müsste

G1W: [((lachen))]

G1E: also verbessert werden, das könnte doch mal die Schule (schön ändern), das funktioniert natürlich nicht. (G2: 231-233; ähnlich O: 52; N: 28; R: 44; G1:
142-147)

Schule ist der vorliegenden Passage aus einer der beiden Gruppendiskussionen
folgend nicht die Feuerwehr der Konsumgesellschaft. Insofern steht die Orientierung an den Minimalzielen „Denkanstöße geben", „Einsichten gewähren" bzw.
„sensibilisieren" (O: 4) nicht im Kontrast zur Professionalität des eigenen Handelns. Ein Scheitern selbiger läge erst dann vor, wenn Lernende gar nicht mehr
erreicht würden bzw. den Lehrer nicht ernstnehmen würden (der Lehrer als „La-
berkopp", G2: 181).

T: Wir können die Welt nicht retten als Lehrer, aber wir können Impulse setzen, Denkanstöße geben und ehm, wenn n paar rausgehen und nachdenken, dann ist schon was erreicht.

I: Haben Sie das Gefühl ehm das funktioniert? Also dass zumindestens einige Schüler
anfangen nachzudenken?

T: Ja doch, doch. Das Gefühl hab ich schon, (unv.) dann würd ich ja einpacken und
weggehen ((lacht)), das macht ja keinen Sinn sonst hierzubleiben oder? (61-63)

Unter Berücksichtigung der tatsächlich begrenzten Ressourcen, die der schulischen Verbraucherbildung zur Verfügung stehen, erscheint das Deutungsmuster
gerade im Hinblick auf die Sicherstellung fortwährender beruflicher Handlungsfähigkeit als legitim. Anderenfalls droht eine Überforderung gemessen an den
eigenen, mitunter unrealistischen Ansprüchen.

7.2.3 Verbraucherbildung im schulinternen Kontext

In den vorliegenden empirischen Daten wird neben dem bisher Beschriebenen auch immer wieder die generelle Rolle, die der Verbraucherbildung auch und gerade im Vergleich zu anderen schulischen Aufgabenfeldern zukommt, aufgegriffen. Es werden zwei konkurrierende Deutungsmuster sichtbar. Neben der Wahrnehmung als entscheidendem Bestandteil schulischer Bildung insbesondere im Hinblick auf Vorbereitung auf aktuelle und zukünftige Lebenssituationen existiert das Deutungsmuster einer Zweitrangigkeit der Konsum- und Verbraucherbildung. Im fallübergreifenden Vergleich zeigt sich, dass die jeweiligen Deutungsmuster stark vom unterrichteten Fach in der sozialwissenschaftlichen Domäne abzuhängen scheinen. Wie bereits bei Frau Karl sichtbar wurde, gehen vor allem jene Lehrkräfte, die Hauswirtschaftslehre unterrichten, von einer hohen Relevanz der Verbraucherbildung aus. Darüber hinaus zeigt sich aus der Rekonstruktion der Interviewdaten, dass eine hohe Bedeutsamkeit auch von den Lehrkräften, die Hauswirtschaft nicht unterrichten, dann angenommen wird, wenn die Fachschaft der unterrichtenden Kollegen innerhalb des Kollegiums als bedeutsam wahrgenommen wird. Als positives und negatives Gegenbeispiel dienen die folgenden Sequenzen[97]:

> J: [...] ich meine, das ehm (-) ja, das heißt aber jetzt nicht, dass da jemand eh gefördert wird, weil er Hauswirtschaft unterrichtet, ich glaube [...] wir sind überzeugend, [...] wir sind überzeugt von unserem Fach [...], das ist einfach so ja, vielleicht schaffen wir uns selbst den Stellenwert. (92)

> A: Ich finde diesen Hauswirtschaftsunterricht bei uns richtig klasse, weil es nämlich über die Praxis die Möglichkeit gibt, dann auch zum Beispiel über Verbraucherbildung zu sprechen. (85; ähnlich G2: 64)

> L: Aber grundsätzlich, Hauswirtschaftslehre, das ist. Man muss sich mal die Strukturen von Familien, vom Leben oder so angucken. Ne, also das ist schon n lustiger Begriff inzwischen. [...] Und wie gesagt es ist ja sowieso so die Frage, ehm was hat der Inhalt des jetzt gegenwärtigen Fachs Hauswirtschaft, [...] woran orientiert der sich? Bei uns wäre das im Wesentlichen, wäre das im Wesentlichen, ist das ja Kochen, Saubermachen, Temperaturen von Nudeln und so weiter. (72)

> G1: [...] weiß nicht, vielleicht will jemand das Fach aufwerten ein Stück weit. Hauswirtschaft hört sich an: ich koche und backe ein bisschen. Vielleicht könnte ein Grund sein, dass man das ein bisschen aufwertet. (129)

Der vor allem hauswirtschaftsbezogenen Verbraucherbildung wird in diesem Zusammenhang eine fehlgeleitete Fremdwahrnehmung unterstellt. Hauswirtschaft sei eben nicht nur „Kochen und Backen", weswegen auch ihr Stellenwert

---

[97] Die Interviewpartner T und A unterrichten gemeinsam an einer Schule, wenn auch in unterschiedlichen Fächern.

im Hinblick auf Aus- und Fortbildungsangebote verbessert werden müsse (O: 42). Hier eröffnet sich ein Widerspruch auch zum Fall von Frau Karl, die der Verbraucherbildung im Rahmen des Hauswirtschaftsunterrichts zwar eine durchaus bedeutsame Rolle vor allem im Hinblick auf dessen Beitrag zur Erziehung der Schüler zugesprochen hat, eine weitere Professionalisierung aber als unnötig erachtete.

Konkurrierend zur angenommenen Bedeutsamkeit steht das Deutungsmuster der Zweitrangigkeit der Konsum- und Verbraucherbildung, die in den letzten beiden oben aufgeführten Sequenzen zu sehen ist. Begründet wird diese zuvorderst damit, dass Schule andere, zentralere Aufgaben zu bewältigen hat. Konkret werden dabei auf der einen Seite solche Aufgaben aufgezählt, die in anderen Unterrichtsfächern anfallen, etwa die Vermittlung fachlicher Kompetenzen in den Hauptfächern:

> G1W: unsere Schüler brauchen halt hier erstmal nen vernünftigen Abschluss. Und da sind Grundfertigkeiten wesentlich wichtiger als Verbraucherverhalten. Das (.) klar geben wir mit dazu, weil das unser Bildungsauftrag ja letztendlich auch von uns verlangt, aber lesen, schreiben, rechnen wär schon schön Ende 10, ne (..) eh und eh da sind schon einige Defizite in dem Bereich, ne. (.) Wenn sie jetzt noch n neuen Bereich aufmachen, ich mein letztendlich sind das Dinge, die eigentlich das Elternhaus gewährleisten muss [...] (60, ähnlich auch G: 34; R: 52; P: 69)

Auf der anderen Seite sind hierunter auch Aufgaben wie Berufswahlvorbereitung, die ja in engem Zusammenhang mit der Vermittlung fachlicher Kompetenzen gesehen wird (siehe Stichwort Bildungsfunktionalismus, Kapitel 7.2.2), oder insbesondere Inklusion zu fassen. Diese binden einerseits Ressourcen in erheblichem Maße, etwa im Bereich der Aus- und Weiterbildung (G2: 296), stehen aber auch auf der bildungspolitischen Agenda deutlich weiter oben. Dies zeigt sich exemplarisch am Beispiel der Inklusion, die viele Lehrkräfte faktisch umsetzen müssen, ohne hierfür ausreichend ausgebildet zu sein. Eine Fokussierung weg von der Verbraucherbildung hin zu jenen Themen wird so nachvollziehbar.

7.3 Konsumbildung und (sozialwissenschaftliche) Professionalität

In den vorangegangenen beiden Teilkapiteln wurden wiederholt erste Bezüge zwischen Konsum- bzw. Verbraucherbildung und professionellem Lehrerhandeln hergestellt. Diese sollen nun aufgegriffen und umfassender auch und insbesondere unter Berücksichtigung der diesbezüglichen theoretischen Diskussion ausgearbeitet werden. Im nachfolgenden Kapitel wird dabei zunächst die Aushandlung der Aufgabenbereiche Unterrichten und Erziehen, die sowohl allgemein professionsbezogen als auch spezifischer mit Bezug auf Konsum- und Verbraucherbildung Relevanz entfalten, abgebildet (7.3.1). Anschließend werden jene Deutungsmuster dargestellt, die sich grob in den Zusammenhang der Expertise einordnen lassen (7.3.2). Insbesondere in diesem zweiten Teilkapitel werden die bei den Lehrern wirksamen Deutungsmuster verstanden als Wissenselemente, die im Rahmen des professionellen beruflichen Handelns Bedeutsamkeit entfalten. Auf dieser Basis ist schließlich die Frage nach einer spezifischen sozialwissenschaftlichen Professionalität zu stellen (7.3.3). Dieses Teilkapitel dient zeitgleich als Zwischenfazit der Darstellung der empirischen Ergebnisse.

7.3.1 Unterrichten und Erziehen

Eine besondere Bedeutsamkeit entfalten im Rahmen der professionsbezogenen Diskussion der vorliegenden Daten die Handlungsbereiche Erziehen und Unterrichten sowie die Bezüge zwischen ihnen. In ihnen werden nicht nur solche Wissenselemente, Werthaltungen und Überzeugungen wirksam, die die Lehrenden außerhalb ihres berufsspezifischen, rollenförmigen Handelns entwickelt haben. Vielmehr manifestieren sich in der Aushandlung des Widerspruchs Erziehen vs. Unterrichten die für das professionelle Lehrerhandeln typischen Antinomien zwischen rollenspezifischen und diffusen Beziehungsanteilen sowie symmetrischer und asymmetrischer Lehrer-Schüler-Beziehung. Gerade in den erziehenden Elementen des Lehrerhandelns werden die Lernenden oftmals außerhalb ihrer spezifischen Schülerrolle vor allem in der Rolle des Konsumenten angesprochen. Wenn die Wahrnehmung des Schülers in der Rolle des Konsumenten durch die Modi von Abwertung bzw. Überlegenheit geprägt sind (vgl. Kapitel 7.1.2 sowie 7.1.3), ist die sich in konsumbildenden Prozessen entfaltende Beziehung aber eben gerade nicht mehr durch eine prinzipielle Gleichwertigkeit gekennzeichnet.

Konsum- und Verbraucherbildung verbindet in den Augen eines Großteils der Befragten fachunterrichtliche und erzieherische Elemente miteinander. Die Bedeutsamkeit des Fachunterrichts zeigt sich immer dann, wenn die Interviewpartner auf die eigene Unterrichtspraxis verweisen, um hieran beispielsweise den Begriff der Konsumbildung oder das Konzept des gebildeten Konsumenten zu entfalten (exemplarisch etwa A: 2-5; G1: 24). Gleichwohl ist diese unterrichtliche Praxis nicht losgelöst von erzieherischen Elementen zu verstehen, wie die folgende Sequenz belegt:

> N: Ja, [...] also beides ehm, das Fachliche is ja ganz klar, weil ja zum Beispiel eben unterrichtet wird, oder wir, was is n Kaufvertrag, wann kommt der zustande, hab ich n Kündigungsrecht? Welches Kündigungsrecht habe ich und so, das sind/ja is die fachliche Seite, und die pädagogische Seite is natürlich eh, der Appell: Lest euch das Kleingedruckte durch, auch wenn es schwer fällt, eh macht euch schlau, unterschreibt nicht sofort eh, und vielleicht schiebt der die Kaufentscheidung nochmal n paar Tage hinaus! Denkt da nochmal drüber nach, muss ich das wirklich haben oder gibt es ne Alternati-

ve? Also beides is da drin eh, das lässt sich nicht trennen. Also grade bei dem Thema, da sind eh beide Säulen gleich stark vertreten. (45)

Hier wird ein Professionsverständnis deutlich, das ähnlich auch in Hermann Gieseckes Essay „Pädagogik als Beruf" (1987) entfaltet wird und davon ausgeht, die Hauptaufgabe des Lehrers sei nicht die umfassende Erziehung der Lernenden, sondern vielmehr die Begleitung und Unterstützung des Lernprozesses als Auseinandersetzung mit Welt. Im konkreten Fall erfolgt durch die Auseinandersetzung mit dem Unterrichtsgegenstand „Kaufverträge" gleichsam eine appellative Aufforderung zu einem Konsumhandeln, das von der Lehrkraft als angemessen betrachtet wird: „Kaufe rational und lasse dich nicht verführen!" Giesecke folgend basiert diese pädagogische Praxis des Fachunterrichts auf einem pädagogischen Bezug, einem persönlichen, durch wechselseitige Anerkennung geprägten Verhältnis zwischen Lehrer und Schüler(n) (Twardella 2018: 87). Insbesondere das Anerkennen der Subjektivität eines jeden Schülers kann aus pädagogischer Sicht als eine Grundvoraussetzung gelingenden Unterrichts betrachtet werden (ebd.: 96). Dass die Anerkennung der Lernenden auch und insbesondere jenseits der Schülerrolle für die Interviewpartner der vorliegenden empirischen Studie von zentraler Bedeutsamkeit ist, lässt sich wiederholt aus den Daten rekonstruieren. Anerkennung wird in den Augen der Lehrkräfte vor allem dadurch gewährleistet, dass den Lernenden und ihren lebensweltlichen Bedeutsamkeiten mit Aufmerksamkeit begegnet wird. Professionell agiert ein Lehrer mithin dann, wenn er die Lernenden „als Persönlichkeit sieht und anerkennt" (G: 48). Konsumbezogen heißt das etwa, die für die Lernenden relevanten Moden, Modeerscheinungen oder Konsumtrends zu kennen (so etwa G: 84; J: 10; T: 109; A: 15; K: 24; G1: 197). Dies setzt eine Auseinandersetzung mit den Lebenswelten der Lernenden – beispielsweise durch Beobachtung (etwa A: 79; L: 20; D: 43; G: 8) oder Gespräche (etwa A: 49, 53; L: 24; D: 14; G1: 25) – voraus. Für Beobachtungen und Gespräche wiederum scheint jedoch im formellen Fachunterricht der Platz zu fehlen. Optionen hierzu eröffnen sich vielmehr in pädagogisch gerahmten Situationen. In diesen begegnen sich Lehrer und Schüler zwar im institutionell geprägten Kontext, aber außerhalb des eigentlichen Fachunterrichts. Als Exempel werden hierfür von den Interviewpartnern – sichtbar beispielsweise auch in den Fallstudien von Frau Karl und Herrn Peter – vor allem Klassenfahrten, aber auch Wandertage, Exkursionen oder Projektwochen angesprochen (J: 68; O: 56; D: 37, 43; N: 75; L: 6; A: 45, 49; G1: 25). Bezogen auf die Konsum- und Verbraucherbildung ergeben sich in diesen Kontexten sowohl vermehrte Optionen, das Konsumverhalten der Lernenden zu beobachten, was wiederum als Ausgangpunkt für auch unterrichtliche Lernprozesse genutzt werden kann, als auch Möglichkeiten, gesprächsbezogen oder handelnd zu intervenieren. Gesprächsbezogene Interventionen wurden etwa in der Kappensequenz (siehe Kapitel 7.1.3) sichtbar (*„Und da habe ich schon was zu gesagt"*, A: 49). Mögliche handlungsbezogene Optionen eröffnet eine Gesprächspartnerin im Rahmen der nachfolgenden Sequenz:

> J: Wir haben demnächst ne Projektwoche, und dann haben die Schüler ja auch Wünsche, was ich vielleicht machen könnte, das geht jetzt um einen etwas anderen Konsum. Zum Beispiel: wir gehen in den Kletterpark, Kletterpark ist sehr teuer, eh dann gehen wa ins X-Bad, das ist günstiger. Dann sag ich zum Beispiel: Dann überlegt mal, wir können ja nicht nur so ne Aktionen, wir werden zu mir nach Hause gehen ganz einfach, das kostet nichts und anschließend grillen wir uns da n Würstchen und dann hatten wir n schönen schönen Ausflug, ne. Das, ganz gezielt gucken, wie viel kann ich ausgeben, eh wir können nicht unbegrenzt den Eltern in die Tasche fassen, das muss der Schüler auch lernen, dass man sone Woche auch so strukturiert, dass es reicht. Wir lernen natürlich auch kochen, wir stellen ein Produkt her, ist ja klar, wenn ich Hauswirtschaft unterrichte, koche ich auch in meiner Klasse in der Projektwoche. Auch da gucken wir, dass wir das günstig gestalten, wir werden jetzt kein Rinderfilet da auf'n ((lachend)) Grill schmeißen oder so), also oder wir w', ich muss gucken, was mögen alle, also werden wir ne Pizza backen, aber wir stellen sie komplett selbst her und nicht fertig. Da/das ist schon, um ihnen zu vermitteln, oder wenn wir zum Bespiel unterwegs sind, worauf achte ich, zu sagen, wir fahren da hin, nehmt euch ne Flasche mit Wasser oder eh Apfelschorle, packt euch n Butterbrot ein, wenn wir irgendwo sind, das ist immer sehr teuer. (-) Das find ich schon wichtig, oder wenn wir unsere Kennenlernfahrt gemacht haben, wirklich zu sagen: Nehmt euch son Sechserpack halbe Literflaschen mit, das ist billiger, da kann man auch schon Schüler dazu kriegen, dass ihnen deutlich wird, also wenn ich das vorbereite, dann hab ich unterm Strich für mich mehr Geld. (68)

In den dargestellten Situationen findet berufliches Handeln weniger in der Rolle des Fachlehrers als in der des Klassenlehrers statt. Im Rahmen der pädagogischen Arbeit können dadurch aber auch Gelingensbedingungen für Gestaltung von Unterricht in der Rolle des Fachlehrers geschaffen werden, wie sich in der nachfolgenden Sequenz zeigt. Besteht nämlich die Annahme darin, wirksame Verbraucherbildung baue auf einem Lebensweltbezug zu den Lernenden auf (etwa indem mit Fallbeispielen gearbeitet wird oder solche Themen aufgegriffen werden, die die Lernenden interessieren, etwa A: 5; R: 10; G1: 24), müssen Elemente dieser (persönlichen) Lebenswelt als Anknüpfungspunkte bekannt sein.

> O: […] natürlich. In meiner eigenen Klasse bin ich ganz nah dran und bemerke, was/was los ist, ne? Wenn man einfach nur ne Klassenfahrt macht und übers Handy redet (-) eh oder was sie dann auch teilweise mitnehmen, oder wie viel Taschengeld sie mitbekommen und eh in welcher Geschwindigkeit das dann ausgegeben wird. (56)

Die Beziehung eines Klassenlehrers zu seinen Schülern wird hier durch die Aussage *„ganz nah dran sein"* charakterisiert. Der Klassenlehrer merkt, was bei seinen Schülern *„los ist"* und unterscheidet sich damit vom Fachlehrer, dessen Ziel auch aus strukturellen Gründen nur begrenzt im Aufbau einer persönlichen Beziehung zu den Lernenden bestehen kann, wie nachstehend sichtbar:

N: als Klassenlehrer hat man natürlich auch ne sehr persönliche Beziehung, oder habe ich eine persönliche Beziehung zu allen Schülern, bin sozusagen manchmal Ersatzpapa, ich bin Vertrauenslehrer, die kommen mit allem zu mir und eh, insofern isses dann natürlich für mich auch leichter, ein Fach zu unterrichten, oder jedes Fach zu unterrichten, weil die persönliche Beziehung da is. N Fachlehrer sieht ne Klasse maximal zwei bis drei Stunden in der Woche, das is eine Lerngruppe von vielen, ehm die persönliche Beziehung is in dem Maße nicht da, und ehm dann is natürlich auch gerade wenn die Klasse eher etwas schwieriger is, ehm (-) da auch eher, sagen wir mal, eher unaufmerksam, manchmal sind Störer auf Krawall gebürstet, also das Unterrichten ist schwieriger als Fachlehrer. (38)

Anerkennungstheoretisch erscheint in der vorliegenden Sequenz vor allem die Selbstcharakterisierung als *„Ersatzpapa"* von besonderer Bedeutsamkeit zu sein. Die damit verbundene emotionale Beziehungsgestaltung von Lehrer und Schüler wird vom Interviewpartner als Grundvoraussetzung von Fachunterricht auch und insbesondere mit jenen Schülern, die *„auf Krawall gebürstet"* sind, beschrieben. Die Fokussierung auf diffuse statt rollenspezifischer Beziehungsanteile zielt so gesehen zunächst auf eine emotionale Stabilisierung als Ausgangsbedingung des Fachunterrichts (Helsper/Wiezorek 2006: 446ff.). Die Lehrer-Schüler-Beziehung ist durch Vertrauen geprägt, was auch in der pädagogischen Diskussion als „zentrales Fundament von Erziehung und Bildung" begriffen wird (Schweer 2017: 527). Daran anschließen lässt sich auch an die Grundannahme der strukturtheoretischen Professionalisierungstheorie, professionelles Handeln sei durch seinen quasi-therapeutischen Charakter geprägt. Die diffuse Beziehung wird zur Notwendigkeit, fachliche schulische Bildung generell zu ermöglichen. Die Nähe der Verbraucherbildung vor allem im Rahmen des Hauswirtschaftsunterrichts zu diesem therapeutischen Charakter wird von einer Interviewpartnerin sogar explizit hervorgehoben:

O: Mhm. (-) Es ist ja auch n gutes Fach für schwierige Schüler.

I: Das ist, das ist tatsächlich eh sone Aussage, die ich die ich auch schon öfter gehört hab, dass man grade im Hauswirtschaftsbereich auch unglaublich gut pädagogisch arbeiten kann.

O: Ja, ganz klar, also ich hab eh ja viele Jahre was anderes gemacht und eh ich war im Therapiebereich und ich habe damals ne Therapieküche eingerichtet, weil ich gemerkt habe, grade über diesen Ansatz ne, ich sag mal gemeinsam zubereiten, gemeinsam essen, so dieses gemeinsame Handeln, und im Gespräch sein, über die Dinge ne hinweg ne, das ist n guter Anknüpfungspunkt, und das kann man in dem Unterricht wesentlich mehr leisten als im anderen Unterricht, ganz klar. (142-144)

Kritisch betrachtet eröffnen sich in einer so verstandenen Rollenwahrnehmung jedoch Entgrenzungstendenzen, die vor allem darauf basieren, dass sich den Schülern weniger in der Form des Rechts oder der Solidarität genähert wird, indem abseits der konkreten Persönlichkeit die Leistungsfähigkeit der Lernenden im Mittelpunkt steht (siehe dazu auch die Fallstudie Frau Karl, insb. Kapitel

6.1.2.1). Vielmehr erfolgt durch die beschriebene Quasi-Familiarisierung bzw. Nähe zur Therapie eine Annäherung in Form von Liebe (Hericks 2006: 121ff.). Die schülerseitige Anerkennung fußt dann eben gerade nicht auf kognitiven und nur bedingt auf sozialen, sondern vor allem auf emotionalen Komponenten. Wenngleich nicht mit eben derselben Deutlichkeit verweist auch die von zahlreichen Interviewpartnern immer wieder hervorgehobene Differenzierung von Gymnasium und Gesamtschule auf eine solche Fokussierung, etwa wenn betont wird, Gymnasialschüler würden über (auch herkunftsfamiliär bedingte) Wissensvorsprünge verfügen, so dass eine andere unterrichtliche Auseinandersetzung möglich erscheint (beispielsweise S: 78; R: 34; N: 6). Besonders eindringlich wird diese Unterscheidung sichtbar, wenn in Frage gestellt wird, ob die eigene Schülerschaft überhaupt in *„steuerpflichtige (Arbeits-, FW)Verhältnisse"* (L: 74) eintreten wird. So verstanden, dient Schule bzw. die Selektion in unterschiedliche Schultypen aber vorrangig einer Reproduktion gesellschaftlicher Strukturen durch schicht- bzw. milieuspezifische Bildungsbestrebungen (Allmendinger et al. 2018: 51).

7.3.2 Professionalität qua Expertise

Dass Verbraucherbildung nicht nur als fachliches, sondern immer auch als erzieherisches Aufgabenfeld betrachtet wird, wird in den vorliegenden Daten mithin immer wieder sichtbar (siehe dazu auch T: 25; D: 43; N: 45; R: 48; L: 22; G:10). Es zeigt sich dabei im oben stehenden Teilkapitel wiederholt, dass das erzieherische Verhalten stark auf die Etablierung solcher Konsummuster gerichtet ist, die durch die Lehrkräfte als angemessen interpretiert werden (siehe auch Kapitel 7.2.1). Solche Prozesse des Konsumerziehens gehen jedoch mit der Gefahr paternalistisch-affirmativen Handelns sowie darauf aufbauend der Verurteilung jener Konsumhandlungen, die nicht dem angesetzten Leitbild entsprechen, einher. In ihnen ist immer auch die prinzipielle Gefahr von Entgrenzung impliziert, was wiederum der Zielstellung von Mündigkeit im Konsumhandeln entgegenspricht. Die potenzielle Entgrenzung basiert dabei nicht zuletzt darauf, dass Alltagswissen als (mindestens eine) Grundlage der Konsum- und Verbraucherbildung verstanden wird. Die Wahrnehmung eigener Professionalität gründet sich damit oftmals in einer Expertise, die auch auf jenem Alltagswissen beruht.

Der kompetenztheoretischen Auseinandersetzung mit professionellem Lehrerhandeln folgend besteht die Grundlage eben jener Professionalität in bei den Lehrkräften verfügbaren Kompetenzrepertoires. Neben solchen Wissenselementen, die im Rahmen einer fachlich-theoretischen Auseinandersetzung mit den Gegenstandsbereichen des Unterrichts sowie seinen pädagogischen, didaktischen und strukturellen Voraussetzungen gewonnen werden, zählt hierzu auch jenes

Wissen sowie darauf basierende Überzeugungen und Werthaltungen, die durch praktische Erfahrungen gewonnen werden. Die Aufmerksamkeit der kompetenztheoretischen Diskussion gilt dabei vor allem jenen praktischen Erfahrungen, die in der Rolle der Lehrkraft gesammelt werden. Dies erscheint aber vor allem im Hinblick auf das Wissen zu den Gegenstandsbereichen des Unterrichts als unzureichend. Die Verknüpfung der empirischen Erkenntnisse der Kapitel 7.1 und 7.2 macht sichtbar, dass alltagstheoretische Vorannahmen im vorliegenden Fall zu den Ambivalenzen der modernen (Konsum-)Gesellschaft die Vorstellungen zur Gestaltung von Konsum- und Verbraucherbildung in erheblichem Maße strukturieren. Das Alltagswissen wird dabei von den Lehrkräften aber nicht nur zur Beschreibung von Vorstellungen über die Ziele und Gestaltung der Verbraucherbildung herangezogen, sondern immer auch genutzt, um sich selbst mindestens latent als professioneller Lehrer, der über eine konsumbezogene Expertise oder mindestens ein konsumbezogenes Interesse verfügt, zu positionieren. Diese Expertise baut dabei auf gleich zwei alltagsbezogenen Auseinandersetzungen mit den Phänomenen der Konsumgesellschaft auf: der des Konsumenten sowie jener des politisch Interessierten. Beide Bereiche sind nicht immer klar voneinander zu differenzieren, insbesondere wenn Konsum als Mittel eines (im weitesten Sinne) politischen Engagements verstanden wird.

Die Selbstwahrnehmung als kompetenter Konsument wurde bereits in Kapitel 7.2.1 im Rahmen der Untersuchung der Selbstpositinionierung der Lehrkräfte ausführlich untersucht. Aus dem aufgezeigten Modus der Überlegenheit lässt sich nicht zuletzt auch Expertise hinsichtlich der Gestaltung konsumbildender Prozesse rekonstruieren. Aus Gründen zu vermeidender Redundanz wird daher an dieser Stelle lediglich eine Beispielsequenz dargestellt, die als exemplarisch für diese beschriebene Selbstwahrnehumg gelten kann:

> J: aber ich möchte nochmal sagen, wo Bio drauf steht, die können in Bodenhaltung, die kriegen nur Bio zu essen, ob das schön ist. Ich sag immer: am liebsten ist doch, wenn sie nach draußen gehen können, Freiland. Und da muss ich mir jetzt, die neusten Berichte sagen, dass die Freilandhühner gar nicht alle nach draußen gehen (-). Wenn man ihnen die Möglichkeit verschafft, sind es Freilandeier, aber wie viel Hühner laufen draußen eigentlich rum? Das sind ja die neusten Sachen, die aufm Markt sind. (40)

Neben dem aus dem Agieren als Konsument gewonnenen Alltagswissen wird Expertise auch über die Selbstbeschreibung als politisch mindestens interessierter, in Teilen sogar engagierter Mensch generiert. Sichtbar wird dies manifest, wenn eine Selbstpositionierung als „Bürger" (G: 4) oder „sozusagen Gründungsmitglied" einer Partei (N: 57) vorgenommen wird. Daneben lassen sich auch ein betontes Interesse an Phänomenen der Globalisierung (S: 30, 62) oder dem Einfluss europäischer Politik auf das Verbraucherverhalten (G2 (Am): 178,

181) sowie das Denken im „*größeren Rahmen*" (A: 91) in diesen Zusammenhang einordnen.

Die besondere Bedeutsamkeit des Alltagswissens im Rahmen der Konsumenten- und Verbraucherbildung lässt sich nicht zuletzt darauf zurückführen, dass dieses im Vergleich zu anderen Fächern als angemessene Basis des Unterrichtens dient:

> R: [...] weil jeder mal einkaufen war (-), weil kein extrem spezielles Wissen (-) gebraucht wird, bei dem die/ehm die Inkompetenz des Lehrers gleich auffällt. Wenn beispielsweise jetzt in der Sprache bestimmte Vokabeln fehlen, dann dann fällt es auf, [...] man kann aber ich glaube das Thema Verbraucherbildung auf bestimmte Bereiche so fokussieren, dass ich in diesem Bereich mich sehr gut informieren kann, weil kein vernetztes Wissen notwendig ist. Das das glaube ich, ist das Problem, dass dieses große Vernetzte, klar man hat nen Überblick, aber es fällt nicht sofort auf, wenn bestimmte Themengebiete meine Stärken sehr fokussieren kann und dann nicht auffällt, dass aus nem anderen Bereich komplett etwas fehlt. Das fällt bei einer Sprache viel stärker auf. (74, ähnlich auch N: 99)

Die hier durch den Interviewpartner beschriebene Fremdpositionierung jener Lehrkräfte, die Verbraucherbildung fachfremd unterrichten, korrespondiert deutlich mit der Selbstpositionierung von Frau Karl, die die Legitimität des fachfremden Unterrichts in Hauswirtschaft insbesondere in Abgrenzung zu ihrem zweiten Fach Englisch hervorhebt (siehe Kapitel 6.1.1.1). Konkurrierend dazu wird von fünf Interviewpartnern für die Darstellung eigener Expertise auf die eigene Ausbildung verwiesen, die die Professionalität des eigenen Handelns gewährleistet bzw. mindestens als Referenz für diese herangezogen wird (D: 10; A: 91; S: 60; O: 46; G1 (Am): 287; G2 (Am): 69). Gleichwohl lässt sich Professionalität bzw. Expertise nicht 1:1 aus Prozessen der Aus- und Weiterbildung ableiten, was auch auf die nur begrenzte Orientierung universitärer Ausbildung an den Erfordernissen der Schulpraxis zurückgeführt wird:

> S: Wenn man das mal so einfach mit dem eigenen Studium vergleicht, ich weiß nicht. Ich hatte ganz wenig Vorlesungen [...], da hatte ich eh zwei Vorlesungen [I: Krass]. Also fast gar nichts. Der Rest war nur Seminare, ganz ganz kleine Seminare, die dann auch mehr bringen an der Stelle. Klar man ist dann sehr spezialisiert darauf, aber irgendwie muss man in der Schule sowieso ganz ganz vieles sich selbst nochmal aneignen. Und ob ich das dann im Studium mehrmals in Vorlesungen gehört habe, ich glaube das ist/ das bringt nicht viel. (102; ähnlich R: 76)

Professionalität zeichnet sich dann aber vielmehr dadurch aus, dass die Lehrkraft sich in umfassendem Maße auch inhaltlich auf den Unterricht vorbereitet (so etwa G2: 258; A: 101; R: 62; P: 69; S: 56; N: 28; J:8; G1: 24). Im Rahmen dieser Vorbereitung wird dann aber nur bedingt auf Fachliteratur bzw. Fachwissen im wissenschaftlichen Sinne zurückgegriffen. Vielmehr sind es Schulbücher, Onlinemedien oder Broschüren, aber auch durch die Bildungsadministration bereit-

gestellte Materialien wie Lehrpläne, die zur Vorbereitung genutzt werden. Fach-
fremdes Unterrichten bzw. Unterricht ohne adäquate fachliche Ausbildung sind
dann nicht nur aufgrund der vorhandenen alltagstheoretischen Expertise, sondern
auch des eigenen Engagements als unproblematisch einzustufen. Diesbezüglich
muss jedoch hervorgehoben werden, dass gerade über Schulbücher, vor allem
aber auch über online bereitgestellte Unterrichtsmaterialien, die in der Regel
keiner Form der Überprüfung durch unabhängige Instanzen unterliegen, oftmals
Wertvorstellungen im Sinne eines „Hidden Curriculum" vermittelt werden. Verwiesen sei in diesem Zusammenhang etwa auf die Diskussion zur finanziellen
Allgemeinbildung. Unterrichtsmaterialien, die hierfür bereitgestellt werden,
verfolgen nicht zuletzt das Ziel, die Verantwortlichkeit für Gefahren der Ver-
und Überschuldung (auch und gerade im Alter) zu individualisieren (vgl. hierzu
z.B. Neumaier 2012; Walker 2015b; Willis 2008). Insbesondere wenn die Intentionen des „Hidden Curriculum" mit denen der Lehrkräfte übereinstimmen,
ergibt sich aber immer auch die Gefahr der Überwältigung der Lernenden. Unterricht orientiert sich dann an solchen Wertvorstellungen, die unter dem Begriff
des Mittelschichtcodes zusammengefasst werden können. Daraus wiederum
ergibt sich aber auch die Gefahr einer Reproduktion gesellschaftlicher Strukturen
(siehe hierfür auch Kapitel 7.2.1).

Neben jenem Wissen, das im Rahmen des alltäglichen Handelns als Konsument
oder politisch interessiertem Menschen gewonnen wird, spielt auch das in der
kompetenztheoretischen Professionsforschung betonte aus dem Lehrerhandeln
generierte Praxiswissen eine bedeutsame Rolle. Dies zeigt sich nicht zuletzt bei
der Einschätzung der Lernenden, aber auch ihrer Familien sowie Herkunftsmilieus. Dieses ist eine Form praxisbasierter, gleichsam unstrukturierter Diagnostik,
die die Vorstellungen von gelingender Verbraucherbildung aber nicht nur in den
konkreten betreffenden Klassen, sondern im Allgemeinen beeinflussen. Es findet
eine Generalisierung statt, die Beschreibung konkreter einzelner Schüleraussagen
oder -hand-lungen dient zur Untermalung der Vorstellung des unterrichteten
typischen „Klientels" (siehe dazu auch Kapitel 7.2.1). Darüber hinaus wird die
Relevanz von Praxiswissen auch sichtbar, wenn auf eigene, als gelungen wahrgenommene unterrichtliche, aber auch außerunterrichtliche Praxis (siehe hierfür
beispielsweise die Fallstudie Frau Karl, aber auch die Interviewsequenzen zur
Klassenlehrertätigkeit) sowie die persönliche Weiterentwicklung durch deren
Reflexion verwiesen wird (G: 104; R: 54).

7.3.3 Konsum- und Verbraucherbildung und sozialwissenschaftliche Professionalität

Konsum- und Verbraucherbildung sind jenseits ihrer Einbettung in außerunterrichtliche, aber institutionell geprägte schulische Settings in der Regel in den Fächern der sozialwissenschaftlichen Domäne verankert. Insofern liegt es – auch und insbesondere, da diese Arbeit in einem sozialwissenschaftsdidaktischen Setting verfasst wurde – nahe, danach zu fragen, ob die aufgefundenen professionalisierungstheoretischen Erkenntnisse nicht nur im Rahmen der Konsum- und Verbraucherbildung Geltung erlangen, sondern sich auch in den umfassenderen Kontext sozialwissenschaftlicher Professionalität einbetten lassen.

Für die professionalisierungstheoretische Einordnung haben sich im Rahmen der vorliegenden Arbeit das Alltagswissen sowie die damit einhergehenden Überzeugungen und Werthaltungen als besonders bedeutsame Kategorie herauskristallisiert. Vor allem die Überzeugungen zum Thema Konsum, Konsumieren und Konsumenten gehen oftmals mit einer binären Kodierung im Sinne von richtig und falsch bzw. angemessen und unangemessen einher. Da die Alltagstheorien wiederholt als jene Wissensgrundlage dienen, auf deren Basis Konsum- und Verbraucherbildung gestaltet wird, kann von einer erheblichen normativen Prägung selbiger ausgegangen werden. Fraglich erscheint nun, ob hiervon tatsächlich auf die Professionalität in der sozialwissenschaftlichen Domäne im Allgemeinen geschlossen werden kann. Hierfür spricht, dass Normativität sowie der damit einhergehende Anspruch der Erziehung (zur Mündigkeit) konstitutiv für diese Fächer sind, was auch von einem der Interviewpartner explizit hervorgehoben wird (R: 48). Dies spiegelt sich besonders einsichtig in der Urteilsfähigkeit als zentraler Zieldimension der sozialwissenschaftlichen Bildung. Urteilsfähigkeit zeichnet sich auch durch die Berücksichtigung moralischer Argumente aus (Henkenborg 2012: 28). Die Auseinandersetzung mit Gesellschaft und ihren Phänomenen ist immer auch normativ geprägt. Das Beispiel der Konsumgesellschaft ist dafür nur ein, wenngleich instruktives, Exempel, wie aus Kapitel 7.1.1 ersichtlich wird. Was als normativ angemessen oder richtig gilt, ist dabei immer auch sozial aufgeladen bzw. konstruiert und oftmals auch bestimmt durch die milieuspezifische Geprägtheit der Lehrkräfte. Daraus ergeben sich gleich zwei potenzielle Defizite des sozialwissenschaftlichen Unterrichts. Erstens besteht die Gefahr, dass Normativität eine umfassende sozialwissenschaftliche Analyse der Unterrichtsgegenstände verdrängt. Die Fachlichkeit des Unterrichts wird dann aber gerade nicht mehr aus der Fachwissenschaft bzw. der pragmatischen Relationierung der unterschiedlichen fachlichen Bezugsdisziplinen mittels sozialwissenschaftlicher Analyse abgeleitet, sondern vielmehr aus dem Leben als Alltagsmensch. Damit steigt auch die Wahrscheinlichkeit, dass fachdidaktische Grundansprüche des sozialwissenschaftlichen Unterrichts, insbesondere die

Vermittlung multiperspektiver Zugänge zur Gesellschaft und gesellschaftlich geprägten Phänomenen (Autorengruppe Fachdidaktik 2016: 79 ff.), unzureichende Berücksichtigung in der Vorbereitung, Gestaltung und Reflexion von Unterricht finden. Dadurch kann zweitens Unterricht zum Mittel sozialer Distinktion sowie der Stabilisierung der eigenen Position werden. Auch diese Gefährdung muss sich nicht ausschließlich auf den Bereich der Konsum- und Verbraucherbildung beziehen, wie weiter oben bereits beschrieben (Kapitel 7.2.1). Auch die Selbstpositionierung als gesellschaftlich bzw. politisch interessiert in Abgrenzung zum angenommenen gesellschaftlich-politischen Desinteresse der Lernenden (z.B. S: *„Gleichzeitig bin ich überrascht, dass sie so wenig von der Welt mitkriegen"* (10), ähnlich G: 90; T: 52, 129; N: 53, 59) bietet Ansatzpunkte hierfür. Dies gilt insbesondere, wenn berücksichtigt wird, dass politische Teilhabe ungleich verteilt ist (Bödeker 2012). Wird durch den fehlenden Rückbezug auf Fachlichkeit aber die Vermittlung eines gesellschaftlichen Orientierungs- und Reflexionswissens begrenzt, besteht immer auch die Gefahr einer Perpetuierung dieser sozialen Strukturen.

Neben dem sich aus den erfassten Deutungsmustern abzeichnenden dominierenden Rückbezug auf alltagsweltliche Wissensbestände zeigte sich in einem der vorliegenden Interviews ein konkurrierendes Deutungsmuster hinsichtlich der Relevanz eigener alltagsweltlicher Überzeugungen, das hier als „funktionale Differenzierung" umschrieben wird. Das alltägliche Konsumhandeln des Interviewpartners im Teilsystem Wirtschaft baut auf einer Eigennutzorientierung auf (R: 20). Aus der Beschreibung der Gestaltung konsum- und verbraucherbildender Prozesse hingegen ergibt sich eine stärkere Orientierung am Leitbild des bewussten Konsumenten, was wie oben dargelegt immer auch Anknüpfungspunkte an nachhaltiges Konsumhandeln beinhaltet. Begründet wird diese Differenz einerseits mit der der Nachhaltigkeit zugeschriebenen gesellschaftlichen Relevanz, andererseits mit dem Ziel der Perspektivenerweiterung bei den Lernenden (24-26). Das Anliegen des Unterrichts ist dann aber gerade nicht mehr die Vermittlung als angemessen betrachteter Handlungsweisen oder Einstellungen, sondern vielmehr eine generelle, kriterienorientierte Entscheidungs- und Urteilsfähigkeit (R: 22). Durch die Lernenden getroffene Entscheidungen werden dann als sinnvoll bzw. legitim anerkannt:

> R: Aber ich finde es schwierig, da zu verurteilen. Nach dem Motto: Da hat es nicht geklappt, sie aufgeklärt hinzubekommen. Dann würde man denen ja unterstellen, dass ehm d/da/dass es nur eine richtige Handlungsweise gibt. Von daher würde ich sagen, man/bei manchen hat es da nicht geklappt, aber […] das ist ne bewusste Entscheidung von denen und das muss ich akzeptieren. (56)

Sichtbar wird im interviewinternen Kontext des vorliegenden Falls immer wieder eine emotionale Distanzierung weniger von den Lernenden als vielmehr vom

Thema, eigene Wertmuster und Einstellungen werden insbesondere im Vergleich mit den anderen Interviews nur auf explizite Nachfrage offengelegt. Diese Form emotionaler Distanzierung lässt sich dabei nicht zuletzt als eine pragmatische Aufrechterhaltung beruflicher Handlungsfähigkeit verstehen, wie sich auch in der nachfolgenden Sequenz zeigen lässt:

> R: Ich glaube aber, man muss sich auch von so einem Gefühl verabschieden, dass man den Unterricht für alle dreißig macht. Ehm ich glaube, die Lehrer eh, die Schüler werden sich die Dinge rauspieken, die sie interessieren und ich muss es akzeptieren, dass ich da drei oder vier oder zwanzig Schüler habe, die in die es absolut nicht interessiert. Wenn es dann Vieren was fürs Leben gebracht hat oder bei Vieren ein Bedürfnis geweckt hat, dann ist das OK. Weil die zwanzig, die ich dann nicht erreicht habe, die holen sich das dann in Deutsch, die holen sich das dann in Musik oder in anderen Fächern. Wir machen da ein Angebot und ehm wer zugreift, greift zu und wer nicht, der der nimmt wenigstens hartes Faktenwissen mit. (90)

Die hier sichtbar gewordene Pragmatik spielt auch in anderen Interviews, wenngleich in abgeschwächter Form, vor allem dann eine Rolle, wenn die Grenzen der Verbraucherbildung und damit auch die Grenzen eigener Einflussmöglichkeiten betont werden (siehe Kapitel 7.2.2). Schließlich können auch aus dieser Auseinandersetzung mit den Grenzen eigener Wirksamkeit generalisierende Rückschlüsse für die Lehrerprofessionalität in der sozialwissenschaftlichen Bildung gezogen werden. Wenn nämlich beispielsweise politisches Handeln als eines der zentralen Ziele der politisch-sozialwissenschaftlichen Bildung benannt wird – sichtbar etwa am Ackermannschen Bürgerleitbild des „interventionsfähigen Bürgers", der sich mindestens dann politisch engagiert, wenn seine eigenen Interessen betroffen sind (1998: 18) –, Lernende sich aber dennoch (bewusst) dafür entscheiden, eher als „ignorant citizen" zu agieren, geht dies nicht zwingend mit einem Scheitern eigener Professionalität einher (dazu auch Hedtke 2012).

Zusammenfassend lässt sich damit zeigen, dass die im vorangegangenen Kapitel 7 dargestellten Deutungsmuster der Lehrkräfte, die zunächst nur zur Aufgabe der Konsum- und Verbraucherbildung zugeordnet wurden, auch im umfassenderen Kontext der sozialwissenschaftlichen Bildung Relevanz entfalten. Auch wenn sich die vorliegende Arbeit wie einleitend betont gerade nicht als defizitorientierte Perspektive auf das Lehrerhandeln in der sozialwissenschaftlichen Domäne versteht, lassen sich aus den vorliegenden Daten gleichwohl konstruktive Rückschlüsse nicht nur für die Gestaltung der Konsum- und Verbraucherbildung, sondern auch der Entwicklung sozialwissenschaftlicher Professionalität im Rahmen der Lehreraus- und -weiterbildung ziehen. Diese werden neben der Zusammenfassung der zentralen Ergebnisse der Arbeit im Folgenden und zeitgleich die Arbeit abschließenden Kapitel dargelegt.

8. Fazit und Ausblick

Die vorliegende Arbeit versteht sich als ein Beitrag zur Lehrerprofessionalisierungsforschung insbesondere in den Fächern der sozialwissenschaftlichen Domäne. Diese Absicht kann als eine Erweiterung des ursprünglichen Anliegens, Deutungsmuster von Lehrkräften zur Konsum- und Verbraucherbildung zu erfassen, verstanden werden. Die Konsum- und Verbraucherbildung ist ein klassischer Bestandteil schulischer Bildungsangebote, der zwar durchaus einen fächerübergreifenden Charakter aufweist, faktisch aber oftmals in den Fächern der sozialwissenschaftlichen Domäne verankert ist. Hinzu kommt eine schulformbezogene Differenzierung in der Art, dass ihr in Haupt- und Gesamtschulen deutlich mehr Raum zugesprochen wird, als dies in Realschulen, vor allem aber Gymnasien der Fall ist. Hieran methodisch anschließend wurden insgesamt 19 Lehrkräfte an nordrhein-westfälischen Gesamtschulen zu ihrem Verständnis von Konsum- und Verbraucherbildung befragt. Dabei standen zunächst folgende Fragen im Mittelpunkt der Arbeit:

(1) Was verstehen Lehrer unter dem Konzept Konsum?

(2) Welche Ziele verfolgen Lehrer mit der Gestaltung konsumbildenden Unterrichts?

(3) Welchen Einfluss hat das Schülerbild der Lehrer auf die didaktischen Ziele?

(4) Welche Rolle spielen Konsum- und Verbraucherbildung in der (Lehrer)Ausbil-dung und der Schulpraxis?

Die interpretativ-rekonstruktive Auseinandersetzung mit den Antworten der Lehrkräfte auf diese Fragen(komplexe) zeigte schnell, dass nicht nur, wie während des Prozesses der Konzeption der Arbeit erwartet, alltagstheoretische Wissenselemente wiedergegeben wurden. Vielmehr eröffnete sich aus den Daten auch ein strukturtheoretischer Zugang zum Lehrerhandeln im Bereich der Konsum- und Verbraucherbildung, der auch Rückschlüsse auf die Professionalität in den Fächern der sozialwissenschaftlichen Domäne im Allgemeinen zulässt. Die diesbezüglichen Ergebnisse der Arbeit sollen nun noch einmal hervorgehoben werden (8.1). Darüber hinaus soll ein Ausblick zur Gestaltung der Konsum- und Verbraucherbildung an allgemeinbildenden Schulen, zum Forschungsgegenstand sozialwissenschaftliche Lehrerprofessionalität sowie zur Rolle der Lehreraus- und -fortbildung im Rahmen sozialwissenschaftlicher Professionalität erfolgen (8.2). Abschließend erfolgt eine kritische Auseinandersetzung mit den Grenzen der vorliegenden Arbeit (8.3).

© Springer Fachmedien Wiesbaden GmbH, ein Teil von Springer Nature 2019
F. Wittau, *Verbraucherbildung als Alltagshilfe*,
https://doi.org/10.1007/978-3-658-27969-1_8

8.1 Lehrerprofessionalität in Konsum- und Verbraucherbildung und der sozialwissenschaftlichen Domäne

Die Rekonstruktion der empirischen Daten zeigte, dass sich die Professionalität im Bereich der Konsum- und Verbraucherbildung zwischen den Sphären Didaktik/Unterricht, Biografie/Alltag und Berufsbiografie/Institution aufspannt. Insbesondere die Sphäre von Biografie und Alltag, worunter auch berufsbiografische Erfahrungen gefasst werden, ist in der Konsum- und Verbraucherbildung von besonderer Bedeutsamkeit. Sie umfasst jene Bezüge, die von Bourdieu klassischerweise unter dem Begriff des Habitus zusammengefasst werden. Hier finden unter anderem die Konsumerfahrungen des privaten Alltags der Lehrerinnen und Lehrer Platz, aber auch ihre rekonstruierte Zugehörigkeit zu sozialen Milieus. Mithin findet eine Rekonstruktion der sozialen Identität, die auch auf der Auseinandersetzung mit wahrgenommenen normativen und institutionellen Anforderungen beruht, Platz. Durch sie wird immer wieder der eigene Habitus im vorliegenden Fall sowohl in beruflicher als auch konsumbezogener (und damit milieubezogener) Hinsicht aktualisiert, reproduziert und konturiert. Die aus den benannten Sphären gewonnenen Wissensdimensionen entfalten Wirksamkeit sowohl hinsichtlich des Tätigkeitskonzepts, des Schülerkonzepts als auch des Fachkonzepts (siehe Abb. 7). In allen drei Konzepten erfolgt dabei ein Rückbezug sowohl auf Deutungsmuster zu Konsum und seiner gesellschaftlichen Bedeutung sowie Konsumentenbildern als auch auf Deutungsmuster zum professionellen Handeln in der Konsum- und Verbraucherbildung, wenn auch mit unterschiedlichen Schwerpunkten. Dies liegt nicht zuletzt daran, dass die beschriebene Trennung als eine vorrangig analytische zu verstehen ist.

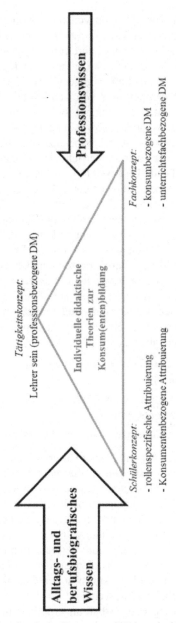

Abbildung 6: Lehrerprofessionalität in der Konsum- und Verbraucherbildung

Die damit verbundenen Vorstellungen von professionellem Lehrerhandeln zeigen zahlreiche Anknüpfungspunkte zur entsprechenden theoretischen Diskussion. Die deutschsprachige Debatte der Lehrerprofessionsforschung wird vor allem aus bildungswissenschaftlicher Perspektive von zwei Theoriesträngen dominiert, die sich bisweilen als unversöhnlich gegenüberstehen. Während die Kompetenztheorie die Kompetenzrepertoires von Lehrkräften als Ausgangspunkt professionellen Handelns in den Mittelpunkt stellt, fokussiert die Strukturtheorie den quasi-therapeutischen Charakter sowie die darauf aufbauenden Widersprüchlichkeiten des Lehrerhandelns. Aus kompetenztheoretischer Sicht wird an der Strukturtheorie vor allem kritisiert, Unterricht als Kerngeschäft des Lehrers finde in ihr nur eine unzureichende Berücksichtigung (Reinhardt 2009: 24). Dies wurde in der vorliegenden Arbeit dahingehend in Frage gestellt, als dass der größte Teil empirischer Untersuchungen, die auf dem strukturtheoretischen Paradigma aufbauen, bildungswissenschaftlicher respektive bildungssoziologischer Natur sind. Die eigene durchgeführte Untersuchung konnte diese Annahme bestätigen und versteht sich damit zugleich als ein exemplarischer Gegenbeleg. Besteht die Annahme (der Strukturtheorie) darin, professionelles Lehrerhandeln sei durch die prospektive, stellvertretende Bewältigung von Krisen im Leben der Lernenden bzw. die Vorbereitung der Lernenden auf selbige bestimmt, lässt sich das Lehrerhandeln im Rahmen der Konsum- und Verbraucherbildung als professionell einordnen. Drei potenzielle Krisen entfalten in den Deutungsmustern der Lehrkräfte besondere Bedeutsamkeit:

(1) Die Krise der Ver- und Überschuldung, wozu auch die Krise in Form von Altersarmut zählt.

(2) Eng hieran anknüpfend, aber auch darüber hinausgehend, die Krise selbstbestimmter Lebensführung.

(3) Die ökologische Krise bzw. umfassender Nachhaltigkeitskrise.

Vor allem die Krisentypen (1) und (3) verweisen prinzipiell über das Individuum hinaus auf gesellschaftliche Strukturen, die diese Krisen mindestens in Teilen mit verursachen. Das aus den Daten rekonstruierte Verhaftetsein der Lehrkräfte an alltagstheoretischen Überzeugungen und Werthaltungen, die nicht zuletzt aus der eigenen Konsumentenrolle generiert werden, verhindert die Berücksichtigung solcher Strukturen in der geschilderten unterrichtlichen, aber auch außerunterrichtlich-pädagogischen Konsum- und Verbraucherbildung zu großen Teilen. Dies kann nicht zuletzt auf den vor allem in der Auseinandersetzung mit den empirischen Daten immer wieder rekonstruierten Charakter der Verbraucherbildung als Alltagshilfe zurückgeführt werden.

Die in Kapitel 3 der vorliegenden Arbeit angerissenen mehrdimensionalen fachwissenschaftlichen Bezüge werden nicht bzw. nur in begrenztem Rahmen angerissen. Vielmehr erfolgt eine Orientierung an Leitbildern, die ähnlich derjenigen sind, die die bildungspolitische und bildungsadministrative Debatte zur Konsum- und Verbraucherbildung dominieren (vgl. hierzu Kapitel 4). Mit Leitbildern gehen aber immer auch Vorstellungen richtigen bzw. angemessenen Handelns einher. Wenn das (Konsum-)Handeln der Lernenden, aber auch ihrer Herkunftsfamilien bzw. -milieus nun diesen Vorstellungen entgegensteht, ergeben sich Tendenzen der Abwertung schülerseitigen Handelns, die als Voraussetzung beruflichen Handelns verstanden werden können, im durch die Lehrkräfte beschriebenen unterrichtlichen und außerunterrichtlichen Agieren aber auch mindestens latent immer wieder sichtbar werden. Im so umrissenen beruflichen Handeln der Lehrkräfte entfalten sich damit immer wieder auch die für das strukturtheoretische Verständnis professionellen Lehrerhandelns so typischen, auszuhandelnden Antinomien (siehe Kapitel 2.1.2), was am Beispiel der nachfolgend genannten Antinomien zu belegen ist:

(1) *Wissenschaft vs. Praxis*: Im Rahmen von Aus- und Weiterbildung erworbenes Wissen ist für die erfolgreiche Gestaltung des Lehrerhandelns ebenso wichtig wie Kunstfertigkeiten, die durch Praxis erworben werden. Wird der Praxisbegriff weiter interpretiert, lassen sich hierunter auch solche Wissenselemente fassen, die jenseits der Lehrerrolle erworben werden, etwa durch das alltägliche Agieren als Konsument. Als problematisch erscheint dabei vor allem eine einseitige Fokussierung auf vortheoretisches Wissen, wie später zu belegen sein wird. Gleiches gilt aber auch innerhalb des beruflichen Handelns. Fachlich-theoretisches Wissen ist in diesem Zusammenhang als Reflexionsgrundlage des Praxiswissens zu verstehen, so dass beide sich gegenseitig befruchten. Eine einseitige Fokussierung auf das in der Praxis generierte Wissen missachtet dann aber auch Entwicklungspotenziale des Lehrerhandelns im Allgemeinen sowie des unterrichtlichen Handelns im Speziellen.

(2) *Subsumtion vs. Rekonstruktion*: Aus der Praxis heraus werden auch Schülerbilder entwickelt, die zu Typen klassifiziert werden. Im Falle der Konsum- und Verbraucherbildung zeigt sich dies wiederholt im Rahmen der Fremdpositionierung der Lernenden als Konsumenten. Damit geht aber die Gefahr einher, die Spezifität jedes Einzelfalls aus den Augen zu verlieren. Dies ist nicht zuletzt anerkennungstheoretisch als schwierig zu bewerten. Anerkennung im Rahmen der sozialwissenschaftlichen Bildung baut auf den Komponenten emotionale Zuwendung, kognitive Achtung sowie soziale Wertschätzung auf (Henkenborg 1999: 17f.). Fraglich erscheint, wie diese Komponenten vor allem bei

einer Kultur der Abwertung schülerseitigen Handelns, das zugleich pauschalisiert wird, umgesetzt werden können.

(3) *Autonomie vs. Heteronomie*: Mündigkeit im Konsumhandeln ist das sowohl bildungspolitisch als auch durch die unterrichtenden Lehrkräfte hervorgehobene Ziel der Verbraucherbildung. Je stärker die Verbraucherbildung jedoch einen sozialdisziplinierenden Charakter einnimmt, was ihr zumindest teilweise unterstellt werden muss (siehe dafür Kapitel 4.2 sowie 7.2.1), desto weniger kann vom Ziel der Mündigkeit als Ausgangspunkt eines autonomen Lebens im umfassenden Sinne ausgegangen werden.

(4) *strukturell gegebene Asymmetrie vs. strukturell erforderliche Symmetrie*: Dem prinzipiellen Anspruch einer Gleichwertigkeit zwischen Lehrer und Schüler steht im Rahmen dieser Antinomie die auch institutionell bedingte Asymmetrie der Lehrenden-Lernenden-Beziehung entgegen. Diese entfaltet in der Konsum- und Verbraucherbildung ihre Wirksamkeit vor allem dann, wenn die eigenen Handlungsweisen und Einstellungen durch den Modus der Überlegenheit gerahmt sind. Die institutionell sowieso schon bestehende Asymmetrie wird verstärkt, erforderliche Symmetrien ausgeblendet.

(5) *rollenförmige vs. diffuse Beziehungsanteile*: Je stärker im Rahmen der Konsum- und Verbraucherbildung sowohl innerhalb als auch außerhalb des Unterrichts auf alltagstheoretische Bezüge zurückgegriffen wird, desto mehr steigt die Wahrscheinlichkeit, dass das gemeinsame Handeln von Lehrer und Schüler weniger die rollenspezifischen Beziehungsanteile in den Fokus nimmt, sondern sich eher auf diffuse Beziehungsanteile bezieht. Dies kann einerseits als Gelingensbedingung der Konsum- und Verbraucherbildung verstanden werden. Andererseits eröffnen sich darin auch immer Optionen der Entgrenzung, die sich nicht zuletzt im Verwehren von Teilhabe- und Mitwirkungsmöglichkeiten an und in Gesellschaft niederschlagen.

Es muss an dieser Stelle noch einmal betont werden, dass im professionellen Lehrerhandeln die für dieses zentralen Antinomien immer wieder ausgehandelt werden, mithin in der Regel keine der beiden Seiten ausschließlich dominiert. Einen umfassenden Einblick in das tatsächliche Aushandeln der Widersprüche vermag die vorliegende Arbeit ohnehin nicht zu geben, da sie nur die Perspektive der Lehrkräfte berücksichtigt. Weder die Wahrnehmung der Schüler noch die konkrete Unterrichtspraxis konnten im begrenzten Umfang dieser Arbeit erfasst werden. Gleichwohl zeigt sich wie soeben dargelegt, dass sich immer wieder

Potenziale einer einseitigen Fokussierung auf eine der beiden Seiten ergeben, was letztlich der Annahme von Professionalität entgegensteht.

Aus den vorliegenden Daten lassen sich aber nicht nur Rückschlüsse über die Professionalität des Handelns in der Konsum- und Verbraucherbildung ziehen. Darüber hinaus ergeben sich, wie vor allem in Kapitel 7.3.3 dargelegt, Anknüpfungspunkte für die Frage nach der Lehrerprofessionalität in der sozialwissenschaftlichen Domäne. Zuvorderst sei hier auf den Aspekt der Normativität verwiesen, der ein konstitutives Element der sozialwissenschaftlichen Bildung ist. Die Frage dessen, was als normativ richtig bzw. angemessen gilt, spielt für zahlreiche Inhaltsfelder der sozialwissenschaftlichen Bildung eine herausragende Rolle. Neben der Verbraucherbildung kann hier etwa auf die Berufsorientierung verwiesen werden. Aber auch die Auseinandersetzung mit aktuellen gesellschaftlichen, politischen oder wirtschaftlichen Phänomenen ist immer auch davon bestimmt, was als normativ erstrebenswert gilt. Zu denken sei hier nur exemplarisch an Wahlen. Jenseits der Frage, welche Partei gewählt wird, ist bereits die Frage nach dem Ob der Wahl eine normativ geprägte. Die eigene Positionierung der Lehrkraft kann im Rahmen des sozialwissenschaftlichen Unterrichts einen nicht nur motivierenden Charakter einnehmen, sondern immer auch zum inhaltlichen Austausch mit den Lernenden beitragen. Dennoch gilt es, das didaktische Minimum des Beutelsbacher Konsenses zu berücksichtigen. Dominieren die Vorstellungen der Lehrkraft die Auseinandersetzung mit den Gegenstandsbereichen des sozialwissenschaftlichen Unterrichts einseitig oder werden bestimmte Kontroversen hierzu ausgeblendet, wirken Indoktrination und Überwältigung einem schülerorientierten Unterricht entgegen.

8.2 Ausblicke und (forschungsbezogene) Implikationen der Arbeit

Wie eingangs dieses Kapitels betont, sollen nachfolgend zunächst Anmerkungen zur Gestaltung der Konsum- und Verbraucherbildung im allgemeinbildenden Bereich erfolgen, ehe (nicht zuletzt persönliche) Rückschlüsse zur Lehrerprofessionalität in der sozialwissenschaftlichen Domäne in Ausbildung und Forschung gezogen werden.

Aus den empirischen Daten ließ sich – wie im Kapitel zuvor auch zusammenfassend dargestellt – wiederholt ein Charakter der Verbraucherbildung rekonstruieren, der sich unter dem Begriff der Alltagshilfe subsumieren lässt. Alltagshilfe ist ursprünglich ein Kernkonzept der lebensweltorientierten sozialen Arbeit, das zunächst auch innerhalb dieses Rahmens vorgestellt werden soll, ehe Implikationen für die Gestaltung der Verbraucherbildung im Besonderen sowie des Lehrerhandelns im Allgemeinen gezogen werden. Einer auf Alltagshilfe ausgerichteten lebensweltorientierten sozialen Arbeit geht es darum, Wege für einen gelingenderen Alltag sowie diesbezügliche Möglichkeiten der Veränderung zu erfassen. Das Verständnis von Lebenswelt und darauf aufbauend auch von Alltag ist dabei doppelbödig geprägt: zum einen durch die Erfahrungen des Alltags selbst, zum anderen durch die strukturellen Muster, die hinter diesen Erfahrungen liegen (Thiersch 2012: 16). Diese strukturellen Bedingungen versteht die lebensweltorientierte soziale Arbeit als den Hintergrund, auf deren Basis etwaige lebensweltliche Probleme basieren. Erst das Wissen um eben jene sozialen Strukturen ermöglicht ein professionelles Verstehen und Handeln in der sozialen Arbeit (Grunwald/Thiersch 2012: 32ff.). Professionelles Verstehen bedeutet in diesem Zusammenhang, das Verhalten der Menschen nicht schuldhaft zu individualisieren und damit zu moralisieren. Dies erweitert letztlich auch den Blickwinkel professionellen Handelns. Im Zuge der lebensweltorientierten sozialen Arbeit sollen Möglichkeiten offengelegt und Potenziale entfaltet werden. Damit geht es immer auch um die Anerkennung der Klienten, ihrer Leistungsfähigkeit sowie der Alltagsbildung als informeller Form von Weltaneignung (Rauschenbach 2012: 541).

Betrachtet man die in der Arbeit dargestellten Modi der Verbraucherbildung aus diesem Blickwinkel, zeigt sich eine Konterkarierung des Alltagshilfeansatzes der sozialen Arbeit. Oftmals spiegelt sich durch die der Schule eigenen Logik von Richtig und Falsch nämlich keine prinzipielle Anerkennung der Fähigkeiten der Lernenden im Umgang mit ihren Alltagserfahrungen wider. Vielmehr zeigt sich eine eigentlich zu vermeidende Haltung der Moralisierung. Hier gilt die Annahme, dass die prinzipielle Bewertungslogik des Richtig vs. Falsch eine derart weitreichende Faktizität in Schule erlangt hat, dass sie quasi gleichsam automatisch auch auf jene Fächer übertragen wird, die nicht als Hauptfach deklariert werden. Mindestens im Interview von Frau Karl wird das sehr deutlich. Richtig und falsch bezieht sich in ihrem Hauswirtschaftslehreunterricht dann nicht mehr auf inhaltliche Aussagen und Fach- bzw. Sachkompetenzen, sondern auf die konkreten Handlungen wie das sparsame Schälen der Kartoffel oder das Mitbringen der Schürze. Insbesondere dann, wenn Tugenden wie Pünktlichkeit oder Sparsamkeit unberücksichtigt bleiben und das Handeln der Lernenden als fehlerhaft eingeschätzt wird, zeigt sich dies deutlich. Die Lernenden erhalten dann statt einer den eigenen Aussagen zufolge vergleichsweise einfach zu bekommenden 1 doch nur mit eine 3 auf dem Zeugnis.

Gleichwohl müssen – in Anlehnung an die insbesondere innerhalb der sozialen Arbeit zu findenden kritischen Auseinandersetzung mit dem Konzept der lebensweltorientierten Sozialarbeit – die Implikationen einer Fokussierung auf den Alltag mitgedacht werden. Professionswissen wird dem Konzept der Alltagshilfe folgend zwingend an Jedermannwissen gebunden. Prinzipiell geht es im Kontext von Professionalität aber darum, sich diesem Jedermann- oder Alltagswissen kritisch-reflexiv zu nähern (Grunwald/Thiersch 2012: 26f.). Übertragen auf die Arbeit kann diese Kritik aufgegriffen werden, und zwar in einem doppelten Modus: *Erstens* weil in der Verbraucherbildung auch eine starke Fokussierung auf Alltagswissen vorzufinden ist, *zweitens* weil die Daten gezeigt haben, dass darüber hinaus das Alltagswissen der Lernenden im Vergleich mit dem Alltagswissen der Lehrenden als unzureichend betrachtet wird. Hier zeigt sich das Spannungsfeld der je eigenen Logik von Theorie und Praxis einer auf Alltagshilfe ausgerichteten pädagogischen Praxis auch im Lehrerhandeln: Der theoretische Zugang ist an der Klärung von Problemen interessiert, an kalkulierbaren Zusammenhängen und der Offenlegung von Hintergründen. Der praktische Zugang hingegen ist interessiert an der Erledigung unmittelbar gestellter Aufgaben. Die Klärung von Hintergründen spielt nur dann eine Rolle, wenn sie zwingend hierfür gebraucht wird (ebd.: 29). Hierin zeigt sich die für das Lehrerhandeln typische Problematik von Handlungsdruck und Handlungsentlastung. Erst in handlungsentlastenden Reflexionsschleifen lässt sich das Agieren unter Handlungsdruck systematisch reflektieren, ohne unmittelbar an die Lösung von Handlungsproblemen geknüpft zu sein. Dies lässt sich dann auf die Frage nach einer sozialwissenschaftlich fundierten Konsumbildung zurückführen, wenn es ihr nicht ausschließlich um die Etablierung einer wie auch immer legitimierten besseren oder richtigen Praxis im Verbraucherhandeln geht, sondern immer auch um die Auseinandersetzung mit strukturellen, gesellschaftlichen Hintergründen dieser konkreten Praxis.

In Anlehnung an sowohl die Befürworter als auch Kritiker des lebensweltorientierten Alltagshilfeansatzes der sozialen Arbeit kann Alltagshilfe so aber nicht mit einem ausschließlichen Rückbezug auf die (vermeintlichen) Trivialitäten des Alltags einhergehen. Vielmehr gilt es, der Frage nach den Strukturen des Alltags, den darin liegenden Eigensinnigkeiten und Problemen sowie deren gesellschaftlicher Relevanz mehr Raum zu geben. Alltag sollte derart dekonstruiert werden, dass seine gesellschaftliche Bedingtheit mitbedacht wird. Lebenswelten sind immer Schnittstellen des Subjektiven und Objektiven (ebd.: 35), so beeinflussen zum Beispiel die gesellschaftlichen Machtverhältnisse die Strukturen des Alltags. Die Optionen des Alltags werden dabei in der (post)modernen Gesellschaft immer vielfältiger, was letztlich dazu führt, dass geglaubte Selbstverständlichkeiten gesprengt werden. Pragmatische Routine und Offenheit (ebd.: 36) zugleich werden vermittelt, wenn eine aktive Auseinandersetzung nicht nur des Professionellen (der Lehrkraft), sondern auch des Klienten (die Lernenden) mit den bestehenden Verhältnissen, mit sich und anderen zu einer echten Wahl bzw. Entscheidung führt. Bezogen auf das sowohl durch Bildungspolitik als auch die befragten Lehrkräfte immer wieder betonte Leitziel der Konsum- und Verbraucherbildung, Mündigkeit im Konsumhandeln, kann dieses vor allem dadurch

erzielt werden, dass den Lernenden gesellschaftliches Deutungs- und Orientierungswissen vermittelt wird. Erst durch eine reflexive Distanzierung von Gesellschaft sind Erkenntnisfähigkeit über die und Handlungsfähigkeit in der Gesellschaft zu gewährleisten. Dies gilt insbesondere dann, wenn eine tagtägliche In-
volvierung in gesellschaftliche Phänomene gegeben ist, was beim Thema des
Konsums auch empirisch begründet anzunehmen ist (siehe mit Bezugnahme auf
die Lernenden vor allem Kapitel 3.3). Professionelle Alltagshilfe lässt sich darauf aufbauend von den durch die Lehrkräfte geschilderten Formen der Alltagshilfe abgrenzen. Sie setzt sich das Ziel, durch Distanz und auf der Basis von
Wissen neue Strukturen in den Lebenswelten der Adressaten zu erfassen, ohne
sich diesen gegenüber abzugrenzen und seine subjektive Bedeutsamkeit zu negieren oder sogar abzuschmettern, wie dies etwa im Unterrichtsmodus des Be-
lehrens oder der Affirmation sichtbar wird. Bildung, die das Ziel des mündigen
Konsumenten anstrebt, berücksichtigt vielmehr die Bedeutsamkeit unterschiedlicher Wissensformen (Grammes 1998: 57ff.). Die zusammenfassende Darstellung
der Erkenntnisse der Konsumentensozialisationsforschung (Kapitel 3.3) verweist
auf die nachhaltige Prägung von Einstellungen, Fähigkeiten und Wissensbeständen durch jene Erfahrungen, die Schüler im Rahmen anderer Sozialisationsinstanzen als der Schule gesammelt haben. Dieses Lebensweltwissen hat daher
nicht nur aus motivationalen Gründen seinen berechtigten Platz in der schulischen Konsumentenbildung. Gleichwohl erschöpft sich deren Aufgabe nicht in
der Vermittlung von Alltagswissen im Sinne von Handlungsempfehlungen
(„Welchen Kühlschrank sollte ich kaufen, wenn ich Energie sparen und damit
möglichst nachhaltig agieren will?")[98]. Die Nutzung insbesondere des sozialwissenschaftlichen Wissens zum Thema eröffnet Reflexionsmöglichkeiten über die
Bedeutsamkeit von Konsum in der modernen Gesellschaft, welche über bloße
Lebenserfahrung nicht möglich erscheinen. Die multidisziplinäre unterrichtliche
Thematisierung von Konsum wird als *Konsum*bildung bezeichnet. Es geht innerhalb dieser gerade nicht nur darum, potenzielle Handlungsweisen aufzuzeigen,
wie es oftmals in der klassischen *Konsumenten-* oder *Verbraucher*bildung das
Ziel zu sein scheint. Vielmehr sollen Schüler dazu angeregt werden, die Bedeutung von Konsum in der modernen Gesellschaft sowie dessen Einfluss auf
das eigene Leben zu erfassen. Handlungsoptionen in der Rolle des Konsumenten

---

[98]   Mögliche Ziele, die im Rahmen einer derartigen sozialwissenschaftlich orientierten Konsumen-
        tenbildung erreicht werden können, finden sich in Ansätzen bei Reisch (2002b). Im Mittel-
        punkt der von ihr vorgeschlagenen Zieltrias steht die Erziehung zum „mit kritischem Bewusst-
        sein und relevantem Wissen ausgestatteten autonomen Konsumenten" (ebd.: 14). Die Konkre-
        tisierung der Ziele in den vorgeschlagenen Maßnahmen ist jedoch unter Berücksichtigung des
        hier aufgezeigten Verständnisses von Konsumbildung sozialwissenschaftlich erweiterbar.

sind dabei nicht vollkommen als Unterrichtsinhalt auszuschließen, stellen aber eben nur einen Baustein unter mehreren dar.

Neben der Frage nach gelingender Konsumbildung eröffnen sich durch die Arbeit auch Ansatzpunkte zur weiteren Auseinandersetzung mit professionellem Lehrerhandeln in der sozialwissenschaftlichen Domäne im Hinblick sowohl auf Prozesse der Aus- und Weiterbildung als auch weitere Forschungsperspektiven. Die vorliegende Studie konnte bestätigen, dass alltagstheoretische Einstellungen und Werthaltungen einen entscheidenden Einfluss auf die Gestaltung unterrichtlicher und außerunterrichtlicher Bildungsprozesse nehmen. Es bestehen, wie dargelegt, begründete Annahmen, dass die für den Bereich der Konsum- und Verbraucherbildung gewonnenen Erkenntnisse zumindest teilweise auf die sozialwissenschaftliche Bildung im Allgemeinen übertragen werden können. Die größte Problematik eines zu starken Rückbezugs auf Alltagswissen besteht vor allem darin, dass es an einem distanzierten, reflektierten und perspektivischen Zugang zur eigenen Praxis mangelt. Ein professioneller Habitus zeichnet sich aber meines Erachtens durch einen solchen Zugang aus. Je stärker die Entwicklung eines so verstandenen professionellen Habitus bereits in Prozessen vor allem der Aus-, aber auch der Weiterbildung angeregt werden kann, desto realistischer ist die Berücksichtigung auch fachlich-theoretischer Wissenselemente in der Vorbereitung, Gestaltung und Reflexion eigener beruflicher Praxis. Die in den meisten Bundesländern Deutschlands institutionalisierten längerfristigen Praxisphasen der Lehrerausbildung bieten diesbezüglich ein erhebliches Professionalisierungspotenzial. Die fruchtbare Wechselwirkung von Praxiswissen, fachlich-theoretischem Wissen und Alltagswissen können hier zum Ausgangspunkt einer anzustrebenden Professionalisierung werden. Dies gilt nicht nur, aber selbstverständlich auch für die sozialwissenschaftliche Domäne.

Hieran schließen sich letztlich auch weitere Forschungsperspektiven an, die im begrenzten Rahmen der vorliegenden Arbeit auch aus pragmatischen Gründen ausgeblendet werden mussten. So konnte die Arbeit einen Einblick in die lehrerseitige Wahrnehmung der Konsum- und Verbraucherbildung als Teilbereich der sozialwissenschaftlichen Domäne geben. Weder schülerseitige Wahrnehmungen noch konkrete Unterrichtspraxis konnten erfasst werden. Hier besteht ebenso ein Forschungsdesiderat wie in der Erklärung der Entwicklung von Professionalität. Die eben angesprochenen, durch die universitäre Lehre begleiteten Praxisphasen bieten Anschlusspunkte, letztere besser nachzuvollziehen. Leitend ist dabei die Fragestellung, was den professionellen Habitus in den Augen der (zukünftigen) Lehrkräfte kennzeichnet und wer für seine Ausbildung verantwortlich gemacht wird. So kann auch der Einfluss von Alltagswissen, Praxiswissen (sowohl das Wissen, das in der Rolle des zukünftigen Lehrenden gewonnen wird, als auch jenes, das noch der Rolle des Schülers entstammt) und theoretischem Wissen sowie seiner Relationierung erfasst werden.

8.3 Kritische Reflexionen

Wenn der professionelle Habitus des Lehrers hier durch einen distanzierten und reflektierten Zugang zur eigenen Handlungspraxis gekennzeichnet wird, sollte dieser Maßstab auch an das eigene Handeln als Forscherin angelegt werden. Insofern steht eine kritische Reflexion der Reichweite und damit auch der Grenzen der vorliegenden Arbeit im Mittelpunkt des die Arbeit abschließenden Teilkapitels.

Zunächst muss die begrenzte Reichweite des vorliegenden Forschungsprojektes sowohl inhallicher als auch räumlich-struktureller Art betrachtet werden. Auch wenn in der vorliegenden Arbeit mehrfach betont wurde, dass begründbare Annahmen zur Übertragung mindestens einiger der gefundenen Ergebnisse auf die sozialwissenschaftliche Bildung im Allgemeinen existieren, so beschäftigte sich die Arbeit zunächst nur mit dem Themenfeld der Konsum- und Verbraucherbildung. Empirisch begründbare Übertragungen bedürfen daher weiterer Forschungsbemühungen, die die sozialwissenschaftliche Domäne in ihrer Gänze berücksichtigen. Darüber hinaus wurden in der vorliegenden Arbeit ausschließlich Gesamtschullehrkräfte aus Nordrhein-Westfalen befragt. Eine Ausdehnung auf Gymnasiallehrer verspricht auch und gerade aufgrund der immer wieder erfolgten schulformbezogenen Grenzziehung interessante Erkenntnisse. Eine darüber hinausgehende Ausweitung auf andere Bundesländer hingegen erscheint zumindest vom aktuellen Standpunkt weniger vielversprechend, da Verbraucherbildung nach wie vor mit Ausnahme schleswig-holsteinischer Gesamt- und Hauptschulehrenden Charakter eines Unterrichtsprinzips als den Status eines eigenen Unterrichtsfachs hat.

Darüber hinaus muss kritisch hinterfragt werden, ob die hier erfassten Deutungsmuster tatsächlich die Weltsicht der Unterrichtenden wiedergeben oder ob sich hier nicht vielmehr ein pragmatisches Professionsverständnis spiegelt. Dies ist gerade für die mehrfach erfolgte anerkennungstheoretische Rahmung der Ergebnisse von erheblicher Bedeutung. Für ein solches pragmatisches Verständnis wäre die Gewährleistung funktionierenden Unterrichts zentrales Kriterium von Professionalität. Gleichwohl muss dann aber auch hinterfragt werden, ob die beschriebenen Wirkungen nicht ähnliche, wenngleich mit unterschiedlichen Motiven wären.

Des Weiteren muss die eigene Forschung selbst einer kritischen Reflexion unterzogen werden. Die ursprüngliche Intention, konsum- aber auch professionsbezogene Orientierungen in Gruppendiskussionen zu erfassen, ist an der Praxis bzw. dem Zugang zur Praxis gescheitert. Die Bereitschaft der Lehrkräfte an Interviews teilzunehmen war deutlich größer als die, in Gruppen zu diskutieren. Aus den so gewonnenen Daten ließen sich dennoch implizit bzw. latent wirksame Deutungsmuster erfassen, wie die empirische Analyse der Kapitel 6 und 7 nahelegt. Die eigentliche Interviewführung eröffnete immer wieder Fallstricke, die jedoch mit zunehmender Erfahrung, aber auch Einarbeitung in zusätzliches fachlich-theoretisches Wissen sowie durch Peer-Diskussionen immer weniger wirksam wurden. Zuletzt muss darüber hinaus betont werden, dass die Interpretation der vorliegenden Daten auch immer wieder durch meine eigenen, gleichwohl wissenschaftlich begründbaren Vorstellungen gelingender sozialwissenschaftlicher Bildung geprägt waren. Es bestand diesbezüglich immer wieder die Notwendigkeit, sich dies zu vergegenwärtigen. Hierin zeigt sich nicht zuletzt die Relevanz des Leitbildes des „Reflektierten Praktikers" nicht nur in der Lehre, sondern auch in der Forschung.

Anhang

(A) Leitfaden

Einstiegssequenz

„Der nordrhein-westfälische Landtag hat im vergangenen Frühjahr beschlossen, die Verbraucherbildung und damit auch die unterrichtliche Auseinandersetzung mit dem Themenfeld Konsum zu stärken. Mich interessieren vor allem Ihre bisherigen Erfahrungen diesbezüglich. Ganz zu Beginn würde ich deswegen gerne wissen, was Sie mit Konsumbildung verbinden. Was heißt es für Sie, Konsum zum Thema von Bildungsprozessen zu machen?"

Gesichtspunkte im Einzelnen

Themenblock	Fragestellungen
Ziele der Konsumenten- und Verbraucherbildung	Welche Lernziele sollen/können mit Konsum- und Verbraucherbildung verbunden werden?
	Welche Ziele empfinden Sie als besonders wichtig?
	Warum sind Ihnen diese Ziele besonders wichtig?
Themenfelder der Konsumenten- und Verbraucherbildung	Anhand welcher spezifischen Inhalte setzen Sie sich im Unterricht mit Konsumenten- und Verbraucherbildung auseinander?
	Welche Gesichtspunkte sind Ihnen bei der Themen- und Inhaltsauswahl besonders wichtig?
	Gibt es verbraucher- und konsumrelevante Themenfelder, die Ihrer Meinung nach in der schulischen Bildung zu kurz kommen/ausgeweitet werden müssten?
Rolle des Fachs/Fachunterrichts für das fächerübergreifende Prinzip Konsumenten- und Verbraucherbildung	Konsumenten- und Verbraucherbildung ist eine fächerübergreifende Aufgabe.
	Welche Rolle kommt dem Fach Sozialwissenschaften (Arbeitslehre/ Gesellschaftslehre/ Hauswirtschaft) Ihrer Meinung nach zu?
	Ist Konsumenten- und Verbraucherbildung eine Aufgabe, die sich besonders gut in den sozial- und gesellschaftswissenschaftlichen Fächern integrieren lässt?
	Wo sehen Sie die Grenzen Ihres Faches?
	Welche Rolle spielen überunterrichtliche Prozesse im Zusammenhang mit Verbraucherbildung (z.B. Klassenlehrerstunden? Klassenfahrten? informelle Gespräche? AGs? usw.)
Materialien und Methoden zur Konsumenten- und Verbraucherbildung	Welche Materialien nutzen Sie im verbraucherbildenden Unterricht?
	Warum nutzen Sie diese?
	Wie gehen Sie im Unterricht vor, um konsumrelevante Themen zu vermitteln? (ggf.: Können Sie das an eine, Beispiel verdeutlichen?)
	Warum nutzen Sie diese Methoden?

© Springer Fachmedien Wiesbaden GmbH, ein Teil von Springer Nature 2019
F. Wittau, *Verbraucherbildung als Alltagshilfe*,
https://doi.org/10.1007/978-3-658-27969-1

Vergleich zu den anderen unterrichteten Fächern	Was ist ihr zweites/ggf. drittes Fach, das Sie neben Sozialwissenschaften (Arbeitslehre/ Gesellschaftslehre/ Hauswirtschaft) unterrichten?
	Insbesondere bei zwei nicht-gesellschaftswissenschaftlichen Fächern: Wenn Sie beide Fächer miteinander vergleichen, welche Unterschiede/Gemeinsamkeiten können Sie feststellen? (ggf. Können Sie das an einem Beispiel verdeutlichen?)
	Wie nehmen Sie die Schüler in den unterschiedlichen Fächern wahr?
SchülerInnen als KonsumentInnen	SchülerInnen sammeln ja bereits in ihrer Freizeit zahlreiche Konsumerfahrungen, Konsum begleitet sie alltäglich.
	Wie würden Sie das Konsumverhalten Ihrer SchülerInnen einschätzen?
	Über welche „typischen" Konsumerfahrungen verfügen Ihre SchülerInnen? (ggf.: Können Sie das an einem Beispiel verdeutlichen?)
	Darauf bezogen: Was können die Lernenden besonders gut? Wo bewerten Sie die Konsumkompetenzen der Lernenden als unausgereift?
	Welche Unterschiede lassen sich zwischen den SchülerInnen feststellen? Worauf können diese zurückgeführt werden?
	Wie werden diese Erfahrungen unterrichtlich, aber auch außerunterrichtlich thematisiert? (ggf.: Können Sie das an einem Beispiel verdeutlichen?)
LehrerInnen als KonsumentInnen	Sie selbst sind ja im Alltag auch Konsument.
	Wie würden Sie Ihr eigenes Konsumverhalten beschreiben?
	Wo fühlen Sie sich als Konsument sicher? Wo nicht? (Können Sie das an einem Beispiel verdeutlichen?)
	Wie gehen Sie mit den (ganz normalen) Widersprüchen und Unsicherheiten bzgl. des Konsums (zum Beispiel: Woher stammen eigentlich meine gewählten Produkte; Nachhaltigkeit vs. Wohlstand usw.) in ihrer Rolle als Lehrer um?
Alltagsrelevanz	In bildungspolitischen Dokumenten zur Verbraucherbildung wird immer wieder deren Alltagsrelevanz betont.
	Inwiefern ist verbraucherbildender Unterricht für Sie alltagsrelevant?
	Wenn Verbraucherbildung vor allem Alltagskompetenzen schult/schulen soll, ist sie dann überhaupt Aufgabe der Schule?
	Daran anschließend:
	Welche Funktion hat schulische Bildung Ihrer Meinung nach? Was ist die Aufgabe schulischer Bildung?
	Ist die Förderung alltagsbezogener Kompetenzen Aufgabe der Schule oder werden familienbezogene Aufgaben umverteilt?
	Welche Rolle haben die Eltern für den verbraucherbildenden Unterricht?

Förderung der Verbraucherbildung als politische Entscheidung	Obwohl in der Bildungspolitik betont wird, dass die Förderung von Verbraucherbildung eine Aufgabe aller allgemeinbildenden Schulen ist, finden sich bestimmte Fächer nahezu ausschließlich an Gesamt- und Hauptschulen wieder.
	Wie schätzen Sie dies als Gesamtschullehrer ein?
	Welche Gründe vermuten Sie hinter dieser Entscheidung?
Berufsbildungsbiografie	Welche Rolle spielen Aus- und Weiterbildung für die Gestaltung verbraucherbildenden Unterricht?
	Wie schätzen Sie die Qualität dieser Angebote ein?
	bei fachfremd unterrichtenden Lehrern: Warum unterrichten Sie das Fach Sozialwissenschaften (Arbeitslehre/ Gesellschaftslehre/ Hauswirtschaft)?
	Woher nehmen Sie die Ideen für die Gestaltung verbraucherbildenden Unterrichts?
	(falls geeignet: Rolle von Kollegen, auch Referendaren oder Praktikanten möglich)

Abschlussfrage

Gibt es noch zentrale Aspekte, die ich vergessen habe, aufzugreifen? Möchten Sie noch ein kurzes Abschlussstatement abgeben oder noch etwas ergänzen?

(B) Kurzfragebogen

Vielen Dank, dass Sie an der Interviewstudie zur Konsum- und Verbraucherbildung teilgenommen haben. Abschließend möchte ich Sie noch kurz bitten, den unten stehenden Kurzfragebogen ausfüllen.

Alter: _____

Diensterfahrung in Jahren: _____

Unterrichtete Fächer: _____

Fachfremder Unterricht: ja/nein? _____

Besondere dienstliche Stellung? _____
(Schulleiter, Fachkonferenzleiter etc.)

Angaben zur Schule, insb. Einzugsgebiet: _____

Literatur

Abels, Heinz/ König, Alexandra (2010): Sozialisation. Soziologische Antworten auf die Frage, wie wir werden, was wir sind, wie gesellschaftliche Ordnung möglich ist und wie Theorien der Gesellschaft und der Identität ineinanderspielen. Wiesbaden: VS Verlag Für Sozialwissenschaften.

Ackermann, Paul (1998): Die Bürgerrolle in der Demokratie als Bezugsrahmen für die politische Bildung. In: Breit/ Schiele (1998), S. 13-34.

Adorno, Theodor W./ Horkheimer, Max (2009): Dialektik der Aufklärung. Philosophische Fragmente, Frankfurt/Main: Fischer Taschenbücher.

Aguirre, Julia/ Speer, Natasha M. (2000): Examining the Relationship Between Beliefs and Goals in Teacher Practice. In: Journal of Mathematical Behaviour 18 (3), S. 327–356.

Aktion Jugendschutz, Landesstelle Baden-Württemberg (2002) (Hg.): Jung, lässig und pleite? Konsumlust und Schuldenlast bei Kindern und Jugendlichen, Stuttgart, o.V.

Albert, Hans (2009): Ökonomische Theorie als politische Ideologie. Das ökonomische Argument in der ordnungspolitischen Debatte, Tübingen, Mohr Siebeck.

Albert, Hans (1965): Zur Theorie der Konsumnachfrage. Die neoklassische Lösung marktsoziologischer Probleme im Lichte des ökonomischen Erkenntnisprogramms. In: Jahrbuch für Sozialwissenschaft 16 (2), S. 139-198.

Alemann, Annette von (2015): Gesellschaftliche Verantwortung und ökonomische Handlungslogik. Deutungsmuster von Führungskräften der deutschen Wirtschaft, Wiesbaden: VS Verlag für Sozialwissenschaften.

Alexander, Patricia A./ Winne, Philip H. (2006) (Hg.): Handbook of educational psychology. New Jersey: Erlbaum.

Allmendinger, Jutta/ Ebner, Christian/ Nikolai, Rita (2018): Soziologische Bildungsforschung. In: Tippelt/Schmidt-Hertha (2018), S. 47-72.

Andreasen, Alan R. (1975) The Disadvantaged Consumer. Glencoe: The Free Press.

Auhagen, Ann Elisabeth (1999): Die Realität der Verantwortung, Göttingen: Hogrefe Verlag für Psychologie.

Australian and New Zealand Marketing Academy (2003) (Hg.): ANZMAC 2003 Conference Proceedings. ANZMAC 2003 Conference. Adelaide, 1-3. Dezember 2003.

Avemann, Katharina (2013): Wofür steht Mündigkeit in der Ernährung? Eine diskursanalytische Betrachtung vor dem Hintergrund der Postwachstumsdebatte. In: Sozialwissenschaften und Berufspraxis 36 (1), S. 30-45.

Baecker, Roland (2000): Reformpädagogische Praxis. Eine lern- und bildungstheoretische Auseinandersetzung über deren Möglichkeiten und Grenzen: dargestellt am Beispiel neuer „Argumentationsfiguren" in der Erziehungswissenschaft, Münster LIT.

Bala, Christian/ Müller, Klaus (2014a) (Hg.): Der verletzliche Verbraucher. Die sozialpolitische Dimension der Verbraucherpolitik, Düsseldorf.

Bala, Christian/ Müller, Klaus (2014b): Einleitung: Der verletzliche Verbraucher, in: Dies. (2014a), S. 3-18.

Baringhorst, Siegfried (2006): Keine Reizwäsche aus Burma. Menschenrechte durch politisierten Konsum? In: Lamla/ Neckel (2006), S. 231–258.

© Springer Fachmedien Wiesbaden GmbH, ein Teil von Springer Nature 2019
F. Wittau, *Verbraucherbildung als Alltagshilfe*,
https://doi.org/10.1007/978-3-658-27969-1

Baudrillard, Jean (1998): The Consumer Society. Myths and Structures. Thousand Oaks: Sage Publications.

Bauman, Zygmunt (2009): Leben als Konsum, Hamburg: Verlag Hamburger Edition.

Baumert, Jürgen/ Kunter, Mareike (2006): Stichwort: Professionelle Kompetenz von Lehrkräften. In: Zeitschrift für Erziehungswissenschaft 9 (4), S. 469–520.

Bayertz, Kurt (1995a) (Hg.): Verantwortung. Prinzip oder Problem? Darmstadt: Wissenschaftliche Buchgesellschaft.

Bayertz, Kurt (1995b): Eine kurze Geschichte der Herkunft der Verantwortung, in: Bayertz (1995a), S. 3-71.

Beck, Ulrich (1999): Was ist Globalisierung? Irrtümer des Globalismus, Antworten auf Globalisierung, Frankfurt/Main: Suhrkamp.

Becker, Melanie (2007): Alltagsweltliche Deut8ungsmuster zu Kriminalität und Kriminalitätsbekämpfung. Eine qualitative Untersuchung. Düsseldorf. Online abrufbar unter: https://docserv.uni-duesseldorf.de/servlets/DerivateServlet/Derivate-11713/Alltagsweltliche_Deutungsmuster.pdf.

Beckert, Jens (1997): Grenzen des Marktes. Die sozialen Grundlagen wirtschaftlicher Effizienz, Frankfurt/Main /New York: Campus.

Belz, Frank-Martin (2007) (Hg.): Nachhaltiger Konsum und Verbraucherpolitik im 21. Jahrhundert, Marburg: Metropolis-Verlag.

Belz, Frank-Martin/ Bilharz, Michael (2007): Nachhaltiger Konsum, geteilte Verantwortung und Verbraucherpolitik: Grundlagen, in: Belz (2007), S. 21-51.

Berger, Peter L./ Luckmann, Thomas (2013): Die gesellschaftliche Konstruktion der Wirklichkeit. Eine Theorie der Wissenssoziologie. Frankfurt/Main: Fischer Taschenbuch Verlag.

Berliner, David C. (1996) (Hg.): Handbook of educational psychology. New York: Simon & Schuster Macmillan.

Bertelsmann-Stiftung (2004) (Hg.): Eigenverantwortung. Ein gesundheitspolitisches Experiment. Gütersloh: Verlag Bertelsmann Stiftung.

Bieling, Hans-Jürgen (2009): ‚Privat vor Staat?' Zur Entwicklung politischer Leitbilder über die Rolle des Staates, in: WSI-Mitteilungen 05 (2009), S. 235-242.

Bierhoff, Burkhard (2016): Konsumismus. Kritik einer Lebensform. Wiesbaden, VS Verlag für Sozialwissenschaften.

Bievert, Bernd/ Fischer-Winkelmann, Wolf F./ Rock, Reinhard (1977): Grundlagen der Verbraucherpolitik. Eine gesamt- und einzelwirtschaftliche Analyse, Reinbek bei Hamburg.

Birnbacher, Dieter (1995): Grenzen der Verantwortung, in: Bayertz (1995a), S. 143-183.

Blanché, Ulrich (2012): Konsumkunst. Kultur und Kommerz bei Bansky und Damien Hirst, Bielefeld: Transcript.

Blankertz; Stefan (2003): Professionalisierung oder Standesinteressen? In: Pädagogische Korrespondenz (30), S. 80–84.

Blömeke, Sigrid/ Eichler, Dana/ Müller, Christiane (2003): Rekonstruktion kognitiver Strukturen von Lehrpersonen als Herausforderung für die empirische Unterrichtsforschung. Theoretische und methodologische Überlegungen zu Chancen und Grenzen von Videostudien. In: Unterrichtswissenschaft 31 (2), S. 103–121.

Bluhm, Katharina (2008): Corporate Social Responsibility – Zur Moralisierung von Unternehmen aus soziologischer Perspektive. In: Maurer/Schimank (2008), S. 144-162.

Bödeker, Sebastian (2012): Soziale Ungleichheit und politische Partizipation in Deutschland. Online abrufbar unter: https://bibliothek.wzb.eu/wzbrief-zivilengagement/WZBriefZivilengagement052012_boedeker.pdf [Datum des letzten Zugriffs: 28.06.2018].

Bofinger, Peter (2011): Grundzüge der Volkswirtschaftslehre. Eine Einführung in die Wissenschaft von Märkten. München: Pearson Studium.

Bogner, Alexander (2012): Gesellschaftsdiagnosen. Ein Überblick. Weinheim/Basel: Beltz Juventa.

Bogner, Alexander/ Littig, Beate/ Menz, Wolfgang (2009) (Hg.): Experteninterviews. Theorien, Methoden, Anwendungsfelder. Wiesbaden VS Verlag für Sozialwissenschaften.

Bogner, Alexander/ Menz, Wolfgang (2009): Experteninterviews in der qualitativen Sozialforschung. Zur Einführung in eine sich intensivierende Methodendebatte. In: Bogner et al. (2009), S. 7-31.

Bolz, Norbert (2002): Das konsumistische Manifest. München: Fink.

Bosch, Aida (2010): Konsum und Exklusion. Eine Kultursoziologie der Dinge. Bielefeld: transcript.

Boström, Magnus/ Lindberg, Susanna (2005) (Hg.): Political consumerism. Its motivations, power, and conditions in the Nordic countries and elsewhere ; proceedings from the 2nd International Seminar on Political Consumerism, Oslo, August 26-29, 2004. International Seminar on Political Consumerism. København: Nordsk Ministerråd.

Bourdieu, Pierre (2012): Die feinen Unterschiede. Kritik der gesellschaftlichen Urteilskraft. Frankfurt/Main: Suhrkamp.

Bourdieu, Pierre/ Passeron, Jean-Claude (1971): Die Illusion der Chancengleichheit. Untersuchungen zur Soziologie des Bildungswesens am Beispiel Frankreich. Stuttgart, Klett.

Bowen, Glenn A. (2009): Document analysis as a qualitative research method. In: Qualitative research journal 9 (2), S. 27-40.

Brand, Karl-Werner/ Eder, Klaus/ Poferl, Angelika (1997): Ökologische Kommunikation in Deutschland, Opladen: Westdeutscher Verlag.

Breidenstein, Georg/ Helsper, Werner/ Kötters-König, Catrin (2002) (Hg.): Die Lehrerbildung der Zukunft. Eine Streitschrift. Opladen: Leske + Budrich (Studien zur Schul- und Bildungsforschung, 16).

Breit, Gotthard/ Grammes, Tilman/ Kiefer, Franz et al. (1997): Politische Urteilsbildung. Aufgabe und Wege für den Politikunterricht, Bonn: Bundeszentrale für politische Bildung (Schriftenreihe Band 344).

Breit, Gotthard/ Schiele, Siegfried (1998) (Hg.): Handlungsorientierung im Politikunterricht Schwalbach/Ts.: Wochenschau-Verlag.

Bromme, Rainer (1992): Der Lehrer als Experte. Zur Psychologie des professionellen Wissens. Bern: Huber (Huber-Psychologie-Forschung).

Brusdal, Ragnhild/ Frones, Ivar (2013): Children as Consumers. In: Melton et. al (2013), S. 118–135.

Bundeszentrale für politische Bildung (2015) (Hg.): Ökonomie und Gesellschaft, Bonn, o.V..

Burden, Ramil (1998): Vulnerable consumer groups. Quantification and analysis. o.O. (Office of Fair Trading Research Papers, 15).

Büscher, Christian (2010): Formen ökologischer Aufklärung, in: Büscher/Japp (2010), S. 19-50.

Büscher, Christian/ Japp, Klaus-Peter (2010) (Hg.): Ökologische Aufklärung. 25 Jahre „Ökologische Kommunikation". Wiesbaden: VS Verlag für Sozialwissenschaften.

Calderhead, James (1987) (Hg.): Exploring teachers' thinking. London: Cassell (Cassell education).

Calderhead, James (1996): Teachers: Beliefs and Knowledge. In: Berliner (1996), S. 709–725.

Campell, Colin (1995): The Sociology of Consumption. In: Miller (1995), S. 96–126.

Campell, Colin (2005): The Craft Consumer. Culture, craft and consumption in a postmodern society. In: Journal of Consumer Culture 23 (5), S. 23–42.

Carfagna, Lindsey B./ Dubois, Emilie A./ Fitzmaurice, Connor u.a. (2014): An emerging eco-habitus: The reconfiguration of high cultural capital practices among ethical consumers, in: Journal of Consumer Culture 14 (2), S. 158-178.

Cerman, Markus/Eder, Franz X./ Eigner, Peter/ Komlosy, Andrea/ Landsteiner, Erich (2011) (Hg.): Wirtschaft und Gesellschaft. Europa 1000-2000. Innsbruck/ Wien/ Bozen: Studienverlag.

Cheal, David (1990): Social Construction of Consumption. In: International Sociology 5 (3), S. 299–317.

Combe, Arno/ Helsper, Werner (1996) (Hg.): Pädagogische Professionalität. Untersuchungen zum Typ professionellen Handelns. Frankfurt/Main: Suhrkamp.

Combe, Arno/ Kolbe, Fritz-Ulrich (2008): Lehrerprofessionalität: Wissen, Können, Handeln. In: Helsper/Böhme (2008), S. 857–875.

Cram, Fiona/ Ng, Sik Hung (1999): Consumer Socialisation. In: Applied Psychology: An International Review 48 (3), S. 297–312.

Cramer, Colin (2012): Entwicklung von Professionalität in der Lehrerbildung. Empirische Befunde zu Eingangsbedingungen, Prozessmerkmalen und Ausbildungserfahrungen Lehramtsstudierender. Bad Heilbrunn: Klinkhardt.

Daele, Willem van den (1996): Soziologische Beobachtung und ökologische Krise. In: Diekmann/Preisendörfer, (1996), S. 420-440.

Daheim, Hansjürgen (1992): Zum Stand der Professionssoziologie. Rekonstruktion machttheoretischer Modelle der Profession. In: Dewe et. al (1992a), S. 21–35.

Darby, Michael R., & Karni, Edi (1973). Free competition and the optimal amount of fraud. Journal of Law and Economics 16 (1), S. 67-88.

De Haan, Gerhard (2001): Die Leitbildanalyse. Ein Instrument zur Erfassung zukunftsbezogener Orientierungsmuster. In: De Haan et al (2001), S. 69-106.

De Haan, Gerhard/Lantermann, Ernst-D./Linneweber, Volker/Reusswig, Fritz (1996) (Hg.): Typenbildung in der sozialwissenschaftlichen Umweltforschung, Opladen: Leske und Budrich.

De la Ville/ Valérie-Inés; Tartas, Valérie (2010): Developing as Consumers. In: Marshall (2010), S. 21–40.

Deutsche Stiftung Verbraucherschutz (2013) (Hg.): Praxisorientierte Bedarfsanalyse zur schulischen Verbraucherbildung. Abschlussbericht, Hannover, abgerufen unter: http://www.verbraucherstiftung.de/sites/default/files/pages/studie_verbraucherbildung.pdf. [Datum des letzten Zugriffs: 15.02.2018]

Deutschmann, Christoph (2002) (Hg.): Die gesellschaftliche Macht des Geldes, Opladen: Westdeutscher Verlag.

Dewe, Bernd/ Ferchhoff, Wilfried/ Radtke, Frank-Olaf (1992a) (Hg.): Erziehen als Profession. Zur Logik professionellen Handelns in pädagogischen Feldern. Opladen: Leske und Budrich.

Dewe, Bernd/ Ferchhoff, Wilfried/ Radtke, Frank-Olaf (1992b): Einleitung. Auf dem Wege zu einer aufgabenzentrierten Professionstheorie pädagogischen Handelns. In: Dies (1992a), S. 7–20.

Dewe, Bernd/ Ferchhoff, Wilfried/ Radtke, Frank-Olaf (1992c): Das Professionswissen von Pädagogen. Ein wissenstheoretischer Rekonstruktionsversuch. In: Dies (1992a), S. 70–91.

Diekmann, Andreas/ Preisendörfer, Peter (1996) (Hg.): Umweltsoziologie. (=Kölner Zeitschrift für Soziologie und Sozialpsychologie Sonderheft 36), Opladen: Westdeutscher Verlag,

Döring, Klaus W. (1989): Lehrerverhalten. Ein Lehr- und Arbeitsbuch. Weinheim: Dt. Studien-Verl.

Dotson, Michal J./ Hyatt, Eva M. (2005): Major influence factors in children's consumer socialization. In: Journal of Consumer Marketing 22 (1), S. 35–42.

Douglas, Mary/ Isherwood Baron (1996): The world of goods. Towards an anthropology of consumption. London: Routledge.

Driel, Jan van/ Bulte, Astrid M.W./ Verloop, Nico (2007): The relationship between teacher's general beliefs about teaching and learning and their domain specific curricular beliefs. In: Learning and Instruction 17 (2), S. 156–171.

Ecarius, Jutta/ Köbel, Nils/ Wahl, Katrin (2010): Familie, Erziehung Und Sozialisation. Wiesbaden: VS Verlag für Sozialwissenschaften.

Eder, Franz X. (2011): Konsumieren und Verbrauchen. In: Cerman et al. (2011), S. 279–304.

Edlmayr, Christa (2009): Living Beyond Capitalism – Mülltonnentauchen als konsumkritische Praxis, Wien, abgerufen unter: http://othes.univie.ac.at/4440/1/2009-04-18_0101818.pdf [Datum des letzten Abrufs: 15.06.2016].

Eickelpasch, Rolf/ Rademacher, Claudia (2004): Identität, Bielefeld: Transcript.

Ekström, Karin M. (2006): Consumer Socialization Revisted. In: Research in Consumer Behavior 10, S. 71–98.

Ekström, Karin M. (2010): Consumer Socialisation in Families. In: Marshall (2010), S. 41–60.

Engartner, Tim/ Krisanthan, Balasundaram (2014): Ökonomische Bildung in Zeiten der Ökonomisierung – oder: Welchen Anforderungen muss sozio-ökonomische Bildung genügen? In: Fischer/ Zurstrassen (2014), 155-176.

Engels, Anita (2010): Ökologische Resonanzen in der Wirtschaft. Moralisierung der Märkte?, In: Büscher/Japp (2010), S. 99-130.

Erikson, Erik H. (1974): Identität und Lebenszyklus. Drei Ausätze. Frankfurt/Main: Suhrkamp.

Europäische Kommission (2013) (Hg.): Das Baromerter zur Lage der Verbraucher. Verbraucher zu Hause im Binnenmarkt, Brüssel, abgerufen unter: http://ec.europa.eu/consumers/archive/consumer_research/editions/docs/9th_edition_scoreboard_de.pdf. [Datum des letzten Zugriffs: 12.03.2015]

Europäische Union (2010) (Hg.): Konsolidierte Fassung des Vertrags über die Arbeitsweise der Europäischen Union, o.O.

Europäische Union (2005) (Hg.): Richtlinie 2005/29/EG des Europäischen Parlaments und des Rates, abgerufen unter: https://webgate.ec.europa.eu/ucp/resources/docs/DE/directive_DE.pdf. [Datum des letzten Abrufs 12.03.2015]

Evers, Adalbert; Heinze, Rolf G. (2008) (Hg.): Sozialpolitik. Ökonomisierung und Entgrenzung. Wiesbaden: VS Verlag für Sozialwissenschaften.

Fang, Zhihui (1996): A Review of research on teacher beliefs and practices. In: Educational Research 38 (1), S. 47–65.

Feathersone, Mike (1991): Consumer Culture and Postmodernism. London/ Newbury Park/ New Delhi: Sage Publications.

Featherstone, Mike (2000): Postmodernismus und Konsumkultur. Die Globalisierung der Komplexität. In: Robertson et al. (2000), S. 74-106.

Fenstermacher, Gary D. (1994): The Knower and the Known. The Nature of Knowledge in Research on Teaching. In: Review of Research in Education 20 (1), S. 3–56.

Fine, Ben (2002): The world of consumption. The material and cultural Revisited. London, New York: Routledge.

Fischer, Andreas/ Zurstrassen, Bettina (2014) (Hg.): Sozioökonomische Bildung. Bonn, Bundeszentrale für politische Bildung.

Fischer, Andreas (2015): Verantwortliches Handeln in der modernen Konsumgesellschaft, in: Bundeszentrale für politische Bildung (2015), S. 203-228.

Flick, Uwe (2008): Triangulation. Eine Einführung. Wiesbaden, VS Verlag für Sozialwissenschaften.

Flick, Uwe (2011): Das episodische Interview. In: Oelerich/Otto (2011), S. 273-280.

Flick, Uwe (2016): Qualitative Sozialforschung. Eine Einführung, Reinbek bei Hamburg: Rowohlt.

Flick, Uwe/ Kardorff, Ernst von/ Steinke, Ines (2015) (Hg.): Qualitative Forschung. Ein Handbuch. Reinbek b. Hamburg: Rowohlt Taschenbuch Verlag.

Flurry, Laura A./ Burns, Alvin C. (2005): Children's influence in purchase decisions: a social power theory approach, in: Journal of Business Research 58 (5), S. 593-601.

Frevert, Ute/ Haupt, Heinz-Gerhard (2004) (Hg.): Der Mensch des 20. Jahrhunderts. Essen: Magnus-Verl.

Friebertshäuser, Barbara/ Langer, Antje/ Prengel, Annedore (2010) (Hg.): Handbuch qualitative Forschungsmethoden in der Erziehungswissenschaft, München/ Weinheim: Juventa.

Fuchs-Heinritz, Werner/ König, Alexandra (2014): Pierre Bourdieu. Eine Einführung. Konstanz: UVK.

Gabriel, Markus (2013): Wissen und Erkenntnis. Ein Essay. In: Aus Politik und Zeitgeschichte 18-20, S. 3-9.

Gabriel, Yiannis/ Lang, Tim (2008): New Faces and New Masks of Today's Consumer. In: Journal of Consumer Culture 8 (3), S. 321–340.

Galbraith, John Kenneth (1970): Gesellschaft im Überfluss, München: Droemer Knaur.

Garz, Detlef (1991) (Hg.): Qualitativ-empirische Sozialforschung. Konzepte, Methoden, Analysen. Opladen: Westdt. Verl.

Garz, Detlef/ Kraimer, Klaus (1994) (Hg.): Die Welt als Text. Theorie, Kritik und Praxis der objektiven Hermeneutik. Frankfurt/ Main: Suhrkamp.

Gaschke, Susanne (2011): Die verkaufte Kindheit. Wie Kinderwünsche vermarktet werden und was Eltern dagegen tun können, München: Pantheon-Verlag.

Gasteiger, Nepomuk (2010): Der Konsument. Verbraucherbilder in Werbung, Konsumkritik und Verbraucherschutz 1945-1989. Frankfurt/ Main: Campus-Verl.

Gawlowski, Dominika (2013): Lebenslange Markenbindung. Bedingungen der Entstehung von Brand-Attachment durch Konsumentensozialisation, Hamburg: Verlag Dr. Kovač.

Gensicke, Thomas (1998): Sind die Deutschen reformscheu? Potenziale der Eigenverantwortung in Deutschland, in: Aus Politik und Zeitgeschichte (18), S. 19-30.

Giesecke, Hermann (1965): Didaktik der politischen Bildung. München: Juventa Verlag.

Giesecke, Hermann (1987): Pädagogik als Beruf. Grundformen pädagogischen Handelns. Weinheim/ München: Juventa.

Giesecke, Hermann (2000): Politische Bildung. Didaktik und Methodik für Schule und Jugendarbeit. Weinheim/ München: Juventa Verlag.

Giesel, Katharina D. (2007): Leitbilder in den Sozialwissenschaften. Begriffe Theorien und For-schungskonzepte. Wiesbaden: VS Verlag für Sozialwissenschaften.

Giesler, Markus/ Veresiu, Ela (2014): Creating the Responsible Consumer: Moralistic Governance Regimes and Consumer Subjectivity, in: Journal of Consumer Research 41(3), S. 840-857.

Glaser, Barney G./ Strauss, Anselm (2010): Grounded Theory. Strategien qualitativer Forschung, Bern: Huber.

Grammes, Tilmann (1998): Kommunikative Fachdidaktik. Politik – Geschichte – Recht – Wirtschaft, Wiesbaden: VS Verlag für Sozialwissenschaften.

Gröppel-Klein, Andrea/ Germelmann, Claas-Christian (2004): „Genügsamkeit" oder „Hang zum Luxus"? Werte und ihre Bedeutung für das Konsumentenverhalten. In: Wiedmann (2004), S. 177-203.

Gruehn, Sabine/ Kluchert, Gerhard/ Koinzer, Thomas (2004) (Hg.): Was Schule macht. Schule Unterricht und Werteerziehung: theoretisch, historisch, empirisch, Weinheim/Basel: Beltz.

Grunwald, Armin (2010): Die Ökologie der Individuen. Erwartungen an individuelles Umwelthan-deln, in: Büscher/Japp (2010), S. 231-258.

Grunwals, Klaus/ Thiersch, Hans (2012) (Hg.): Praxishandbuch lebensweltorientierte Soziale Arbeit. Handlungszusammenhänge und Methoden in unterschiedlichen Arbeitsfeldern. Weinheim/Basel: Beltz Juventa.

Grunwald, Klaus/ Thiersch, Hans (2012): Lebensweltorientierung. In: Dies. (2012), S. 24-64.

Gruschka; Andreas (2003): Von der Kritik zur Konstruktion ist oft nur ein Schritt: der der Negation. In: Pädagogische Korrespondenz (30), S. 71–79.

Habermas, Jürgen (1970): Arbeit-Erkenntnis-Fortschritt. Aufsätze 1954-1970, Amsterdam: Verlag de Munter.

Hagen, Kornelia; Wey, Christian (2009): Verbraucherpolitik zwischen Markt und Staat. In: Viertel-jahreshefte zur Wirtschaftsforschung 78 (3), S. 5–29.

Haubl, Rolf (2009): Wahres Glück im Waren-Glück? In: Aus Politik und Zeitgeschichte (32-22), S. 3-8.

Hauff, Volker (1987) (Hg.): Unsere gemeinsame Zukunft. Der Brundtland-Bericht der Weltkommis-sion für Umwelt und Entwicklung, Greven: Eggenkamp.

Hauck, Gerhard (2006): Kultur. Zur Karriere eines sozialwissenschaftlichen Begriffs, Münster: Westfälisches Dampfboot.

Haupt, Hans (1987): Inhalte und Grenzen der Verbraucherpolitik. In: Piepenbrock/ Schroeder (1987), S. 23–33.

Haupt, Heinz-Gerhard (2004): Der Konsument. In: Frevert et al (2004): S. 301–323.

Haupt, Heinz-Gerhard/ Torp, Claudius (2009) (Hg.): Die Konsumgesellschaft in Deutschland 1890 - 1990. Ein Handbuch. Frankfurt/Main: Campus-Verl.

Häusl, Georg (2009): Das Konsumverhalten Kauflustiger. In: Aus Politik und Zeitgeschichte (32-33), S. 8–14.

Häußler, Angela/ Küster, Christina (2013): Vorsicht Falle! Oder: Gibt es den ethisch korrekten Weg zur Vermittlung von Konsumkompetenz?, in: Haushalt in Bildung und Forschung 2 (2), S. 86-97.

Hayta, Ates Bayazit (2008): Socialization of the Child as a Consumer. In: Family and Consumer sciences Research Journal 37 (2), S. 167–184.

Hecken, Thomas (2008): 1968. Von Texten und Theorien aus einer Zeit euphorischer Kritik. Bielefeld: Tanscript.

Hedtke, Reinhold (2014): Wirtschaftssoziologie. München/Konstanz: UVK.

Hedtke, Reinhold (2012): Partizipation ist das Problem, nicht die Lösung. In: polis (3), S. 16-18.

Hedtke, Reinhold (2008): Ökonomische Denkweisen. Eine Einführung. Multiperspektivität – Alternativen – Grundlagen, Schwalbach/Ts.: Wochenschau-Verlag.

Hedtke, Reinhold (2002): Nachhaltigkeit und Konsum. Sozialwissenschaftliche Konzepte und ihre Relevanz für die Lehrerausbildung, Weingarten: o.V..

Hedtke, Reinhold (2001): Konsum und Ökonomik. Grundlagen, Kritik und Perspektiven, Konstanz: UVK.

Hedtke, Reinhold/ Weber, Birgit (2008) (Hg.): Wörterbuch ökonomische Bildung. Schwalbach/Ts: Wochenschau-Verlag.

Heidbrink, Ludger (2008): Einleitung. Das Verantwortungsprinzip in der Marktwirtschaft, in: Heidbrink/ Hirsch (2008), S. 11-27.

Heidbrink, Ludger (2003): Kritik der Verantwortung. Zu den Grenzen verantwortlichen Handelns in komplexen Kontexten, Weilerswist, Velbrück Wissenschaft.

Heidbrink, Ludger/ Hirsch, Alfred (2008) (Hg.): Verantwortung als marktwirtschaftliches Prinzip. Zum Verhältnis von Ökonomie und Moral. Frankfurt/Main/ New York: Campus.

Heidbrink, Ludger/ Schmidt, Imke (2009): Die neue Verantwortung des Konsumenten. In: Aus Politik und Zeitgeschichte (32-33), S. 27–31.

Hellmann, Kai-Uwe (2013): Der Konsum der Gesellschaft. Studien zur Soziologie des Konsums, Wiesbaden: VS Verlag für Sozialwissenschaften .

Hellmann, Kai-Uwe (2011): Fetische des Konsums. Studien zur Soziologie der Marke. Wiesbaden: VS Verlag für Sozialwissenschaften.

Helmke, Andreas (2009): Unterrichtsqualität und Lehrerprofessionalität. Diagnose, Evaluation und Verbesserung des Unterrichts, Seelze-Velber.

Helsper, Werner (2002): Wissen, Können, Nicht-Wissen-Können: Wissensformen des Lehrers und Konsequenzen für die Lehrerbildung. In: Breidenstein/ Helsper/ Kötters-König (2002), S. 67–86.

Helsper, Werner (2007): Eine Antwort auf Jürgen Baumerts und Mareike Kunters Kritik am strukturtheoretischen Professionsansatz. In: Zeitschrift für Erziehungswissenschaft 10 (4), S. 567–579.

Helsper, Werner/ Böhme, Jeanette (2008) (Hg.): Handbuch der Schulforschung. Wiesbaden: VS Verlag für Sozialwissenschaften

Helsper, Werner/ Busse, Susann/ Hummrich, Merle/ Kramer, Rolf-Torsten (2008) (Hg.): Pädagogische Professionalität in Organisationen. Neue Verhältnisbestimmungen am Beispiel der Schule. Wiesbaden: VS Verlag für Sozialwissenschaften.

Henkenborg, Peter (1999): Lehrerprofessionalität – Kultur der Anerkennung. In: kursiv. Journal für die politische Bildung (3), S. 16-18.

Henkenborg, Peter (2000): Deutungslernen in der politischen Bildung. Prinzipien und Professionalisierungsdefizite. In: Richter (2000), 107-128.

Henkenborg, Peter (2012): Politische Urteilsfähigkeit als politische Kompetenz in der Demokratie. Der Dreiklang von Erkennen, Urteilen und Handeln. In: zdg 02/2012, 29-50.

Henkenborg, Peter/ Kuhn, Hans-Werner (1998) (Hg.): Der alltägliche Politikunterricht. Beispiele qualitativer Unterrichtsforschung zur politischen Bildung in der Schule. Opladen: Leske und Budrich.

Hitzler, Ronald/ Honer, Anne (1997) (Hg.): Sozialwissenschaftliche Hermeneutik. Eine Einführung. Opladen: Leske + Budrich.

Hofmann, Hubert/ Siebertz-Reckzeh, Karin (2017): Sozialisationsinstanz Schule: Zwischen Erziehungsauftrag und Wissensvermittlung. In: Schweer (2017), S. 13-38.

Horn, Klaus-Peter/ Kemnitz, Heidemarie/Marotzki, Winfried/ Sandfuchs, Uwe (2012) (Hg.): Klinkhardt Lexikon Erziehungswissenschaft. Band 3. Bad Heilbrunn, Verlag Julius Klinkhardt,

Hörning, Karl H. (1966): Zur Soziologie des Verbraucherverhaltens. Mannheim: o.V..

Hradil, Stefan (2006): Soziale Milieus - eine praxisorientierte Forschungsperspektive. In: Aus Politik und Zeitgeschichte (44-45), S. 3-10.

Jäckel, Michael (2004): Einführung in die Konsumsoziologie. Fragestellungen - Kontroversen – Beispieltexte. Wiesbaden: VS Verlag für Sozialwissenschaften

Jäckel, Michael (2007) (Hg.): Ambivalenzen des Konsums und der werblichen Kommunikation. Wiesbaden: VS Verlag für Sozialwissenschaften.

Janning, Frank (2011): Die Spätgeburt eines Politikfeldes. Die Institutionalisierung der Verbraucherschutzpolitik in Deutschland und im internationalen Vergleich. Baden-Baden: Nomos.

Jüttemann, Gerd (1985) (Hg.): Qualitative Forschung in der Psychologie. Grundfragen, Verfahrensweisen, Anwendungsfelder. Weinheim: Beltz.

Kagan, Dona M. (1992): Implications of Research on Teacher Belief. In: Educational Psychologist 27 (1), S. 65–90.

Kardes, Frank R./ Haugtvedt, Curtis P./ Herr, Paul M. (2008) (Hg.): Handbook of consumer psychology, New York/Hove: Taylor&Francis.

Karmasin, Helene (2013): Produkte als Botschaften. Konsumenten, Marken und Produktstrategien. Landsberg am Lech, mi-Fachverlag.

Karpe, Jan/ Krol, Gerd-Jan (1997): Ökonomische Verhaltenstheorie, Theorie der Institutionen und ökonomische Bildung. In: Kruber (1997), 75-102.

Kaschube, Jürgen (2006): Eigenverantwortung – eine neue berufliche Leistung. Chance oder Bedrohung für Organisationen? Göttingen: Vandenhoek & Ruprecht.

Kelle, Udo/ Kluge Susann (2010): Vom Einzelfall zum Typus. Fallvergleich und Fallkontrastierung in der qualitativen Sozialforschung, Wiesbaden: VS Verlag für Sozialwissenschaften.

Keller, Reiner (2009): Müll – Die gesellschaftliche Konstruktion des Wertvollen. Die öffentliche Diskussion über Abfall in Deutschland und Frankreich. Wiesbaden, VS Verlag für Sozialwissenschaften.

Kenning, Peter/ Wobker, Inga (2013): Ist der mündige Verbraucher eine Fiktion? Ein kritischer Beitrag zum aktuellen Stand der Diskussion um das Verbraucherleitbild in den Wirtschaftswissenschaften und der Wirtschaftspolitik. In: Zeitschrift für Wirtschafts- und Unternehmensethik 14 (2), S. 282–300.

Klee, Andreas (2008): Entzauberung des Politischen Urteils. Eine didaktische Rekonstruktion zum Politikbewusstsein von Politiklehrerinnen und Politiklehrern, Wiesbaden: VS Verlag für Sozialwissenschaften.

Kleemann, Frank/ Krähnke, Uwe/ Matuschek, Ingo (2013): Interpretative Sozialforschung. Eine Einführung in die Praxis des Interpretierens, Wiesbaden: Springer VS Verlag für Sozialwissenschaften.

Kline, Stephen (2010): Cildren as 'Competent' Consumers. In: Marshall (2010), S. 239–257.

Kluchert, Gerhard (2012): Sozialdisziplinierung. In: Hornet al. (2012), S. 207-208.

Kneer, Georg/ Schroer, Markus (2013) (Hg.): Handbuch Soziologische Theorien. Wiesbaden: VS Verlag für Sozialwissenschaften

Kneer, Georg/ Schroer, Markus (2010) (Hg.): Handbuch spezielle Soziologien. Wiesbaden: VS Verlag für Sozialwissenschaften.

Knoblauch, Hubert (2005): Wissenssoziologie. Konstanz: UVK.

Knobloch, Ulrike (1994): Theorie und Ethik des Konsums. Reflexion auf die normativen Grundlagen sozialökonomischer Konsumtheorien, Bern: Haupt.

Kolbe, Fritz-Ulrich/ Combe, Arno (2008): Lehrerbildung. In: Helsper/ Böhme (Hg.), S. 877–901.

Kollmann, Karl (2008): Konsumentenbildung. In: Hedtke/Weber (2008), S. 198–200.

König, Hans-Dieter (1998): Pädagogisches Moralisieren nach Auschwitz. Tiefenhermeneutische Rekonstruktion der in einer Sozialkundestunde mit einer Zeitzeugin zutage tretenden Professionalisierungsdefizite. In: Henkenborg/ Kuhn (1998), S. 135-150.

König, Wolfgang (2000): Geschichte der Konsumgesellschaft, Stuttgart: Steiner.

Kraemer, Klaus (2008): Die soziale Konstitution der Umwelt. Wiesbaden: VS Verlag für Sozialwissenschaften.

Kraemer, Klaus/ Brugger, Florian (2017) (Hg.): Schlüsselwerke der Wirtschaftssoziologie. Wiesbaden: VS Verlag für Sozialwissenschaften.

Krais, Beate/ Gebauer, Gunter (2002): Habitus. Bielefeld: Transcript.

Kraul, Margret/ Marotzki, Winfried/ Schweppe, Cornelia (2002) (Hg.): Biographie und Profession. Deutsche Gesellschaft für Erziehungswissenschaft. Bad Heilbrunn/Obb.: Klinkhardt.

Kraus, Anja/Budde, Jürgen/ Hietzge, Maud/Wulf, Christoph (2017) (Hg.): Handbuch Schweigendes Wissen. Erziehung, Bildung, Sozialisation und Lernen. Weinheim, München: Beltz Juventa,

Kruber, Klaus-Peter (1997) (Hg.): Konzeptionelle Ansätze ökonomischer Bildung (Wirtschafts- und Berufspädagogische Schriften; 17). Bergisch Gladbach.

Kuckartz, Udo (2012): Qualitative Inhaltsanalyse. Methoden, Praxis, Computerunterstützung, Weinheim/Basel: Beltz Juventa.

Kuckartz, Udo (2007): Einführung in die computergestützte Analyse qualitativer Daten. Wiesbaden, VS Verlag für Sozialwissenschaften.

Kühl, Stefan (2009): Handbuch Methoden der Organisationsforschung. Quantitative und qualitative Methoden. Wiesbaden VS Verlag für Sozialwissenschaft.

Kuhlmann, Eberhard (1990): Verbraucherpolitik. Grundzüge ihrer Theorie und Praxis, München.

Kuhlmann, Eberhard (1983): Consumer Socialization of Children and Adolescents. A review of Current Approaches. In: Journal of Consumer Policy 6 (4), S. 397–418.

Kühn, Thomas/ Koschel, Kay-Volker (2010): Die Bedeutung des Konsums für moderne Identitätskonstruktionen. In: Soeffner (2010): o.S. Online abrufbar unter: https://www.ssoar.info/ssoar/handle/document/21188 [Datum des letzten Zugriffs: 27.06.2018].

Kunze, Ingrid (2004): Konzepte von Deutschunterricht. Eine Studie zu individuellen didaktischen Theorien von Lehrerinnen und Lehrern, Wiesbaden: VS Verlag für Sozialwissenschaften.

Lachance, Marie J./ Choquette-Bernier, Nadia (2004): College students' consumer competence. A qualitative exploration. In: International Journal of Consumer Studies 28 (5), S. 433–442.

Lamla, Jörn (2006): Politisierter Konsum - konsumierte Politik. Kritikmuster und Engagementformen im kulturellen Kapitalismus. In: Lamla/ Neckel (2006), S. 9–37.

Lamla, Jörn (2008): Sozialpolitische Verbraucheraktivierung. Konsumsubjekt und Bürgergemeinschaft in der Marktgesellschaft. In: Evers/ Heinze (2008), S. 301–320.

Lamla, Jörn/ Neckel, Sighard (2006) (Hg.): Politisierter Konsum -- konsumierte Politik. Wiesbaden: VS Verlag für Sozialwissenschaften.

Lamnek, Siegfried (2010): Qualitative Sozialforschung. Lehrbuch. Weinheim, Beltz Verlag.

Landtag Nordrhein-Westfalen (2013): Drucksache 16/3223. Antrag der Fraktionen der SPD und der Fraktion von Bündnis 90/ Die Grünen. Verbraucherbildung in der Schule nachhaltig und vielfältig gestalten! abgerufen unter: https://www.landtag.nrw.de/portal/WWW/dokumentenarchiv/Dokument?Id=MMD16%2F3223 %7C1%7C0. [Datum des letzten Zugriffs: 28.02.18].

Lange, Elmar (2004): Jugendkonsum im 21. Jahrhundert. eine Untersuchung der Einkommens-, Konsum- und Verschuldungsmuster der Jugendlichen in Deutschland, Wiesbaden: Springer VS Verlag für Sozialwissenschaften.

Langrehr, Frederick/ Mason, J. Barry (1977): The Development and Implementation of the Concept of Consumer Education. In: The Journal of Consumer Affairs 11 (2), S. 63–79.

Laux, Helmut/ Gillenkirch, Robert M./ Schenk-Mathes, Heike (2012): Entscheidungstheorie, Berlin/Heidelberg: Springer Gabler.

Lee, Christina K. C./ Conroy, Denise M. (2005): Socialization through consumption: teenagers and the Internet. In: Australian Marketing Journal 13 (1), S. 8–19.

Lee, Christina K. C./ Conroy, Denise M./ Hii, Cecilia (2003): The Internet. A Consumer Socialization Agent for Teenagers. In: Australian and New Zealand Marketing Academy (2003), S. 1708–1715.

Lemke, Thomas (2002): Stichwort: Gouvernementalität. In: Information Philosophie 30 (3), S. 46-48.

Leonhäuser, Ingrid-Ute (1988): Bedürfnis, Bedarf, Normen und Standards. Ansätze für eine bedarfsorientierte Verbraucherpolitik, Berlin, Duncker und Humblot.

Lenz, Thomas (2007): Konsum und Großstadt. Anmerkungen zu den antimodernen Wurzeln der Konsumkritik, in: Jäckel (2007), S. 41-52.

Liebold, Renate/ Trinczek, Rainer (2009): Experteninterview. In: Kühl (2009), S. 32-55.

Lindsay, Jo/ Maher, JaneMaree (2013) (Hg.): Consuming Families. Buying, Making, Producing Family Life in the 21st Century, New York: Routledge.

Lindsay, Jo/ Maher, JaneMaree (2013b): Introduction. Family Life and Consumption in the 21st Century. In: Dies. (2013a), S. 1-24.

Lourenço, Orlando/ Machado, Armando (1996): In Defense of Piaget's Theory: A Reply to 10 Common Criticisms, in: Psychological Review 103 (1), S. 143-164.

Lucius-Höhne, Gabriele/ Deppermann, Arnulf (2004): Rekonstruktion narrativer Identität. Ein Arbeitsbuch zur Analyse narrativer Interviews. Wiesbaden: VS Verlag für Sozialwissenschaften.

Luhmann, Niklas (2008): Ökologische Kommunikation. Kann die moderne Gesellschaft sich auf ökologische Gefährdungen einstellen? Wiesbaden: VS Verlag für Sozialwissenschaften.

Lüders, Christian (1991): Deutungsmusteranalyse. Annäherungen an ein risikoreiches Konzept. In: Garz (1991), S. 377-408.

Lüders, Christian; Meuser, Michael (1997): Deutungsmusteranalyse. In: Hitzler/ Honer (2007), S. 57–79.

Marcuse, Herbert (1968): Der eindimensionale Mensch. Studien zur Ideologie der fortgeschrittenen Industriegesellschaft. Neuwied/ Rhein: Luchterhand.

Marshall, Dave (2010) (Hg.): Understanding children as consumers. Los Angeles: Sage Publ.

Matthiesen, Ulf (1994): Standbein-Spielbein. Deutungsmusteranalysen im Spannungsfeld von objektiver Hermeneutik und Sozialphänomenologie. In: Garz / Kraimer (1994), S. 73–113.

Maurer, Andrea/Schimank, Uwe (2008) (Hg.): Die Gesellschaft der Unternehmen – Die Unternehmen der Gesellschaft. Wiesbaden: VS Verlag für Sozialwissenschaften.

May, Hermann (2010): Didaktik der ökonomischen Bildung, München: Oldenbourg-Verlag.

Mayring, Philipp (2010): Qualitative Inhaltsanalyse. Grundlagen und Techniken, Weinheim/Basel: Beltz.

Mayring, Philipp (2002): Einführung in die qualitative Sozialforschung. Eine Anleitung zu qualitativem Denken, Weinheim/Basel: Beltz.

McGregor, Sue (2011): Consumer Education Phliosophies. The Relationship between Education and Consumption. In: Zeitschrift für internationale Bildungsforschung und Entwicklungspädagogik 34 (4), S. 4–8.

McGregor, Sue (1999): Towards a rationale for integrating consumer and citizenship education. In: Journal of Consumer Studies and Home Economics 23 (4), S. 207–211.

McNeal, James Utah (2007): On Becoming a Consumer. Development of Consumer Behavior Patterns in Childhood, Amsterdam: Elsevier.

McNeal, James Utah (1992): Kids as Customers. A Handbook of Marketing to Children. New York: Lexington Books.

Meadows, Dennis L. (1972): Die Grenzen des Wachstums. Bericht des Club of Rome zur Lage der Menschheit, Stuttgart: Dt. Verlags-Anstalt.

Meinefeld, Werner (1997): Ex-ante Hypothesen in der Qualitativen Sozialforschung: zwischen „fehl am Platz" und „unverzichtbar", in: Zeitschrift für Soziologie 26 (1), S. 22-34.

Melton, Gary B./ Ben-Arieh, Asher/ Cashmore, Judith/ Goodmann, Gail S./ Worley, K. Natalie (2013) (Hg.): The SAGE Handbook of Child Research. Los Angeles: Sage.

Menzel Baker, Stacey/ Gentry, James W./ Rittenburg, Terri L. (2005): Building an Understanding of the Domain of Consumer Vulnerability. In: Journal of Macromarketing 25 (2), S. 128–135.

Merkel, Ina (2009): Im Widerspruch zum Ideal. Konsumpolitik in der DDR. In: Haupt/ Torp (2009), S. 289–304.

Meuser, Michael/ Nagel. Ulrike (2009): Experteninterview und der Wandel der Wissensproduktion. In: Bogner et al. (2009), S. 35-60.

Meuser, Michael/ Nagel. Ulrike (2010): Experteninterviews - wissenssoziologische Voraussetzungen und methodische Durchführung. In: Friebertshäuser et al. (2009), S. 457-471.

Meuser, Michael/ Sackmann, Reinhold (1992a) (Hg.): Analyse sozialer Deutungsmuster. Beiträge zur empirischen Wissenssoziologie. Pfaffenweiler: Centaurus-Verl.-Ges.

Meuser, Michael/ Sackmann, Reinhold (1992b): Zur Einführung. Deutungsmusteransatz und empirische Wissenssoziologie. In: Dies. (1992a): S. 9–38.

Meyer, Christian (2009): Teilhabe durch Konsum? Ökonomische und politische Bildung zwischen Konsumentenrolle und Bürgerexistenz, in: Seeber, Günther (2009), S. 71-88.

Micheletti, Michele; Føllesdal, Andreas; Stolle, Dietlind (2009a): (Hg.) Politics, products, and markets. Exploring political consumerism past and present. International Seminar on Political Consumerism. New Brunswick/ London: Transaction Publishers.

Micheletti, Michele/ Føllesdal, Andreas/ Stolle, Dietlind (2009b): Introduction. In: Dies. (2009a), S. ix–xxvi.

Micheletti, Michele/ Stolle, Dietlind/ Nishikawa, Laura/ Wright, Matthew (2005): A Case of discursive political consumerism. The Nike E-mail Exchange. In: Boström/ Lindberg (2005), S. 255–290.

Michelsen, Gerd (2005): Nachhaltigkeitskommunikation. Verständnis – Entwicklung – Perspektiven, in: Michelsen/Godemann (2005), S. 25-41.

Michelsen, Gerd/ Godemann, Jasmin (2005) (Hg.): Handbuch Nachhaltigkeitskommunikation. Grundlagen und Praxis, München: oekom-Verlag.

Micklitz, Hans-Wolfgang (2012): Brauchen Konsumenten und Unternehmen eine neue Architektur des Verbraucherrechts, München: Beck.

Micklitz, Hans-Wolfgang/ Oehler, Andreas/ Piorkowsky, Michael-Burkhard u.a. (2010): Der vertrauende, der verletzliche oder der verantwortungsvolle Verbraucher? Plädoyer für eine differenzierte Strategie in der Verbraucherpolitik, abgerufen unter: http://www.bmel.de/SharedDocs/Downloads/Ministerium/Beiraete/Verbraucherpolitik/2010_12_StrategieVerbraucherpolitik.pdf?__blob=publicationFile. [Datum des letzten Zugriffs: 12.03.2015]

Miles, Steven (2000): Youth lifestyles in a changing world, Buckingham: Open University Press.

Miller, Daniel (1995) (Hg.): Acknowledging consumption. A review of new studies. London, New York: Routledge.

Min Baek, Young (2010): To Buy or not to buy. Who are Political Consumers? What do they think and How do they Participate? In: Political Studies 58 (5), S. 1065–1086.

Ministerium für Schule und Weiterbildung des Landes Nordrhein-Westfalen (2017) (Hg.): Rahmenvorgabe Verbraucherbildung in Schule in der Primarstufe und Sekundarstufe I in Nordrhein-Westfalen, Düsseldorf, abgerufen unter: https://www.schulentwicklung.nrw.de/lehrplaene/upload/klp_gs/vb/Rahmenvorgabe_Verbraucherbildung_PS_SI_2017.pdf. [Datum des letzten Zugriffs: 28.02.2018]

Moebius, Stephan (2009): Kultur. Bielefeld: Transcript.

Moldaschl, Manfred (2010): Was ist Reflexivität? In: Papers and Preprints of the Department of Innovation Research and Sustainable Resource Management (11/2010), Chemnitz University of Technology. Chemnitz. Online verfügbar unter: https://www.econstor.eu/bitstream/10419/55380/1/684998793.pdf. [Datum des letzten Zugriffs: 22.06.2018]

Moschis, George P./ Churchill, Gilbert A. (1978): Consumer Socialisation. A Theoretical and Empirical Analysis. In: Journal of Marketing Research 15 (4), S. 599–609.

Müller-Hermann, Silke/ Becker-Lenz, Roland/ Busse, Stefan/ Ehlert, Gudrun (2018) (Hg.): Professionskulturen – Charakteristika unterschiedlicher professioneller Praxen. Wiesbaden: Springer VS Verlag für Sozialwissenschaften.

Nelson, Phillip (1970): Information and Consumer Behavior, in: Journal of Political Economy 78 (2), S. 311-329.

Nespor, Jan (1987): The role of beliefs in the practice of teaching. In: Journal of Curriculum Studies 19 (4), S. 317–328.

Neumaier, Peter (2012): Einige Überlegungen zur Finanziellen Allgemeinbildung in Zeiten der Finanzkrise. In: Pädagogische Korrespondenz 46 (2), S. 56-73.

Niederbacher, Arne/ Zimmermann, Peter (2011): Grundwissen Sozialisation. Einführung zur Sozialisation im Kindes- und Jugendalter. Wiesbaden: VS Verlag für Sozialwissenschaften .

Nittel, Dieter (2004): Die 'Veralltäglichung' pädagogischen Wissens – im Horizont von Profession, Professionalisierung und Professionalität, in: Zeitschrift für Pädagogik 50 (3), S. 342-357.

North, Ernest J./ Kotzé Theuns (2001): Parents and televison advertisements as consumer socialisation agents for adolescents: An exploratory study. In: Journal of Family Ecology and Consumer Sciences 29, S. 92–99.

Nowotny, Helga/ Schmutzer, Manfred E. A. (1974): Gesellschaftliches Lernen. Wissenserzeugung und die Dynamik von Kommunikationsstrukturen. Frankfurt/Main : Herder & Herder.

Oehler, Andreas (2013): Neue alter Verbraucherleitbilder. Basis für die Verbraucherbildung? In: Haushalt in Bildung und Forschung 2 (2), S. 44–60.

Oelerich, Gertrud/ Otto, Hans-Uwe (2011) (Hg.): Empirische Forschung und Soziale Arbeit. Ein Studienbuch. Wiesbaden, VS Verlag für Sozialwissenschaften.

Oevermann, Ulrich (1996): Theoretische Skizze einer revidierten Theorie professionalisierten Handelns. In: Combe/Helsper (1996), S. 70–182.

Oevermann, Ulrich (2001): Die Struktur sozialer Deutungsmuster. Versuch einer Aktualisierung. In: Sozialer Sinn 2 (1), S. 35–81.

Oevermann, Ulrich (2001): Kommentar zu Christine Plaß und Michael Schetsche: „Grundzüge einer wissenssoziologischen Theorie sozialer Deutungsmuster". In: Sozialer Sinn 3 (3), S. 537-546.

Oevermann, Ulrich (2002): Professionalisierungsbedürftigkeit und Professionalisiertheit pädagogischen Handelns. In: Kraul/ Marotzki/ Schweppe (2002), S. 19–63.

Oevermann; Ulrich (2003): Brauchen wir heute noch eine gesetzliche Schulpflicht und welches wären die Vorzüge ihrer Abschaffung? In: Pädagogische Korrespondenz (30), S. 54–70.

Oevermann, Ulrich (2008): Profession contra Organisation? Strukturtheoretische Perspektiven zum Verhältnis von Organisation und Profession in der Schule. In: Helsper et al. (2008), S. 55–77.

Olafson, Lori/ Schraw Gregory (2006): Teacher's beliefs and pracitces within and across domains. In: International Journal of Educational Research 45 (1-2), S. 71–84.

Organization for Economic Cooperation and Development (OECD) (2009) (Hg.): Promoting Consumer Education. Trends, Policies and Good Practices, Paris.

Pajares, M. Frank (1992): Teachers' Beliefs and Educational Research. Cleaning Up a Messy Construct. In: Review of Educational Research 62 (3), S. 307–332.

Paterson, Mark (2006): Consumption and everyday life. London, New York: Routledge (New sociology).

Petersen, Thomas/ Schiller, Johannes (2011): Politische Verantwortung für Nachhaltigkeit und Konsumentensouveränität, in: GAIA 20 (3), S. 157-161.

Pfadenhauer,Michaela/ Brosziewski, Achim (2008): Professionelle in Organisationen – Lehrkräfte in der Schule. Eine wissenssoziologische Perspektive. In: Helsper, et al. (2008): S. 79-97.

Pfadenhauer, Michaela; Sander, Tobias (2010): Professionssoziologie. In: Kneer/ Schroer (2008): S. 361–378.

Piepenbrock, Hartwig; Schroeder, Conrad (1987) (Hg.): Verbraucherpolitik kontrovers. Köln: Deutscher Instituts-Verlag.

Plaß, Christine/ Schetsche, Michael (2001): Grundzüge einer wissenssoziologischen Theorie sozialer Deutungsmuster. In: Sozialer Sinn 2 (3), S. 511-536.

Pongratz, Ludwig A. (2004): Freiwillige Selbstkontrolle. Schule zwischen Disziplinar- und Kontrollgesellschaft. In: Ricken/ Rieger-Ladich (Hg): S. 243-259.

Pötter, Berhard (2006): König Kunde ruiniert sein Land. Wie der Verbraucherschutz am Verbraucher scheitert, und was dagegen zu tun ist, München: Oekom-Verlag.

Preisendörfer, Peter (2009): Vertrauen als soziologische Kategorie: Möglichkeiten und Grenzen einer entscheidungstheoretischen Fundierung des Vertrauenskonzepts, in: Zeitschrift für Soziologie 24 (4), S. 263-272.

Prisching, Manfred (2009): Die zweidimensionale Gesellschaft. Ein Essay zur neokonsumistischen Geisteshaltung. Wiesbaden: VS Verlag für Sozialwissenschaften.

Radtke, Frank-Olaf (1996): Wissen und Können. Die Rolle der Erziehungswissenschaft in der Erziehung. Opladen: Leske + Budrich (Studien zur Erziehungswissenschaft und Bildungsforschung, 8).

Rauschenbach, Thomas (2012): Lebensweltorientierung + Bildung = Alltagsbildung? Zumutungen und Annäherungen für die Sozialpädagogik. In: Grunwald/Thiersch (Hg.): S. 537-546.

Reese-Schäfer, Walter (1996): Zeitdiagnose als wissenschaftliche Aufgabe. In: Berliner Journal für Soziologie 6 (3), S. 377-390.

Reitmeier, Simon (2013): Warum wir mögen, was wir essen. Eine Studie zur Sozialisation der Ernährung, Bielefeld: Transcript Verlag.

Reisch, Lucia (2003): Strategische Grundsätze und Leitbilder einer neuen Verbraucherpolitik. Diskussionspapier des Wissenschaftlichen Beirats für Verbraucher- und Ernährungspolitik beim Bundesministerium für Verbraucherpolitik, Ernährung und Landwirtschaft. Stuttgart-Hohenheim / Berlin.

Reisch, Lucia (2002a): Symbols for Sale: Funktionen des symbolischen Konsums, in: Deutschmann, Christoph (2002): S. 226–248.

Reisch, Lucia (2002b): „Die Freiheit nehm' ich mir". Funktionen des Konsums für Kinder und Jugendliche. In: Aktion Jugendschutz, Landesstelle Baden-Württemberg (Hg.): S. 10-19.

Reisch, Lucia (1999): Nachhaltiger Konsum, in: Das Wirtschaftsstudium (WISU), 28 (5), S.683-686.

Reisch, Lucia/ Oehler, Andreas (2009): Behavioral Economics: Eine neue Grundlage für die Verbraucherpolitik. In: Vierteljahreshefte zur Wirtschaftsforschung 78 (3), S. 30–43.

Richardson, Virginia (1996): The Role of Attitudes and Beliefs in Learning to Teach. In: Sikula et al. (1996): S. 102–119.

Richter, Dagmar (2000) (Hg.): Methoden der Unterrichtsinterpretation. Qualitative Analysen einer Sachunterrichtsstunde im Vergleich, Weinheim/ München: Juventa.

Ricken, Norbert/ Rieger-Ladich, Markus (2004) (Hg.): Michel Foucault. Pädagogische Lektüren. Wiesbaden, VS Verlag für Sozialwissenschaften,

Riefling, Markus (2011): Foucaults Konzept der Macht und seine Bedeutung für die politische Bildung. In: zdg. Zeitschrift für Didaktik der Gesellschaftswissenschaften 2 (2), S. 12-33.

Riesman, David/ Denney, Reuel/ Glazer, Nathan (1974): Die einsame Masse, Reinbek b. Hamburg: Rowohlt.

Ritzer, George (1993): The McDonaldization of Society. An Investigation into the Changing Character of Contemporary Social Life, Thousand Oaks u.a.: Pine Forge Press.

Robertson, Caroline Y./ Winter, Carsten (2000) (Hg.): Kulturwandel und Globalisierung. Baden-Baden: Nomos-Verlag,

Roedder-John (2008): Stages of Consumer Socialization. The Development of Consumer Knowledge, Skills, and Values from Childhood to Adolescence. In: Kardes et al. (2008): S. 221-246.

Roedder-John, Deborah (1999): Consumer Socialisation of Children. A Retrospective Look at Twenty-Five Years of Research. In: Journal of Consumer Research 26 (3), S. 183-213.

Roland-Lévy, Christine (2010): Children and Money. In: Marshall (2010): S. 149-164.

Rosa, Hartmut (2005): Beschleunigung. Die Veränderung der Zeitstrukturen in der Moderne, Frankfurt/Main, Suhrkamp.

Rosenkranz, Doris; Schneider, Norbert F. (2000) (Hg.): Konsum. Soziologische, ökonomische und psychologische Perspektiven. Opladen: Leske + Budrich.

Sander, Wolfgang (1990): Der „Mündige Bürger". Zur Problematik von Leitbildern für die politische Bildung, in: Sievering (1990): S. 159-170.

Schelsky, Helmut (1960): Wandlungen der deutschen Familie in der Gegenwart. Darstellung und Deutung einer empirisch-soziologischen Tatbestandsaufnahme, Stuttgart: Enke.

Scherf, Daniel (2013): Leseförderung aus Lehrersicht. Eine qualitativ-empirische Untersuchung professionellen Wissens, Wiesbaden: Springer VS, Verlag für Sozialwissenschaften.

Scheve, Christian von (2017): Thorstein Veblen: The Theory of the Leisure Class. In: Kraemer/ Brugger (2017): S. 55-63.

Schlegel-Matthies, Kirsten (2004): Verbraucherbildung im Forschungsprojekt REVIS – Grundlagen. Paderborn, abgerufen unter: http://www.evb-online.de/docs/02_2004-Verbraucherbildung_REVIS.pdf. [Datum des letzten Zugriffs: 28.02.2018]

Schlegel-Matthies, Kirsten (2005): Zwischen Selbstbestimmung und Verantwortung - Herausforderungen für Verbraucherbildung. In: Haushalt & Bildung 82 (1), S. 25-33.

Schmeiser, Martin (2006): Soziologische Ansätze der Analyse von Professionen, der Professionalisierung und des professionellen Handelns. In: Soziale Welt 57 (3), S. 295-318.

Schmidbauer, Wolfgang (1972): Homo Consumens. Der Kult des Überflusses, Stuttgart: Dt. Verlags-Anstalt.

Schmidt, Bettina (2008): Eigenverantwortung haben immer die anderen. Der Verantwortungsdiskurs im Gesundheitswesen, Bern: Verlag Hans Huber.

Schmidt, Friederike (2017): Normalisierungen. In: Kraus/Budde/ Hietzge/Wulf (2017): S. 730-740.

Schneider, Norbert F. (2000): Konsum und Gesellschaft. In: Rosenkranz/Schneider (2000): S. 9–22.

Schoenheit, Ingo (2009): Nachhaltiger Konsum. In: Aus Politik und Zeitgeschichte (32-33), S. 19–26.

Schommer-Aikins, Marlene (2002): Epistemological World Views. A Concept that Is Useful Beyond the Classroom. In: Issues in Education 8 (2), S. 229–233.

Schrader, Ulf/Thøgersen, John (2011): Putting Sustainable Consumption into Practice. Editorial, in: Journal of Consumer Policy, 34 (1), S. 3-8.

Schubert, Hans-Joachim (2013): Pragmatismus und symbolischer Interaktionismus. In: Kneer/ Schroer (Hg.), S. 345-367.

Schulze, Gerhard (2005): Die Erlebnisgesellschaft. Kultursoziologie der Gegenwart. Frankfurt/Main: Campus.

Schumpelick, Volker/ Vogel, Bernhard (2009) (Hg.): Volkskrankheiten. Gesundheitliche Herausforderungen in der Wohlstandsgesellschaft (=Beiträge des 7. Symposiums der Reihe „Cadenabbia-Gespräche Medizin - Ethik – Recht" vom 4. bis 7. September 2008 in Cadenabbia), Freiburg i.B., Herder,

Schürz, Martin/ Weber, Beat (2005): Finanzielle Allgemeinbildung – ein Ansatz zur Lösung von Problemen im Finanzsektor?, in: Kurswechsel (3), S. 55-69.

Schütz, Alfred/ Luckmann, Thomas (2003): Strukturen der Lebenswelt. Konstanz: UVK-Verl.-Ges.

Schwan, Patrick (2009): Der informierte Verbraucher? Das verbraucherpolitische Leitbild auf dem Prüfstand. Eine Untersuchung am Beispiel des Lebensmittelsektors. Wiesbaden: VS Verlag für Sozialwissenschaften / GWV Fachverlage GmbH Wiesbaden.

Schweer, Martin K.W. (2017a) (Hg.): Lehrer-Schüler-Interaktion. Inhaltsfelder, Forschungsperspektiven und methodische Zugänge, Wiebaden: VS Verlag für Sozialwissenschaften.

Schweer, Martin K.W. (2017b): Vertrauen im Klassenzimmer. In: Ders. (2018a): S. 523-545.

Schwingel, Markus (2009): Pierre Bourdieu zur Einführung. 6., erg. Aufl. Hamburg: Junius.

Seeber, Günther (2009) (Hg.): Befähigung zur Partizipation. Gesellschaftliche Teilhabe durch ökonomische Bildung, Schwalbach/Ts.: Wochenschau-Verlag.

Sekretariat der Ständigen Konferenz der Kultusminister in der Bundesrepublik Deutschland (KMK) (Hg.) (2013): Verbraucherbildung an Schulen. Beschluss der Kultusministerkonferenz vom 12.09.2013, abgerufen unter: http://www.kmk.org/fileadmin/veroeffentlichungen_beschluesse/2013/2013_09_12-Verbraucherbildung.pdf. [Datum des letzten Zugriffs: 12.03.2015]

Sekretariat der Ständigen Konferenz der Kultusminister in der Bundesrepublik Deutschland (KMK) (Hg.) (2015): Ständige Konferenz der Kultusminister der Länder in der Bundesrepublik Deutschland, abgerufen unter https://www.kmk.org/fileadmin/Dateien/bilder/KMK/Aufgaben/kmk_Imagefolder_web.pdf. . [Datum des letzten Zugriffs: 28.02.2018]

Shim, Soyeon (1996): Adolescent Consumer Decision-Making Styles. The Consumer Socialization Perspective. In: Psychology and Marketing 13 (6), S. 547-569.

Shim, Soyeon/ Serido, Joyce/ Barber, Bonnie L. (2011): A Consumer Way of Thinking. Linking Consumer Socialization and Consumption Motivation Perspectives to Adolescent Development. In: Journal of Research on Adolescence 21 (1), S. 290-299.

Shulman, Lee S. (1986): Those Who Understand. Knowledge Growth in Teaching. In: Educational Researcher 15 (2), S. 4–14.

Shulman, Lee S. (1987): Knowledge and teaching. Foundations of the new reform. In: Harvard Educational Review 57 (1), S. 1–21.

Shulman, Lee S. (1991): Von einer Sache etwas verstehen. Wissensentwicklungen bei Lehrern, in: Terhart (1991): S. 145-160.

Siebert, Horst (1999): Normativität und Mandat – soll politische Bildung noch was wollen? In: kursiv. Jourmal für die politische Bildung (3), S. 19-20.

Sievering, Ulrich O. (1990) (Hg.): Politische Bildung als Leistung der Schule. Beiträge zu einer Bestandsaufnahme am Beispiel der hessischen Gesellschaftslehre, Frankfurt/Main: Haag+Herchen.

Sikula, John P./ Buttery, Thomas J./ Guyton, Edith (1996) (Hg.): Handbook of research on teacher education. A project of the Association of Teacher Educators. Association of Teacher Educators. New York: Macmillan Library Reference USA.

Soeffner, Hans-Georg (2010) (Hg.): Unsichere Zeiten: Herausforderungen gesellschaftlicher Transformationen. Verhandlungen des 34. Kongresses der Deutschen Gesellschaft für Soziologie in Jena. Wiesbaden: VS Verlag für Sozialwissenschaften.

Statistisches Bundesamt (=destatis) (2016): Private Haushalte in der Informationsgesellschaft - Nutzung von Informations- und Kommunikationstechnologien 2016. Abgerufen unter: https://www.destatis.de/DE/Publikationen/Thematisch/EinkommenKonsumLebensbedingungen/PrivateHaushalte/PrivateHaushalteIKT2150400167004.pdf?__blob=publicationFile. [Datum des letzten Zugriffs: 23.01.2018]

Statistisches Bundesamt (=destatis) (2017): IT-Nutzung. Private Nutzung von Informations- und Kommunikationstechnologien 2017. Abgerufen unter: https://www.destatis.de/DE/ZahlenFakten/GesellschaftStaat/EinkommenKonsumLebensbedingu ngen/ITNutzung/Tabellen/Durchschnittl_Nutzung_Alter_IKT.html. [Datum des letzten Zugriffs: 23.01.2018]

Statistisches Bundesamt (2018): Hauptauslöser der Überschuldung 2008-2017. Abgerufen unter: https://www.destatis.de/DE/ZahlenFakten/GesellschaftStaat/EinkommenKonsumLebensbedingu ngen/VermoegenSchulden/Tabellen/Ueberschuldung.html [Datum des letzten Zugriffs: 28.06.2018]

Stehr, Nico (2007): Die Moralisierung der Märkte. Eine Gesellschaftstheorie, Frankfurt/Main: Suhrkamp.

Steigleder, Sandra (2007): Die strukturierende qualitative Inhaltsanalyse im Praxistest. Eine konstruktiv kritische Studie zur Auswertungsmethodik von Philipp Mayring, Marburg: Tectum-Verlag.

Steinke, Ines (2015): Gütekriterien qualitativer Forschung. In: Flick et al. (2015): S. 319-331.

Streeck, Wolfgang (2007): Wirtschaft und Moral: Facetten eines unvermeidlichen Themas. In: Streeck/Beckert (2007): 8-18.

Streeck, Wolfgang/ Beckert, Jens (2007) (Hg.): Moralische Voraussetzungen und Grenzen wirtschaftlichen Handelns. Ein Kolloquium am Max-Planck- Institut für Gesellschaftsforschung, Köln: o.V.

Strünck, Christoph; Arens-Azevêdo, Ulrike; Brönneke, Tobias; Hagen, Kornelia; Jaquemoth, Mirjam; Liedtke, Christa et al. (2012): Ist der "mündige Verbraucher" ein Mythos? Auf dem Weg zu einer realistischen Verbraucherpolitik. Stellungnahme des Wissenschaftlichen Beirats Verbraucher- und Ernährungspolitik beim BMELV. Berlin: o.V.

Stuyck, Jules (2007): The Unfair Commercial Practices Directive and its Consequences for the Regulation of Sales Promotions and the Law of Unfair Competition, in: Weatherill, Steven/ Bernitz, Ulf (2007): The Regulation of Unfair Commercial Practices under EC Directive 2005/29. New Rules and New Techniques, Oxford/Portland Hart Publishing,, S. 159-174.

Tenorth, Heinz-Elmar (2004): Bildungsminimum und Lehrfunktion. Eine Apologie der Schulpflicht und eine Kritik der "therapie"-orientierten pädagogischen Professionstheorie. In: Gruehn/ Kluchert/ Koinzer (Hg.), S. 15-29.

Tenorth, Heinz-Elmar (2006): Professionalität im Lehrerberuf. In: ZfE 9 (4), S. 580–597.

Terhart, Ewald (1991) (Hg.): Unterrichten als Beruf. Neuere amerikanische und englische Arbeiten zur Berufskultur und Berufsbiographie von Lehrern und Lehrerinnen, Köln/ Wien: Böhlau.

Terhart, Ewald (1992): Lehrerberuf und Professionalität. In: Dewe/ Ferchhoff/ Radtke (1992a): S. 103–131.

Terhart, Ewald (2001): Lehrerberuf und Lehrerbildung. Forschungsbefunde Problemanalysen Reformkonzepte. Weinheim, Basel: Beltz (Beltz Pädagogik).

Thiersch, Hans (2012): Lebensweltorientierung in der sozialpädagogischen Familienhilfe. Eine exemplarische Fallgeschichte. In: Grunwald/Thiersch (Hg.): S. 13-23.

Tinson, Julie/ Nancarrow, Clive (2010): Children and Shopping. In: Marshall (2010): S. 132–148.

Tippelt, Rudolf/ Schmidt-Hertha, Bernhard (Hg.): Handbuch Bildungsforschung. Wiesbaden: VS Springer Reference Sozialwissenschaften.

Tschörner, Anna-Carina (2013): Bio-Eier sind Vertrauensgüter, in: WuE-Infodienst 01/2013, S. 3.

Tversky, Amos/ Kahneman, Daniel (1974): Judgment under Uncertainty. Heuristics and Biases. in: Science 185, S. 1124-1131.

Twardella, Johannes (2004): Rollenförmig oder als „ganze Person"? Ein Beitrag zur Diskussion über die Professionalisierungstheorie und die Struktur pädagogischen Handelns. In: Pädagogische Korrespondenz (33), S. 65–74.

Twardella, Johannes (2018): Pädagogische Unterrichtsforschung und die Professionalisierung des Unterrichtens. In: Müller et al. (2018): S. 85-106.

Ulich, Klaus (1996): Beruf: Lehrer/in. Arbeitsbelastungen, Beziehungskonflikte, Zufriedenheit. Weinheim, Basel: Beltz.

Ullrich, Carsten G. (1999a): Deutungsmusteranalyse und diskursives Interview. Leitfadenkonstruktion, Interviewführung und Typenbildung, Arbeitspapiere Nr. 3. Mannheim: Zentrum für Europäische Sozialforschung. Internetquelle: http://www.mzes.uni-mannheim.de/publications/wp/wp-3.pdf; [Datum des letzten Zugriffs: 08.11.2017].

Ullrich, Carsten G. (1999b): Deutungsmusteranalyse und diskursives Interview. In: Zeitschrift für Soziologie 28(6), 429-447.

Ullrich, Wolfgang (2009): Über die warenästhetische Erziehung des Menschen. In: Aus Politik und Zeitgeschichte (32-22), S. 14–19.

United Nations (UN) (2001) (Hg.): United Nations Guidelines for Consumer Protection, New York/Genf 2011.

Unverzagt, Gerlinde; Hurrelmann, Klaus (2005): Wenn Kinder immer alles haben wollen. Weniger ist mehr. Freiburg im Breisgau: Verlag Herder.

Valkenburg, Patti M./ Cantor, Joanne (2001): The development of a child into a consumer. In: Journal of Applied Developmental Psychology 22 (1), S. 61-72.

Veblen, Thorstein (1971): Theorie der feinen Leute. Eine ökonomische Untersuchung der Institutionen, München: Deutscher Taschenbuch-Verlag.

Verbraucherzentrale Bundesverband (vzbv) (Hg.) (2012): Fürs Leben lernen: Verbraucherbildung ist Zukunft. Mehr Durchblick in der Konsumwelt, Berlin: o.V.

Verbraucherzentrale Bundesverband (vzbv) (Hg.) (2010): Konsumkompetenz frühzeitig fördern – mehr Verbraucherbildung in die Schulen, Berlin; online abrufbar unter: http://www.verbraucherbildung.de/cps/rde/xbcr/verbraucherbildung/Positionspapier_Verbraucherbildung_September_2010.pdf. [Datum des letzten Zugriffs: 15.05.2015]

Verloop, Nico/ van Driel, Jan/ Meijer, Paulien (2001): Teacher knowledge and the knowledge base of teaching. In: International Journal of Educational Research 35 (5), S. 441–461.

Waddington, Lisa (2013): Vulnerable and Confused. The Protection of "Vulnerable" Consumers under EU-Law, in: European Law Review 38 (2013), S. 757-782.

Wagner, Bernd (2002): Kulturelle Globalisierung, in: Aus Politik und Zeitgeschichte 12, S. 10-18.

Walker, Eva-Maria (2015a): Die Moralisierung der Finanzmärkte. Fallstudie zum Selbstverständnis nachhaltiger Investoren, Wiesbaden: VS Verlag für Sozialwissenschaften.

Walker, Eva-Maria (2015b): Finanzbildung als Teilbereich der ökonomischen Bildung? In: GWP 64 (4), S. 505-514.

Ward, Scott (1974): Consumer Sozialisation. In: Journal of Consumer Research 1 (2), S. 1–14.

Weber, Beat (2010): Finanzbildungsbürgertum und die Finanzialisierung des Alltags. In: PROKLA 40 (3), S. 377-394.

Weinbrenner, Peter (1997): Politische Urteilsbildung als Ziel und Inhalt des Politikunterrichts. In: Breit et al. (1997): S. 73-94.

Weinert, Franz Emanuel (2001a) (Hg.): Leistungsmessungen in Schulen, Weinheim/ Basel: Beltz.

Weinert, Franz Emanuel (2001b). Vergleichende Leistungsmessung in Schulen – eine umstrittene Selbstverständlichkeit. In: Ders. (2001a): S. 17-31.

Weißeno, Georg (1993). Politikdidaktik als Fachleiterdidaktik. Rezeption und Verwendung politikdidaktischen Wissens in der Ausbildung von Referendaren. In: Gegenwartskunde 42 (2), S. 191-201.

Wernet, Andreas (2003): Pädagogische Permissivität. Schulische Sozialisation und pädagogisches Handeln jenseits der Professionalisierungsfrage. Opladen: Leske + Budrich.

Wernet, Andreas (2004): Pädagogische Professionalität "außer Dienst". Eine Replik auf Twardella. In: Pädagogische Korrespondenz (33), S. 75–86.

Weschenfelder, Eva (2014): Professionelle Kompetenz von Politiklehrkräften. Eine Studie zu Wissen und Überzeugungen, Wiesbaden, VS Verlag für Sozialwissenschaften.

Wiedenmann, Kai-Udo (2004): Verbraucherleitbilder und Verbraucherbegriff im deutschen und europäischen Privatrecht. Eine Untersuchung zur Störung der Vertragsparität im Verbraucher-Unternehmer-Verhältnis und den Instrumenten zu deren Kompensation. Frankfurt/Main: Lang (Europäische Hochschulschriften : Reihe 2, Rechtswissenschaft, 3971).

Wiedmann, Klaus-Peter (Hg.) (2004): Fundierung des Marketing. Verhaltenswissenschaftliche Erkenntnisse als Grundlage einer angewandten Marketingsforschung. Wiesbaden, Dt. Universitäts-Verlag.

Wildt, Michael (2009): "Wohlstand für alle". Das Spannungsfeld von Konsum und Politik in der Bundesrepublik. In: Haupt/Torp (2009): S. 305–316.

Willis, Lauren E. (2008): Against Financial Literacy Education (= Public Law and Legal Theory Research Paper Series, Research Paper No. 08-10), Philadelphia.

Wippermann, Carsten (2009): Lebensstile und Milieus. Einflüsse auf die Gesundheit. In: Schumpelick/ Vogel (2009): S. 143-156.

Wiswede, Günter (2000): Konsumsoziologie. Eine vergessene Disziplin. In: Rosenkranz/ Schneider (Hg.): S. 24–72.

Witzel, Andreas (1985): Das problemzentrierte Interview. In: Jüttemann (Hg.): S. 227-255.

Woolfolk Hoy, Anita/ Davis, Heather/ Pape, Stephen (2006): Teacher Knowledge and Beliefs. In: Alexander/Winne (2006): S. 715–737.

Young, Brian (2010): Children and Advertising. In: Marshall (2010): S. 115–131.

Zurstrassen, Bettina (2012): Soziologische Theorie im Unterricht – Gesellschaft entdecken durch soziologische Theorieanalyse, in: GWP 61 (3), S. 401-414.

Zeichner, Kenneth M./ Tabachnik, B. Robert/ Densmor, Kathleen (1987): Individual, Institutional, and Cultural Influences on the Development of Teachers' Craft Knowledge. In: Calderhead (1987): S. 21–59.

Made in the USA
Las Vegas, NV
12 November 2024

11554858R10164